AIoT 초심자부터 전공자까지 무조건 따라하기

피지컬AI 컴퓨팅

모빌리티
기초동작

라즈베리파이 & 파이썬으로 동작하는 나만의 Pi-Rover DIY

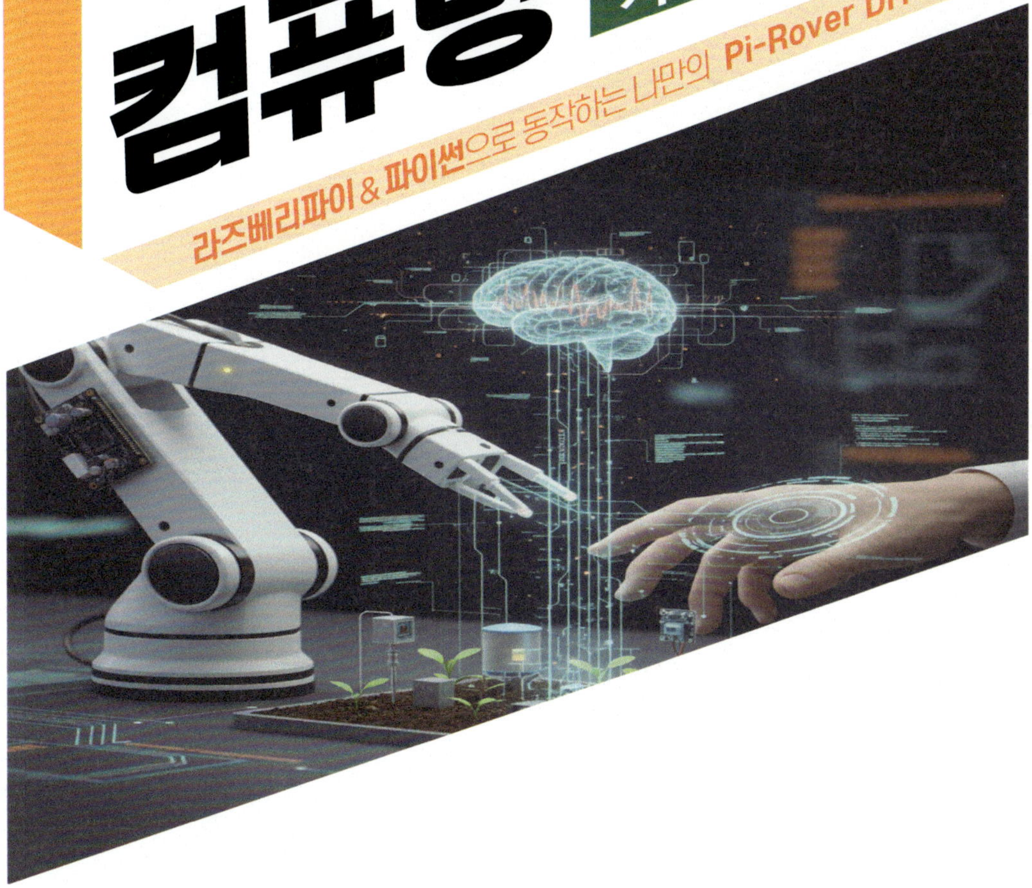

김석진
박경민
신승호
김학진

GoldenBell
www.gbbook.co.kr

PREFACE

1편을 통해 센서로 세상을 읽어내는 '눈'을 가지게 되었다면, 이제는 그 데이터를 바탕으로 스스로 움직이는 '몸'을 만들 차례입니다. 복잡한 로봇 공학 이론이나 어려운 프로그래밍 지식 없이도 여러분이 직접 구성하고 만든 RC Car를 움직이게 하는 짜릿한 경험을 시작할 때입니다.

우리가 만든 시스템이 환경을 인지하고 판단하여 모터를 굴리는 순간, 단순한 하드웨어는 '지능형 모빌리티'로 재탄생합니다. 데이터를 수집해 환경을 최적화하는 스마트 팜, 자동화 생산을 넘어 전체 공정을 제어하는 스마트 팩토리, 그리고 궁극적으로 자율주행 자동차에 이르기까지, 이 모든 것의 중심에는 '피지컬 AI 컴퓨팅'이 자리 잡고 있습니다.

이 책은 컴퓨터 비전공자는 물론 AIoT와 모빌리의 기초를 다지고 싶은 모든 분을 위해 만들어졌습니다. 1편과 마찬가지로 우리는 작지만 강력한 컴퓨터인 라즈베리파이와 인공지능언어라 불리는 파이썬을 활용합니다. 특히 'gpiozero' 패키지는 복잡한 제어 방식 대신 직관적인 코딩을 제공하여, 초보자도 쉽게 다양한 센서와 액추에이터(모터 등)를 다룰 수 있게 해줍니다. 이 책 역시 코드가 간결하고 명확한 '만들면서 배우는(Learning by Doing)' 실습 위주의 가이드입니다.

이번 2권『모빌리티 기초동작편』에서는 나만의 지능형 모빌리티인 'Pi-Rover'를 직접 조립하고 움직이게 합니다. 단순한 모터 제어와 원격 조종을 넘어, 초음파, 라인 트레이서, IMU 관성장치 등 여러 센서 데이터를 융합하여 Pi-Rover를 똑똑하게 움직이는 방법을 배웁니다. 특히 인터넷 환경에서 스마트폰 혹은 컴퓨터에서 플라스크 웹서버 등을 통해 Pi-Rover를 직접 원격제어를 해보시면 기쁨의 함성을 지르실 겁니다.

강조할 부분은 실제 환경에서 발생하는 센서들의 측정 오차를 소프트웨어적으로 필터링해주는 '센서 필터링과 동작 안정화' 기술은 여러분의 Pi-Rover를 한 차원 더 업그레이드해 줄 것입니다. 마지막으로 스마트 팩토리의 물류 로봇(AGV), 협동 이동 모빌리티, 자율 탐사 로버 등 현장감 있는 프로젝트를 수행하며 큰 보람을 느끼실 수 있을 것입니다.

피지컬 AI 컴퓨팅 시리즈는 다음과 같은 여정으로 완성됩니다.

1권 『센서편』 : "사물을 보는 눈"

다양한 센서와 코딩을 통해 환경을 인지하는 기초 능력을 다졌습니다.

2권 『모빌리티 기초동작편』 : "생각하고 움직이는 몸"

직접 조립한 Pi-Rover를 통해 다중 센서 융합과 원격 제어를 구현하고, 지능적으로 행동하는 로보틱스의 기초를 완성합니다.

3권 『모빌리티 자율주행편』 : "스스로 판단하는 뇌"

파이 카메라 등의 이미지 센서와 인공지능 모델을 융합하여, 복잡한 주위 환경에서도 독립적으로 상황을 판단하고 자율운행하는 고도화된 시스템을 목표로 합니다.

이 책은 프로그래밍 경험이 전혀 없는 초심자부터, AI와 하드웨어 연동에 처음 도전하는 모든 분을 위해 집필하였습니다. 고등학생, 대학생, 나아가 직업 전환을 준비하는 분까지 누구나 이 책을 통해 자연스럽게 '피지컬 AI 컴퓨팅의 메이커'가 되어 있을 것입니다.

끝으로, (주)골든벨 우병춘 본부장의 인연으로 이 책을 세상 밖으로 탄생시켜 준 임직원 여러분과 대표님께 깊은 감사의 인사를 전합니다.

2026년 2월

저자 일동

CONTENT

Chapter 05 **Pi-Rover 조립하기**

Chapter 06 기초 동작 실습

Chapter 07 다중 센서 융합 지능형 동작 실습

Chapter 08 센서 필터링과 동작 안정화

CHAPTER

1

AIoT와 피지컬AI 컴퓨팅의 이해

01 AIoT와 피지컬AI 컴퓨팅의 이해

 개요

(1) 디지털 두뇌와 물리적 신체의 만남

우리는 지금까지 컴퓨터 화면 속의 인공지능(AI)에 익숙하다. 유튜브 알고리즘이 추천해 주는 영상을 보고, 챗GPT, 제미나이(gemini)와 대화하고, suno AI로 노래를 제작, 소라(sora) AI로 영상 제작하는 등, 이 모든 서비스는 모두 디지털 세상 안에서의 일이다. 이제 다음 단계는 이 똑똑한 인공지능이 모니터 밖으로 나와 물리적 현실 세상(Physical Real World)과 직접 상호작용하는 것이다.

구분	IoT (사물인터넷)	AIoT (지능형 사물인터넷)	피지컬 컴퓨팅 (Physical Computing)	피지컬 AI (Physical AI)
핵심 개념	모든 사물이 인터넷에 연결됨	연결된 사물이 스스로 생각함	디지털 코드로 현실 세계를 제어함	신체를 가진 AI가 스스로 행동함
주요 특징	연결 & 수집 (Connect & Collect)	지능 & 판단 (Intelligence)	상호작용(Interaction)	자율성 & 적응 (Autonomy)
데이터 처리방식	센서 데이터를 수집하여 서버로 전송(단순 전달)	수집된 데이터를 AI가 분석하여 상황을 판단 (엣지 컴퓨팅)	센서(입력) 값에 따라 정해진 규칙대로 액추에이터(출력) 제어	복잡한 현실 환경을 인식하고 스스로 학습·적응하여 목표 달성
비유	신경망 (데이터 통로)	뇌 + 신경망 (판단력 추가)	신체 + 반사신경 (감각과 행동)	완전한 생명체 (지능 + 행동)

① **IoT → AIoT** : 단순히 연결만 되어 있던 사물(IoT)에 인공지능 두뇌를 달아주면, 똑똑하게 판단하는 AIoT로 진화함.

② **피지컬 컴퓨팅 → 피지컬 AI** : 정해진 규칙대로만 움직이던 기계(피지컬 컴퓨팅)에 학습 능력을 부여하면, 스스로 환경에 적응하는 피지컬 AI가 됨

③ 우리가 만드는 Pi-Rover는 이 4가지 개념이 모두 융합된 움직이는 지능형 IoT 로봇임

(2) 이 책의 목표

① 라즈베리파이(두뇌)와 RC카(신체)를 결합한 Pi-Rover를 만들도 동작

② 이것은 단순히 장난감 RC 자동차를 만드는 것이 아니라 Pi-Rover를 통해 로봇 공학, 스마트 팩토리, 드론, 자율주행 등 미래 산업 전반에 적용되는 피지컬 AI의 핵심 원리를 배우게 될 것이다.

(1) 모든 것이 연결되는 세상

① 모든 사물(Things)이 네트워크로 연결되어 서로 정보를 공유하고 상호작용하는 기술.

② 사람의 개입 없이도 사물들이 센서를 통해 데이터를 수집하고 클라우드 서버로 전송하여 모니터링이나 제어 기능을 수행.

③ 과거에는 컴퓨터와 스마트폰만 연결되었다면, 이제는 냉장고, 세탁기, 자동차, 공장의 기계, 농장의 토양 센서까지 모든 사물과 연결.

④ 실시간 데이터 수집, 사물 간 연결성, 원격 제어, 자동화·효율성 증대, 다양한 분야(스마트홈, 산업현장, 의료, 도시 등)에 적용.

(2) IoT의 3대 요소 (3C)

① **Connect(연결)** : 유선, 무선(Wi-Fi, Bluetooth, LTE/5G)으로 기기들이 연결.

② **Collect(수집)** : 센서를 통해 현실 세계의 데이터(온도, 습도, 위치, 영상, 진동 등)를 디지털 데이터 형식으로 수집.

③ **Control(제어)** : 수집된 데이터를 바탕으로 에어컨을 켜거나, 문을 잠그거나, 기계를 멈추는 등 물리적인 제어를 수행.

(3) IoT 시스템 구성요소

구성요소	내용	예
디바이스(Device)	센서와 통신 모듈이 탑재된 사물	스마트 워치, CCTV, Pi-Rover 등
네트워크(Network)	데이터를 클라우드나 서버로 전달하는 통로	Wi-Fi, 5G 등
플랫폼(Platform)	방대한 데이터를 저장, 분석하고 서비스를 관리하는 중앙 시스템	클라우드, 서버 등
서비스(Service)	사용자에게 편리함을 제공하는 최종 결과물	원격 검침, 위치 추적 등

03 AIoT(Artificial Intelligence of Things)

(1) 개념

① AIoT(지능형 사물인터넷)는 IoT에 인공지능(AI) 기술을 결합한 개념

② 기존 IoT가 데이터 수집과 전송에 집중했다면, AIoT는 수집된 데이터를 AI가 학습·분석하여 사물이 스스로 상황을 판단하고 지능적으로 행동하는 시스템

③ IoT 기반 데이터 흐름에 AI(머신러닝/딥러닝 등)를 결합시켜, 데이터 분석, 판단 및 실시간 제어 등 지능형 서비스를 제공하는 차세대 기술

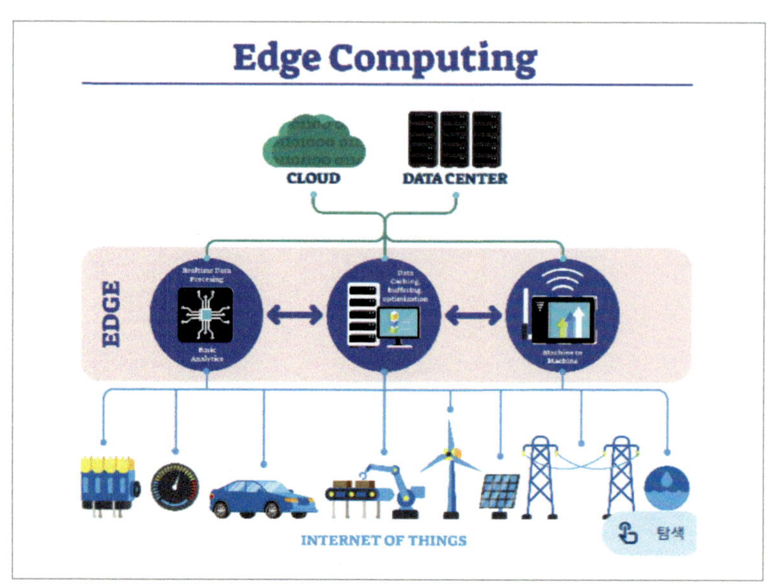

〈그림 1-1〉 Edge Computing

(2) 핵심 기술

엣지 컴퓨팅(Edge Computing)과 온디바이스 AI, AIoT의 핵심은 '어디서 생각하느냐'이다.

① **클라우드 AI** : 데이터를 중앙 데이터센터로 보내서 처리
- 성능은 좋지만 인터넷이 끊기거나 지연(Latency) 발생 가능.

② **엣지 AI(On-Device AI)** : 현장에 있는 기기(Edge)가 자체적으로 데이터를 분석하고 즉시 판단
- 왜 필요한가? 시속 100km로 달리는 자율주행차가 눈앞의 보행자를 피하기 위해 서버의 응답을 기다릴 수는 없다. 0.01초 만에 현장에서 즉시 판단해야 한다. 이것이 우리가 라즈베리파이(엣지 디바이스)를 사용하는 가장 큰 이유이다.

(3) 구성요소

① **IoT 장치(센서, 액추에이터)**
- ㉠ 센서 : 온도, 습도, 움직임 등 환경 데이터를 감지해 디지털 신호로 변환
- ㉡ 액추에이터 : 센서값을 바탕으로 실제 동작(모터 구동, 로봇 관절 각도 조절 등)을 수행

② **엣지 디바이스/서버(실시간 처리)**
- ㉠ 센서와 근접한 곳에서 데이터 선별, 필터링, 일부 AI 처리(예 : 이상 징후 탐지)를 수행
- ㉡ 클라우드 부담을 줄이고, 지연시간을 최소화하는 역할을 함.

③ **AI 모델(분석/판단)**
- ㉠ 수집된 데이터를 기반으로 머신러닝, 딥러닝 등의 인공지능 알고리즘이 동작
- ㉡ 데이터 분석, 패턴 인식, 이상 탐지, 예측 등을 수행해 실시간 판단과 의사결정을 지원

④ **통신 네트워크(5G, LPWAN 등)**

　㉠ 5G는 초고속, 대용량 데이터 전송이 가능해 실시간·고속 통신에 적합

　㉡ LPWAN(Low Power Wide Area Network) : 저전력 장거리 통신망. 센서가 넓은 공간에 분포하는 IoT 환경에 적합

⑤ **SW플랫폼(운영/관리)**

　㉠ IoT 장치와 AI 모델을 통합 관리

　㉡ 데이터 저장, 보안, 장치 제어, 사용자 인터페이스 등을 제공, 실시간 모니터링과 시스템 운용 지원

(4) 활용 사례

① **스마트 홈** : 사용자의 표정과 목소리 톤을 읽어 기분을 파악하고 적절한 음악과 조명을 틀어주는 AI 스피커.

② **스마트 팩토리** : 모터의 미세한 진동 소리를 AI가 분석하여, 기계가 고장 나기 전에 미리 "베어링 교체가 필요하다"라고 알려주는 시스템.

③ **스마트 팜** : 드론이 농작물의 잎사귀 색을 카메라로 분석하여 병해충을 진단하고, 필요한 곳에만 정확히 농약 뿌림

④ **스마트 모빌리티** : 도로 위 장애물, 신호등, 보행자를 인식하여 스스로 멈추고 달리는 자율주행차.

04 피지컬 컴퓨팅 (Physical Computing)

(1) 개념

① 컴퓨터가 키보드와 모니터라는 전통적인 입출력 장치를 벗어나, 센서와 액추에이터를 통해 물리적 세계와 상호작용하는 시스템

② 디지털 코드가 현실 세계의 움직임이나 빛, 소리로 변환되는 과정

③ 마이크로컨트롤러(아두이노, 라즈베리파이 등)로 현실 세계 데이터(온도, 빛, 동작 등)를 센서로 수집·해석 후, 프로그래밍 논리에 따라 실제 물리적 장치(모터, LED 등)를 제어하는 기술.

(2) 주요 특징

실제 세계와 상호작용, 실시간 제어 가능, 다양한 센서/액추에이터 활용, 학습/교육/창작 등 폭넓은 실습, 개방형 플랫폼 중심

① **상호작용(Interaction)** : 사용자의 행동이나 환경 변화에 반응하는 시스템 구현.
② **체험적 학습** : 추상적인 프로그래밍 논리를 눈에 보이는 결과물로 확인 가능.
③ **하드웨어 제어** : 전기/전자 회로와 프로그래밍의 융합 능력 요구.

(3) 구성요소

아래 요소들이 결합되어 피지컬 컴퓨팅 시스템은 실제 환경과 디지털 세계를 연결하며, 센서 입력 → 데이터 처리 → 액추에이터 출력의 과정을 실현.

① **센서(입력 : 온도센서, 조도센서, 버튼 등)**
　　주변 환경의 온도, 조도, 움직임 등 물리적 변화를 감지하여 전기 신호나 디지털 데이터로 변환하는 장치이다. 예를 들어 온도센서는 주변 온도를 측정하고, 조도센서는 빛의 밝기를 감지하며, 버튼은 사용자의 입력을 전달한다.

② **마이크로컨트롤러(처리 : Arduino, Raspberry Pi 등)**
　　센서로부터 온 데이터를 수신해 처리 및 해석하는 소형 컴퓨터 역할을 한다. Arduino, Raspberry Pi 같은 보드가 대표적이며, 입력 정보를 프로그램된 명령에 따라 처리하고, 제어 신호를 출력 장치로 보낸다.

③ **액추에이터(출력 : 모터, LED, 디스플레이 등)**
　　마이크로컨트롤러로부터 받은 신호에 따라 물리적 동작을 수행하는 출력 장치이다. 모터는 회전이나 이동, LED는 빛 출력, 디스플레이는 정보를 시각적으로 표시하는 역할을 한다.

④ **전원공급장치**
　　센서, 마이크로컨트롤러, 액추에이터 등 모든 하드웨어가 안정적으로 작동할 수 있도록 적정 전원을 공급하는 장치이다.

⑤ **통신모듈**

외부 장치 또는 네트워크와의 데이터 송수신을 담당하는 모듈로, Wi-Fi, 블루투스, ZigBee 등이 활용된다. 원격 제어나 데이터 공유가 가능하게 한다.

⑥ **사용자 인터페이스**

사용자가 시스템과 상호작용할 수 있는 인터페이스로, 버튼, 터치스크린, 웹 또는 모바일 앱 등이 포함되며, 데이터 모니터링과 명령 전달을 지원한다.

(4) 시스템 비교(인간 vs Pi-Rover)

구분	역할	피지컬 컴퓨팅(Pi-Rover)	범용 로봇/ 기계	인간
입력	환경 감지	센서(초음파, IMU 등)	라이다, 압력센서, 비전 센서	눈, 귀, 피부 등
처리	판단 및 제어	MCU(라즈베리파이)	PLC, 산업용 PC	뇌
출력	물리적 행동	엑추에이터(DC 모터, 서보 모터)	유압실린더, 로봇 팔 관절 등	근육 팔다리
통신	정보 전달	통신모듈(wi-fi, I2C 등)	이더넷, CAN 통신	신경

 05 피지컬AI 컴퓨팅 (Physical AI Computing)

(1) 개념

① 피지컬 컴퓨팅 하드웨어(몸체)에 딥러닝/머신러닝 AI 알고리즘(지능)을 탑재하여, 복잡하고 예측 불가능한 현실 세계에서 스스로 적응하고 목표를 달성하는 시스템

② "센서(감각) + AI(두뇌) + 액추에이터(행동)"의 루프를 통해 로봇이나 스마트 기기의 작동 원리를 구현

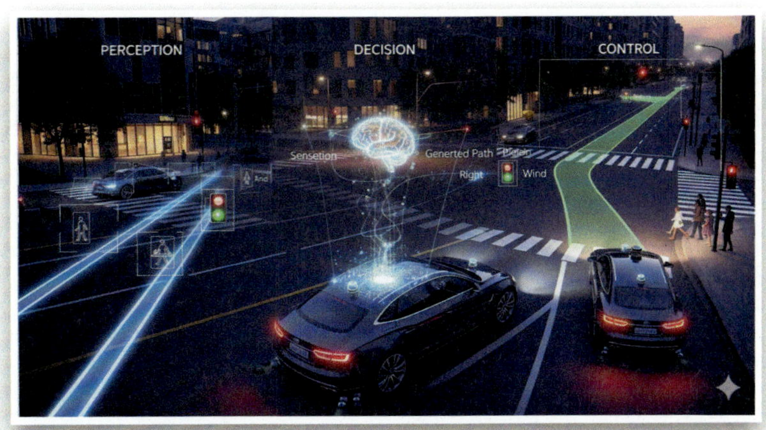

(2) 주요 특징

① **추론 기반 제어** : 단순한 조건문(If-Else)이 아닌, AI 모델의 확률적 추론 결과에 따라 행동 결정.

예 : "버튼을 누르면 켜진다"(기존) → "웃는 얼굴을 인식하면 켜진다"(피지컬 AI)

② **데이터 순환** : 현실 데이터 수집 → AI 학습/추론 → 현실 세계 제어 과정을 포괄.

③ **융합 교육** : SW(인공지능, 코딩)와 HW(센서, 회로) 지식을 동시에 함양.

(3) 구성요소 및 처리 과정

감지(센서) → 처리·판단(AI) → 행동(액추에이터)의 순환 구조를 이루며, 환경과 상호작용하는 자율적이고 지능적인 피지컬 AI 컴퓨팅 시스템을 완성한다.

① **다양한 센서 및 마이크로컨트롤러 (물리 데이터 수집·처리)**

  ㉠ 센서(예 : 카메라, 온도 및 압력 센서 등)는 실제 환경에서 다양한 물리적 데이터를 수집.

  ㉡ 마이크로컨트롤러(예 : 라즈베리파이, 아두이노)는 센서 데이터를 받아 처리 시스템의 기본적인 '두뇌' 역할 담당

② **AI 프로세싱 유닛 (신경망, 머신러닝, 딥러닝 모델)**

  ㉠ 수집된 데이터를 분석하고, 패턴 인식 및 의사결정을 수행하는 AI 알고리즘

  ㉡ 그래픽 처리장치(GPU), 텐서 처리장치(TPU), 신경망 처리장치(NPU) 등 특화된 하드웨어가 사용되며, 실시간 학습과 예측을 지원

③ **액추에이터·제어기 (실제 행동)**

  ㉠ AI의 명령에 따라 실제 물리적 행동을 수행하는 부분으로, DC 모터, 서보 모터, 전기 및 유압 장치 등이 포함된다.

  ㉡ 로봇 팔, 드론 프로펠러, 자율주행차 바퀴 등이 액추에이터에 해당한다.

④ **실시간 처리 소프트웨어/플랫폼, 네트워크 연동, 데이터 저장 및 분석 인프라**

  ㉠ 센서 데이터와 AI 분석 결과를 실시간으로 처리하고 제어하며, 클라우드 또는 엣지 컴퓨팅 환경과 연동한다.

  ㉡ 데이터 저장, 보안, 시스템 전반 운영과 관리를 위한 소프트웨어 플랫폼이 필요하다.

  ㉢ 실시간 피드백 사이클을 유지해 환경 변화에 즉시 대응하고, AI 성능 향상을 위한 지속적 학습이 가능하도록 설계된다.

(4) 주요 사례

우리가 배우는 기술은 자동차를 넘어 다음과 같은 미래 산업의 핵심이 된다.

① **서비스 로봇** : 식당에서 사람을 피해 음식을 나르는 서빙 로봇(자율주행 기술의 실내 응용).

② **로지스틱스 (물류)** : 거대한 물류센터에서 서로 부딪히지 않고 물건을 나르는 키바(Kiva) 로봇.

③ **웨어러블 로봇** : 인간의 동작 의도를 센서로 파악하여 무거운 짐을 들게 도와주는 아이언맨 슈트.

④ **드론 (UAM)** : 바람을 IMU 센서로 활용 목적지까지 스스로 날아가는 택배 드론.

⑤ **자율주행차** : 도로 위에서 인지–판단–제어를 수행하는 거대한 피지컬 AI 로봇.

CHAPTER

2

파이썬 기초

02 파이썬 기초

01 파이썬이란

(1) 개요

① 특징

1991년 귀도 반 로섬 (Guido van Rossum)이 개발

② 장점

㉠ 비전공자 및 초보자도 쉽게 배울 수 있음

㉡ 문법이 쉬움. 코드를 보면 직관적으로 알 수 있는 부분이 많음.

㉢ AI 코딩 언어로 인기가 높음.

㉣ 간결하고 **명확한 문법** : 다른 프로그래밍 언어에 비해 문법이 직관적이고 이해하기 쉬워 초보자도 쉽게 접근할 수 있음

㉤ 다목적 : 웹 개발, 데이터 분석, 머신러닝, 게임 개발 등 다양한 분야에 활용될 수 있음.

㉥ 풍부한 라이브러리 : 다양한 기능을 제공하는 라이브러리가 많아 개발 시간을 단축하고 효율성을 높일 수 있음.

③ 단점

㉠ C언어에 비해 일반적으로 10~350배 느림

㉡ 하드웨어 발전으로 인해 AI 프로그래밍에서 에전에 비해 속도가 빨라짐.

(2) 설치하기

① 다운로드

㉠ 파이썬 공식 홈페이지 : https : //www.python.org/

㉡ [Downloads] – [Download for Windows] – Python 3.13.*

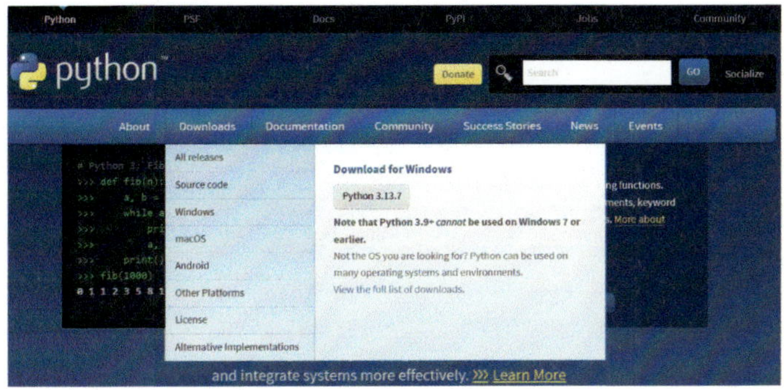
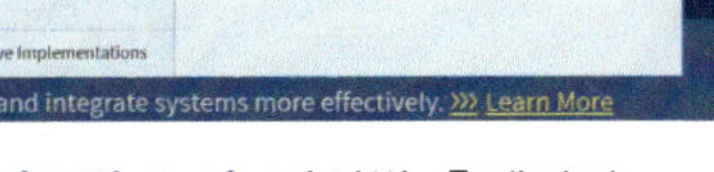

〈그림 2-1〉 파이썬 홈페이지

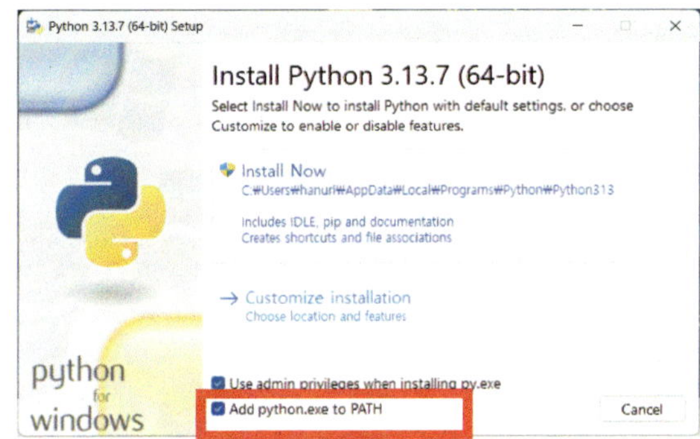

〈그림 2-2〉 설치시 필수 체크

② **화면 하단 ☑ Add python.exe to PATH 체크** (꼭... 필수)

③ 화면 중앙 Install Now 클릭.

④ 이후 Next 클릭, 설치됨.

(3) 사용법

① IDLE 두 가지 mode

  ㉠ IDLE interactive shell 상태

- 명령어를 한 줄씩 입력하며 실행 결과를 확인하는 공간
- 간단한 연산이나 명령 실행시 주로 사용, 프롬프트 형태

  ㉡ IDLE Editor 상태

- 파이썬 코드 긴 경우 사용하고 파일 형태로 저장 가능
  [FILE] – [New File] 클릭
- IDLE(Integrated Development Environment, 통합개발환경)

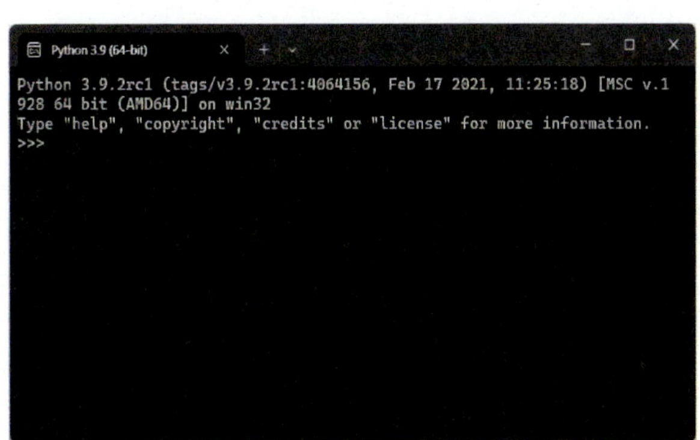
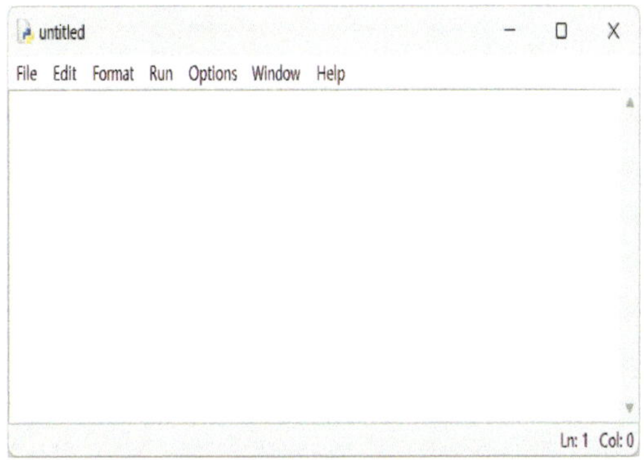

② IDLE Editor 사용법

㉠ 초기 화면

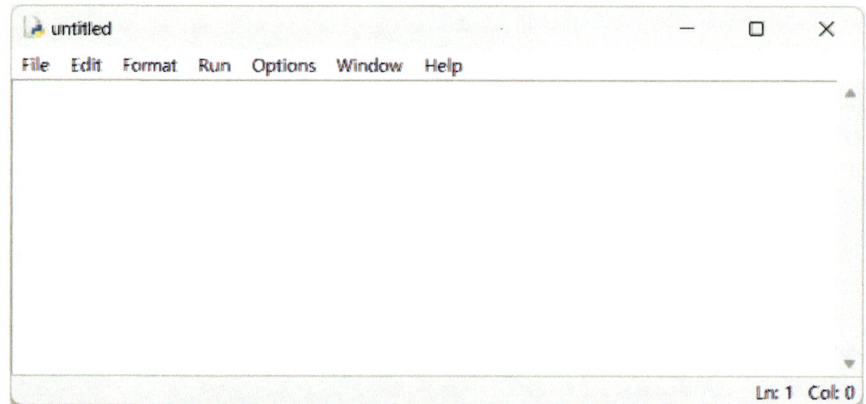

㉡ 주 사용 메뉴

메뉴	스크린샷	설명
[File]	New File — Ctrl+N Open... — Ctrl+O Open Module... — Alt+M Recent Files ▶ Module Browser — Alt+C Path Browser Save — Ctrl+S Save As... — Ctrl+Shift+S Save Copy As... — Alt+Shift+S Print Window — Ctrl+P Close — Alt+F4 Exit — Ctrl+Q	• [File] – [New File] 새로운 파일 생성 • [File] – [Open...] 기존 파일 불러오기 • [File] – [Save As...] 저장, 새로운 이름으로 저장 • [File] – [Save] 저장, 기존 파일 덮어쓰기
[Run]	Run Module — F5 Run... Customized — Shift+F5 Check Module — Alt+X Python Shell	• [Run] – [Run Module] 코드 실행
[Options]	Configure IDLE Show Code Context Show Line Numbers Zoom Height — Alt+2	• [Options] – [Configure IDLE] 환경 설정, 글꼴

02 기본 문법

(1) 주석(note, 설명문)

① 실행되지 않은 문장

② 사용 예

    ㉠ '#' 이용해서 한줄 처리

    ㉡ 여러 줄 처리 : """ """

```python
# 변수에 대입
number = 100# number 변수에 100 대입
message = "파이썬은 쉬운 언어입니다."

"""
result = 10 + 20
average = (1 + 2 + 3 + 4 + 5) / 5
"""
```

- 설명문(주석) : 녹색 글자

(2) 출력문

① 화면에 정보를 출력하는 print 함수

    ㉠ 문자, 숫자, 변수의 값 출력

```python
# 문자출력 큰따음표(""), 작은따음표('')로 묶어줌
print("hello")                                          hello
print('Pi-Rover 이해하기')                               Pi-Rover 이해하기

# 숫자 출력, 값 출력 및 결괏값 출력
print(27)                                               27
print(10 + 20)                                          30

# 변수 값 출력
str = 'hello'
print(str)                                              hello

num = 27
print(num)                                              27

# 쉼표(,) 이용 열 값 한번에 출력
print(str, "인사하기", num, '일'))                        hello인사하기27일
```

    ㉡ 반복 연산자 : *

- 지정한 문자열을 숫자만큼 표시
- 사용형식 : print('문자' * 횟수)

```python
str = "독도는 우리땅 "
print('-' * 30)                          ------------------------------
print(str * 2)                           독도는 우리땅 독도는 우리땅
```

ⓒ f-string 형식 (★ 본 교재에서 주로 사용)

- 기본형식 : print(f' ')
  - f 다음에 작은따음표('')를 붙이고 중괄호 안에 ({ }) 변수이름
  - 큰따음표와 작은 따음표는 혼용해서 사용할 수 없음.

```
print(f'전방 물체와의 거리는 : {ULTRASONIC.distance : .2f} m')

전방 물체와의 거리는 : 0.35 m
```

  - .2f : 소숫점 2자리까지 출력

(3) 사용자로부터 정보 입력 input( )

① 프로그램을 잠시 멈추고 사용자로부터 키보드 입력을 기다림.

② 사용자가 값을 입력하고 enter키를 누르면 입력 내용은 문자열 형태로 전달

```
str = input('명령어를 입력하세요 : ')
print(f'이번 명령어는 {str}입니다.')
```

③ **입력시 숫자를 입력해도 문자로 변환됨.**

ⓐ 전달 시 숫자로 다시 변환 : int( )

```
str = input('반복할 횟수를 지정하세요 : ')

iter = int(str)

for I in iter :
    print('*')            # 키보드 Tab 눌어 띄어쓰기
```

- 코딩 시 들여쓰기는 무조건 tab를 이용하여야 함.

ⓑ 잘못된 예

```
iter = input("반복할 횟수를 지정하세요 : ')

for i in iter :
    print('*')

*
```

- 예를 들어 input에 10을 입력했을 때 iter에는 문자열 '10'이 저장됨.
- 결과적으로 '*'이 1번만 출력됨.

(4) 자료형

① 식별자

프로그래밍 상에서 대상을 유일하게 구분할 수 있는 이름

㉠ 예약어

- 파이썬 프로그래밍에서 미리 만들어 놓은 식별자
- 사용자가 사용할 수 없다.

and	as	assert	break	class	continue	def
del	elif	else	except	finally	for	from
global	if	import	in	is	lambda	nonlocal
not	or	pass	raise	return	try	while
with	yield	False	None	True		

② 변수

㉠ 값이나 문자 등의 데이터를 담는 공간

㉡ 프로그래밍 상에서 프로그래머가 만듦

㉢ C언어에서 변수 타입은 꼭 지정해야 하지만 파이썬에서는 그럴 필요 없다.

C언어	Python
int num = 12; char str = '가'	num = 12 str = '가'

(5) 연산자

종류	연산자	종류	연산자
산술 연산자	+, -, *, /, //, %,	대입 연산자	=, +=, -+, *=, /=, //=, =
비교 연산자	==, !=, >, >=, <=, <	멤버 연산자	in, not in
논리 연산자	and, or, not		

① 대입연산자 : =

오른쪽의 수, 문자, 문자열 등을 왼쪽의 변수에 넣는다(대입)

```python
# 변수에 대입
number = 100
message = '파이썬은 쉬운 언어입니다.'

# 연산 결과값을 대입
result = 10 + 20
average = (1 + 2 + 3 + 4 + 5) / 5
```

② 산술 연산자

[표 2-1] 산술 연산자

연산자	연산	연산자	연산
+	더하기	//	나눈 후 정수 몫
−	빼기	%	나눈 후 나머지
*	곱하기	^	거듭제곱
/	나누기(결과가 실수)		

㉠ 예

```
num1 = 82
num2 = 5

print(f'더하기 : {num1 + num2}')
print(f'빼기 : {num1 - num2}')
print(f'곱하기 : {num1 * num2}')
print(f'나누기 몫(실수) : {num1 / num2}')
print(f'나누기 몫(정수) : {num1 // num2}')
```

```
더하기 : 97
빼기 : 87
곱하기 : 460
나누기 몫(실수) : 18.4
나누기 몫(정수) : 18
```

㉡ 정수와 실수 연산 예

```
num_int = 7
num_float = 6.4

print(f'결과 : {num_int + num_int} ')
print(f'결과 : {num_int + num_float} ')
print(f'결과 : {num_float + num_float} ')
```

```
결과 : 14
결과 : 13.4
결과 : 12.8
```

③ 비교 연산자

㉠ 개념

- 두 개의 값을 비교하여 참(True) 또는 거짓(False) 표현
- 조건문, 반복문, 데이터 유효성 검사 등 활용

㉡ 연산자 종류

[표 2-2] 비교 연산자

연산자	연산		연산자	연산	
>	크냐?	초과	<=	같거나 작냐?	이하
>=	같거나 크냐?	이상	==	같냐?	같다
<	작냐?	미만	!=	같지 않냐?	같지 않다

㉢ 활용

- 수치 데이터 비교

```
num1= 7
num2 = 6
num3 = 7
```

```python
print(f'같은가? num1 == num2')
print(f'같은가? num1 == num3')
print(f'같지 않지? num1 != num2')
print(f'같거나 큰가? num1 >= num2')
print(f'같거나 작은가? num1 <= num2')
print(f'큰가? num1 > num2')
print(f'작은가? num1 < num2')
```

```
같은가? : False
같은가? : True
같지않지? ; True
같거나 큰가? ; True
같거나 작은가?; False
큰가? ; True
작은가? ; False
```

- 문자열 비교

```python
srt1 = "Hello"
srt2 = "World"

if srt1 == srt2 :
  print('srt1과 srt2는 같네요')
else :
  print('srt1과 srt2는 다르네요.')
```

```
srt1과 srt2는 다르네요.
```

④ 논리 연산자

㉠ 기본 논리 연산자

- 2개 이상의 논리값 참(True)과 거짓(False)을 연산하여 하나의 논리값으로 표현
- 주로 조건문이나 반복문에서 사용하여 특정 조건에 따라 코드를 실행하거나 제어하는 데 활용

[표 2-3] 논리 연산자

연산자	연산
and	• 논리곱, 논리값이 모두 True이면 결과가 True • 하나라도 False이면 결과는 False
or	• 논리합, 2개의 논리값 중 하나라도 True이면 결과는 True • 2개 모두 False이어야 결과는 False
not	• 논리부정, 하나의 논리값을 반전시킨다. • True이면 False, False이면 True로 변환

㉡ 활용 예시

- 기본 논리 연산

```python
logic1 = 5 > 2          # True
logic2 = 2 > 5          # False

printt(f'논리곱 : {logci1 and logic2}')
printt(f'논리합 : {logci1 or logic2}')
printt(f'논리부정 : not logic1')
```

```
논리곱 : False
논리합 : True
논리부정 : False
```

⑤ 복합 대입연산자

㉠ 산술연산자와 대입연산자를 합친 것

㉡ 적은 메모리 공간 사용으로 연산 속도는 빠를 수 있으나 해석이 힘듦

[표 2-4] 복합 대입연산자

연산자	같은 연산	연산자	같은 연산
a+=b	a = a + b	a//=b	a = a // b
a-=b	a = a - b	a%=b	a = a % b
a*=b	a = a * b	a=b	a = a b
a/=b	a = a / b		

⑥ 멤버 연산자

- 특정 값이 특정 시퀀스형 데이터 타입에 속하는지를 확인하는 데 사용되는 연산자이다.
- 결과는 Ture 혹은 False

[표 2-5] 멤버 연산자

연산자	연산
in	왼쪽 값이 오른쪽 집합(객체)에 있니?
not in	왼쪽 값이 오른쪽 집합(객체)에 없지?

```
# 리스트
lst = [1, 2, 3, 4, 5]

print(f'1이 리스트에 있어? {1 in lst}')          1이 리스트에 있어? True
print(f'6이 리스트에 있어? {6 in lst}')          6이 리스트에 있어? False

# 튜플
tup = (10, 20, 30)

print(f'15가 튜플에 있어? {15 in tup}')          15가 튜플에 있어? False
print(f'30이 튜플에 있어? {30 in tup }')         30이 튜플에 있어? True

# 딕셔너리
dic = {"name" : "Alice", "age" : 30}

print(f'name이 딕셔너리에 있어? {name in dic }')    'name'이 딕셔너리에 있어? True
print(f'city가 딕셔너리에 있어? {city in dic }')    'city'가 딕셔너리에 있어? False
```

- in / not in

```
# 문자열
str = 'Hello, Python!'

print(f'H 문자가 포함되어 있니? : {'H' in str}')
print(f'@ 문자가 포함되어 있니? : {'@' in str}')
print(f'H 문자가 포함되어 있지 않니? : {'H' not in str}')
print(f'@ 문자가 포함되어 있지 않니? : {'@' not in str}')
```

```
H 문자가 포함되어 있니? :  True
@ 문자가 포함되어 있니? :  False
H 문자가 포함되어 있지 않니? :  False
@ 문자가 포함되어 있지 않니? :  True
```

⑦ **결합 연산자** : +

　㉠ 숫자 + 숫자 일 경우는 숫자를 더하는 산술연산자

　㉡ "문자" + "문자", "문자" + 숫자, 숫자 + "문자"일 경우 결합 연산자

| ```python
str1 = '독도는'
str2 = '우리땅'

num1 = 8
num2 = 5
str = str1 + str2
print(str)

print(num1 + num2)
``` | 독도는우리땅<br><br><br>13 |

(6) 컬렉션 자료

파이썬에서 다양한 데이터를 처리하기 위한 데이터 값의 모임

① 종류와 특징

	형태	특징		indexing	기타
list	[ ]	값의 나열		가능	
tuple	( )	리스트와 유사	읽기 전용	가능	
dictionary	{ }	key : value구조	key 중복불가	불가능	
set	{ }	집합	중복불가	불가능	합, 교, 차집합 등 수학적 계산

list	• color = ['red', 'blue', 'green'] • angel_list = [−90, −45, 0, 45, 90] • sound = ['E5', 0.5, 'D#5', 0.5]
tuple	tp = (1, 9, 7)
dictionary	• fru1 = dic(a=1, b=2, c=3) • fru2 = {'apple' : 'red', 'banana' : 'yellow'}
set	st = {3, 4, 6}

② list

　㉠ 특징

- 데이터 목록을 나타내는 순차적 자료형
- [ ] 안에 데이터 나열, 구분은 쉼표(,)
- 요소(element) : 리스트 안의 데이터로 요소로는 다양한 데이터 타입(숫자, 문자, 문자열, boolen, 다른 리스트 등)
- [ ] 안의 데이터는 자동으로 index가 0부터 부여
- 리스트 길이는 동적
```

ⓛ index

- 순서
- 문자열 앞부터 오른쪽으로 [0], [1], [2], ...
- 문자열 끝 [-1]부터 문자열 앞으로 [-2], [-3], ...

```
str = "독도는 우리땅 "
print('str 총 문자수 : ', len(str))        str 총 문자수 :  8

print(str[0])        #문자열의 0번째 문자      독
print(str[1])        #문자열의 1번째 문자      도

print(str[-8])       #문자열의 -8번째 문자, 공백도 문자   독
print(str[-7])       #문자열의 -7번 문자      도
```

ⓒ 리스트 요소 접근

- 리스트의 요소는 인덱스를 사용하여 접근
- 인덱스는 0부터 시작하며, 마지막 요소의 인덱스는 리스트길이-1임.
- 리스트의 맨 마지막부터 -1로 시작해서 왼쪽으로 -2, -3, ... 로 요소 접근도 가능

```
numbers = [1, 2, 5, 7, 9]

print(numbers[0])                     1
print(numbers[2])                     5
print(numbers[4])                     9
#print(numbers[5])    # 5번째 숫자는 없음
#음수 인덱스
print('음수 인덱스')                    음수 인덱스
print(numbers[-1])                    9
print(numbers[-3])                    5
print(numbers[-5])                    1
```

ⓔ slicing

- 리스트에서 데이터의 일부분만 추출, 콜론(:) 사용

```
numbers = [1, 2, 5, 7, 9]

print(numbers[ : ])          # 모든 데이터       [1, 2, 5, 7, 9]
print(numbers[1 : ])         # 1번째부터 모두     [2, 5, 7, 9]
print(numbers[ : 2])         # 0번째부터 2번째 앞까지  [1, 2]
print(numbers[1 : 3])        # 1번째부터 3번째 앞까지  [2, 5]
print(numbers[-2 : ])        # -2번째부터 -1번째까지   [7, 9]
```

ⓜ 리스트 데이터 다루기

- 데이터 수정 : 할당 연산자(=)를 사용하여 변경

```
numbers = [1, 2, 5, 7, 9]

numbers[2] = 4         # 2번째 5에 4를 대입
numbers[3] = 6         # 3번째 7에 6을 대입
print(numbers)                        [1, 2, 4, 6, 9]
```

- 메소드 활용
  - 리스트명을 임의로 's', item은 문자, pos는 숫자

메소드	동작
s.append(item)	item을 리스트 마지막에 추가
s.extend(lst)	다른 리스트인 lst를 s 에 추가
s.count(item)	리스트에서 item의 개수
s.index(item, [시작], [종료])	• 리스트에서 item의 가장 앞 쪽 위치. • 시작과 종료 위치 지정 가능
s.insert(pos, item)	• pos 위치에 item을 삽입, • pos 위치에 itme이 삽입되면 데이터는 한칸씩 밀림
s.pop(pos)	• pos 위치 데이터 삭제 • pos 위치의 데이터가 삭제되면 한칸씩 앞으로 당겨짐
s.remove(item)	item을 삭제, 위치는 어딘지 잘 모름.
s.reverse( )	리스트 항목의 순서를 뒤집음.
s.sort([key], [reverse])	리스트 내용 정렬

```python
numbers = [1, 2, 5, 7, 9]
abc = [3, 7, 2]

print('리스트 numbers 데이터는 총 %d 개입니다.' % len(numbers))
print(f'리스트 abc 데이터는 총 {len(abc) 개입니다.')

numbers.append(6)
print(f'값 추가 : {numbers}')

numbers.extend(abc)
print(f'리스트 통채로 추가 : {numbers}')

print(f'데이터 7은 몇개? : {numbers.count(7)}')

print(f'데이터 7의 첫번째 위치 : {numbers.index(7) }' )

numbers.insert(3, 8)
print(f'3번째 위치에 8 삽입 : {numbers}')

numbers.pop(1)
print(f'1번째 위치 데이터 삭제 : {numbers}')

numbers.remove(5)
print(f'데이터 5 삭제 : {numbers}')

numbers.sort( )
print(f'numbers 데이터 정렬 : {numbers}')

numbers.reverse( )
print(f'numbers 데이터 뒤집음 : {numbers}')

numbers.sort( )
print(f'numbers 데이터 정렬 : {numbers}')
```

```
리스트 numbers 데이터는 총 5 개입니다.
리스트 abc 데이터는 총 3 개입니다. :
값 추가 : [1, 2, 5, 7, 9, 6]
```

```
리스트 통채로 추가 :  [1, 2, 5, 7, 9, 6, 3, 7, 2]
데이터 7은 몇개? :  2
데이터 7의 첫번째 위치 :  3
3번째 위치에 8 삽입 :  [1, 2, 5, 8, 7, 9, 6, 3, 7, 2]
1번째 위치 데이터 삭제 :  [1, 5, 8, 7, 9, 6, 3, 7, 2]
데이터 5 삭제 :  [1, 8, 7, 9, 6, 3, 7, 2]
numbers 데이터 정렬 :  [1, 2, 3, 6, 7, 7, 8, 9]
numbers 데이터 뒤집음 :  [9, 8, 7, 7, 6, 3, 2, 1]
numbers 데이터 정렬 :  [1, 2, 3, 6, 7, 7, 8, 9]
```

③ tuple

　㉠ 특징

- 데이터 목록을 나타내는 list와 같음
- 리스트의 인덱스, 슬라이싱 사용 가능
- tuple 안의 요소의 크기나 값을 변경할 수 없다.
- (값, 값, 값, ...) 또는 ( )를 생략하고 쉼표(,)로만 구분
- 튜플 길이는 고정(정적)

```
numbers = (1, 2, 5, 7, 9)
abc = 3, 7, 2
t = (4,)

print(len(numbers))              5
print(len(abc))                  3
print(len(t))                    1
print('-'*20)                    --------------------
                                 2
print(numbers[1])                (2, 5)
print(numbers[1 : 3])            TypeError : 'tuple' object does
numbers[2] = 4                   not support item assignment
```

④ dictionary

　㉠ 특징

- {'key' : 'value'}, 키-값의 쌍으로 구성되어 있는 자료형
- 첨자는 키(Key), 이 키가 가리키는 데이터를 값(Value)이라 표현
- 요소들의 순서가 없음. 키에 따라서만 접근 가능.
- 리스트처럼 첨자를 이용해서 요소에 접근하고, 또 그 요소를 변경 가능
- 보통 탐색 속도가 빠르고, 사용하기 편리함
- 탐색을 위한 사전구조(dictionary) 또는 맵(map) 구조 지원

ⓛ 연산

- 생성 및 출력

```
dic = {'python' : ' 귀도 반 로섬', 'C' : '데니스 리치', , 'linux' : '리누스 토발즈'}
print(dic)
```
```
{'python' : ' 귀도 반 로섬', 'C' : '데니스 리치', 'linux' : '리누스 토발즈'}
```

- dictionary 길이 확인 : len( )

```
dic = {'python' : ' 귀도 반 로섬', 'C' : '데니스 리치', , 'linux' : '리누스 토발즈'}
print(len(dic))
```
```
3
```

- 요소 확인 : key로 확인

```
dic = {'python' : ' 귀도 반 로섬', 'C' : '데니스 리치', , 'linux' : '리누스 토발즈'}
print(dic['python'])
```
```
귀도 반 로섬
```

- 새로운 요소 추가
  - key : value 형식, update( ) 사용

```
dic = {'python' : ' 귀도 반 로섬', 'C' : '데니스 리치'}
dic['linux'] = '리누스 토발즈'
print(dic)

dic.update({'java' : '썬마이크로시스템즈'})
print(dic)
```
```
{'python' : ' 귀도 반 로섬', 'C' : '데니스 리치', 'linux' : '리누스 토발즈'}
{'python' : ' 귀도 반 로섬', 'C' : '데니스 리치', 'linux' : '리누스 토발즈',
'java' : '썬마이크로시스템즈'}
```

- 요소 삭제 : del

```
dic ={'python' : ' 귀도 반 로섬', 'C' : '데니스 리치', 'linux' : '리누스 토발즈',
'java' : '썬마이크로시스템즈'}

del dic['java']
print(dic)
```
```
{'python' : ' 귀도 반 로섬', 'C' : '데니스 리치', 'linux' : '리누스 토발즈'}
```

- key 있는지 확인 : in

```
dic = {'python' : ' 귀도 반 로섬', 'C' : '데니스 리치', 'linux' : '리누스 토발즈'}

print('c' in dic)                    # 대소문자 구분
print('C' in dic)
```
```
False
True
```

- in 연산자 탐색 알고리즘
- list 나 tuple : 순차탐색
- dictionary : 해싱

- key 출력 / value 출력

```
dic = {'python' : ' 귀도 반 로섬', 'C' : '데니스 리치', 'linux' : '리누스 토발즈'}

print(dic.keys( ))
print(dic.values( ))
```
```
dict_keys(['python', 'C', 'linux'])
dict_values([' 귀도 반 로섬', '데니스 리치', '리누스 토발즈'])
```

⑤ **set**

㉠ 특징

- 리스트처럼 목록 표시, 중복 요소 없음, 고유한 값들의 집합
- 데이터 입력 순서에 상관없이 자동 정렬

㉡ 연산

- 빈 생성 : set( )
  - 빈 set 생성시에는 필히 set( )활용

```
s_empty = set( )
print(type(s_empty))                 <class 'set'>

print('='*30)                        ==============================

s_empty={}
print(type(s_empty))                 <class 'dict'>
```

㉢ 생성

```
s1 = {1, 2, 3}
s2 = {5, 2, 3, 4}

print(s1)                            {1, 2, 3}
print(s2)                            {2, 3, 4, 5}
```

ⓔ 요소 추가, 삭제, 전부 지우기

- add( ) / remove( ) / clear( )

```
s1 = {1, 2, 3}
s2 = {5, 2, 3, 4}
s3 = {4, 8, 2, 9, 6}

s1.add(7)                    # s1에 7 추가
s2.remove(5)      # s2에서 5 삭제
s3.clear( )                  # s3 전부 삭제

print(s1)                              {1, 2, 3, 7}
print(s2)                              {2, 3, 4}
print(s3)                              set( )
```

03 제어문

(1) 제어문이란

① 개념

ⓐ 프로그램 흐름을 제어하는 데 사용되는 코드 블록

ⓑ 조건에 따라 코드를 실행하거나 반복적으로 코드를 실행

ⓒ 종류 : 순차구조, 선택구조, 반복구조

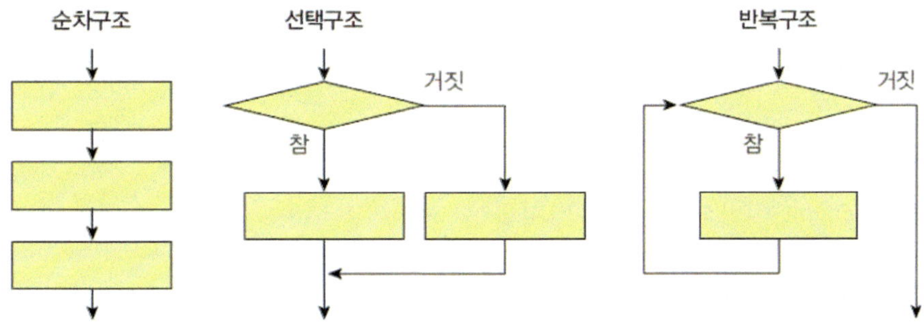

〈그림 2-3〉 제어구조 순서도

② 순차 구조(sequence)

ⓐ 명령들이 순차적으로 위에서 아래로 실행되는 구조

ⓑ 특별한 제어가 없이 작성 및 실행

```
print('반갑습니다.')
print('파이썬 기초입니다.')
print('')
```

③ 선택 구조(selection)

　ㄱ 분기문. 조건에 따라 코드를 실행

　ㄴ if

- 둘 중의 하나의 명령을 선택하여 실행되는 구조이다.
- 만약 ~~이 참이면 첫 번째, 아니면 두 번째를 실행

```
sum = 90

if sum >= 60 :
    print('pass')
else :
    print('fail')
```

④ 반복 구조(iteration)

　ㄱ 조건에 따라 동일한 명령이 반복되면서 실행되는 구조

　ㄴ 조건이 참이면 반복, 거짓이면 그만...

　ㄷ 종류 : while, for

- 예 : 10회 반복

```
i = 0                                for i in range(10) :
                                         print(i)
while i < 10 :
    print(i)
    i += 1
```

(2) 조건문

① 개념

　ㄱ 조건에 따라 코드를 실행하거나 멈추거나 다른 코드를 실행할 수 있게 함

　ㄴ 오류를 처리하거나 데이터의 유효성 검사등을 진행

　ㄷ 선택문(if), 반복문(whiel, for) 에서 주로 같이 사용

　ㄹ 조건문의 결과는 참(true), 거짓(false)으로 꼭 나와야 함.

② 조건에 대한 판단 방법

비교 연산자 활용	True 활용
>, >=, <=, <, ! 등	무한 반복시 주로 활용

`if temp.value > 30 :`
`    red_led.on( )`
`else :`
`    red_led.off( )`
	`while True :`
	`    led.on( )`
	`    sleep(1)`
	`    led.off( )`
	`    sleep(1)`

온도(temp.value)가 30이상이면 red_led on, 그렇지 않으면 red_led off	led on 1초후 led off 1초 후 led on.... 반복

(3) if 문

① 개념

　㉠ 선택문, 조건문에서 조건의 참, 여부를 판단하여 실행

　㉡ 참, 거짓 영역중 조건에 맞는 부분만 실행

② 형식

[표 2-6] if 조건문

조건문	실행
if 조건문 : 　문장1	조건이 참이면 문장1 실행 거짓이면 실행 안함.
if 조건문 : 　문장1 　문장2 else : 　문장8 　문장9	조건이 참이면 문장1, 문장2 실행, 거짓이면 else 이후 문장8 문장9 실행
if 조건문1 : 　문장1 elif 조건문2 : 　문장2 elif 조건문3 : 　문장3 else : 　문장8 　문장9	if, elif에서 참인 부분만 실행 　조건문1이 참이면 문장1만 실행, 　조건문2가 참이면 문장2만 실행 　조건문3이 참이면 문장3만 실행, 모두 거짓이면 else 이후 문장8 문장9 실행
if 조건문1 : 　if 조건문2 : 　　문장2 　elif 조건문3 : 　　문장3 　else 　　문장4 else : 　문장8 　문장9	조건문1이 참이면 아래 if 실행 　　조건문2, 조건문3에서 참인 부분만 실행, 　　조건문1이 참이고 조건문2가 참이면 문장2 실행 　　조건문1이 참이고 조건문3이 참이면 문장3 실행, 　　조건문1이 참이고 　　조건문2, 조건문3이 거짓이면 문장 4 실행 조건문1이 거짓이면 문장8, 문장9 실행

③ 예

num = 3	초깃값 설정
if num == 5 : 　print('OK!')	#아무것도 출력되지 않음
if num == 3 : 　print('OK!')	OK!

| ```
if num == 5 :
    print('OK~~')
else
    print('No!!')
``` | No!! |
| ```
if num < 3 :
    print('small...')
elif num > 3 :
    print('lager...')
else :
    print('equal...')
``` | equal |
| ```
if num > 0 :
    if num % 2 == 0 :
        print("양수이면서 짝수')
    else :
        print("양수이면서 홀수')
else :
    print("음수')
``` | 양수이면서 홀수 |
| ```
key= stdscr.getch( )

if key == ord('p') :
    image = capture.image(cam))
    print("갭처 성공')
elif key == ord('esc') :
    break
    print("캡처 중단')
else :
    print("잘못된 키 입력입니다.')
``` | p를 누르면 캡처진행 후<br>'캡처 성공' 출력<br><br>esc를 누르면 캡처 중단후<br>'캡처 중단'<br><br>"잘못된 키 입력입니다." 출력 |

(4) 반복문

① 개념

㉠ 조건문이 참이면 계속 반복작업

㉡ 강제 중단 : ctrl + c

② while

㉠ 형식

반복문	실행
while 조건문 : 문장1	조건문이 참이면 문장1 실행 즉, 조건문이 참인 동안 문장1 계속 실행

㉡ 예

```
while LEFT_LINE.value==0 and RIGHT_LINE.value==0
    move_forward( )
```

- 왼쪽 라인트레이서, 오른쪽 라인 트레이서가 차선을 검출하지 않으면 계속 전진.
    - LEFT_LINE.value==0 and RIGHT_LINE.value==0

③ **for**

ㄱ 정해진 횟수만큼 반복을 진행

ㄴ in 리스트명

- 리스트 인수만큼 반복

```
angle_list = [-90, -45, 0, 45, 90]

for angle in angle_list :
    control_servo(angle)
    sleep(1)
```

- angle_list 리스트의 각도는 5개, for 는 5회 반복

ㄷ in range(반복 횟수)

반복문
for 반복변수 in range(초깃값, 최종값, 증가값) :   문장1

- 초기값 : 처음 시작숫자, 생략시 0부터 시작
- 증가값 생략하면 +1씩 증가
- 최종값 : 최종값에서 -1 한 숫자가 반복 횟수

ㄹ 10회 반복

```
for c in range(10)
    capture_image(cam)
    sleep(3)
```

- capture_image(cam) : 카메라를 통해 캡처
- 0~9까지 10회 반복, 아래 모두 같은 결과

for f in range(10)
    print(f)
	for f in range(0, 10)
	    print(f)
		for f in range(0, 10, 1)
		    print(f)

0 1 2 ... 8 9	0 1 2 ... 8 9	0 1 2 ... 8 9

④ **다중 for**

ㄱ for 문에 또 for 문 존재

반복문

for 반복변수 in range(초깃값, 최종값, 증가값) :
    for 반복변수 in range(초깃값, 최종값, 증가값) :
        for ....

ⓒ 예

- 구구단 2단부터 9단까지 출력

```
for dan in ragne(2, 10) :
    for num in range(1, 10) :
        print(f'{dan} × {num} = {dan*num}')
```

```
2 × 1 = 2
2 x 2 = 2
...
9 x 8 = 72
9 x 9 = 81
```

(5) break

① 반복문에서 조건에 해당되면 중단하는 제어문

② '이번에 조건에 맞아? 그만하고 반복문 나가자.'

③ 예

```
while True :
    if temp >= threshold("temp_low') :
        print(f'Fan OFF : Temp={temp : .1f})
        fan.stop( )
        break
    sleep(10)

    sleep(1)
```

㉠ 10초마다 반복(sleep10), 들여쓰기 조심. sleep(10)은 if 문에 속하지 않음.

㉡ 현재 온도(temp)가 설정한 최저 온도(temp_low)보다 크면 print( ) 문을 출력하고 팬을 정지 (fan.stop( ))하고 반복문 종료(break

04 함수와 클래스, 모듈, 패키지

(1) PEP 8 규칙

① 개념

㉠ 파이썬 코드 작성 규칙

㉡ PEP 8 (Python Enhancement Proposal 8)

② 규칙(요약)

㉠ 라이브러리 불러오기 (Import) 순서

- 표준 라이브러리 : 파이썬에 원래 내장된 것 (sys, math, time 등), 설치할 필요없음.

- 서드파티 라이브러리 : pip install로 따로 설치한 것 (flask, gpiozero 등)

- 로컬 라이브러리 : 내가 직접 만든 파일 (motor_module 등)

```python
# 1. 표준 라이브러리 (파이썬 내장)
import atexit
import math
import subprocess
import sys

# (빈 줄로 구분)

# 2. 서드파티 라이브러리 (pip 설치)
from flask import Flask, render_template_string, request, jsonify
from gpiozero import DistanceSensor
from mpu6050 import mpu6050

# (빈 줄로 구분)

# 3. 로컬 라이브러리 (직접 만든 모듈)
from motor_module import *
```

ⓛ 들여쓰기 (Indentation)

- 스페이스 4칸을 사용, 탭(Tab) 키 사용.

ⓒ 이름 짓기 (Naming Convention)

- 변수와 함수 : 소문자를 쓰고, 단어 사이는 언더바(_)로 연결 (스네이크 표기법)

  예) move_forward( ), move_backward( ), speed_limiter 등등

- 클래스 : 각 단어의 첫 글자를 대문자로 씀. (파스칼 표기법) DistanceSensor, AngularServo

- 상수 : 모두 대문자로 쓰고, 단어 사이는 언더바(_)로 연결

  예 : STOP_SPEED, STOP_DISTANCE

ⓔ 띄어쓰기 (Whitespace)

- 연산자 앞뒤 : a = 1, if x 〈 5 : 처럼 등호나 부등호 앞뒤에는 공백을 한 칸 둠.

- 콤마 뒤 : func(a, b)처럼 콤마 뒤에는 공백을 둠.

(2) 함수(function)

개념	특징	예
함수	코드 블록 단위	on( ), off( ), when_in_range( ), when_out_of_range( ) when_line( ), when_no_line( ) run_led( ), run_ultra( ) 등등
클래스	객체 생성(변수+메소드)	LED, DistanceSensor, LineSensor 등
모듈	함수 클래스 모음 하나의 파일(.py)	led_module.py, line_module.py, ultra_module.py 등
패키지	모듈의 모여있는 디렉터리(폴더)	gpiozero

① **함수 개념**

　㉠ 특정 작업을 수행하는 코드들을 하나의 이름으로 묶어놓은 것

　㉡ 입력값을 받아 원하는 결과를 반환하거나 작업을 수행하는 코드 블록

　㉢ 함수를 사용하는 이유

- 코드 재사용 : 같은 동작을 여러 번 반복할 때 매번 긴 코드를 쓸 필요가 없음
- 코드 정리 : 복잡한 프로그램을 작은 단위로 나누어 관리하기 쉬움
- 유지보수 : 문제가 생겼을 때 해당 함수만 수정하면 됨

② **함수 정의**

　㉠ def 키워드를 사용하여 정의

　㉡ 기본 형식

매개변수, 반환값이 없는 경우	반환값이 있는 경우

`def 함수명( ) :`
　`실행코드1`
　`실행코드2`
　`...`
	`def 함수명(매개변수1, 매개변수2, ...) :`
	　`실행코드1`
	　`실행코드2`
	　`...`
	　`return 반환값`

- 함수명 : 함수 호출시 사용할 이름
- 매개변수
  - 함수에 입력되는 값, 함수가 동작하려면 필수적인 값
  - 여러 개 사용시 쉼표(,)로 구분
- 함수 본문
  - 함수가 수행할 작업을 정의하는 코드 블록
  - 여러 개의 실행 코드 사용, 반드시 탭으로 들여쓰기
- 반환값
  - 함수가 실행된 결과를 반환하는 값
  - return 키워드를 사용

③ **함수 호출**

　㉠ 개념 : 정의된 함수를 사용하는 것

　㉡ 호출

```
함수명(매개변수1, 매개변수2, .....)
```

- 반드시 def 함수명으로 상단에 정의되어 있어야 한다.

　㉢ 매개변수가 없을 경우 사용 방법

```
함수명( )
```

㉣ 매개변수와 반환값이 있을 경우 사용 방법

변수 = 함수명(매개변수1, 매개변수2, ...)

㉤ 예

```
def cleanup_motor( ) :                          # 함수정의, 매개변수 없음.
    RIGHT_WHEEL.stop( )
    LEFT_WHEEL.stop( )
    print('Motors cleaned up')

def move_forward(speed) :                        # 함수정의, 매개변수 speed 있음.
    print('Pi-Rover go go..!')
    RIGHT_WHEEL.forward(speed=speed)
    LEFT_WHEEL.forward(speed=speed)

while True :
    input_speed = int(input('속도를 입력하세요'))
    move_forward(speed)                          # 함수 호출, 매개변수 speed

cleanup_motor( )                        # 함수 호출. 매개 변수 없음.
```

④ 함수 종류

구분	내장함수	외장함수	사용자정의함수
정의주체	파이썬	라이브러리 개발자	사용자
선언 키워드	이미 만들어져 있음		def로 직접 만듦
사용방법	바로 사용	import로 불러온 후 사용 import LED import DistanceSensor	정의 후 호출
예	print( ) input( )	on( ), off( ) when_in_range( )	cleanup_motor( ) move_forward( )

㉠ 내장 함수 (Built-in Function)

- 파이썬을 설치하면 기본적으로 포함
- 'import' 과정 없이 언제 어디서나 바로 사용할 수 있는 함수들
- 예
  - print( ) : 화면에 값을 출력
  - len( ) : 리스트나 문자열의 길이를 구함
  - input( ) : 사용자로부터 키보드 입력을 받음.
  - int( ), str( ), list( ) : 다른 데이터 타입을 정수, 문자열, 리스트로 변환

㉡ 외장 함수 (External Function)

- 'import' 키워드를 사용해 외부 모듈(파일)로부터 불러와야만 사용할 수 있는 함수
- 외장 함수는 크게 두 종류로 나뉨

- 표준 라이브러리 함수
  - 파이썬을 설치할 때 함께 설치되지만, 사용하려면 'import'가 필요한 모듈의 함수
  - 예 : time, math, random 등

```
from time import sleep

sleep(1)                    # 1초 멈춤
```

- 서드파티 라이브러리 함수
  - 'pip'와 같은 패키지 관리자로 별도 설치해야 하는 외부 라이브러리의 함수이다.
  - 예 : gpiozero, , numpy, opencv 등
  - gpiozero 라이브러리는 라즈베리파이OS 설치시 같이 설치되어 따로 설치할 필요 없음.

```
from gpiozero import LED

led = LED(17)
```

ⓒ 함수 (사용자 정의 함수, User-defined Function)
- 프로그래머가 직접 'def' 키워드를 사용해 만드는 함수
- 특정 작업을 수행하는 코드 만들어 이름을 붙이고, 필요할 때마다 호출하여 재사용
- 위에서 다룬 cleanup_motor( ), move_forward( ) 가 사용자 정의 함수에 속함

(3) 코드 구성 요소

① 사용 클래스 및 주요 메서드

ㄱ gpiozero 라이브러리 안에 LED, DistancdSensor, Button, Motor 클래스가 있으며 클래스 안에는 공통으로 사용될 수 있거나 독립적인 많은 method가 있다.

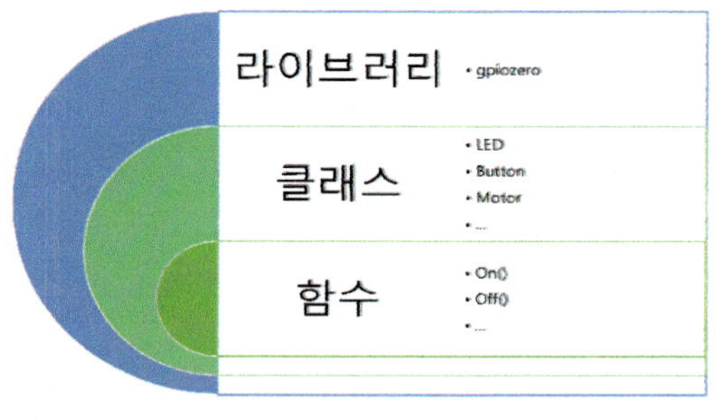

〈그림 2-4〉 코드구성

ㄴ 메서드 사용은 객체 생성 시 만든 '객체명.메서드' 사용 (구분자 점(dot, .))

```
# file : code_1.py              # code_1 모듈 파일

# 내장 라이브러리
from time import sleep          # time 라이브러리에서 sleep( ) 함수 불러오기
```

```python
from signal import pause# signal 라이브러리에서 pause( ) 함수 불러오기

# 외부 라이브러리
from gpiozero import LED# gpiozero 라이브러리에서 LED 클래스 불러오기

led1 = LED(17)                      # LED 클래스로 led1 객체 생성
led2 = LED(27)                      # LED 클래스로 led2 객체 생성

count = 0                           # count 변수

print('Press Ctrl+C to exit')

def blink_led( ) :                  # blink_led( ) 함수 정의
    led1.on( )                          # led1 객체의 on( ) 메서드 호출
    led2.on( )                          # led2 객체의 on( ) 메서드 호출
    sleep(1)                        # sleep( ) 함수 호출
    led1.off( )                         # led1 객체의 off( ) 메서드 호출
    led2.off( )                         # led2 객체의 off( ) 메서드 호출
    sleep(1)

print('Press Ctrl+C to exit')
print('-'*30)

led1.source = blink_led # led1 객체의 source 속성에 blink_led 함수 할당
led2.source = blink_led # led2 객체의 source 속성에 blink_led 함수 할당

pause( )                            # 대기 함수인 pause( ) 함수
```

구분	예시 코드	설명
라이브러리(패키지)	gpiozero	파이썬에서 특정 기능을 모아둔 코드 집합 GPIO 제어 기능을 제공
모듈(module)	signal	라이브러리 안에 포함된 개별 파일 time, signal
클래스(class)	Button	라이브러리 안에서 특정 기능을 정의한 설계도 LED( ), Button( ), Buzzer( ), Motor( ) 등등
객체	led1 led2	클래스로부터 생성된 실제 객체 led1 객체, led2 객체
함수	blink_led( )	특정 동작을 수행하는 코드들 정의하고 불러서 동작함
메서드	on( ) / off( ) / sleep( )	객체가 가진 동작(함수)을 의미
속성	source	객체가 가진 특성(속성)을 의미

② 클래스(class)

㉠ 클래스(class)란

- 객체(Object)를 만들기 위한 설계도
- 속성(변수)과 동작기능(메서드)을 하나로 묶어 관리
- "Pi"라는 클래스를 만들고, "Pi-Rover", "Pi-Car", "AI-Rover" 등 여러 개의 객체를 만듦.

- 구조 : 클래스 = 데이터(속성) + 기능(메서드)

```python
class 클래스이름 :
    def __init__(self, 속성1, 속성2) :
        self.속성1 = 속성1
        self.속성2 = 속성2

    def 메서드(self, 인자) :
        실행문
```

- 생성자_init에서 초기화 및 인스턴스 메서드(첫 매개변수 self)
- 예

```python
# file name : motor_module.py

from config import LEFT_WHEEL, RIGHT_WHEEL

class MotorControl :
    def __init__(self, left_wheel=LEFT_WHEEL, right_wheel=RIGHT_WHEEL) :
        self.left = left_wheel
        self.right = right_wheel
        self.speed = 0.0

    def move_forward(self) :
        self.right.forward(speed=self.speed)
        self.left.forward(speed=self.speed)

    def cleanup(self) :
        self.stop( )
        print("Motors cleaned up')
```

- 사용

```python
from motor_module import MotorControl

mc = MotorControl( )
mc.set_speed(0.5)        # 속도 설정
mc.forward( )            # 전진
mc.cleanup( )            # 정리
```

③ 모듈(module)

㉠ 개념

- 함수, 클래스, 상수 등을 담은 .py 파일 한 개를 의미
  line_module.py, motor_module.py 등이 모듈
- 기능별로 파일별로 구분

```python
from motor_module import move_forward, move_backward
from time import sleep

while True :
    move_forward(1)
    sleep(1)
    move_backward(1)
    sleep(1)
```

- config.py 모듈
  - 기초 설정 등을 하나의 모듈(파일)에서 정리한다.
  - 센서들의 핀번호를 한곳에서 관리할 수 있어 매우 편리하다.
  - chapter 프로젝트에서 활용한다.
  - 사용자 정의 명칭은 대문자로 정의한다.

```python
# file name : config.py

from gpiozero import LED, TonalBuzzer, DistanceSensor, LineSensor, Servo, Motor,
Robot
from mpu6050 import mpu6050
import numpy as np

PIN = {
    'led' : 16,
    'buzzer' : 25,
    'ultra_1_echo' : 12,
    'ultra_1_trig' : 13,
    'ultra_2_echo' : 17,
    'ultra_2_trig' : 18,
    'line_left' : 6,
    'line_right' : 5,
    'servo' : 4,
    'motor1' : (26, 19),
    'motor2' : (22, 27),
    'motor3' : (20, 21),
    'motor4' : (24, 23),
    'mpu6050' : (2, 3),
}

# led sensor
LED = LED(PIN['led'])
PWMLED = PWMLED(PIN['led'])

# buzzer sensor
BUZZER = TonalBuzzer(PIN['buzzer'])

...
```

  - 사전에 정의한 config.py를 활용하는 방법

```python
# file name : test_led.py

from config import LED            # config.py에서 설정한 LED를 가져와 바로 사용
from time import sleep

# from gpiozero import LED           # gpiozero의 LED를 임포트 할 필요없고
# led = LED(16)                   # 객체 생성, 핀번호 설정할 필요 없다.

while True :
    LED.on( )
    sleep(1)
```

```
    LED.off( )
    sleep(1)
...
```

    – config 모듈에서 사전에 정의한 LED를 불러와 사용

④ **패키지**

    ㉠ 여러 모듈(py 파일)들을 하나의 디렉터리(폴더)에 모아놓은 것

    ㉡ 디렉터리에 init.py 파일이 있어야 함._init.py은 빈 파일이어도 된다.

    ㉢ 비유 : 여러 개의 레시피(모듈)을 모아놓은 요리책(패키지)

    ㉣ Pi-Rover 패키지

```
Pi-Rover/
├── __init__.py              # 패키지화 설정 파일
├── config.py                # 센서 GPIO핀 설정, 정의
├── motor_module.py          # 모터 제어 함수 파일

├── ch06_basic_control/         <-- (6장 : 기초 제어 실습)
│   ├── keyboard_1.py           <-- (실습 : 키보드 매핑)
│   ├── keyboard_control.py     <-- (응용 : 키보드 주행)
│   ├── flask_web_control.py    <-- (응용 : Wi-Fi 웹 제어)
│   ├── imu_1_data_try.py       <-- (실습 : IMU 데이터 확인)
│   └── ... (초음파, 라인 등 기초 실습 파일들)

├── ch07_sensor_fusion_control/ <-- (7장 : 융합 및 자율 제어)
│   ├── fusion_line_ultra.py    <-- (기초 : 라인 + 초음파)
│   ├── fusion_dual_ultra.py    <-- (기초 : 전후방 밸런싱)
│   ├── fusion_imu_ultra.py     <-- (응용 : 충돌 회피)
│   └── fusion_servo_ultra.py   <-- (응용 : 능동형 스캐닝)

├── ch08_sensor_filtering/   <-- (8장 : 필터링 학습)
│   ├── motor_module.py         <-- (모터 제어 핵심)
│   └── filtering_module.py     <-- (필터링 함수 모음)

└── ch09_comprehensive_project/ <-- (9장 : 종합 프로젝트)
    ├── motor_module.py         <-- (모터 제어 핵심)
    ├── filtering_module.py     <-- (필터링 함수 모음)
    ├── project1_agv_rover.py       <-- (AGV 물류 로봇)
    ├── project2_safety_follower.py <-- (안전 거리 유지 로봇)
    ├── project3_maze_rover.py      <-- (자율 탐사 로버)
    └── project4_iot_center.py      <-- (IoT 원격 관제 센터)
```

    • Pi-Rover 디렉터리 안에 init.py 파일 존재

    • config.py, motor_module.py 모듈 파일들

CHAPTER

3

개발환경 구축

03 개발환경 구축

 **라즈베리 개요**

(1) 라즈베리파이란

① 2012년 2월 +영국의 라즈베리파이 재단에서 학교 컴퓨터 및 과학 교육 목적으로 만든 SingleBoard Computer

② ARM 아키텍처의 리눅스(우분투 계열의 라즈베리파이 OS)를 포함하고 있고 GNU의 gcc 컴파일러 등 리눅스 기반의 시스템 프로그램의 개발환경부터 파이썬 개발환경, GUI의 qt 개발등까지 지원하고 있다.

(2) 라즈베리파이 하드웨어

① 모델 및 사양

사양	Pi 1 모델	Pi 2 모델	Pi 3B+ 모델	Pi 4 모델	Pi 5 모델
프로세서 칩셋	BCM 2835 700MHz	BCM 2836 900MHz	BCM 2837 @1.2GHz	BCM 2711 쿼드코어 Cortex-A72 @1.5GHz	BCM2712 2.4GHz 쿼드코어 64비트 Arm Cortex-A76 CPU
메모리	256MB	512MB	1.0GB	1 / 2 / 4 / 8GB LPDDR4 SDRAM	LPDDR4X-4267 SDRAM (4GB / 8GB 선택)
와이파이	없음	'없음	802.11 b/g/n	802.11 b/g/n	듀얼밴드 802.11ac
블루투스	없음	없음	Bluetooth 4.1	Bluetooth 5.0	블루투스 5.0 / 저전력블루투스(BLE)
이더넷	없음	10/100Mbps	10/100Mbps	10/100Mbps	기가비트 이더넷(PoE+ 지원)
USB	1 포트	4 포트	USB 2.0(4 포트)	USB 2.0(2 포트) USB 3.0(2 포트)	USB 2.0(2 포트) USB 3.0(2 포트)
비디오	1	1	HDMI 1x 최대 1080Kp60 해상도	2x Micro HDMI 최대 4Kp60 해상도	듀얼 4Kp60 HDMI
카메라				2-lane MIPI CSI camera port	2 × 4레인 MIPI 카메라/디스플레이 통신
디스플레이				2-lane MIPI DIS display port	

사양	Pi 1 모델	Pi 2 모델	Pi 3B+ 모델	Pi 4 모델	Pi 5 모델
멀티미디어			OpenGL ES 1.1, 2.0	OpenGL ES 1.1, 2.0, 3.0	OpenGL ES 3.1, Vulkan 1.2
GPIO	26 Pin	40 Pin	40 Pin	40 Pin	40 Pin
전원	5V 1.8A	5V 1.8A	5V 2.5A	5V 3.0A USB-C	5V/5A DC (USB-C 포트, PD 지원)

〈그림 3-1〉 라즈베리파이5_1

〈그림 3-2〉 라즈베리파이5_2

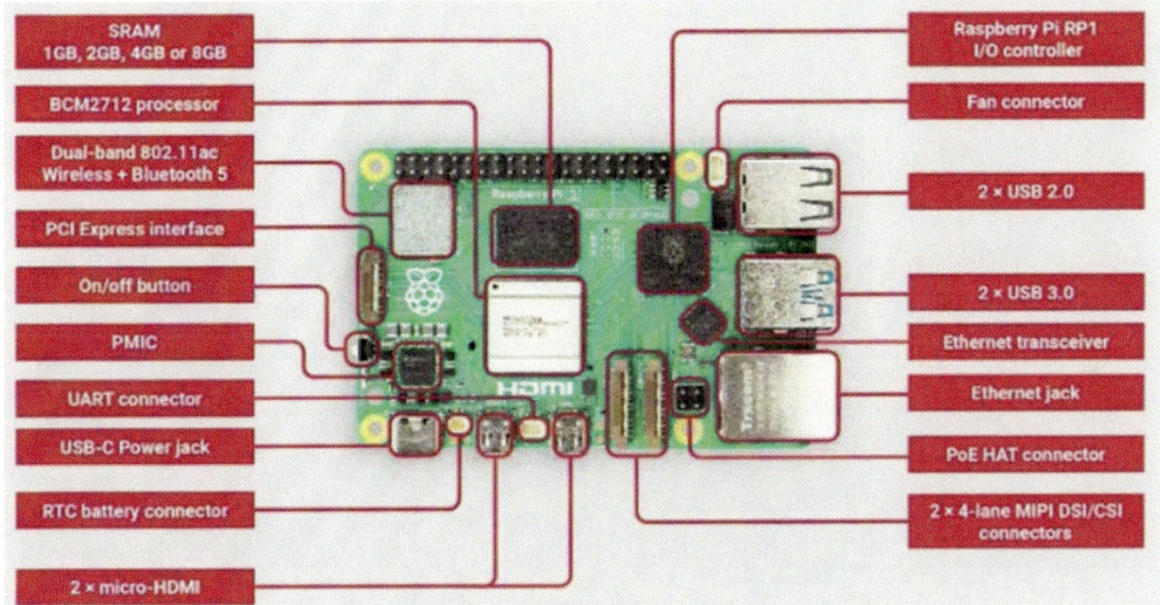

〈그림 3-3〉 라즈베리파이5_인터페이스

② 시스템 구성 및 기본 액세서리

㉠ 필수

부품명	내용	이미지
보호케이스	라즈베리파이 구입시 PCB보드만 들어 있으며 보호를 위한 케이스는 없으며, 사용시 외부 충격이나 내부 전기적 이상 현상 등 안전하게 라즈베리파이를 사용하기 위해 필수	
방열판	라즈베리파이의 칩셋들의 열을 배출, 필수	
SD 카드 및 리더기	• 라즈베리파이의 운영체제를 설치 • 보조기억장치	
HDMI	Raspberry Pi 4모델 이후부터는 MicroHDMI 커넥터가 2개 있어 최대 2개의 디스플레이 연결이 가능	
디스플레이	• 모니터, TV 등 HDMI 연결 가능. • HDMI to miceroHDMI 케이블 필요	
키보드	USB 규격 필요	
마우스	USB 규격 필요	
전원	• 라즈베리파이 4B모델 이후부터는 휴대폰 충전기와 같은 USB(type-C) 타입사용 • 전원 혹은 컴퓨터(USB to c-type)에 연결	

③ **선택**

㉠ GPIO 확장 보드와 연결케이블

T형태이며 GPIO핀의 각 명칭이 적혀 있으며 라즈베리파이의 GPIO핀을 외부로 연장 시 이용한다. 본 교재에서는 필수적으로 사용하고 있다. 확장보드와 라즈베리파이와는 연결케이블로 연결해줘야 하며 케이블의 끝이 빨강선이 1번선이다.

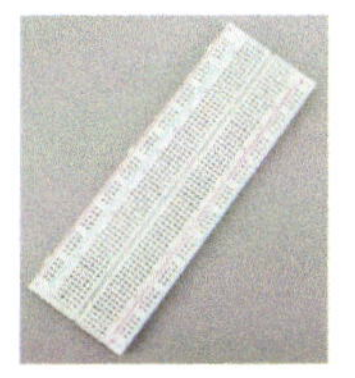

<그림 3-4> GPIO 확장보드　　　　<그림 3-5> GPIO40Pin 연결케이블　　　　<그림 3-6> 브레드보드

㉡ 브레드보드(빵판)

전자부품을 전기 인두를 이용하여 납땜하지 않고 빠르게 회로 연결하여 동작을 확인할 때 사용

㉢ 점퍼 케이블

브레드보드와 같이 사용하며 부품이나 GPIO핀간의 연결에 사용, 수-수, 암-수, 암-암 3가지 종류가 있으며 길이는 다양하다.

㉣ 이더넷(네트워크) 케이블 [모델 B/B+/2B/3B/3B+/4B만 해당]

이더넷 케이블(유선 인터넷선)은 Pi를 로컬 네트워크 및 인터넷에 연결하는 데 사용한다.

- LAN Cable

  Rasberry Pi를 네트워크에 유선 연결하는데 사용

- USB Wifi Dongle
  - 무선 기능이 없는 구형 모델에서 무선 연결을 하려면 USB 무선 동글이 필요하다.
  - RasberryPi를 WiFi에 연결할 수 있도록 함. 라즈베리파이 3모델 이후 버전은 자체 내장되어 있다.
- USB Bluetooth dongle

  Raspberry Pi에 블루투스 통신을 지원할 때 사용. 라즈베리파이 4모델부터는 내장되어 있다.

ⓜ 오디오 케이블

- 표준 3.5mm 잭을 사용하여 스피커나 헤드폰을 통해 오디오를 재생할 수 있다. 또한 HDMI 케이블 없나 DVI, VGA 디스플레이장치에 연결하고 소리를 내려면 오디오 케이블이 필요하다.
- 오디오는 디스플레이를 통해 직접 재생할 수 있으므로, 스피커가 내장된 모니터에 HDMI 케이블로 연결하는 경우 별도의 오디오 케이블이 필요하지 않지만 다른 스피커를 통해 오디오를 재생하려는 경우 케이블을 따로 연결할 수 있으며, 그렇게 사용하려면 구성이 필요하다.

ⓗ USB Memory

- Raspberry Pi에 데이터를 옮길 때 사용한다. USB 메모리 사용시 파일 시스템은 윈도우의 기본인 FAT계열의 파일 시스템 사용하도록 한다.

ⓢ 유전원 USB 허브

라즈베리파이의 USB단자가 부족하거나 혹은 라즈베리파이의 USB전원 공급량만으로는 감당할 수 없는 소비전력의 하드웨어를 장착하였을 때 이용한다.

ⓞ RTC(Real time Clock) Module

라즈베리파이의 시간을 유지시키기 위해선 RTC Module을 필요로 하다. 시간에 따른 계속된 작업이 필요할 경우에는 필수이다. 라즈베리파이 5모델은 내장되어 있다.

(3) 라즈베리파이 소프트웨어

① 운영체제(OS)

ⓒ 라즈베리파이 OS

- 라즈베리파이에서 가장 많이 사용(www.raspberrypi.org)
- 우분투 데미안 계열. 배포판의 일종
- 웹브라우저, 파이썬, 스크래치 등의 도구 포함
- GUI 방식으로 마우스를 통한 제어가 가능

ⓛ 우분투(Ubuntu)

- 전 세계 리눅스 배포판 중 가장 많이 사용하는 배포판.

ⓔ 아치 리눅스(Arch Linux)

- ARM 프로세서에 특화
- 경량의 리눅스

ㄹ 파이도라(Pidora)

- 페도라(Fedora) 리눅스를 라즈베리파이용으로 최적화

② **라즈베리파이 OS**

〈그림 3-7〉 라즈베리파이OS 버전

ㄱ 개요

- 버전 13, Trixie(2025년 10월 1일 공개 출시)
- 기존 데비안(Debian) 12 '북웜(Bookworm)'에서 업그레이드

ㄴ 주요 변경 사항

- 시스템 기반 업그레이드 : 리눅스 커널은 6.12 버전을 사용

ㄷ 디자인 및 사용자 인터페이스(UI)

- 새로운 디자인 테마가 적용되었으며, 아이콘 세트와 GTK 테마, 데스크톱 배경화면 컬렉션이 새로워졌다.
- 기본 글꼴 변경되어 가독성이 높아짐
  - 10년간 사용된 'Piboto'에서 Nunito Sans Light로 변경

〈그림 3-8〉 라즈베리파이os_초기화면

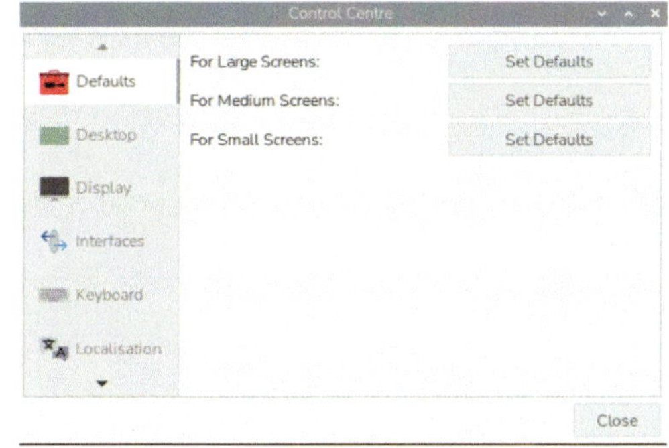

〈그림 3-9〉 Control Centre

ㄹ 통합 제어 센터(Integrated Control Centre)

- 시스템 설정, 디스플레이, 키보드/마우스, 인쇄 등 다양한 설정 프로그램을 하나로 합친 통합 제어 센터 추가
- 각 설정 섹션은 탭으로 전환하며, 동적으로 로드되는 플러그인 방식으로 구현되어 보다 체계적인 관리가 가능해짐

ㅁ 데스크톱 환경

- Sway 프로젝트의 wlroots 라이브러리를 사용하는 labwc 복합 서버를 기반으로 데스크톱 환경이 구성

- Wayland 디스플레이 서버 프로토콜을 기반으로 하는 최신 기술

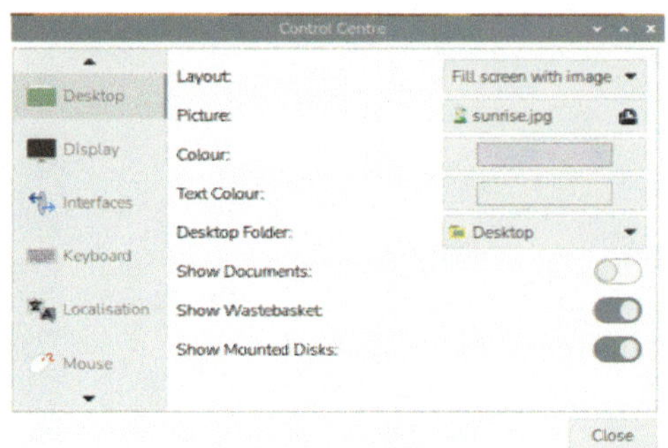

〈그림 3-10〉 Desktop 환경

ⓑ 애플리케이션 및 제공 형태
- 'Bookshelf' 앱이 업데이트 : 라즈베리 파이 관련 잡지와 도서를 볼 수 있음.
- 일부 최신 자료는 유료 구독자에게 먼저 제공된 후, 몇 달 뒤에 무료로 전환되는 방식으로 변경
- 3개 형태의 OS(32, 64비트 모두 지원)
  - 서버용 축소 버전(476MB)
  - 기본 데스크톱 버전(1.2GB)
  - 추가 애플리케이션이 포함된 전체 버전(3.4GB)

02 라즈베리파이 OS 설치

(1) 사전 작업

① putty 설치 및 설정

ㄱ putty를 다운로드 및 설치(https : //www.putty.org/)

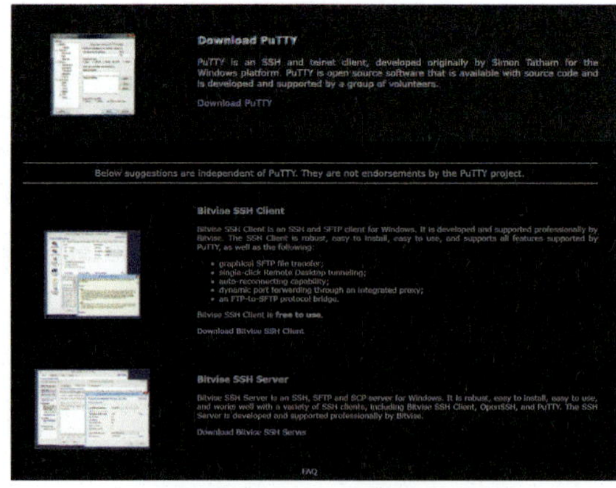

〈그림 3-11〉 putty_download

② **모바일 핫스팟 설정 및 활성화**

㉠ 작업용 컴퓨터의 윈도우에서 모바일 핫스팟 설정

- PC나 노트북의 Windows 운영체제에서 모바일 핫스팟 기능을 활용하여 라즈베리파이에서 와이파이를 접속하도록 한다. 라즈베리파이 접속 여부 및 IP를 알 수 있다.
- 모니터 및 키보드 접속없이 바로 미러링 사용하기 위해서 필수이다.
    - 혹 모니터(HDMI), 키보드, 마우스 준비가 어려운 상태라면 와이파이가 가능한 노트북에서 꼭 먼저 설정한다.
- 모바일 핫스팟 편집
    - [윈도우] – [설정] – [네트워크 및 인터넷] – [모바일 핫스팟] – 네트워크 속성 – 편집
    - '네트워크 이름', '비밀번호'를 입력 후 저장.
    - 예 : 네트워크 이름 ; hanuri, 비밀번호 : 12345678

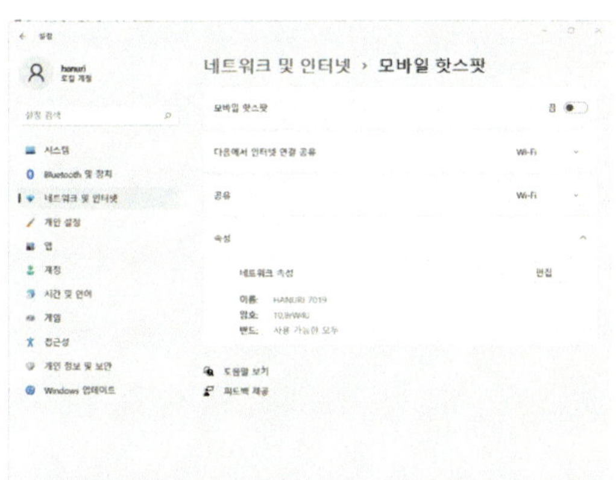
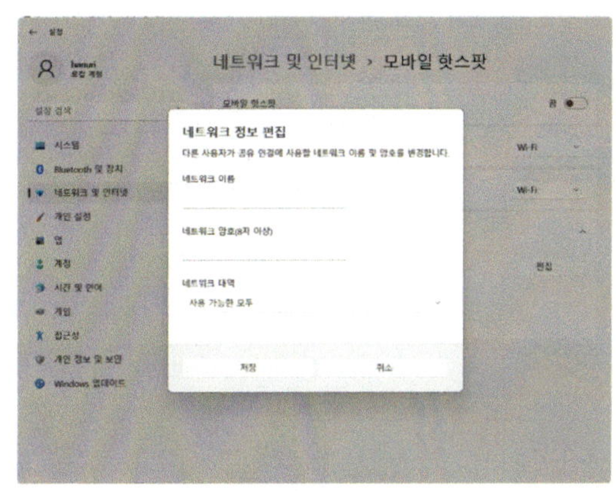

③ **vnc viewer 설치**

㉠ 컴퓨터에서 VNC Viewer 다운로드

- 사이트 : https : //www.realvnc.com/en/connect/download/viewer/
- 컴퓨터 운영체제에 맞게 다운로드.
- 파일명 : VNC-Viewer-7.15.1-Windows.exe (2026.2 기준)

㉡ 설치

- 특별히 선택하실 것 없다. 초반에 라이센스 활용에 동의만 체크.

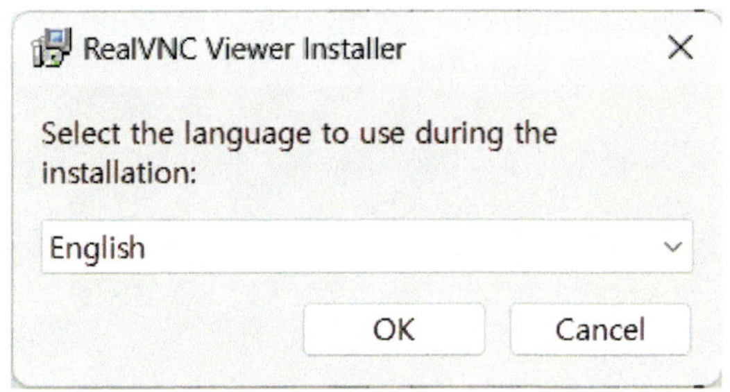

〈그림 3-12〉 install_01_language

〈그림 3-13〉 install_02_setup

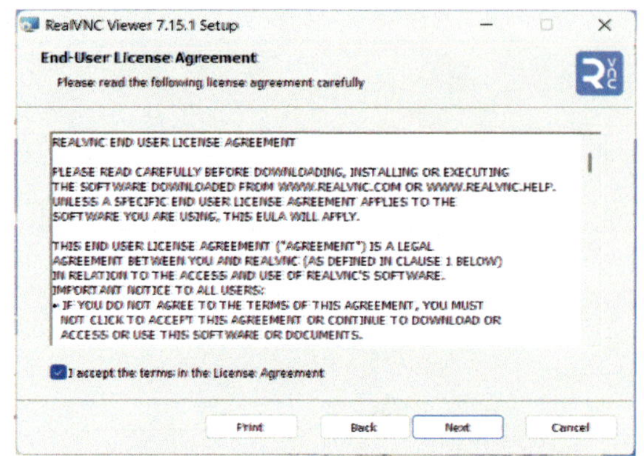
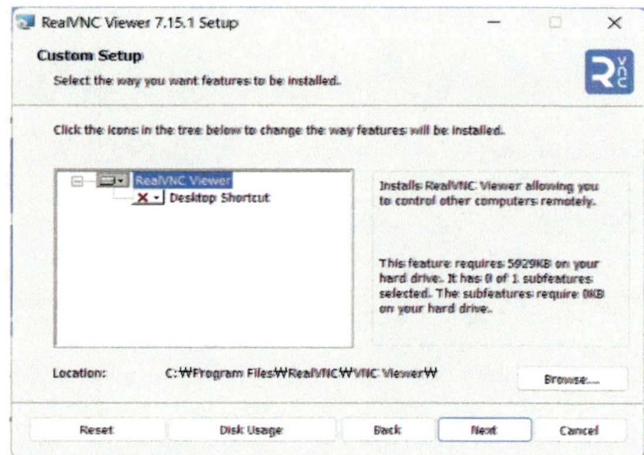

〈그림 3-14〉 install_03_license   〈그림 3-15〉 install_04_customsetup

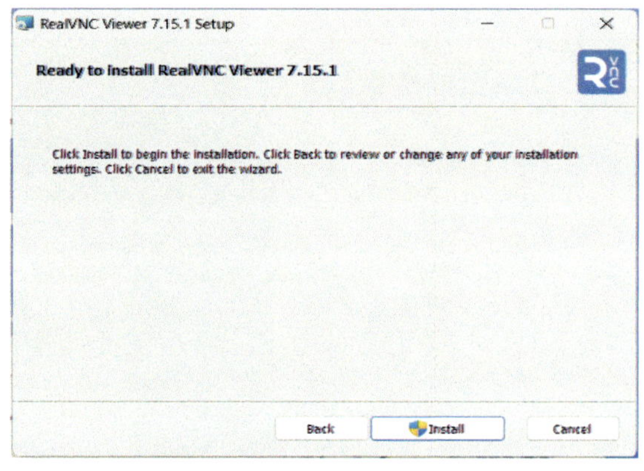

〈그림 3-16〉 install_05_ready

(2) 작업 흐름

아래 방법 중 1개 선택해서 진행하면 된다.

① HDMI 모니터, USB 키보드, USB 마우스 준비했을 때

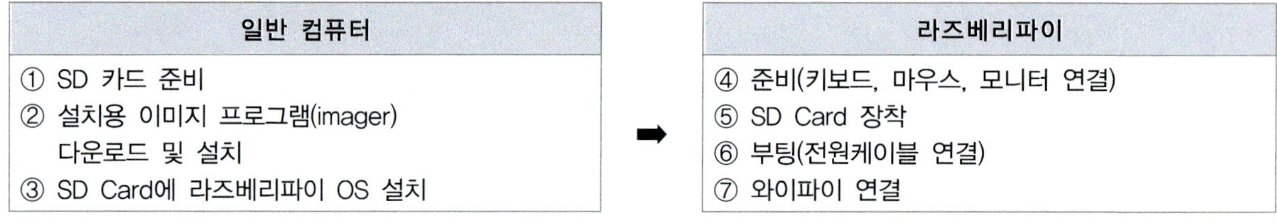

일반 컴퓨터	라즈베리파이
① SD 카드 준비 ② 설치용 이미지 프로그램(imager) 　다운로드 및 설치 ③ SD Card에 라즈베리파이 OS 설치	④ 준비(키보드, 마우스, 모니터 연결) ⑤ SD Card 장착 ⑥ 부팅(전원케이블 연결) ⑦ 와이파이 연결

② HDMI 모니터, USB 키보드, USB 마우스가 준비되어 있지 않았을 때.

　㉠ 모바일 핫스팟 설정이 필요

　　• 라즈베리파이 OS 설정시 [일반] 탭 – 무선 LAN 설정에서 SSID 및 비밀번호 필수

ⓛ telnet 원격접속 프로그램 putty 설치가 필요(VNC 기능 활성화)

일반 컴퓨터	라즈베리파이
① SD 카드 준비 ② 설치용 이미지 프로그램(imager) 다운로드 및 설치 ③ SD Card에 라즈베리파이 OS 설치 ⑥ 모바일 핫스팟 활성화, IP 확인 ⑦ putty 실행, 접속 및 라즈베리파이 vnc 활성화 ⑧ vnc viewer 실행, 라즈베리파이 접속	④ SD Card 삽입 ⑤ 부팅(전원케이블 연결)

(3) HDMI 모니터, USB 키보드, USB 마우스 있을 때 설치 방법

일반 컴퓨터	라즈베리파이
① SD 카드 준비 ② 설치용 이미지 프로그램(imager) 다운로드 및 설치 ③ SD Card에 라즈베리파이 OS 설치	④ 준비(키보드, 마우스, 모니터 연결) ⑤ SD Card 장착 ⑥ 부팅(전원케이블 연결) ⑦ 와이파이 연결

① **micro SD card 및 SD card reader 준비**

　㉠ micro SD card : 최소 8GB, 추천 16GB 이상

　ⓛ SD 메모리 카드 연결

　　• SD카드를 USB 젠더에 삽입

　　• USB 젠더를 컴퓨터 USB 포트에 삽입

　　• SD Card를 직접 삽입할 수 있는 노트북도 있다.

② **설치용 이미지 프로그램 다운로드 및 설치**

　㉠ 라즈베리파이 OS 설치용 imager 다운로드

　　• 홈페이지 : https : //www.raspberrypi.com – software 를 클릭

　　　– Download for windows선택

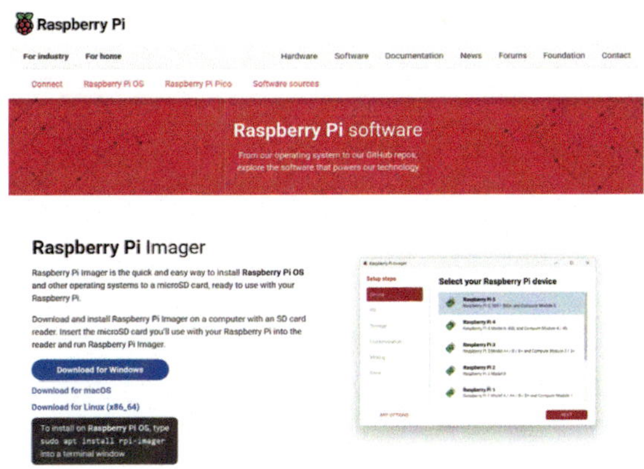

〈그림 3-17〉 imager_다운로드_홈페이지

ⓛ imager 설치

* 언어 선택, English, Next 클릭, 이전 버전이 있으면 삭제. 예(Y) 선택

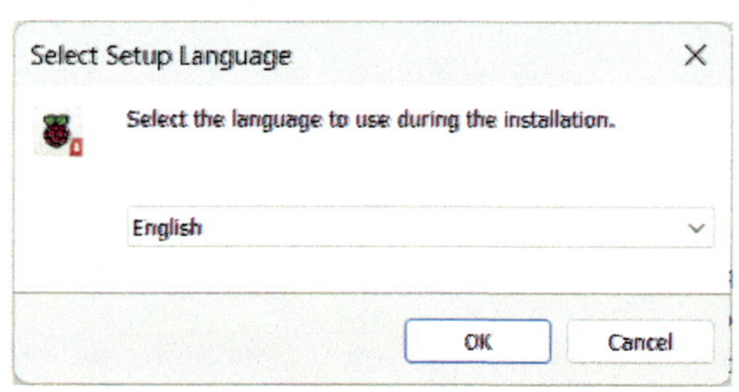

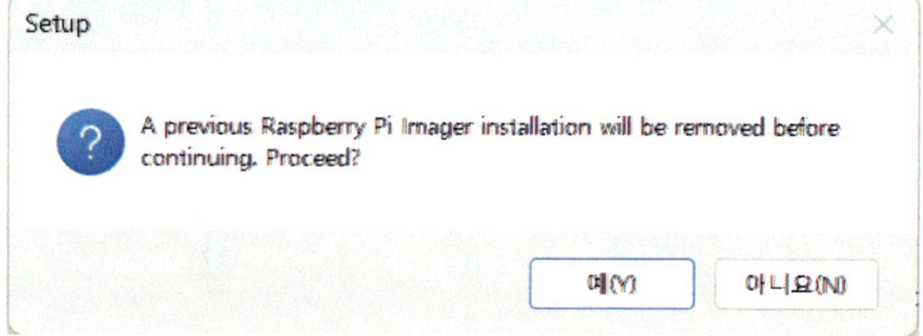

* 크게 신경쓸꺼 없다. 그냥 Next...

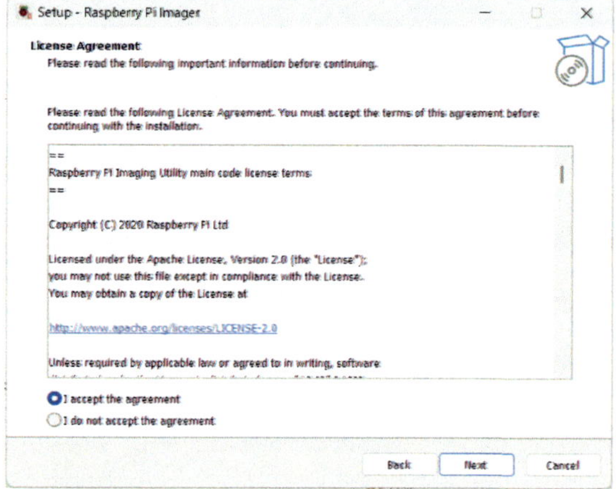

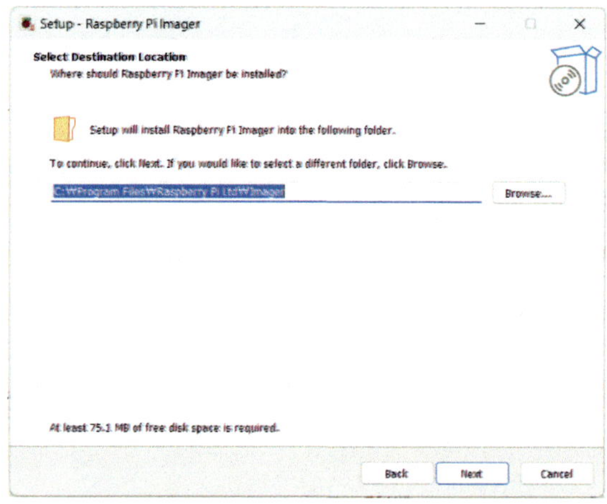

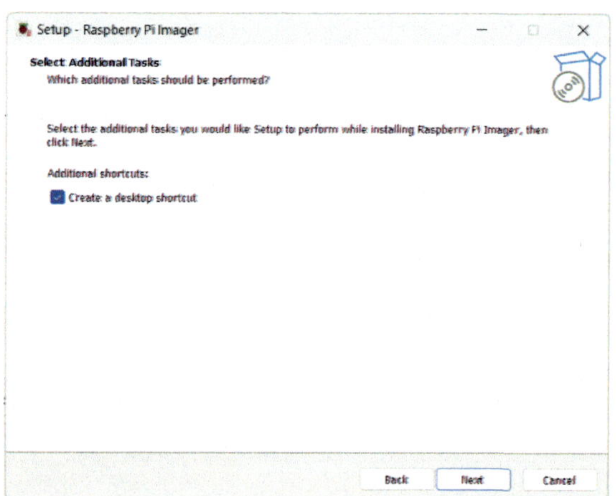

③ **SD card에 라즈베리파이 OS 설치**

라즈베리파이 OS OS를 SD Card에 설치하는 과정.

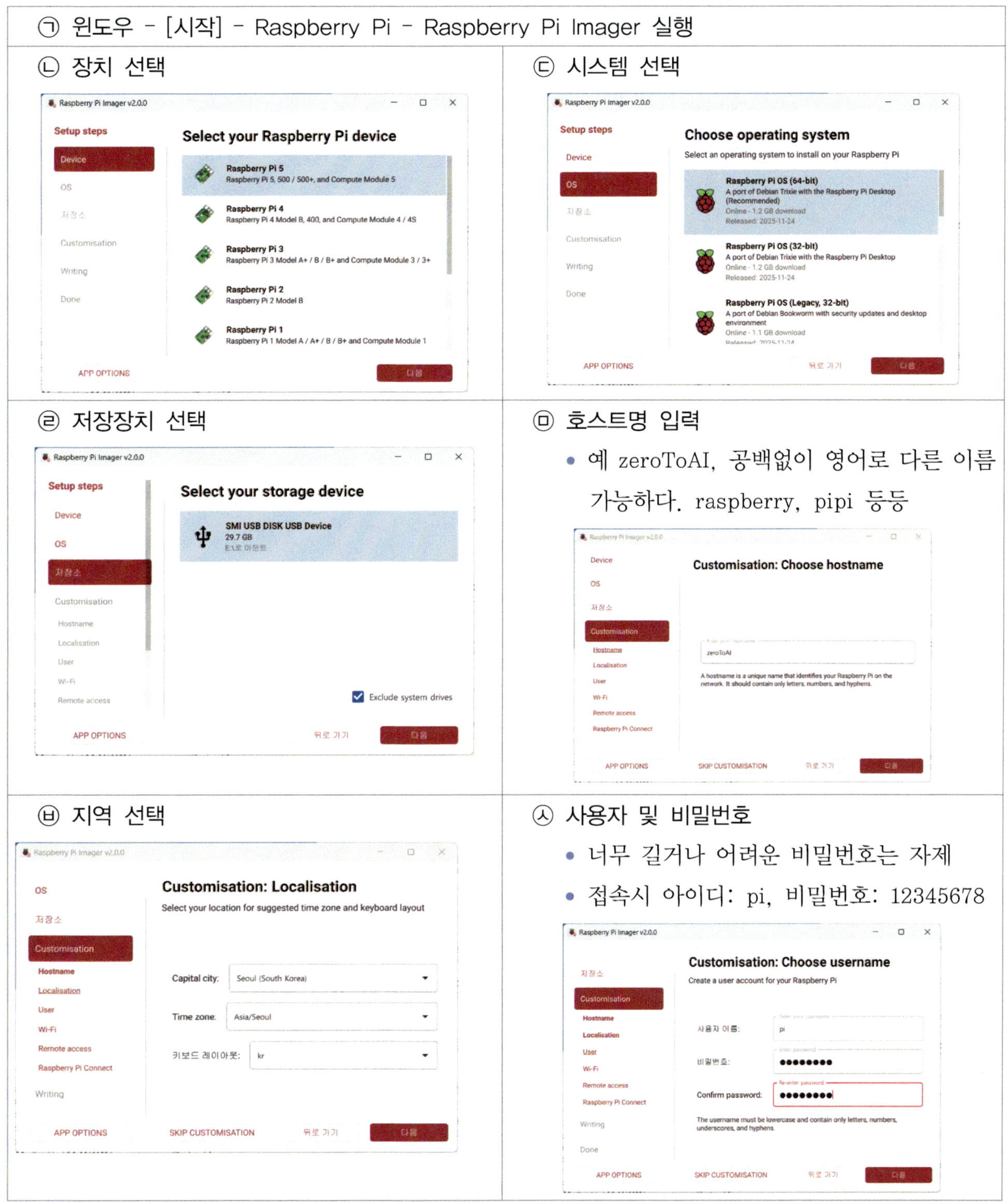

ㄱ 윈도우 - [시작] - Raspberry Pi - Raspberry Pi Imager 실행

ㄴ 장치 선택

ㄷ 시스템 선택

ㄹ 저장장치 선택

ㅁ 호스트명 입력
- 예 zeroToAI, 공백없이 영어로 다른 이름 가능하다. raspberry, pipi 등등

ㅂ 지역 선택

ㅅ 사용자 및 비밀번호
- 너무 길거나 어려운 비밀번호는 자제
- 접속시 아이디: pi, 비밀번호: 12345678

- hostname 설정 : 라즈베리파이 이름 부여 Pi-Rover, zeroToAI, zeroCar 등등
- 사용자 이름 및 비밀번호 설정 : 원격 접속 ID 및 비밀번호 지정(꼭 기억하세요)
  - 여기서는 사용자이름 pi, 비밀번호 : 12345678
- 무선 LAN 설정 : 주로 사용하는 wi-fi 이름과 비밀번호 지정.(부팅시 자동 접속 가능)
  HDMI 모니터, 키보드, 마우스가 준비되어 있다면 설정 해제해도 된다.
- 로케일 설정 지정 : Asia/Seoul, us

◎ SSH 사용여부 – 꼭 활성화

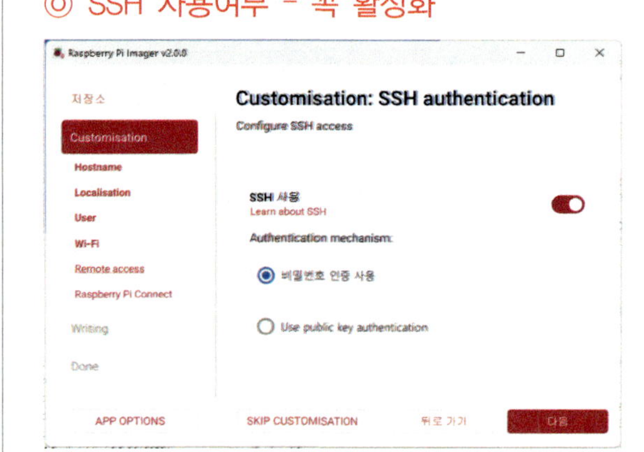

ㅈ piConnet

- 라즈베리파이 접속 여부... 비활성

ㅊ 설치내용점검

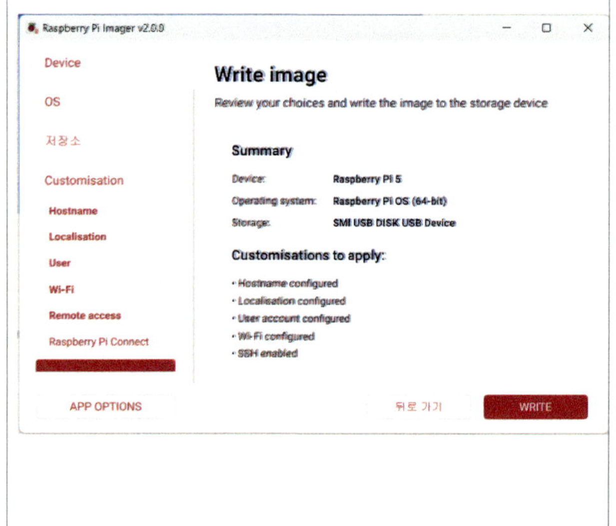

ㅋ 추가옵션

- Enable anomymous statistics : 원격 접속 통계. 라즈베리파이OS 관련 통계수집, 비활성

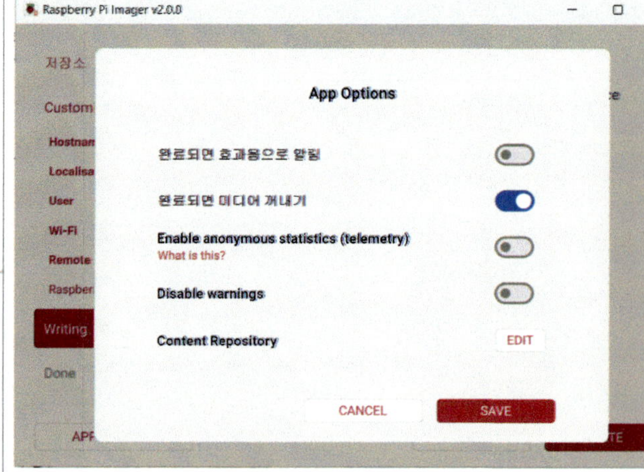

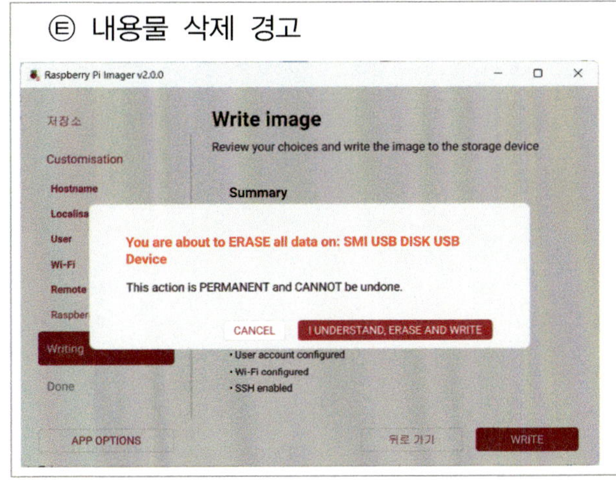

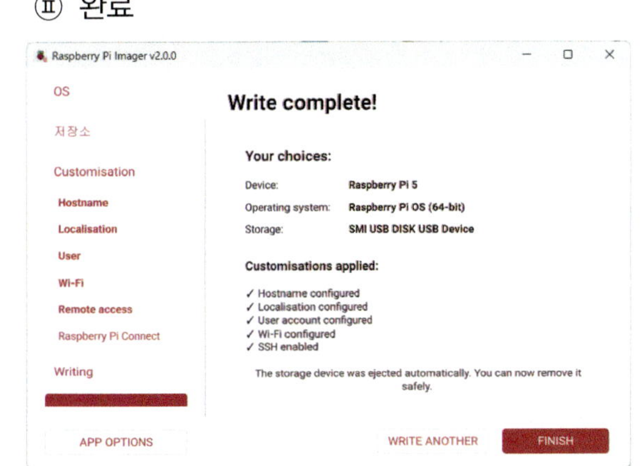

④ **준비 (키보드, 마우스, 모니터 연결)**

　㉠ 부팅 후 와이파이 등의 초기 설정을 위해 모니터, 키보드, 마우스가 필요함.

　㉡ 최근 라즈베리파이 OS는 보안이 강화되어 headless SSH[1] 접속이 안됨.

　　• HDMI 모니터 연결

　　• USB 키보드, USB 마우스 연결

⑤ **SD card 라즈베리파이에 장착**

　㉠ SD카드를 라즈베리 파이의 소켓에 삽입

　㉡ 아래 그림처럼 sd card 아래가 라즈베리파이에 접속할 수 있도록 삽입

⑥ **부팅 (전원 케이블 연결)**

　㉠ 부팅이 시작됨. 시간이 걸릴 수 있음.

⑦ **와이파이 연결**

　㉠ 부팅 후 모니터 화면 오른쪽 상단 – No etwrok connection 클릭 – Turn on wireless LAN를 클릭 후 원하는 와이파이 선택

　　• 라즈베리파이OS 보안이 강화되어서 처음 시작 시 꼭 모니터, 키보드, 마우스 연결해서 처리해야 한다.

　㉡ 비밀번호 입력하여 네트워크 연결.

---

1) headless SSH 접속 : 라즈베리파이에 모니터나 키보드 없이 접속하는 것을 의미함.

ⓒ 모바일 핫스팟 연결된 상태
- 라즈베리파이의 호스트명과 IP주소 확인할 수 있음.

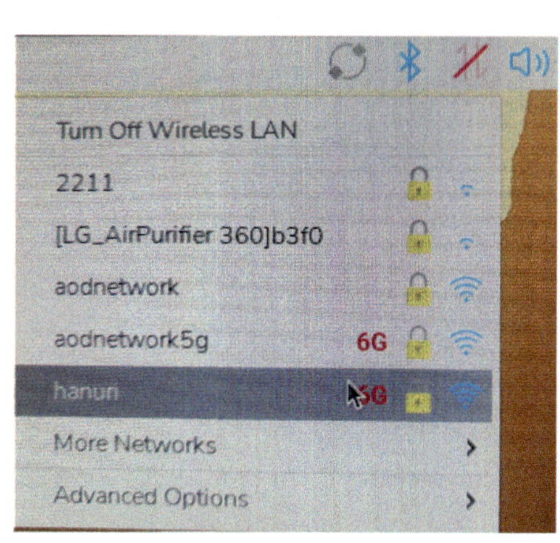

〈그림 3-18〉 라즈베리파이OS_초기화면_2.jpg

〈그림 3-19〉 모바일핫스팟연결

(4) HDMI 모니터, USB 키보드, USB 마우스 없을 때 설치 방법

일반 컴퓨터	라즈베리파이
① 모바일 핫스팟 설정 ② SD 카드 준비 ③ 설치용 이미지 프로그램(imager) 다운로드 및 설치 ④ SD Card에 라즈베리파이 OS 설치	
	⑤ SD Card 장착 ⑥ 부팅(전원케이블 연결)
⑦ 모바일 핫스팟 활성화, IP 확인 ⑧ putty 실행, 접속 및 라즈베리파이 vnc 활성화 ⑨ vnc viewer 실행, 라즈베리파이 접속	

① 모바일 핫스팟 설정

㉠ 작업용 컴퓨터의 윈도우에서 모바일 핫스팟 설정

PC나 노트북의 Windows 운영체제에서 모바일 핫스팟 기능을 활용하여 라즈베리파이에서 와이파이를 접속하도록 한다. 라즈베리파이 접속 여부 및 IP를 알 수 있다.

- 모니터 및 키보드 접속없이 바로 원격접속 및 미러링하기 위해서 필수이다.

  혹 모니터(HDMI), 키보드, 마우스 준비가 어려운 상태라면 와이파이가 가능한 노트북에서 꼭 먼저 설정한다.

- 모바일 핫스팟 편집

  – [윈도우] – [설정] – [네트워크 및 인터넷] – [모바일 핫스팟] – 네트워크 속성 – 편집

  – '네트워크 이름', '비밀번호'를 입력 후 저장.

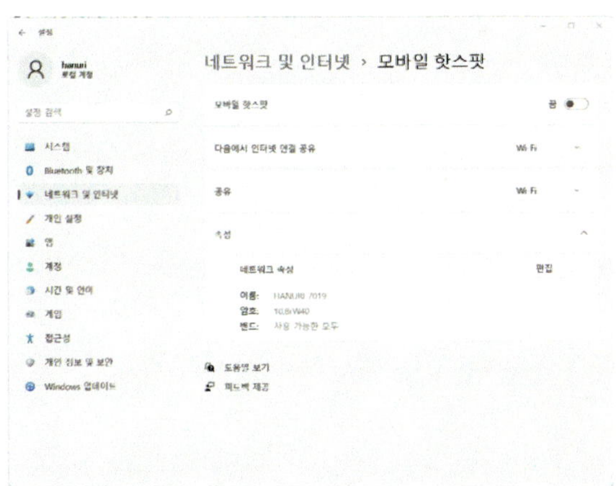
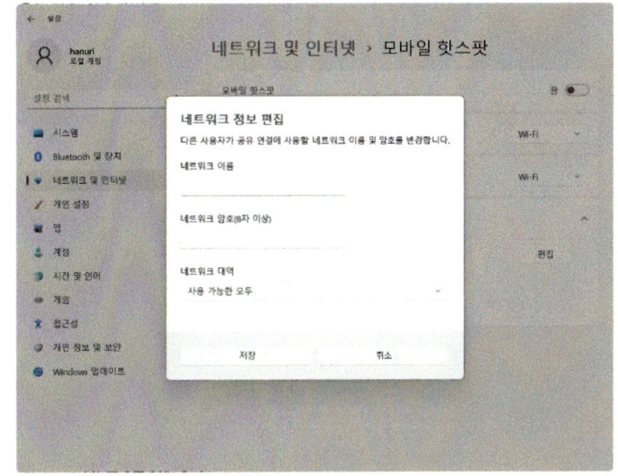

② micro SD card 및 SD card reader 준비

㉠ micro SD card : 최소 8GB, 추천 16GB 이상

㉡ SD 메모리 카드 연결

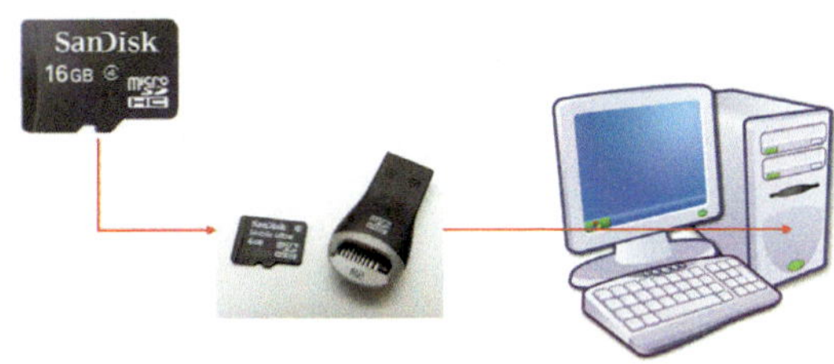

- SD 카드를 USB 젠더에 삽입
- USB 젠더를 컴퓨터 USB 포트에 삽입
- SD Card를 직접 삽입할 수 있는 노트북도 있다.

③ 설치용 이미지 프로그램 다운로드 및 설치

㉠ 라즈베리파이 OS 설치용 imager 다운로드

- 홈페이지 : https : //www.raspberrypi.com – software 를 클릭
  - Download for windows선택

㉡ imager 설치

- 언어 선택, English, Next 클릭, 이전 버전이 있으면 삭제..예(Y) 선택

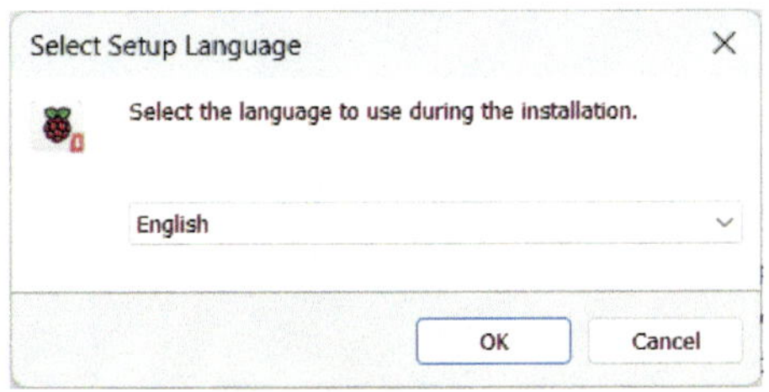

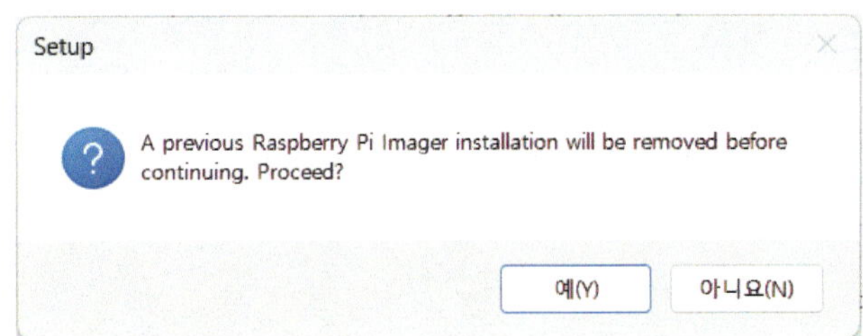

- 크게 신경쓸 것 없다. 그냥 Next...

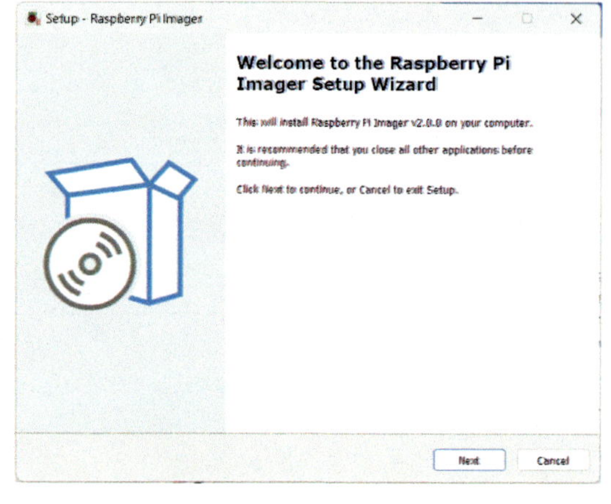 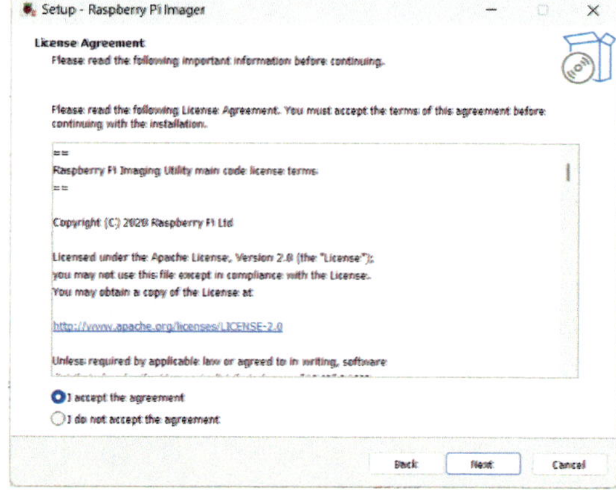

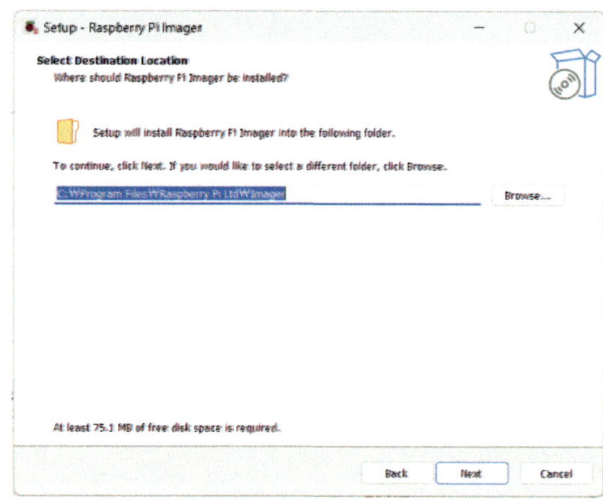 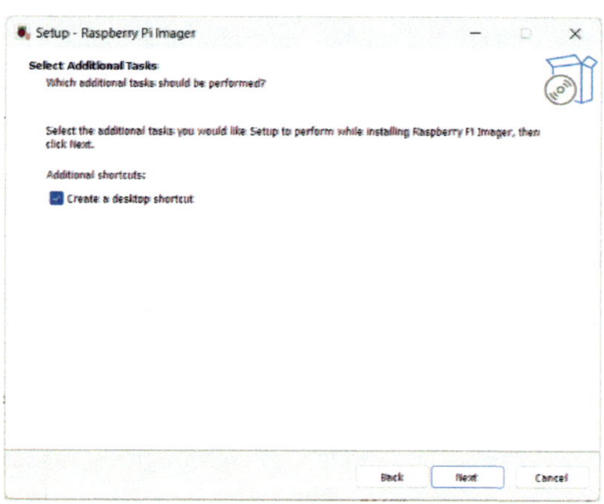

④ SD card에 라즈베리파이 OS 설치

라즈베리파이 OS OS를 SD Card에 설치하는 과정.

㉠ 윈도우 - [시작] - Raspberry Pi - Raspberry Pi Imager 실행	
㉡ 장치 선택	㉢ 시스템 선택

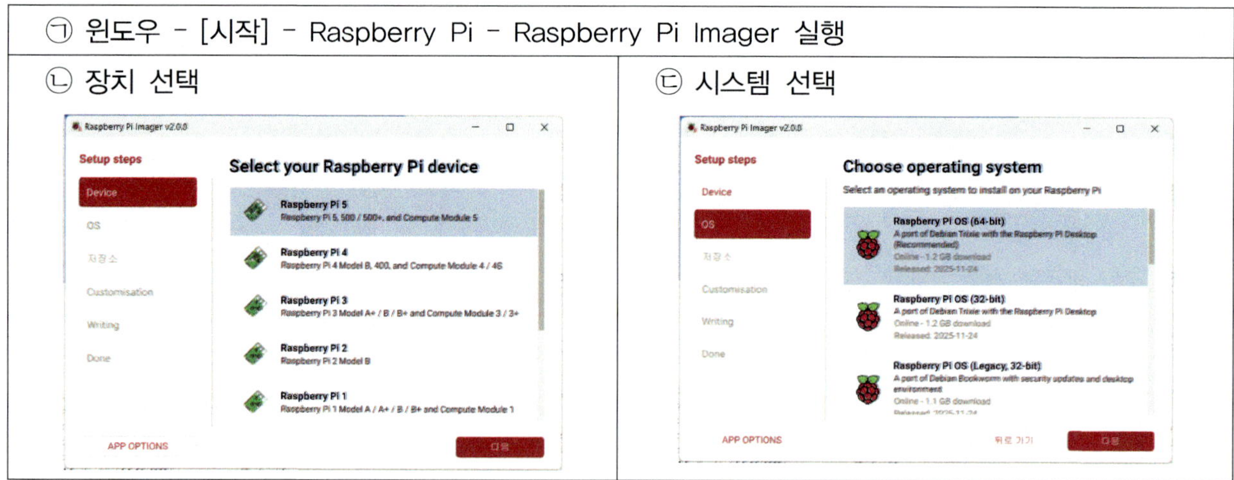

㉣ 저장장치 선택

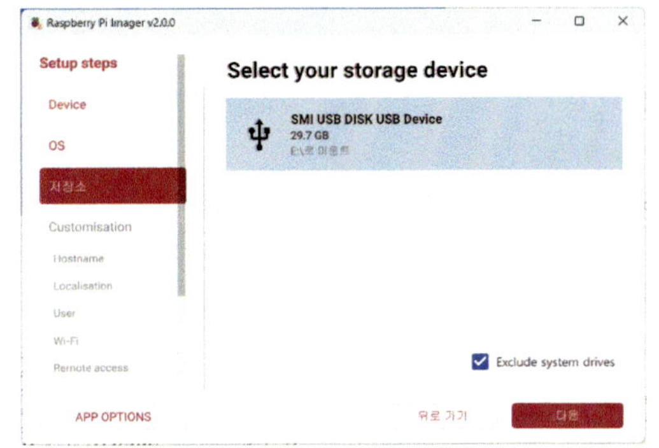

㉤ 호스트명 입력

- 예 zeroToAI, 공백없이 영어로 다른 이름 가능하다. raspberry, pipi 등등

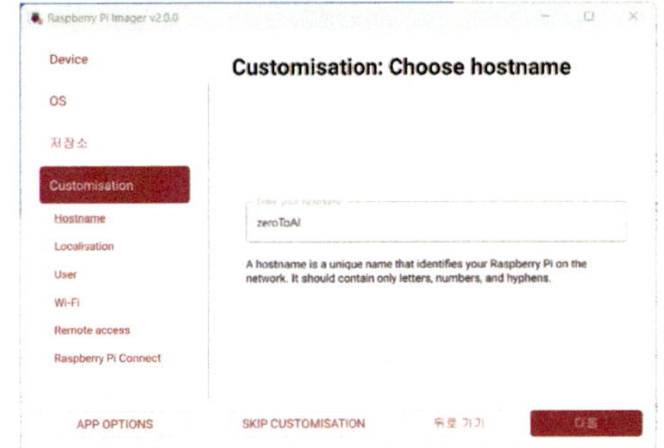

㉥ 지역 선택

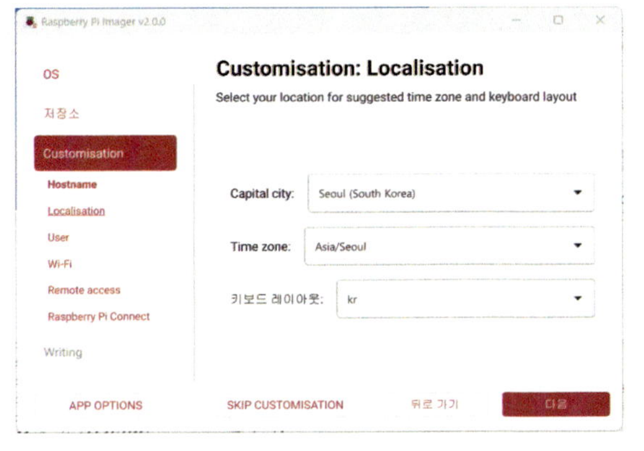

㉦ 사용자 및 비밀번호

- 너무 길거나 어려운 비밀번호는 자제
- 접속 시 아이디: pi, 비밀번호: 12345678

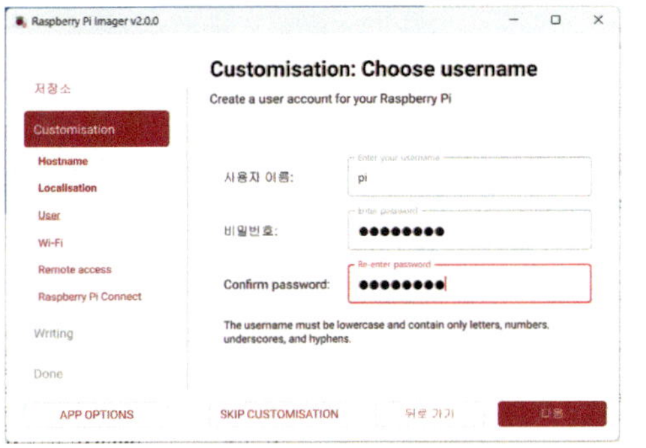

- hostname 설정 : 라즈베리파이 이름 부여 Pi-Rover, zeroToAI, zeroCar 등등
- 사용자 이름 및 비밀번호 설정 : 원격 접속 ID 및 비밀번호 지정(꼭 기억)
  - 여기서는 사용자이름 pi, 비밀번호 : 12345678

◎ SSH 사용여부 - 꼭 활성화

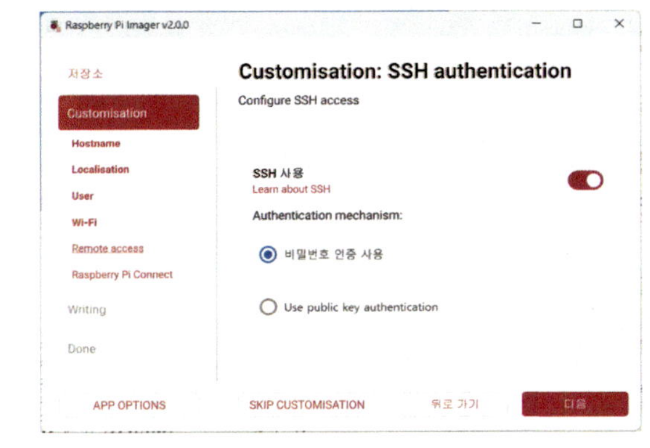

㉧ piConnet

- 라즈베리파이 접속 여부.. 비활성

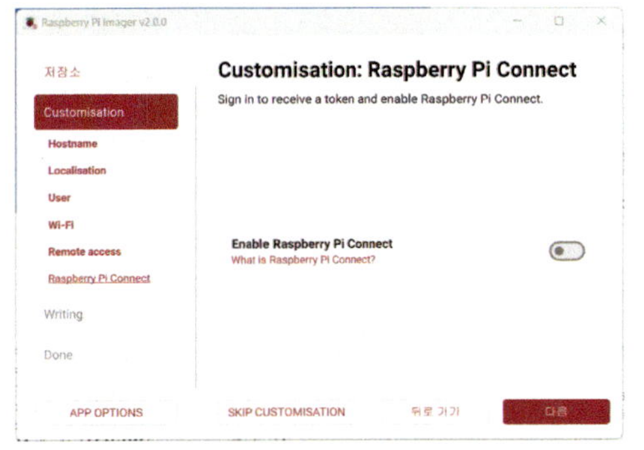

<table>
<tr><td>

ㅊ 설치내용 점검

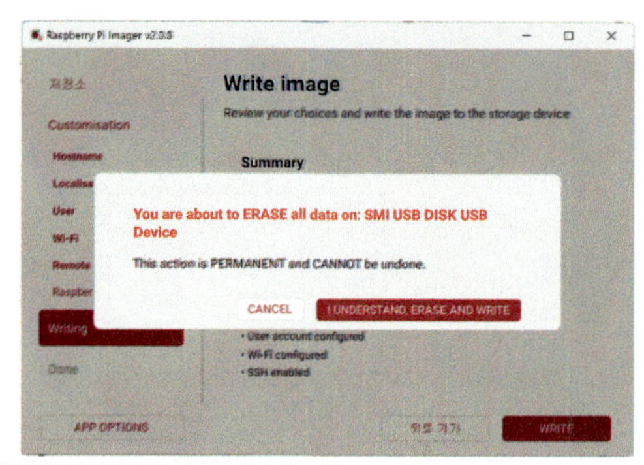</td><td>

ㅋ 추가옵션

- Enable anomymous statistics : 원격 접속 통계. 라즈베리파이OS 관련 통계수집, 비활성

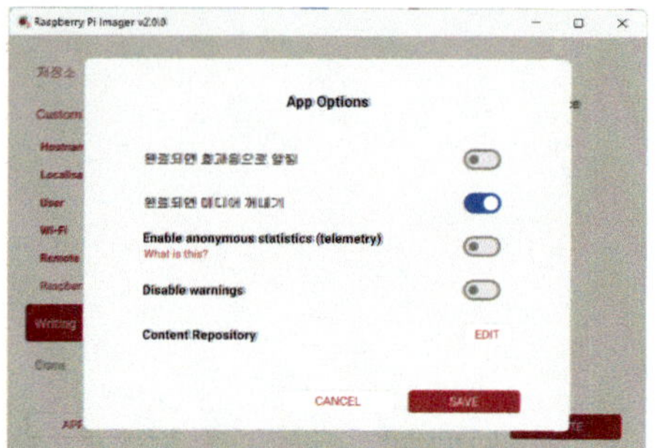</td></tr>
<tr><td>

ㅍ 내용물 삭제 경고</td><td>

ㅌ 완료</td></tr>
</table>

⑤ SD card 라즈베리파이에 장착

   ㄱ SD 카드를 라즈베리 파이의 소켓에 삽입

   ㄴ 그림처럼 sd card 아래가 라즈베리파이에 접속할 수 있도록 삽입

⑥ 부팅 (전원 케이블 연결)

   ㄱ 부팅이 시작된다. 시간이 걸릴 수 있다.

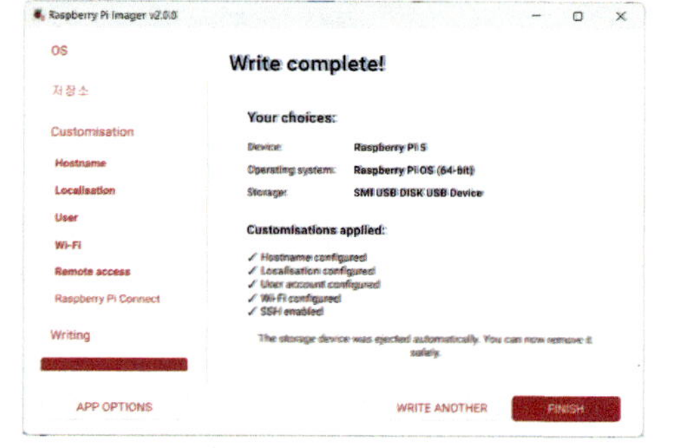

⑦ 모바일 핫스팟 활성화

   ㄱ 활성화 후 잠시 기다리면 라즈베리파이가 접속

   ㄴ 가장 중요한 것은 IP 주소 확인

연결된 장치:	1/8	
장치 이름	IP 주소	물리적 주소(MAC)
zeroToAI	192.168.137.30	2c:cf:67:2a:51:b1

⑧ putty 실행 및 접속

ㄱ putty 접속의 가장 큰 목적은 vnc 기능 활성화.

   ㄴ 시작메뉴 - PuTTY 클릭 후 위에서 확인한 IP 입력 후 Open 으로 접속

      • save로 설정 내용 저장

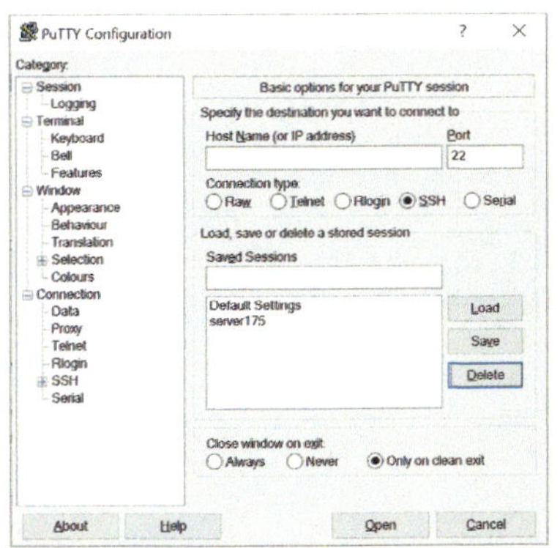 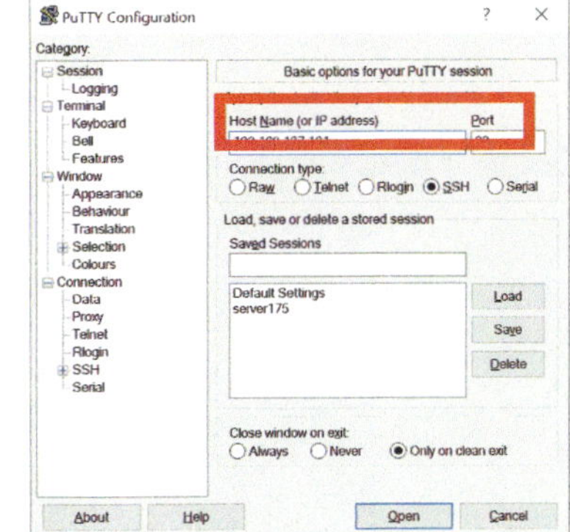

ⓒ ID와 비밀번호 입력 후 엔터키.. 접속

〈그림 3-20〉 ssh_2_pw

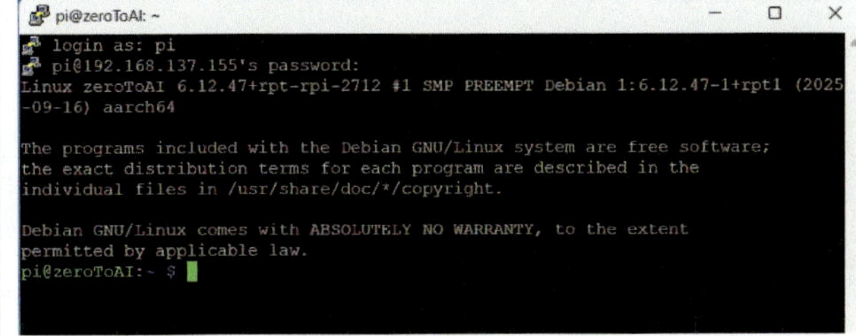

〈그림 3-21〉 ssh_3_conn

⑨ **라즈베리파이 vnc 기능 활성화**

㉠ 아래 명령어로 라즈베리파이 환경 설정 실행

```
$ sudo raspi-config
```

㉡ 키보드 화살표(↓)를 이용해 3 Interface Options 이동, 엔터 (아래 그림 3-22)

㉢ 키보드 화살표(↓)를 이용해 I3 VNC 이동, 엔터 (아래 그림 3-23)

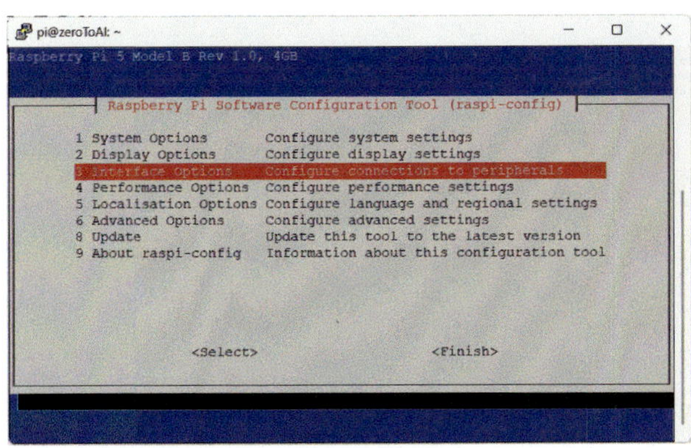

〈그림 3-22〉 ssh_4_1

〈그림 3-23〉 ssh_5_1

㉣ VNC server 활성화 물어보면 〈YES〉 엔터, 활성화 됨 〈OK〉 엔터

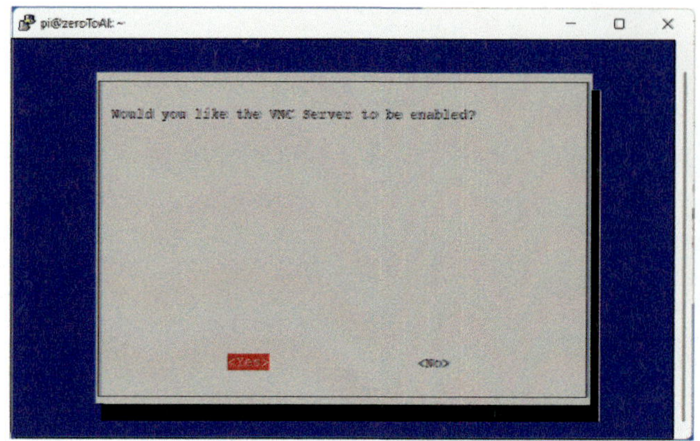

〈그림 3-24〉 ssh_6

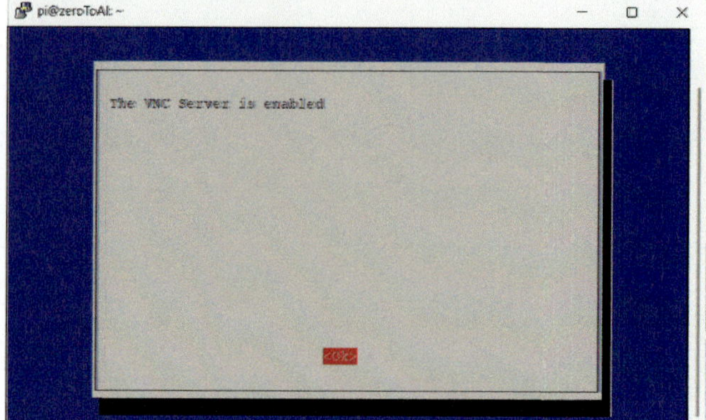

〈그림 3-25〉 ssh_7

㉤ 탭을 이용(두번 누름)해서 〈Finish〉 클릭하면 초기 화면으로 나온다.

㉥ 재부팅하기 위해 sudo reboot를 입력하고 엔터, putty 창을 닫는다.

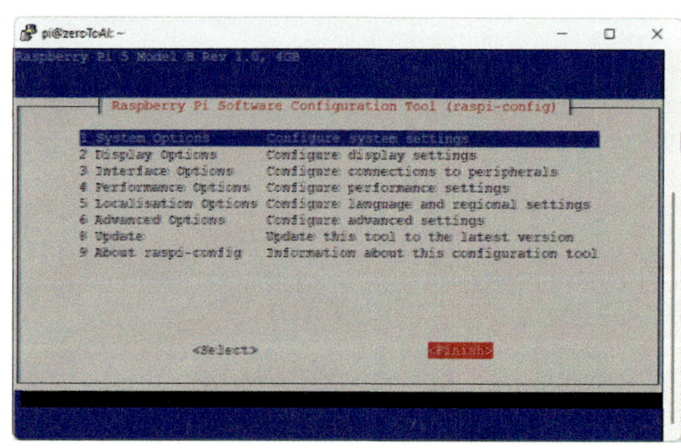

〈그림 3-26〉 ssh_8

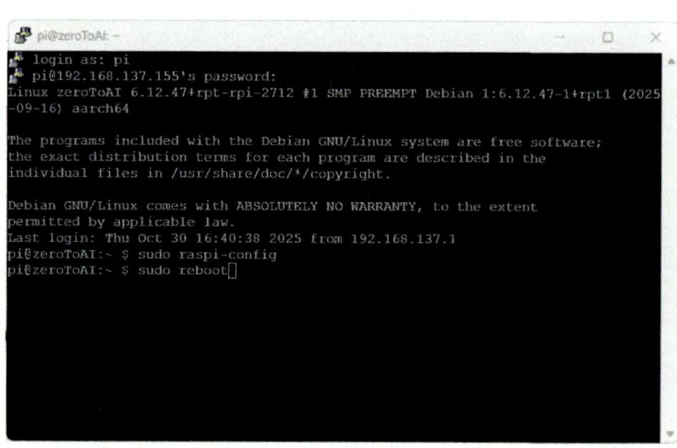

〈그림 3-27〉 ssh_9_sudo_reboot

⑩ vnc viewer 실행

㉠ 컴퓨터에서 VNC Viewer로 접속

- 실행 : 시작메뉴 – VNC Viewer
- 상단에 라즈베리파이 IP 주소 입력 후 엔터

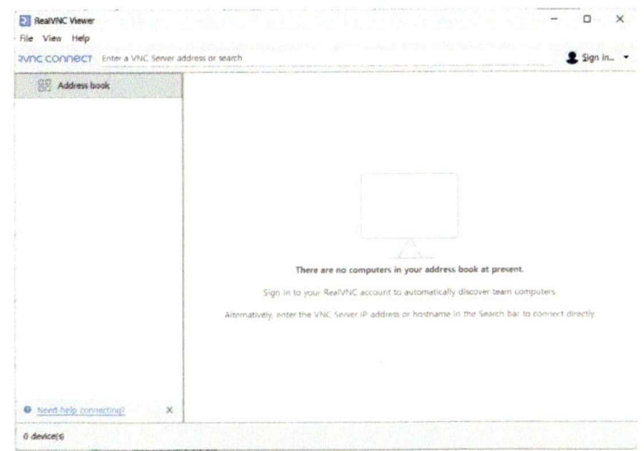

〈그림 3-28〉 초기화면

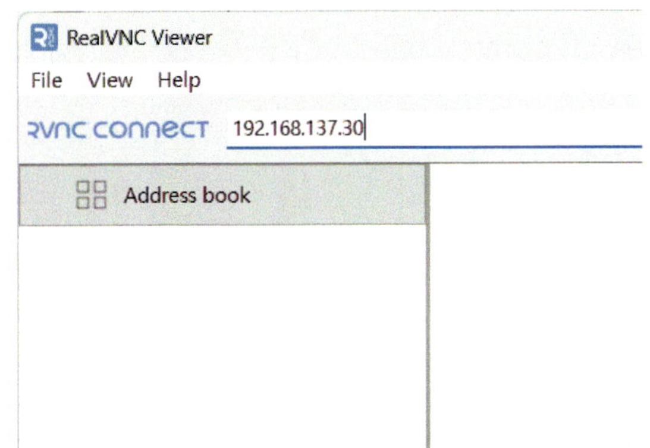

〈그림 3-29〉 ip입력

- 아이디와 비밀번호 입력, 비밀번호 기억 체크
  - 아이디 : pi
  - 비밀번호 : 12345678
  - ☑ Remember password, 다음 접속시부터 아이디와 비밀번호 묻지 않고 바로 접속
- 이후부터 접속은 vnc Viewer의 🖥 아이콘을 더블클릭하면 된다.

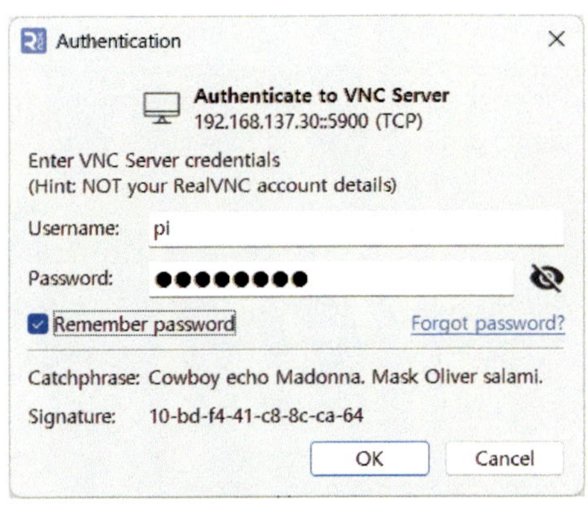

〈그림 3-30〉 pi_pw_1

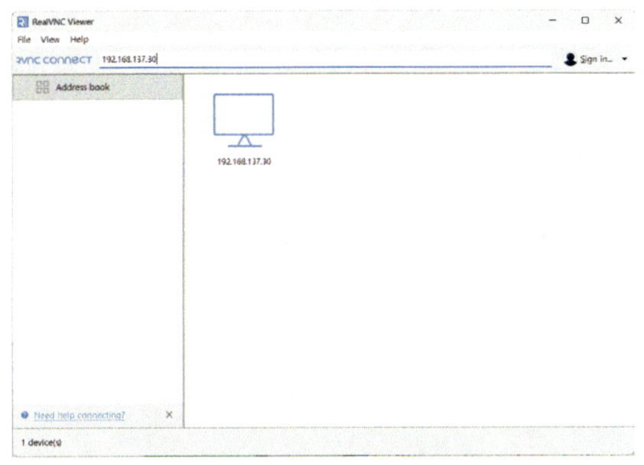

〈그림 3-31〉 viewer_접속성공

- 접속성공 창의 왼쪽 상단에 ip 주소와 viewer 이 보임
ⓛ 라즈베리파이 접속
- 윈도우에서 창처럼 크기 조절, 최대, 최소, 닫기 등이 가능하다.
- 접속하면 라즈베리파이 초기화면이 보인다.

 # 라즈베리파이 OS 기초 설정

아래 과정은 라즈베리파이와 모니터, 키보드, 마우스가 다 연결된 상태에서 처음 부팅화면이다.

(1) 초기화면

〈그림 3-32〉 라즈베리파이os_초기화면

① 시작메뉴 및 기본 메뉴

ㄱ 화면 상단 왼쪽

시작 메뉴	Web Browser	파일 탐색기	터미널
라즈베리파이 모든 기능 제어	Chromium 웹브라우저 인터넷 접속	파일 관리 (검색, 삭제, 이동 등)	명령어 입력 및 실행

② **상황 표시**

㉠ 화면 상단의 오른쪽

↓	↻	✳	📶	11:23
시스템 업데이트가 있다는 표시	라즈베리파이 접속 해제	블루투스 기능 활성화 되어 있음	와이파이 접속 되어 있음.	현재 로컬 시간

③ **라즈베리파이 OS Shutdown Options**

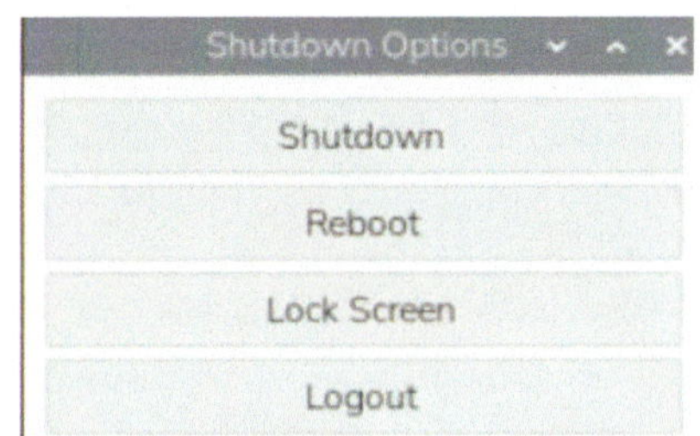

㉠ Shutdown : OS 종료

㉡ Reboot : OS 재 시작

㉢ Lock Screen : 화면 잠금

㉣ Logout : 로그아웃

(2) 업데이트 및 업그레이드

① 상황표시줄에서 ↓ Install Updates 클릭 혹은 터미널 창에 아래 명령어 입력

```
sudo apt update
sudo apt upgrade -y
```

② 부팅 후 처음으로 진행하면 시간이 걸린다.

(3) 라즈베리파이 시작메뉴

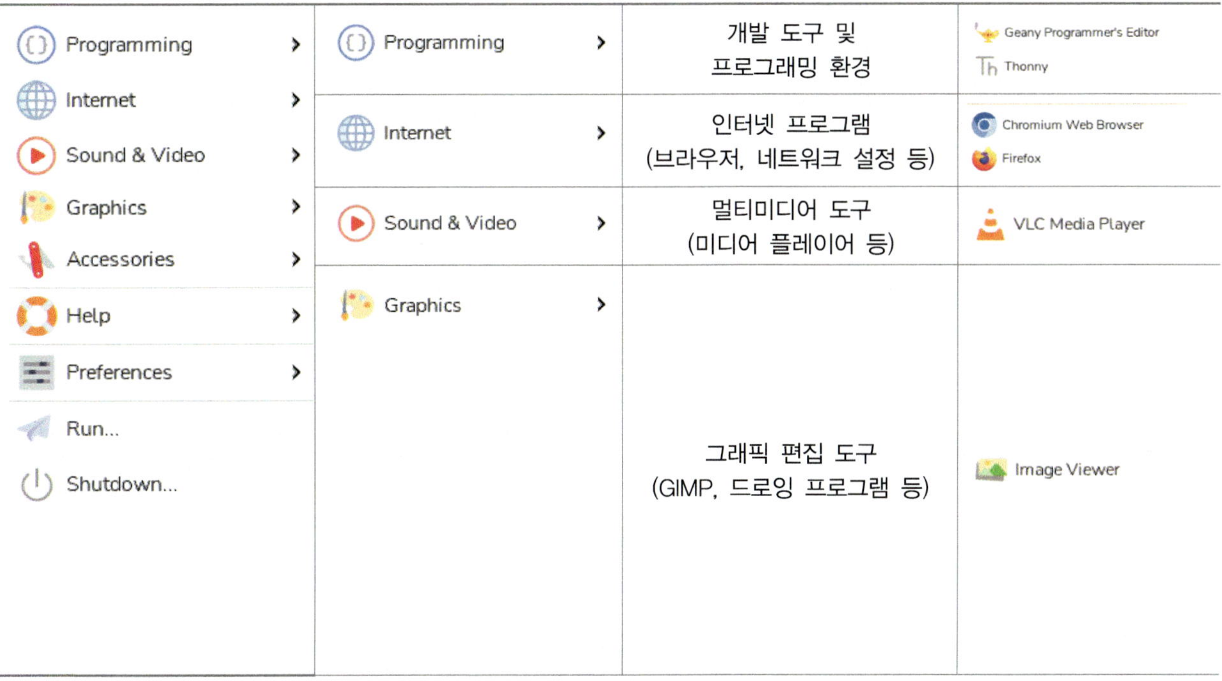

		개발 도구 및 프로그래밍 환경	Geany Programmer's Editor Th Thonny
Programming ❯	Programming ❯		
Internet ❯	Internet ❯	인터넷 프로그램 (브라우저, 네트워크 설정 등)	Chromium Web Browser Firefox
Sound & Video ❯	Sound & Video ❯	멀티미디어 도구 (미디어 플레이어 등)	VLC Media Player
Graphics ❯	Graphics ❯		
Accessories ❯		그래픽 편집 도구 (GIMP, 드로잉 프로그램 등)	Image Viewer
Help ❯			
Preferences ❯			
Run...			
Shutdown...			

메뉴	설명	하위 항목
Accessories ❯	유틸리티 프로그램 (계산시 파일 관리자, 텍스트 편집기 등)	Archiver Calculator Document Viewer File Manager Keyboard layout viewer Main Menu Editor Raspberry Pi Diagnostics Raspberry Pi Imager SD Card Copier Task Manager Terminal Text Editor
Help ❯	도움말 및 문서 (라즈베리파이 공식문서 등)	Bookshelf User Guide
Preferences ❯	시스템 설정 (디스플레이, 네트워크 등)	Add / Remove Software Control Centre Recommended Software
Run...	프로그램 직접 실행 (명령어 입력 후 실행)	Run Enter the command you want to execute: Cancel OK
Shutdown...	시스템 종료 옵션 (종료, 재부팅, 대기모드 등)	Shutdown Options Shutdown Reboot Lock Screen Logout

(4) 라즈베리파이 OS 환경 설정

① 화면 왼쪽 맨 위 시작메뉴 ⬤ – Preference – Control Centre – Interfaces

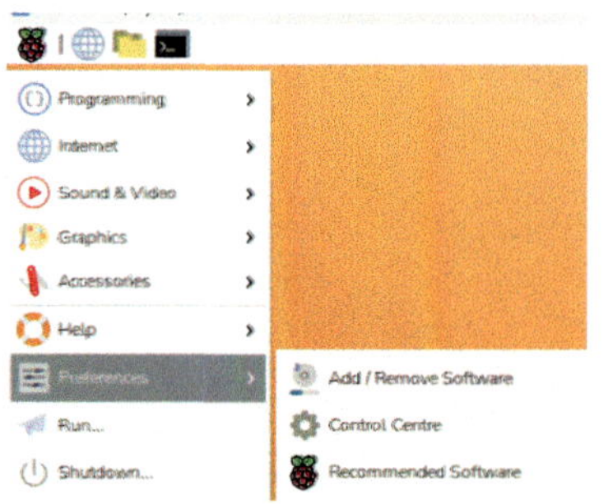

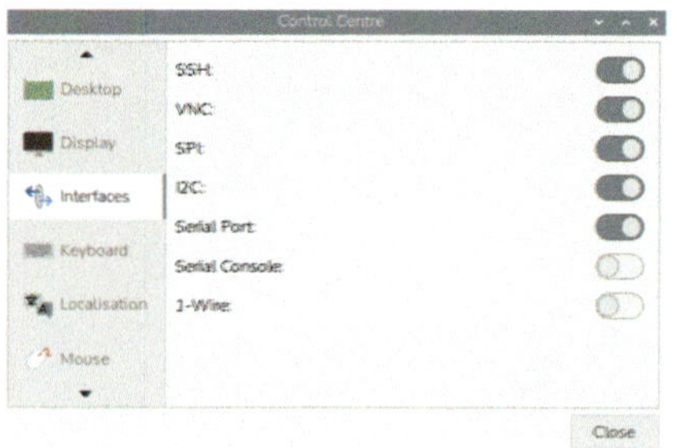

㉠ SSH : 외부 원격접속 활성(vs code에서 SSH 접속 시 필수)

㉡ VNC : VNC 원격접속 활성(VNC viewer 미러링 접속 시 필수)

ⓒ SPI : 동기식 직렬 통신 프로토. (아날로그 센서 및 MCP3008 사용시 필수)

ⓔ I2C : SCL/SDA 통신 활성 (I2C LCD 사용 시 필수)

ⓜ Serial Port 활성 : 라즈베리파이 GPIO 14(TX), 15(RX)을 통해 시리얼 통신을 가능

ⓗ Serial Console : 불활성. 라즈베리파이 터미널을 UART를 통해 외부에서 접근하게 함.

ⓢ 활성화 시키면 UART 포트를 로그인 쉘이 점유해서 다른 시리얼 장치와 통신을 사용하지 못함.

② **환경 설정 모드**

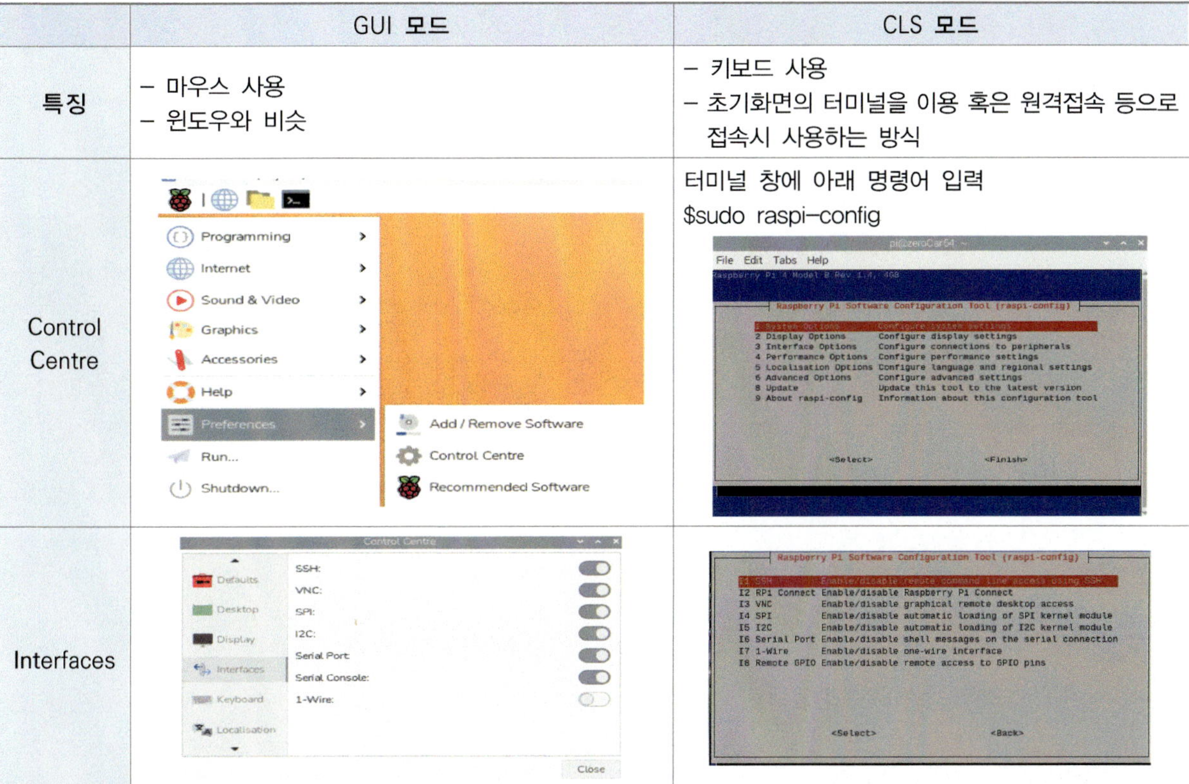

	GUI 모드	CLS 모드
특징	– 마우스 사용 – 윈도우와 비슷	– 키보드 사용 – 초기화면의 터미널을 이용 혹은 원격접속 등으로 접속시 사용하는 방식
Control Centre		터미널 창에 아래 명령어 입력 $sudo raspi-config
Interfaces		

③ **Desktop 탭**

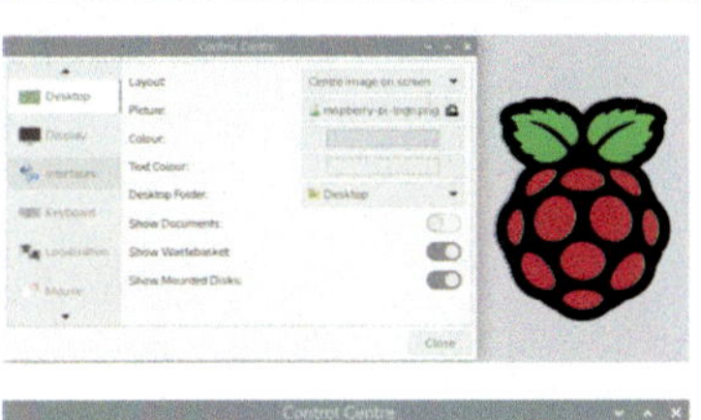

㉠ 바탕화면 변경

㉡ Desktop에서 Picture(이미지 선택), Layout(이미지 크기)

④ **Mouse 탭**

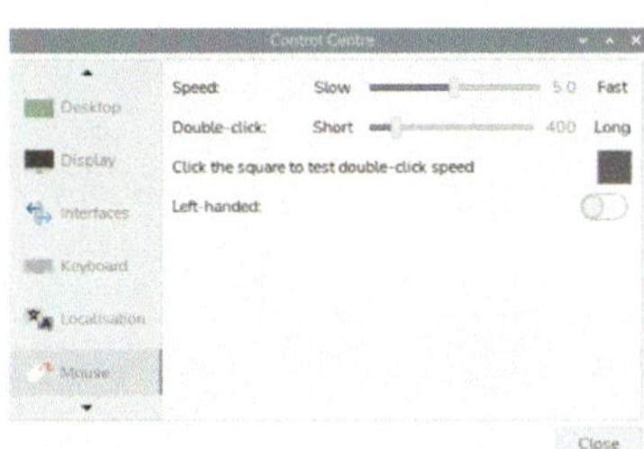

㉠ 마우스 감도 조절

㉡ 마우스 Speed 및 더블 클릭 속도 조절

㉢ Left-handed : 왼손용 마우스(좌우 클릭 위치 변경)

⑤ **Screens 탭**

㉠ Screens : 모니터 해상도 조절

㉡ + / − : 모니터에 표시되는 글자 크기 조절

㉢ Apply : 변경한 내용 적용

⑥ **System 탭**

　　㉠ 호스트 몇 비밀번호 확인 및 변경(★)

　　㉡ desktop Auto Login : 부팅 후 자동 로그인, 활성화

　　㉢ 기본 브라우저 : Chromium, Firefox 둘 중 선택

⑦ **Taskbar 탭**

　　㉠ 작업 표시줄 크기 및 위치 변경

　　㉡ 마우스 커서 크기 변경

⑧ **Theme**

　　㉠ Font : 기본 폰트 변경

　　㉡ Mouse Cursro : 마우스 커서 크기 조절

　　㉢ Theme : 전체 테마 변경(Light / Dark)

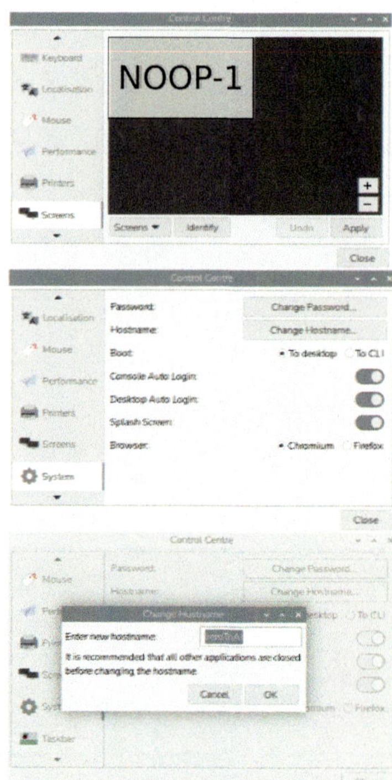

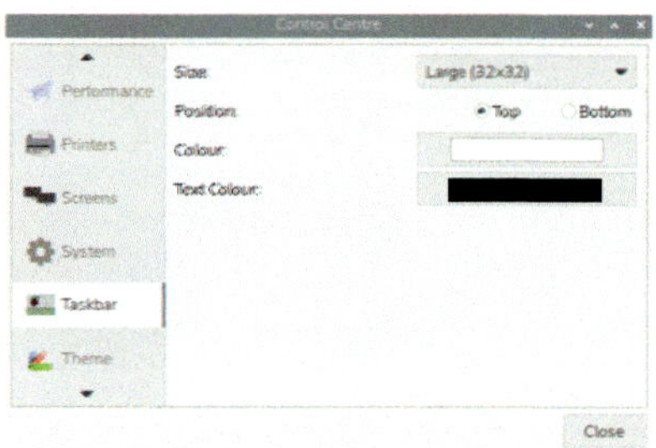

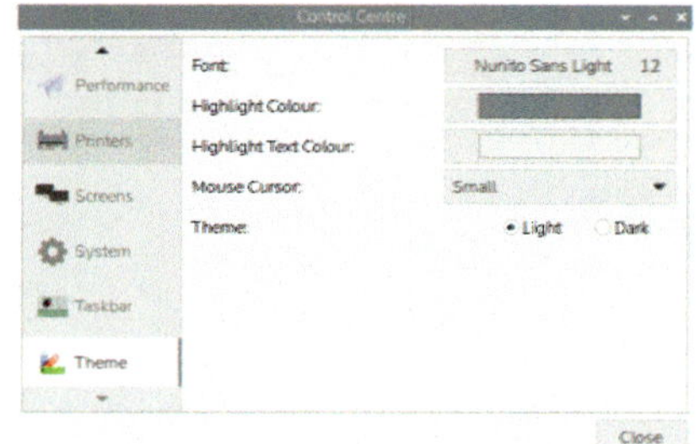

(5) 네트워크 설정

라즈베리파이 4B 모델 이상부터는 기본으로 wi-fi를 사용 가능.

① **사용언어 및 국가 선택 / wireless LAN Country 선택**

　　㉠ 사용언어 및 국가는 선택사항이다.

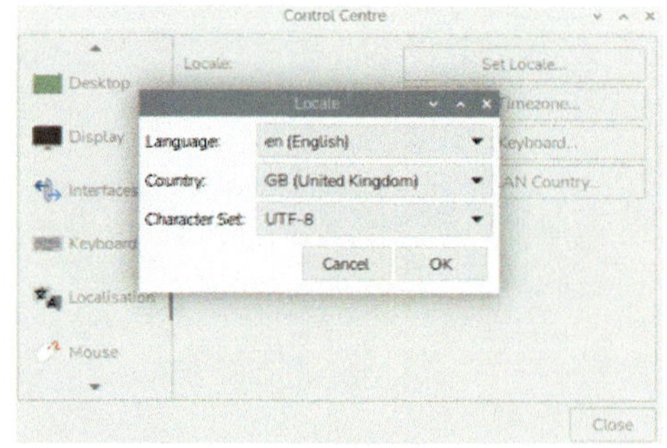

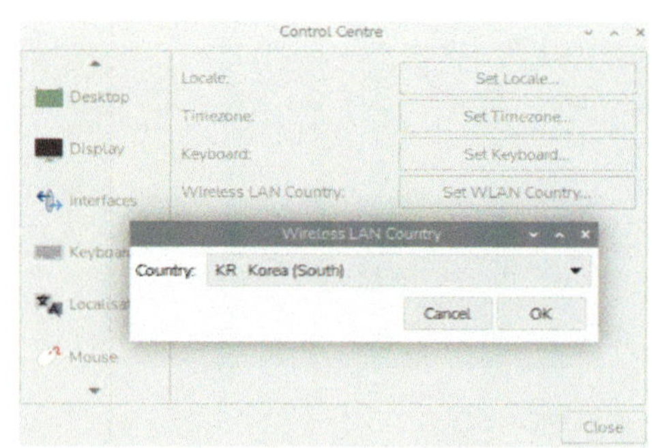

　　㉡ Timezone 및 keyboard는 그대로 두면 된다.

② **유선랜카드(선택사항)**

유선랜카드 설정은 고정 IP 설정 등의 추가적인 작업이 필요하지만 서버로 사용시에는 필수적으로
처리해야 한다. 웹서버(아파치 데몬) 등 사용시에도 필수적인 과정이다. 유선 고정IP가 필요하다
면 이 과정을 진행해야 한다.

```
$sudo nano /etc/dhcpcd.conf
```

```
유선 : etho0
무선 : wlan0

static ip_address=사용할 고정 IP 주소
static routers= 게이트 웨이 주소
static domain_name_servers=
static netmask=
```

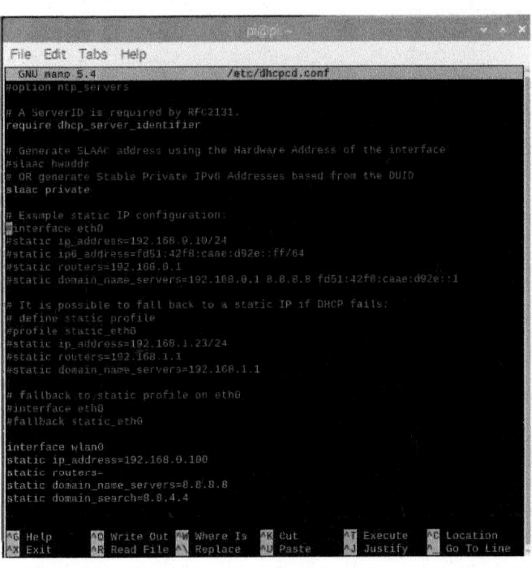

(6) 사운드 설정

라즈베리 파이 3나 4에 있던 오디오 포트가 제거되어 라즈베리 파이 5에는 아날로그 사운드 출력을
위한 3.5mm 오디오 포트를 제거하여 보드를 단순화했지만, 대신 HDMI, 블루투스, USB 등 다양한
디지털 방식으로 사운드를 출력할 수 있는 유연성을 제공

① **HDMI 포트 사용** : HDMI는 영상과 음성을 함께 전송하므로, 스피커가 내장된 모니터나 TV에 연결
② **블루투스 스피커/이어폰 사용** : 블루투스 기능을 이용하여 무선으로 사운드를 출력
③ **USB 사운드 카드/어댑터 사용** : USB 포트에 외장 사운드 카드나 오디오 어댑터를 연결하여 아날
로그 스피커나 이어폰을 사용
④ **DAC HAT 모듈 사용** : GPIO 핀에 장착하는 DAC(Digital-to-Analog Converter) HAT(Hardware
Attached on Top)을 사용하여 고품질의 아날로그 오디오 출력

04 # GPIO 제어

(1) GPIO를 이용한 프로그래밍

① 다양한 언어로 제어

다양한 프로그래밍 언어 및 도구를 사용하여 라즈베리파이의 GPIO 핀을 제어 할 수 있다.

프로그래밍 언어	스크래치	C언어	파이썬
사용 라이브러리	Pi GPIO	wiringPI pigpio	RPi.GPIO gpiozero

본 교재에서는 파이썬 언어와 gpiozero 라이브러리를 주로 사용한다.

② GPIO[General Purpose Input/Output : 다목적(범용) 입출력]

㉠ 라즈베리파이를 통해 다양한 센서를 제어(입력 및 출력)할 수 있음.

㉡ 어떤 GPIO 핀이든 입력 또는 출력으로 설계할 수 있어(소프트웨어에서) 광범위한 목적에 사용, 총 개수는 40핀(물리적 핀 번호 1~40)

㉢ 파이썬 프로그래밍 : BCM(Broadcom chip-specific pin numbers) 핀번호 사용

- 예를 들어 물리적 핀번호 11번은 BCM 핀번호는 GPIO 17, 물리적 핀번호 13번은 BCM 핀번호는 GPIO 27.

- 코딩 예 : 물리적 핀번호 11번에 LED를 연결했을 경우 BCD GPIO 17을 사용

```
from gpiozero import LED

led = LED(17)                           # 코딩시는 BCD GPIO 17번 사용
```

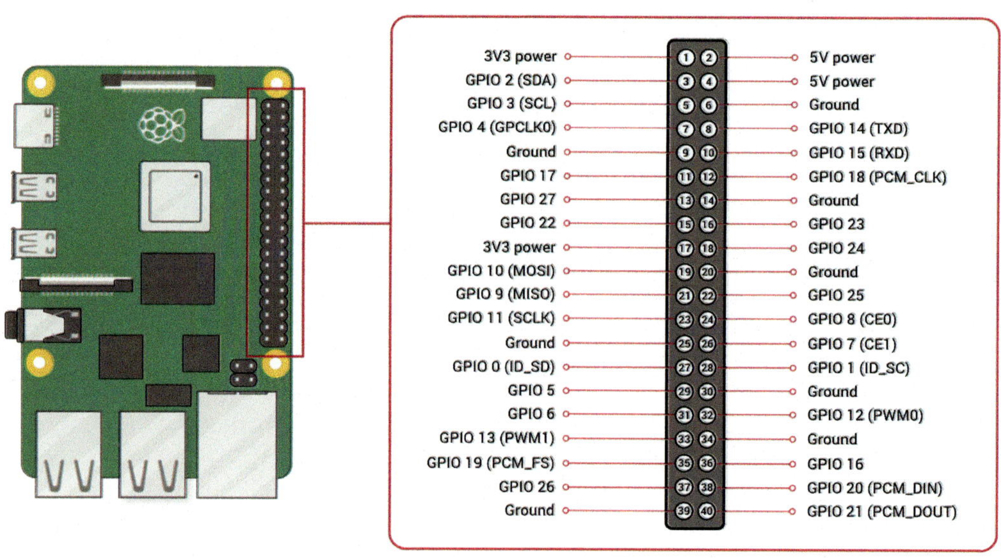

〈그림 3-33〉 라즈베리파이 GPIO핀 번호

③ **라즈베리파이 GPIO 확인** : pinout

GPIO Zero Python 라이브러리에서 제공되며 이 라이브러리는 라즈베리파이 OS 데스크톱 이미지에는 기본적으로 설치되지만 라즈베리파이 OS Lite에는 설치되지 않는다. GPIO 핀 0과 1(물리적 핀 27과 28)은 보드에 존재하지만 고급 사용을 위한 핀이라 일반적으로는 사용하지 않는다.

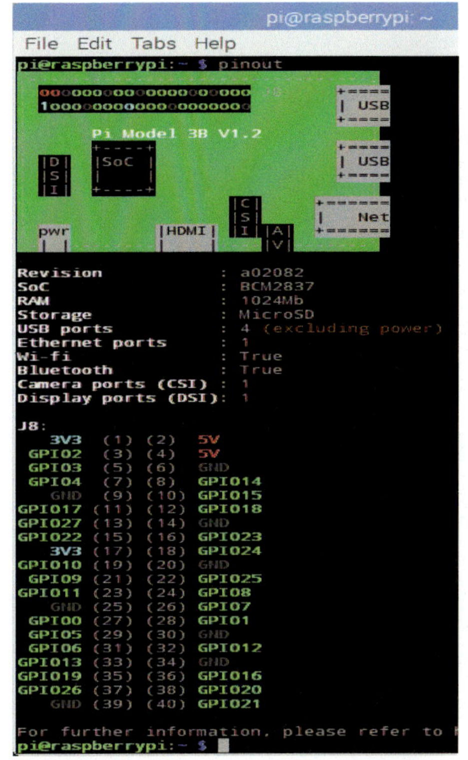

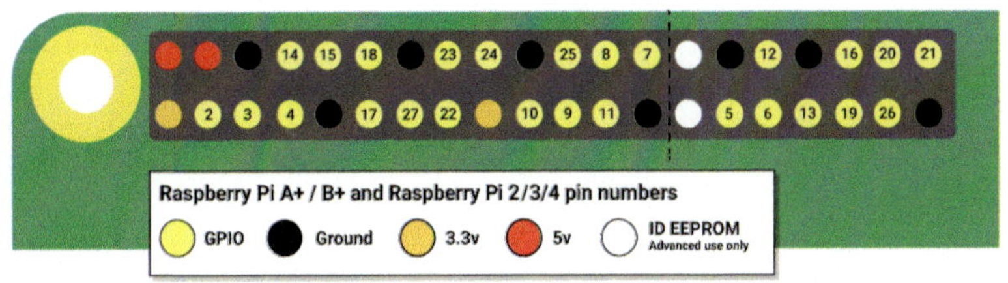

기능	명칭	핀 갯수			물리적 핀번호	표시
전압	5V	2			2, 4	빨강
	3V3	2			1, 17	주황
Ground	GND	6			6, 9, 14, 20, 25, 30, 34, 39	검정
GPIO	GPIO 핀번호	26	일반	13	4, 5, 6, 12, 13, 17, 18, 22, 23, 24, 25, 26, 27	노랑
			특수 기능	13	2, 3, 9, 7, 8, 16, 10, 11, 14, 15, 19, 20, 21	

④ **전압**

2개의 5V 핀과 2개의 3V3 핀과 다수의 접지(Ground) 핀 (0V)이고 나머지 핀은 모두 범용 3V3 핀으로, 출력은 3V3으로 설정되고 입력은 3V3 허용한다.

⑤ **출력**

출력 핀으로 지정된 GPIO 핀은 높음(3V3) 또는 낮음(0V)으로 설정한다.

⑥ **입력**

입력 핀으로 지정된 GPIO 핀은 높음(3V3, 5V) 또는 낮음(0V)으로 읽을 수 있다. 내부 풀업 또는 풀다운 저항을 사용하면 보다 쉽게 사용할 수 있는데, 핀 GPIO 2 및 GPIO 3에는 고정 풀업 저항이 있지만 다른 핀의 경우 소프트웨어상에서 구성한다.

⑦ **기타**

GPIO 핀은 간단한 입력 및 출력 장치뿐만 아니라 주변 장치와도 다양한 입출력을 지원한다.

㉠ PWM (펄스 폭 변조)

- 모든 핀에서 소프트웨어 PWM 사용 가능.
- GPIO 12, GPIO 13, GPIO 18, GPIO 19에서 하드웨어 PWM 사용 가능.

㉡ SPI(Serial Peripheral Interface)

- 1 : N 연결, N이 높아질수록 물리적 연결이 많아져야 함.
- 동시에 송수신 가능, I2C 대비 속도가 빠르다

기능	SPI 0	SPI 1
MOSI (Master Out Slave In)	GPIO 10	GPIO 20
MISO (Master In Slave Out)	GPIO 9	GPIO 19
SCK (clock)	GPIO 11	GPIO 21
CE 0	GPIO 8	GPIO 18
CE 1	GPIO 7	GPIO 17
CE 2		GPIO 16

㉢ I^2C(Inter Integ rated Circuit)통신

- N개 master, M개 slave (최대 127개) 구조
- Clock 기능을 사용하기 때문에 전송시간 자유로움
- 긴 data에는 부적합
- 데이터(SDA) : GPIO 2
- 클럭(SCL) : GPIO 3
- EEPROM 데이터 : (GPIO0); EEPROM 클럭 (GPIO1)

㉣ 시리얼 통신

- TX(Transmitt : 송신) : GPIO14
- RX(Receive : 수신) : GPIO15

⑧ 아두이노 vs 라즈베리파이 GPIO

구분	아두이노 UNO	라즈베리파이 5
GPIO 갯수	디지털 14개, 아날로그 6개	40개
아날로그 입력	지원 (ADC 내장)	지원 안함
PWM 출력	디지털 핀 이름 앞에 ~ 붙은 6개 (3, 5, 6, 9, 10, 11)	하드웨어 지원 : 4개 나머지는 소프트웨어 지원 가능
전압	5V	5V , 3.3V
멀티태스킹	단일 작업	멀티태스킹 가능
인터페이스	SPI, I2C, UART 지원	SPI, I2C, UART 지원
운영체제	없음	리눅스 기반 OS

(2) gpiozero 라이브러리

① 특징

㉠ 라즈베리파이에서 GPIO 핀을 쉽게 제어할 수 있는 파이썬 라이브러리

㉡ LED, 버튼, 모터, 센서 등 다양한 하드웨어를 코드로 제어

② 홈페이지 : https : //gpiozero.readthedocs.io/en/latest/index.html

③ 주요 기능

㉠ 간단한 인터페이스

- 직관적인 코딩 및 인터페이스
- LED 켜기, 버튼 읽기, 센서 데이터 읽기 등의 작업에 간결한 인터페이스를 제공

㉡ 다양한 디바이스 지원

- LED, 버튼, PWM(펄스 폭 변조), 서보 모터, 거리 센서 등 다양한 종류의 디바이스를 지원
- 아날로그, 디지털 등의 다양한 센서 지원

㉢ 이벤트 기반 프로그래밍

- 버튼 누름, 센서 값 변경 등의 이벤트에 대해 콜백 함수를 설정하여, 특정 이벤트가 발생했을 때 원하는 동작을 수행
- 반복문을 사용하지 않고 작업 처리 가능

㉣ 복합 디바이스 지원

- 여러 개의 디바이스를 하나처럼 동작
- 여러 개의 액추에이터(모터)를 하나처럼 동시 동작 가능.

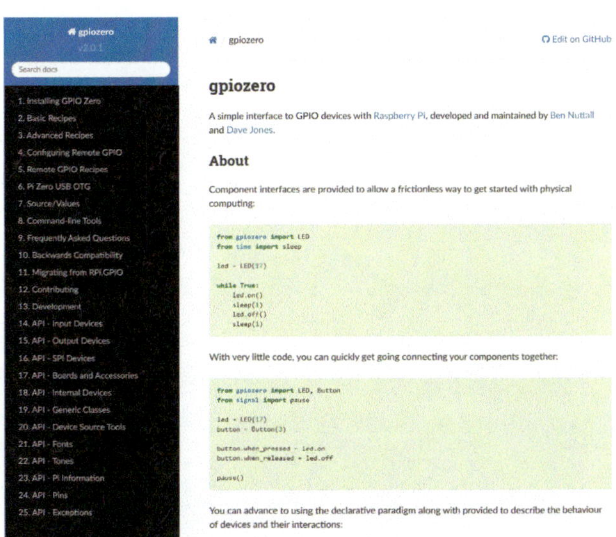

〈그림 3-34〉 gpiozero 홈페이지

④ **설치**

㉠ 라즈베리파이 OS에 기본 내장되어 있어 따로 설치할 필요 없음.

㉡ 설치 여부 확인

```
$ pip3 list | grep gpiozero
```

- | 기호는 키보드의 엔터키 위에 있다. shfit + ₩ 누르면 된다.

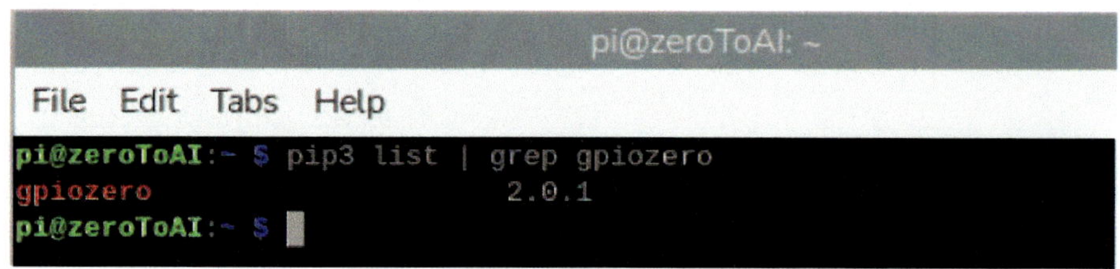

〈그림 3-35〉 pip3_list_grep_gpiozero

㉢ 설치 명령어

```
$ sudo apt install python3-gpiozero
```

⑤ **사용 예**

㉠ 파이썬 실행

```
$ python3
```

㉡ gpiozeor 라이브러리에서 LED 클래스를 불러옴.

```
>>> from gpiozero import LED
```

㉢ LED 클래스에서 사용가능한 메서드와 변수를 dir 명령어로 확인

```
>>> dir(LED)
```

- 글자 앞 뒤로(밑줄이 2개) 있는 것은 파이썬 특수 사용 변수나 메서드
- _(밑줄) 1개가 붙은 것은 사용자가 사용 가능한 변수나 메서드
- 아래쪽에 a~z 순으로 이름만 있는 것이 기본 변수와 메서드(함수)들

```
>>> from gpiozero import LED
>>> dir(LED)
['__class__', '__del__', '__delattr__', '__dict__', '__dir__', '__doc__', '__enter__', '__eq__', '__exit__', '__format__', '__ge__', '__getattribute__', '__gt__', '__hash__', '__init__', '__init_subclass__', '__le__', '__lt__', '__module__', '__ne__', '__new__', '__reduce__', '__reduce_ex__', '__repr__', '__setattr__', '__sizeof__', '__str__', '__subclasshook__', '__weakref__', '_blink_device', '_check_open', '_conflicts_with', '_copy_values', '_default_pin_factory', '_read', '_state_to_value', '_stop_blink', '_value_to_state', '_write', 'active_high', 'blink', 'close', 'closed', 'is_active', 'is_lit', 'off', 'on', 'pin', 'pin_factory', 'source', 'source_delay', 'toggle', 'value', 'values']
>>>
```

(3) 코드 구성 요소

① 메서드 사용은 객체 생성 시 만든 '객체명.메서드' 사용 (구분자 점(dot, .))

```python
# file : code_1.py             # code_1 모듈 파일

# 내장 라이브러리
from time import sleep         # time 라이브러리에서 sleep 함수 불러오기
from signal import pause       # signal 라이브러리에서 pause 함수 불러오기

# 외부 라이브러리
from gpiozero import LED       # gpiozero 라이브러리에서 LED 클래스 불러오기

led1 = LED(17)                 # LED 클래스로 led1 객체 생성
led2 = LED(27)                 # LED 클래스로 led2 객체 생성

count = 0                      # count 변수

print('Press Ctrl+C to exit')

def blink_led( ) :             # blink_led( ) 함수 정의
    led1.on( )                 # led1 객체의 on 메서드 호출
    led2.on( )                 # led2 객체의 on 메서드 호출
    sleep(1)                   # sleep( ) 함수 호출
    led1.off( )                # led1 객체의 off 메서드 호출
    led2.off( )                # led2 객체의 off 메서드 호출
    sleep(1)

print('Press Ctrl+C to exit')
print('-'*30)

led1.source = blink_led        # led1 객체의 source 속성에 blink_led 함수 할당
led2.source = blink_led        # led2 객체의 source 속성에 blink_led 함수 할당

pause( )
```

구분	예시 코드	설명
라이브러리(패키지)	gpiozero	• 파이썬에서 특정 기능을 모아둔 코드 집합 • GPIO 제어 기능을 제공
모듈(module)	signal	• 라이브러리 안에 포함된 개별 파일 • time, signal
클래스(class)	Button	• 라이브러리 안에서 특정 기능을 정의한 설계도 • LED( ), Button( ), Buzzer( ), Motor( ) 등등
객체	led1 led2	• 클래스로부터 생성된 실제 객체 • GPIO(17)번과 연결된 led1 객체 • GPIO(27)번과 연결된 led2 객체
함수	blink_led( )	• 특정 동작을 수행하는 코드들 • 정의하고 불러서 동작함
메서드	on( ) / off( ) / sleep( )	• 객체가 가진 동작(함수)을 의미
속성	source	• 객체가 가진 특성(속성)을 의미

② gpiozero vs RPi.GPIO

구분	gpiozero	RPi.GPIO
사용 편리성	고수준 API 제공 초보자들도 사용하기 쉬움	저수준 API 제공 직접 핀 설정등으로 어려움
설정방식	자동 설정 LED(17)	수동 설정 GPIO.setup(17, GPIO.OUT)
이벤트 처리	가능 button.when_pressed = 실행 함수	가능 GPIO.add_event_detect( )
PWM 지원	지원	지원
멀티스레딩	자동 지원	직접 설정 필요
외부 라이브러리	지원	지원하지 않음
특징	라즈베리파이 OS 지원	많은 예제가 있음.
대상	초보자 및 간단한 프로젝트	고급 사용자 및 세밀한 제어 필요

예	LED를 1초 단위로 깜빡이게 처리하세요
	
	`from gpiozero import LED`
	`from time import sleep`
	
	`ledRed = LED(17)`
	
	`while True :`
	`    ledRed.on( )`
	`    sleep(1)`
	`    ledRed.off( )`
	`    sleep(0.5)`
		`import RPi.GPIO as GPIO`
		`import time`
		
		`GPIO.setmode(GPIO.BCM)`
		`GPIO.setup(17,GPIO.OUT)`
		
		`while(True) :`
		`    GPIO.output(17,False)`
		`    time.sleep(2)`
		`    GPIO.output(17,True)`
		`    time.sleep(2)`

㉠ 초음파 센서를 설정하고 0.5초 단위로 거리를 출력해 보자.(비교해 보기)

- RPi.GPIO

```python
import RPi.GPIO as GPIO
import time

TRIG_PIN = 13                               # 핀 번호 설정 (BCM 모드)
ECHO_PIN = 12

GPIO.setmode(GPIO.BCM)                       # GPIO 설정
GPIO.setup(TRIG_PIN, GPIO.OUT)
GPIO.setup(ECHO_PIN, GPIO.IN)

def get_distance( ) :
    GPIO.output(TRIG_PIN, False)             # Trig 핀에 짧은 펄스보내기
    time.sleep(0.000002)                        # 잠시 대기

    GPIO.output(TRIG_PIN, True)             # 초음파 발사!
    time.sleep(0.00001)                         # 10us 유지
    GPIO.output(TRIG_PIN, False)

    timeout = time.time( ) + 0.1                # 0.1초 타임아웃 설정
```

```python
        pulse_start = time.time( )                    # 신호가 오기 전(Low) 시간 기록
        while GPIO.input(ECHO_PIN) == 0 :
            pulse_start = time.time( )
            if pulse_start > timeout : return 0.0

        pulse_end = time.time( )                       # 신호가 끝날 때(High->Low) 시간기록
        while GPIO.input(ECHO_PIN) == 1 :
            pulse_end = time.time( )
            if pulse_end > timeout : return 0.0

        pulse_duration = pulse_end - pulse_start       # 거리 계산 (시간 차이 이용)
        distance = pulse_duration * 17150              # 소리의 속도 : 34300 cm/s
        distance = round(distance, 2)

        return distance / 100.0

print('Press Ctrl+C to stop')
print('-'*30)

try :
    while True :
        dist = get_distance( )
        print(f'Distance : {dist : .2f} m   ', end='\r')
        time.sleep(0.5)

except KeyboardInterrupt :
    print('\nMeasurement stopped by user')
    GPIO.cleanup( )                    # RPi.GPIO는 꼭 cleanup( ) 해줘야 함.
```

- gpiozero 사용
    - gpiozero는 프로그램 종료시 자동으로 cleanup( ) 처리

```python
from gpiozero import DistanceSensor
from time import sleep

# 핀번호 및 GPIO 설정
front_ultra = DistanceSensor(echo=12, trigger=13)

print('Press Ctrl+C to stop')
print('-'*30)

while True :
    print(f'Distance : {front_ultra.distance : .2f} m', end='\r')
    sleep(0.5)
```

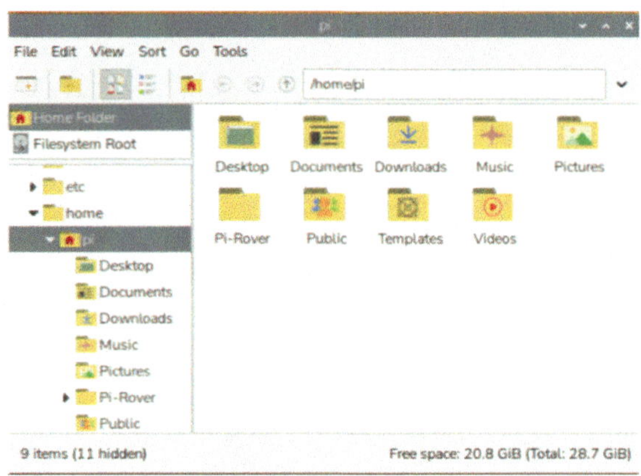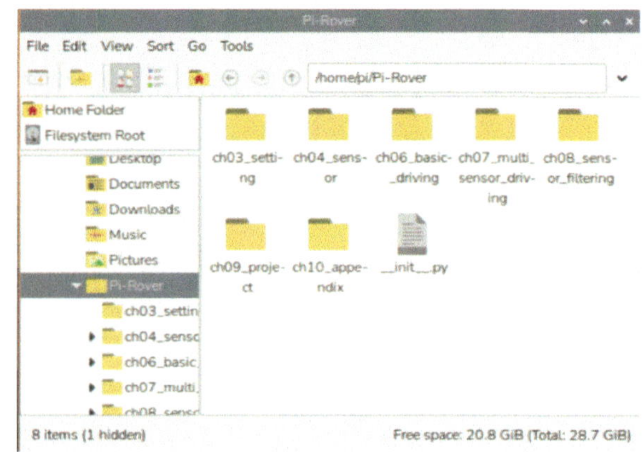

05 파이썬 프로그래밍 환경

(1) git 소스 코드 다운

본 교재의 모든 소스 파일 다운로드를 진행한다. 터미널에 작업한다.

① 사용자 작업 디렉터리 이동

```
$ cd ~
```

~ : 사용자 디렉터리 의미, /home/pi 와 같음.

② 소스 다운로드

```
$ git clone https : //github.com/zeroToAIoT/Pi-Rover.git
```

③ 작업 위치로 이동

```
$ cd Pi-Rover/
pi@zeroToAI : ~Pi-Rover $
```

④ 확인 : ls 명령어

```
pi@zeroToAI : ~Pi-Rover $ ls
```

ㄱ pi : 접속 사용자 아이디

ㄴ zeroToAI : 라즈베리파이 호스트명

ㄷ ~ : 사용자 홈 디렉터리, /home/pi를 의미

ㄹ Pi-Rover : 현재 위치한 Pi-Rover 디렉터리

ㅁ ls : 파일 목록 보여주는 명령어

- 챕터 이름이 보인다. 각 디렉터리에 소스코드가 들어 있다.

ㅂ 라즈베리 파이 파일 탐색기 활용

(2) 개발환경 - 라즈베리파이(Thonny)

IDE(Integrated Development Enrorment)는 통합개발환경 소프트웨어를 말하며 보통 프로그래밍을 할 수 있는 환경이며 GUI 환경과 CLS 환경으로 구분된다. 본 교재에서는 라즈베리파이에 기본 설치된 [Thonny Python IDE]를 이용하겠다.

		GUI	CLS 텍스트 에디터
기본 설치되어 있음		Thonny python	nano, vi
추가설치 필요		jupyter notebook Visual Studio code pycharm python IDLE	vim, emacs

jupyter notebook(설치 필요용량 : 2.7G), pycharm, spyder, python IDLE 등 설치는 라즈베리파이 OS에서 사용되어지는 sd card의 용량에 따라 본인이 선택하여 설치하면 된다.

① 라즈베리파이 – [Programming] – [Thonny] 클릭

㉠ Thonny는 Thonny 이름의 개발자가 만든 무료 오픈소스 파이썬 IDE이다. 라즈베리파이 OS에 기본적으로 설치되어 있다.

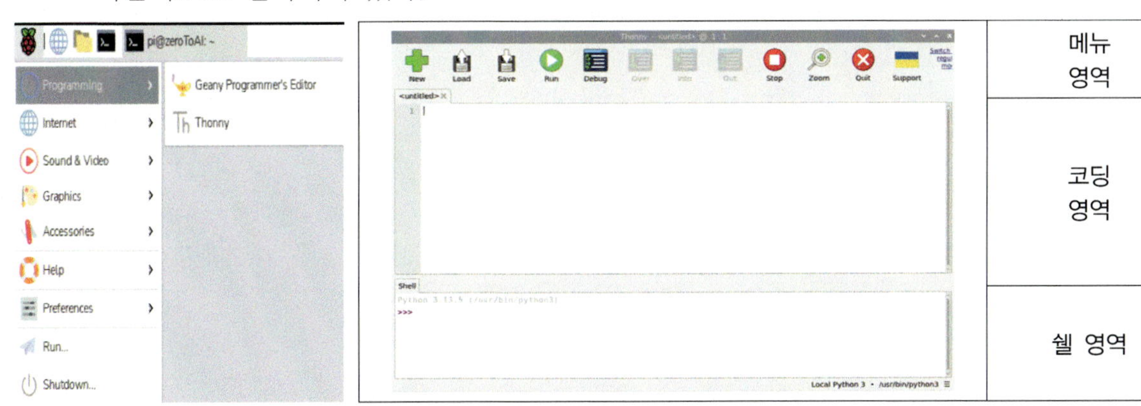

② 화면 구성

㉠ 메뉴
- New : 새로운 파일(탭) 생성
- Load : 기존 작업했던 파일을 불러오기
- Save : 현재 작업 내용 저장
- Run : 현재 작업 내용 실행
- Stop : 현재 실행 내용 중지
- Quit : Thoony IDE 종료

㉡ 프로그램 코딩 영역

실제 코드를 입력하면 된다.

ⓒ 쉘
  - 실행 창으로 실행 결과나 오류들이 표시
  - 실행 정지 단축키(ctrl + c)를 누를 때 쉘영역에서 누름.

(3) 개발환경 - 작업용 컴퓨터(vs code)

① 특징
  ㉠ 일반 PC(노트북)에서 VS Code의 Remote SSH를 이용하여 라즈베리파이에 접속하여 코딩
  ㉡ 로컬 환경에서 작업하는 것처럼 라즈베리파이의 파일 시스템에 접근, 코드를 편집하고 실행,

② vs code 설치
  ㉠ 다운로드 : https : //code.visualstudio.com/download
  ㉡ 컴퓨터 환경에 맞게 선택해서 다운 및 설치

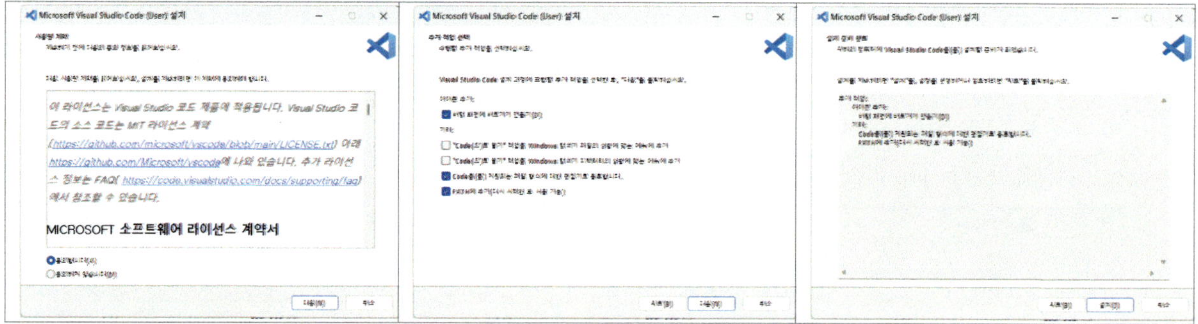

③ 확장 프로그램 설치
  ㉠ 파이썬 확장
  - VS Code 좌측의 확장(Extensions) 탭 (단축키 : Ctrl+Shift+X).
  - 검색창에 python 입력,,, python by microsoft 선택

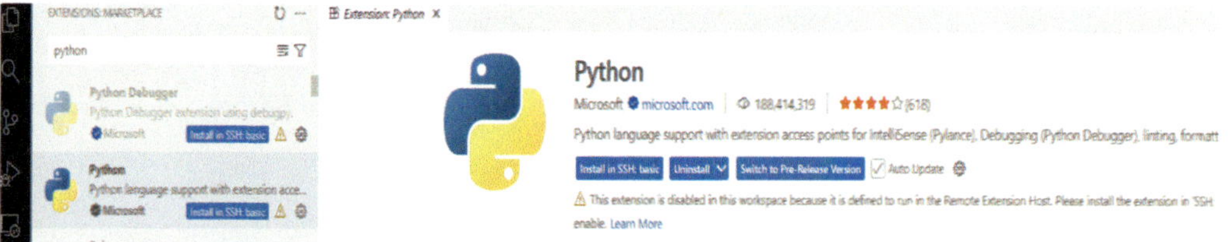

〈그림 3-36〉 확장프로그램_pythonbymicrosoft

  ㉡ Remote - SSH 확장 프로그램 설치
  - VS Code 좌측의 확장(Extensions) 탭(단축키 : Ctrl+Shift+X).
  - 검색창에 Remote - SSH를 입력
  - 검색된 Remote - SSH 확장 프로그램을 찾아 Install 버튼을 눌러 설치

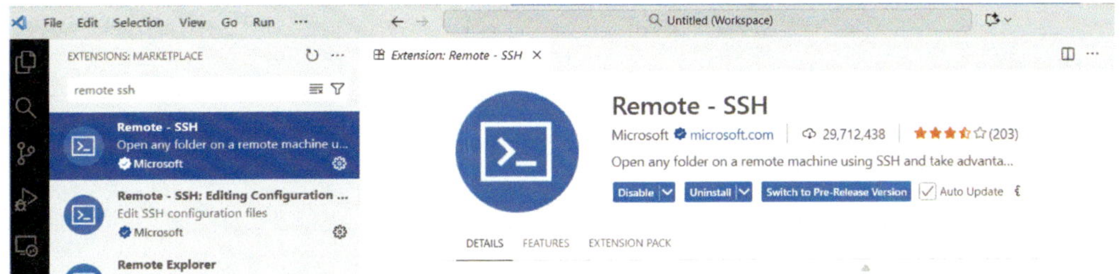

〈그림 3-37〉 vscode_exp_ssh

- Remote Development라는 확장 프로그램 팩을 설치해도 Remote-SSH가 포함되어 있어 동일하게 사용 가능

ⓛ 추가 설치

- Python by Microsoft (필수)
  - 기능 : 코드 실행, 디버깅, 자동완성, 실행 버튼 활성화 등
  - 설치 버튼 : Install in SSH : Pi-Rover 클릭
- Pylance by Microsoft (필수)
  - 기능 : 빠르고 정확한 코드 분석, 타입 체크, 인텔리센스 향상
- Python Environments (선택)
  - 가상환경 관리에 유용

④ **vs code 기본 사용**

㉠ 설정

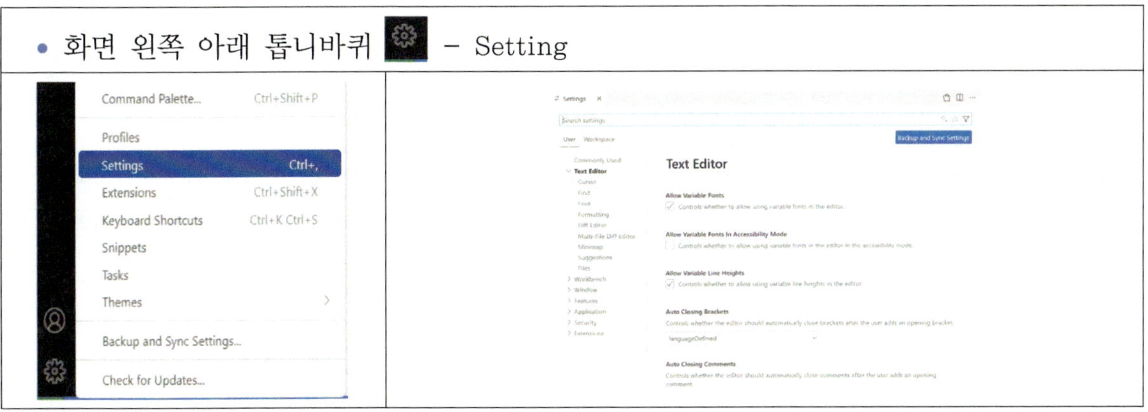

㉡ 사이드 메뉴

메뉴	명칭	기능
	Explorer (Ctrl + Shift + E)	폴더 및 파일 탐색시
	search (Ctrl + Shift + F)	검색, 작성한 파일이나 폴더 찾을 때
	Source Control (Ctrl + Shift + G)	

메뉴	명칭	기능
	Run and Debug (Ctrl + Shift + D)	파일 실행 및 디버그
	Remote Explorer	원격 접속 컴퓨터 목록 확인
	Extensions (Ctrl + Shift + X)	vs code에 추가 확장 프로그램 설치

ⓒ Explorer

Explorer 상세 메뉴	설명	
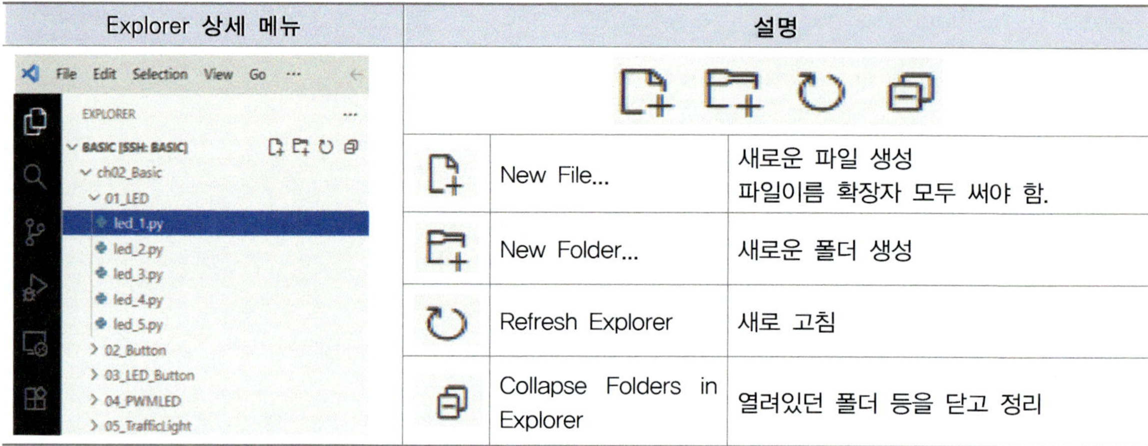	New File...	새로운 파일 생성 파일이름 확장자 모두 써야 함.
	New Folder...	새로운 폴더 생성
	Refresh Explorer	새로 고침
	Collapse Folders in Explorer	열려있던 폴더 등을 닫고 정리

⑤ 접속 환경 설정

㉠ 라즈베리파이에서 먼저 SSH 접속이 활성화되어 있어야 한다.

- 라즈베리파이 OS Imager 셋팅시 SSH를 이미 활성화하였다.
- 혹 SSH를 활성화하지 않았다면 아래 오른쪽 그림처럼 하면 된다.

설치시 SSH 활성화 선택	부팅 후 시작 메뉴 – Preference – Control Centre – Interfaces – SSH 활성화
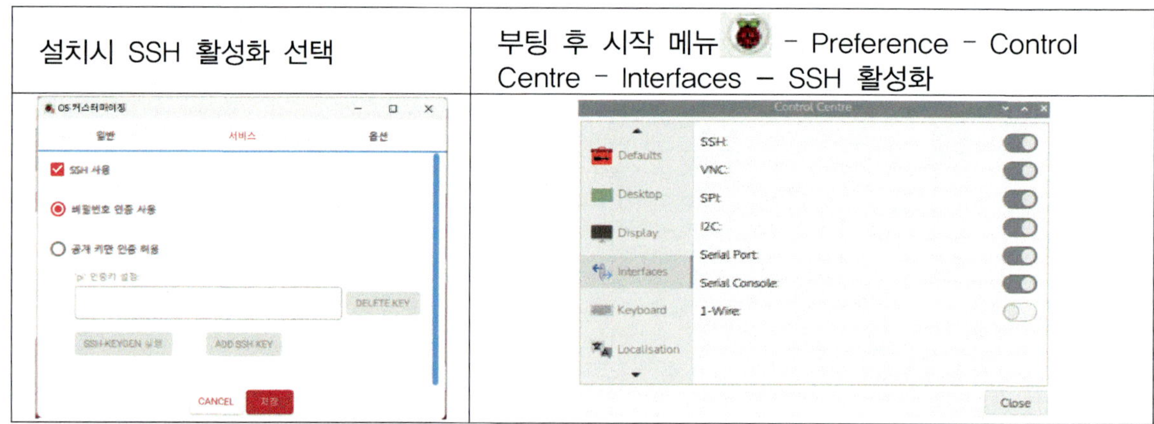	

⑥ vs code에서 SSH 접속 환경 설정

㉠ 맨 왼쪽 하단 클릭 하거나. 명령 팔레트 연다(단축키 F1 또는 ctrl+shift+p)

ⓒ Remote–SSH : Connect to Host.. 클릭

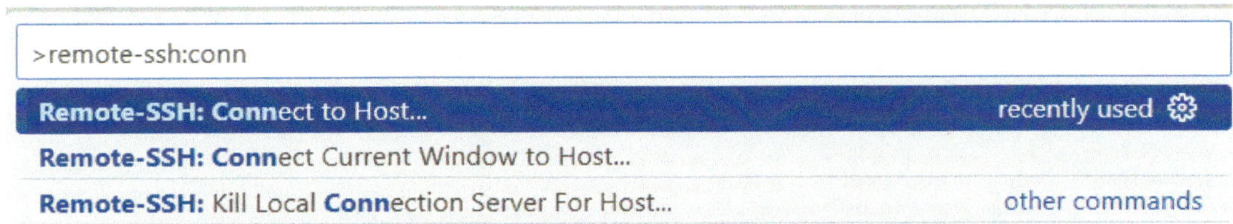

㉣ "Add New SSH Host…"를 선택하고, 다음 형식으로 SSH 연결 문자열을 입력한다.

- 라즈베리파이 OS 설치할 때 관리자 : pi

  예, 라즈베리파이의 IP 주소가 192.168.0.10이라면, pi@192.168.0.10을 입력

  ```
  pi@192.168.0.10
  ```

- Remote-SSH : Open SSH Configuration File…을 입력하고 선택
- 설정 파일 선택 : C : ₩Users₩유저명₩.ssh₩config
- cofig 파일에서
  – 아이피와 호스트명 IP 주소, 접속 id 입력하고 저장..

  ```
  Host 접속할 명칭
    HostName 192.168.137.30  # 서버의 IP 주소
    User pi                  # 서버에 접속할 사용자 계정 이름
    Port 22                  # SSH 포트 번호 (기본값인 22번은 생략 가능)
  ```

㉤ 접속 비밀번호 : 보통 12345678

- SSH config 파일이 업데이트될 위치를 선택
- 암호를 입력하여 라즈베리파이에 연결
- 처음 연결 시에는 SSH 키를 생성하는 과정이 있을 수 있음.

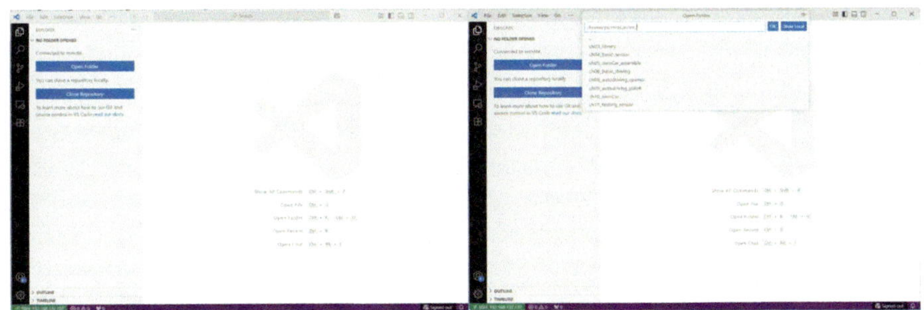

㉥ 라즈베리파이 OS가 리눅스임으로 'Linux' 선택

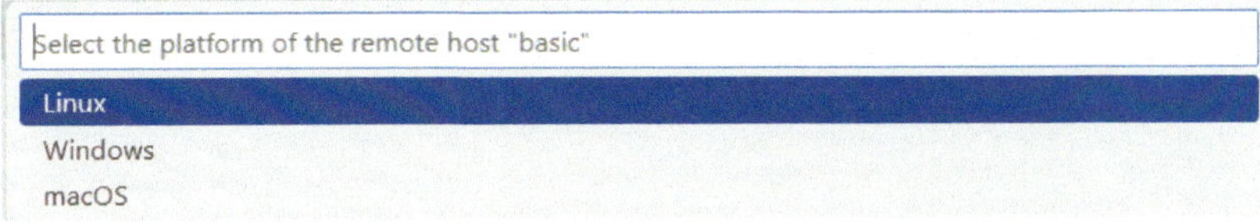

ⓐ 보안 경고이다. 계속 진행

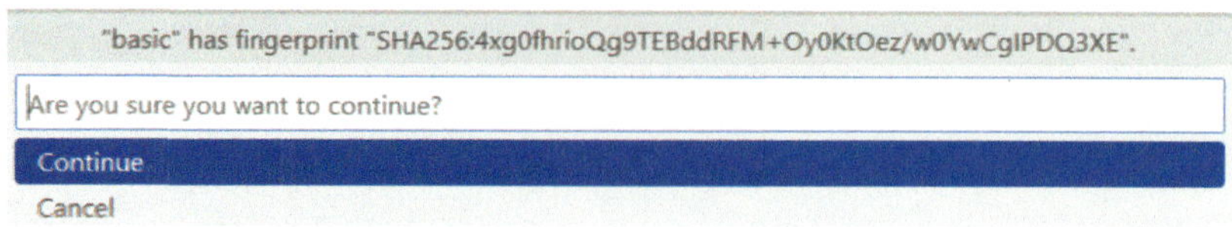

◎ 다시 비밀번호 입력 후 엔터

ⓩ 초기화면

- 연결이 성공하면 VS Code 창의 왼쪽 하단에 초록색으로 SSH : Pi-Rover가 표시
  - Pi-Rover : 접속 서버명칭
- welcome 초기 창 닫음.

⑦ **소스 파일 열기**

Pi-Rover 디렉터리 안의 모든 소스 파일 열기

㉠ 왼쪽 사이드 메뉴에서 [Exporer] 클릭 〉 Open Folder 〉 Pi-Rover 선택 후 OK 클릭

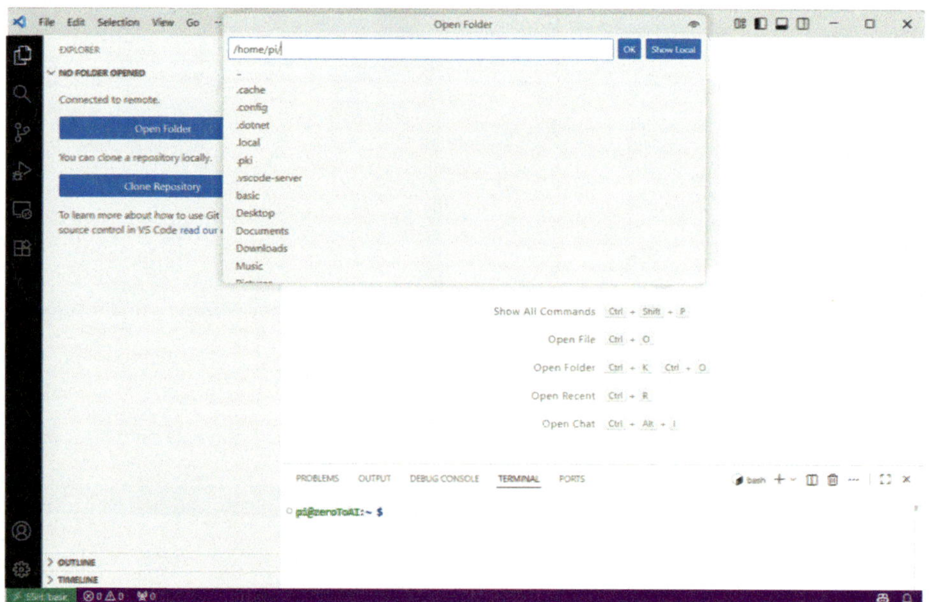

〈그림 3-38〉 open_folder_basic

ⓛ 상단에 비밀번호 입력창이 나온다. 비밀번호(예 : 12345678) 입력 후 엔터

ⓒ 처음으로 디렉터리 열 때 신뢰성에 대해 물어본다.

　꼭 ☑ Trust the authors of all files in the parent folder ‘pi’ 체크하고

　Yes, I Trust the authors 버튼 클릭. 다음부터 비밀번호를 물어보지 않는다.

ⓔ 왼쪽 화면에 챕터별로 소스가 있다. 클릭하면 오른쪽 메인창에 보인다.

　　• welcome 파일은 닫는다.

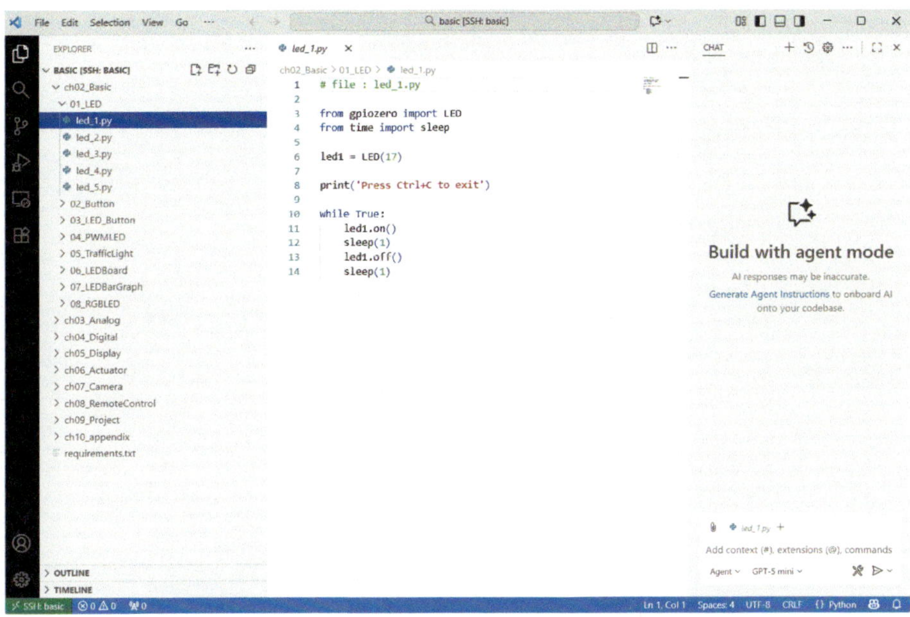

〈그림 3-39〉 open_folder_basic_trust_welcome_led

(4) try ~ except ~ finally 구문

① 네트워크 환경 접속 및 제어시 다양한 에러가 발생할 가능성이 존재함으로 에러에 대한 정보 및 시스템 제어를 위해 사용

　ⓐ try : 실행할 소스 코드를 입력하는 구간

　ⓑ except : 에러 발생 시 에러 출력 혹은 키보드 중단 시 키보드 중지 출력

　ⓒ finally : 소스 코드 및 에러 코드가 끝나고 마지막에 꼭 진행.

② **기본 예**

　ⓐ led 제어

```python
from gpiozero import LED
from time import sleep

led = LED(17)

try :
```

```
    while True :
        ledRed.on( )
    sleep(1)
        ledRed.off( )
        sleep(1)

except KeyboardInterrupt :
    print('Stopped. Ctrl+C pressed.')
except Exception as err :
    print(f'Error : {err}')

finally :
    print('finished..')
```

- except Exception as err :

  print(f'Error : {err}')

  에러 발생 시 에러에 관한 정보 출력

센서에 대한 기초에 좀 더 집중하고 코딩 오류 발생을 최소화하기 위해 본 교재에서는 try – catch 구문을 최소로 사용한다.

06 전자 기초

(1) 전압 : V

① 전위가 높은 쪽과 낮은 쪽의 차이 값

② 1클롱(coulomb : 전하의 단위)

③ 라즈베리파이에서는 직류 3.3V와 5V 지원

(2) 전류 : A

① 1초당 1쿨롱의 전하가 단위 면적을 통과했을 때 1A로 정의

② Arduino에서는 1/1000A 단위인 mA를 사용

(3) 저항 : Ω

① 특성

   ㉠ 전류의 흐름을 방해하는 정도

   ㉡ 색 띠나 숫자로 값을 표시

   ㉢ 단위 기호 : Ω (옴, ohms)

ㄹ 옴의 법칙 : $R = \dfrac{V}{I}$

② 저항값 읽기

색깔	수	승수	오차율	색깔	수	승수	오차율
검정	0	10^0		파랑	6	10^6	±0.25%
갈색	1	10^1	±1%	보라	7	10^7	±0.1%
빨강	2	10^2	±2%	회색	8	10^8	
주황	3	10^3		흰색	9	10^9	
노랑	4	10^4		금색		10^{-1}	±5%
초록	5	10^5	±0.5%	은색		10^{-2}	±10%

ㄱ 4색 저항값 읽기

첫째 숫자	둘째 숫자	10 승수	저항값 오차
빨강	빨강	갈색	금색
2	2	10^1	5%
		첫째 둘째 숫자 × 10의 승수 ± 오차	
		$22 \times 10^1 = 220\,\Omega \pm 5\%$	

첫째숫자	둘째 숫자	10 승수	저항값 오차
주황	주황	갈색	금색
3	3	10^1	5%
		첫째 둘째 숫자 × 10의 승수 ± 오차	
		$33 \times 10^1 = 330\,\Omega \pm 5\%$	

첫째 숫자	둘째 숫자	10 승수	저항값 오차
갈색	검정	빨강	금색
1	0	10^2	5%
		첫째 둘째 숫자 × 10의 승수 ± 오차	
		$10 \times 10^2 = 1000\,\Omega = 1K\Omega \pm 5\%$	

첫째 숫자	둘째 숫자	10 승수	저항값 오차
갈색	검정	주황	금색
1	0	10^3	5%
		첫째 둘째 숫자 × 10의 승수 ± 오차	
		$10 \times 10^3 = 10000\,\Omega = 10K\Omega \pm 5\%$	

ㄴ 5색 저항값 읽기

첫째숫자	둘째 숫자	셋째숫자	10 승수	저항값 오차
빨강	파랑	검정	주황	은색
2	6	0	10^3	10%

첫째, 둘째 숫자, 셋째 숫자 $\times$ 10승수 $\pm$ 오차
$260 \times 10^3 = 260,000\Omega = 260K\Omega \pm 10\%$

③ **저항 선택하기**

ㄱ 저항값 계산

- 일반적인 적색 LED의 경우 1.8V의 전압강하가 있고 적정 전류는 25mA이다. 그리고 라즈베리파이는 5V, 3V3 출력 전압을 지원하고 있다. 옴의 법칙을 이용하여 필요한 저항값을 계산해 보자.

- 예를 들어 라즈베리파이는 5V를 사용하고 LED의 전압 강화는 1.8V, 적정 전류는 0.025A일 경우 계산상 128Ω이 필요하다.

$$R = \frac{V}{I} = \frac{\text{출력단자전압} - \leq D\text{전압강화}}{\text{적정전류}} = \frac{5 - 1.8}{0.025} \geq 128\Omega$$

- 100Ω은 128Ω보다 저항값이 적으니 안되고, 다음이 220Ω이다, 128Ω보다 크고 쉽게 구할 수 있는 220Ω을 사용하면 된다. 이보다 매우 큰 저항을 사용하면 밝기가 약하다.
- 보통 쉽게 구할 수 있는 보편적인 저항은 아래와 같다.

$$\{ 100, \ 220, \ 470, \ 1000, \ 2200, \ 4700, \ 10000 \}$$

- 3V3 구성 요소에는 5V를 사용하면 안되며, 특히 모터 등은 GPIO 핀에 직접 연결하지 말고 대신 H 브리지 회로 또는 모터 컨트롤러 보드를 사용하여야 한다.

(4) 브레드 보드(빵판)

회로를 연결할 때 사용한다. 용접을 하지 않아도 되는 시제품이라 실험용을 많이 사용한다.

① **400홀**

ㄱ 중앙을 기준으로 위, 아래는 구분되어져 있다.

ㄴ 가장자리 줄들은 각자로 연결되어 있다.

ㄷ 오른쪽 회로도의 가운데는 5개씩 세로로 연결되어 있다.

　ⓔ 빨강 라인(+) : 라즈베리파이의 VCC와 연결

　ⓜ 파랑 라인(−) : 라즈베리파이의 GND(ground, 접지)와 연결

② **브레드보드 830핀 (56.5×165.5×8.5mm)**

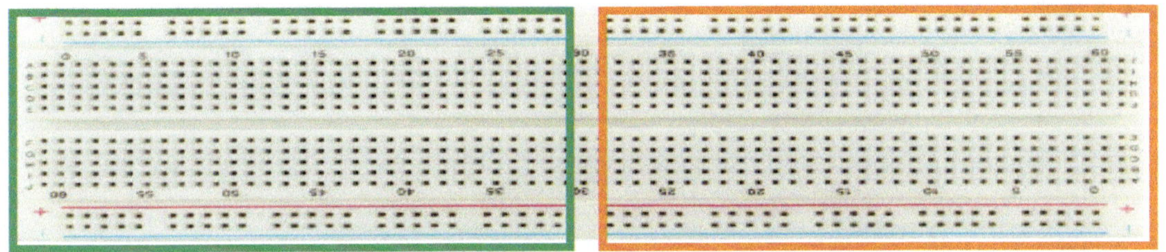

　양쪽 가장자리의 왼쪽 영역과 오른쪽 영역은 연결되어 있지 않다.

 07 기초 센서 제어 라이브러리 - gpiozero

분야	라이브러리	기능
기초 하드웨어 센서 제어	gpiozero	GPIO 기본 센서 제어
사용자 인터페이스 (UI : User interface)	curses	키보드 입력 처리 (텍스트 기반 UI)
	bluedot 앱	스마트폰 제어 (그래픽 기반 UI)
IMU 관성 센서	mpu6050	MPU6050 제어

(1) 개요

① **개발**

　㉠ 개발자 : Ben Nuttall and Dave Jones.

　㉡ Raspberry Pi의 GPIO 를 파이썬 언어로 제어

```
A simple interface to GPIO devices with Raspberry Pi, developed and maintained by
Ben Nuttall and Dave Jones.
```

ⓒ 라즈베파이의 GPIO의 연결된 다양한 센서(LED, 버튼, 모터 등)들을 제어

② **홈페이지** : https : //gpiozero.readthedocs.io/en/v2.0.1/

㉠ 왼쪽 메뉴에서

㉡ Basic Recipes로 가면 센서에 대한 기초 예제가 있다.

- 2.3 LED을 살펴보면 회로도와 코드 예제를 확인할 수 있다.

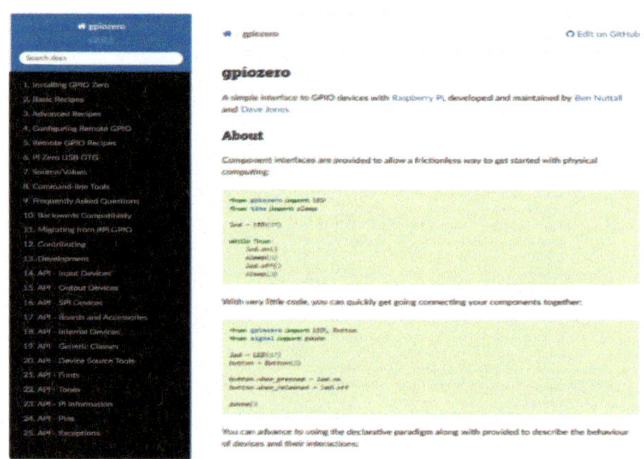

〈그림 3-40〉 gpiozero 홈페이지

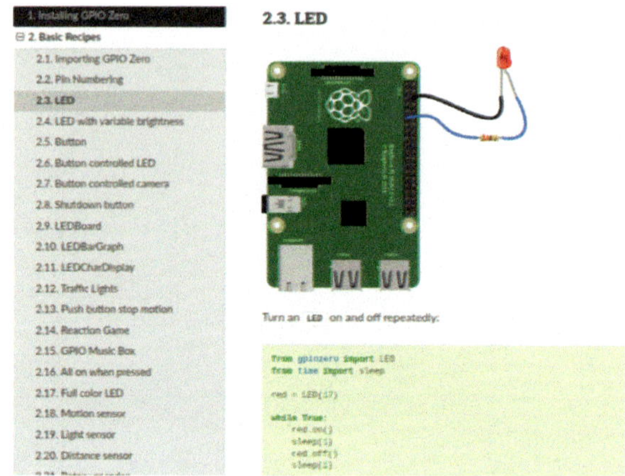

〈그림 3-41〉 2.3 LED 회로도와 예제 코드

(2) 사용 클래스 및 주요 메서드

① gpiozero 라이브러리 안에 LED, DistancdSensor, Button, Motor 등의 많은 클래스가 있으며 각
각의 클래스안에는 공통으로 사용될 수 있거나 독립적인 많은 method가 있다.

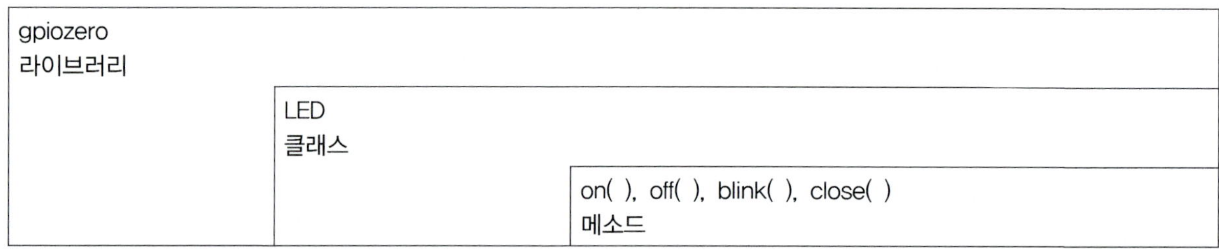

클래스	기능	주요 메서드
LED	led 제어	on( ), off( ), blink( ), close( )
DistanceSensor	초음파센서 제어	when_in_range( ), when_out_of_range( ) wait_for_range( ), wait_for_out_of_range( ), close( )
LineSensor	라인 트레이서 제어	when_line( ), when_no_line( ) wait_for_line( ), wait_for_no_line( )
Motor	모터 제어	forward( ), backward( ), reverse( ), stop( )
Robot	모터 제어	forward( ), backward( ), reverse( ), stop( )

② **gpiozero 버전 확인**

```
pi@zeroToAI:~ $ pip show gpiozero
Name: gpiozero
Version: 2.0.1
Summary: A simple interface to GPIO devices with Raspberry Pi
Home-page: https://gpiozero.readthedocs.io/
Author: Ben Nuttall
Author-email: ben@bennuttall.com
License: BSD-3-Clause
Location: /usr/lib/python3/dist-packages
Requires: colorzero
Required-by:
pi@zeroToAI:~ $
```

$ pip show gpiozero

③ **관련 property & mothod**

　㉠ gpiozero 사용 가능한 클래스 확인 : dir(gpiozero)

```
$ python
>>import gpiozero
>>dir(gpiozero)
```

- 글자 앞 뒤로__(밑줄이 2개) 있는 것은 파이썬 특수 property(변수)나 method(함수)들
- _(밑줄) 1개가 붙은 것은 사용자가 사용 가능한 property(변수)나 method(함수)들
- a~z 순으로 이름 있는 것이 property(변수)나 method(함수)들

　㉡ LED 클래스의 사용 가능한 메소드들 확인 : dir(LED)

```
$ python
>>from gpiozero import LED
>>dir(LED)
```

```
pi@zeroToAI:~ $ python
Python 3.13.5 (main, Jun 25 2025, 18:55:22) [GCC 14.2.0] on linux
Type "help", "copyright", "credits" or "license" for more information.
>>> from gpiozero import LED
>>> dir(LED)
['__class__', '__del__', '__delattr__', '__dict__', '__dir__', '__doc__', '__ente
r__', '__eq__', '__exit__', '__firstlineno__', '__format__', '__ge__', '__getattr
ibute__', '__getstate__', '__gt__', '__hash__', '__init__', '__init_subclass__',
'__le__', '__lt__', '__module__', '__ne__', '__new__', '__reduce__', '__reduce_ex
__', '__repr__', '__setattr__', '__sizeof__', '__static_attributes__', '__str__',
'__subclasshook__', '__weakref__', '_blink_device', '_check_open', '_conflicts_w
ith', '_copy_values', '_default_pin_factory', '_read', '_state_to_value', '_stop_
blink', '_value_to_state', '_write', 'active_high', 'blink', 'close', 'closed', '
ensure_pin_factory', 'is_active', 'is_lit', 'off', 'on', 'pin', 'pin_factory', 's
ource', 'source_delay', 'toggle', 'value', 'values']
>>>
```

　㉢ 메서드 사용은 객체 생성 시 만든 '객체명.메서드명' 사용, 구분자 dot(.)

- 예) LED 객체 뒤에 on( )/off( ) 메서드 사용

```
from gpiozero import LED          # gpiozero 라이브러리에서 LED 클래스 불러옴

led = LED(17)                     # LED 클래스로 led 객체 생성

led.on( )                         # led 객체에 on 메서드 사용
led.off( )                        # led 객체에 off 메서드 사용
```

- 이후 사용하는 클래스에 dir(import한 클래스명) 사용하여 클래스에 따른 사용 가능한 변수
와 메서드를 확인하는 것이 매우 중요하다.

CHAPTER

4

센서 및 키보드, 웹서버 다루기

04 센서 및 키보드, 웹서버 다루기

01 준비하기

(1) 센서 현황

재료명	이미지	수량	재료명	이미지	수량
라즈베리파이5		1	브레드보드 (half, 400홀)		1
LED (5mm)		1	피에조 수동 부저		1
초음파센서 (HC-SR04)		2	라인 트레이서 (TCRT5000)		2
서보 모터 sg90		1	서보 모터 bracket		1
IMU MPU6050		1	모터드라이버 SN754410		2
자동차 프레임 킷트		1	DC 기어드모터 (DM148)		4
			건전지 홀더		1
보조배터리(소형) 선택			AA 건전지 (1.5V)		4
점퍼 케이블	암수	19	연결선		
	암암	6			

(2) 센서별 라이브러리 및 클래스

① 현황

㉠ gpiozero 라이브러리는 라즈베리파이 OS에 포함되어 있음.

- gpiozero 라이브러리에 포함된 LED, Buzzer, DistanceSensor, LineSensor, Servo, AngularServo, Motor, Robot 클래스는 바로 사용 가능

㉡ mpu6050 라이브러리는 추가 설치 필요

센서	클래스	설치
led	LED	
부저	Buzzer	
초음파센서	DistanceSensor	추가 설치 필요 없음
라인 트레이서	LineSensor	gpiozero에 포함
서보 모터	Servo, AngularServo	
DC motor	Motor, Robot	
IMU	mpu6050	추가 설치 필요

(3) 회로 기초 연결

① 라즈베리파이와 브레드보드 5v 연결

㉠ 라즈베리파이의 5V(물리 핀번호 2번)를 브레드보드의 빨강 라인선으로 연결

㉡ 브레드보드 빨강 라인에서 건너편 빨강 라인선으로 연결

② 라즈베리파이와 브레드보드 GND(물리 핀번호 39 연결)

㉠ 라즈베리파이의 GND를 브레드보드의 파랑 라인선으로 연결

㉡ 브레드보드 파랑 라인에서 건너편 파랑 라인선으로 연결

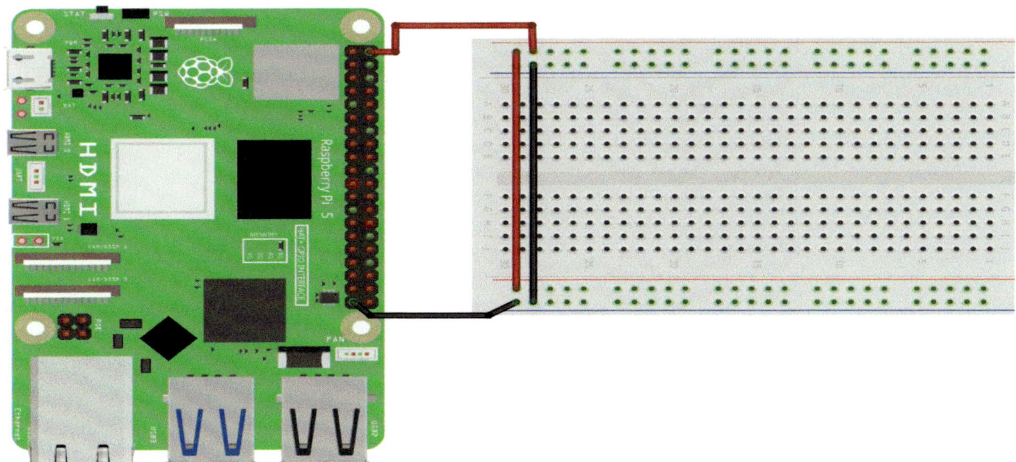

〈그림 4-1〉 회로 기본 연결

02 LED

(1) 개요

① LED

    ㉠ LED(Light Emitted Diode), 발광 다이오드

    ㉡ 전기에너지를 빛에너지로 변환

② PWMLED

    ㉠ PWM(Pulse-width modulation), 파형(pulse)의 폭(width)을 변조(modulation)

    ㉡ 0~1의 LED 밝기 조절

③ 디밍(Dimming)

PWM(Pulse Width Modulationl)로 LED에 들어오는 전력을 조절하여 밝기를 조절

④ LED 밝기

    ㉠ 저항이 크면 전류의 세기는 작아져 LED는 어두워짐

    ㉡ 저항이 작으면 전류의 세기는 커져 LED는 밝아짐.

    ㉢ 실습용 LED는 220Ω ~ 330Ω의 저항을 사용. 저항이 필요없는 LED도 있음.

(2) 클래스 : LED

① 함수원형 및 parameters

```
LED(pin)
```

    ㉠ pin : LED의 긴쪽에 연결한 GPIO 핀번호

    ㉡ 예 : GPIO 16번에 연결

```python
from gpiozero import LED
led = LED(16)
```

(3) 클래스 : PWMLED

① 함수원형 및 parameters

```
PWMLED(pin)
```

    ㉠ pin : LED의 +에 연결한 GPIO 핀번호

    ㉡ 예 : GPIO 16번에 LED의 + 연결

```python
from gpiozero import PWMLED
led = PWMLED(16)
```

② 동작 method

ㄱ on( ) : 켠다 / off( ) : 끈다   / blink( ) : 1회 깜빡거린다.

ㄴ pulse( ) : LED를 0 ~ 100까지 밝기를 변화시킨다.

ㄷ toggle( ) : 현재 상태 반전

ㄹ close( ) : 사용 중단

(4) 연결 정보 및 회로도

① 구조 및 연결 정보

○ 긴 선 : GPIO 16핀에 연결 (5v에 연결하는 것이 아님)

○ 짧은 선 : GND에 연결

sensor		BCM 핀번호
	긴선	GPIO 16
	GND	GND

② 회로도

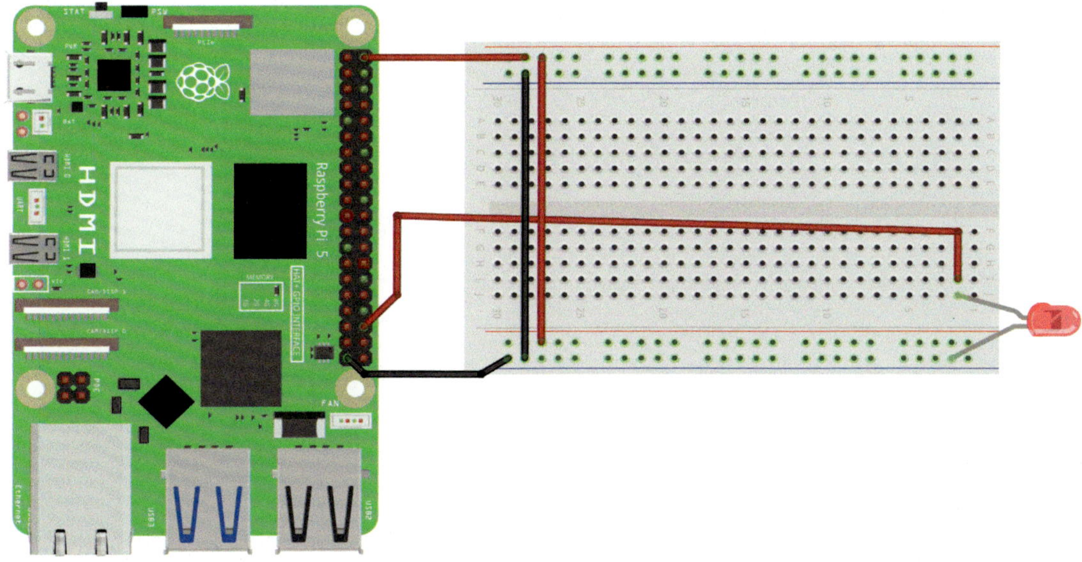

〈그림 4-2〉 led

(5) 테스트해 보기

① 1초 단위로 led on( ), off( )

on( ), off( ) 함수 이용

```
# file name : test_led.py

from gpiozero import LED
from time import sleep

led1 = LED(16)

print('Press Ctrl+C to stop')

while True :
    led1.on( )
    sleep(1)
    led1.off( )
    sleep(1)
```

blink( )함수 이용

```
# file name : led_1.py

from gpiozero import LED
from signal import pause

led = LED(16)

print('Press Ctrl+C to stop')

led.blink(on_time=1, off_time=0.5)

pause( )
```

(6) 실습해 보기

① LED의 밝기를 변화시켜 보자.

㉠ PWMLED 활용

value로 밝기값 지정(0 ~ 1 사이값)

```
# file name : led_2.py

from gpiozero import PWMLED
from time import sleep

led = PWMLED(16)

print('Press Ctrl+C to stop')

while True :
    led.value= 0
    sleep(0.5)

    led.value= 0.5
    sleep(0.5)

    led.value= 1.0
    sleep(0.5)
```

for 반복문을 이용

```
# file name : led_3.py

from gpiozero import PWMLED
from time import sleep

led = PWMLED(16)

print('Press Ctrl+C to stop')

while True :
    for i in range(256) :
        value = i / 255
        led.value = value
        sleep(0.03)

    for i in range(256) :
        value = (255 - i) / 255
        led.value = value
        sleep(0.03)
```

(7) 응용해 보기

① led를 빠르게 깜빡이게 해 보자.

  ㉠ interval : 0.3초 (숫자가 작을수록 빠르게 깜빡임)

```python
# file name : led_4.py

from gpiozero import LED
from signal import pause

led = LED(16)
interval = 0.3                          # 간격 0.1 ~ 1.0

def blink_led( ) :
    while True :
        yield True
        yield False

print('Press Ctrl+C to stop')

led.source_delay = interval
led.source = blink_led( )

pause( )
```

03 부저

(1) 특성

전자석의 코일에 전류를 보낸 전기적 신호로 진동판을 진동시켜 소리를 출력하는 부품
마그네틱 부저, 피에조 부저, 기계식 부저 등이 있음

① 마그네틱 부저

  ㉠ 스피커와 같은 구조.
  ㉡ 전원만 입력되면 소리 출력

② 기계식 부저

  ㉠ 전자석으로 진동판을 진동시켜 소리 출력
  ㉡ 자동화장비, 주차장 입구 경고 장치등

③ 피에조 부저(압전세라믹 부저)

  ㉠ 진동판만 연결된 단순 구조
  ㉡ 일정 주파수를 입력시켜 다양한 음을 낼 수 있음
  ㉢ 가격이 저렴

〈그림 4-3〉 왼쪽부터 마그네틱 부저, 피에조 부저, 기계식 부저

(2) 구조

① 피에조 부저

ㄱ 능동 부저(Active Buzzer)

- 내장 진동 회로가 있어 부저 자체가 동작음 발생
- 입력 전압만 연결하면 작동하며, 단순 ON/OFF 신호로 제어 가능
- 사용이 간단하며, 일정한 주파수로 고정된 소리를 냄
- 예 : 경고음이나 알람 장치에 주로 사용.

〈그림 4-4〉 능동부저

ㄴ 수동 부저(Passive Buzzer)

- 내부에 진동 회로가 없음,
- 소리를 내기 위해 PWM 신호 또는 특정 주파수의 입력이 필요
- 주어진 신호의 주파수에 따라 다양한 소리 가능
- 주파수 제어하기 위해 마이크로컨트롤러나 추가 회로 필요
- 예 : 멜로디 생성이나 다양한 알림음을 표현할 때 사용.

〈그림 4-5〉 수동부저

(3) 클래스 : TonalBuzzer

① 개요

ㄱ 수동 부저를 이용해서 다양한 주파수로 음계 소리를 내고자 할 때 사용

ㄴ PWM 사용하여 특정 주파수 소리 제어

ㄷ 다양한 입력형식

- 문자 : 음계 이름("C4", "A4")
- 정수값 : 주파수 값(440hz)

② 함수원형 및 parameters

```
TonalBuzzer(pin, mid_tone=Tone('A4'), octaves=1, )
```

ㄱ pin(int or str) : 연결핀 번호

ㄴ mid_tone(int or str) : 장치의 중간값을 나타내는 톤. 생략 시 기본값 'A4'(MIDI 69),

ㄷ octaves(int) : 기본음에서 옥타브를 높이고 낮이는 수. 생략 시 기본값은 1(A4),

㉣ 예 : 라(A4, 440) 소리

```python
from gpiozero import TonalBuzzer
from gpiozero.tones import Tone

bz = TonalBuzzer(25)

bz.play("A4')
sleep(0.3)

bz.play(440)
sleep(0.3)

bz.stop( )
```

③ **동작 method**

㉠ play(tone) : tone 음 발생.

- 실수값 입력 : hz 단위 주파수 발생
- 정수값 입력 : MIDI 값 주파수 발생

㉡ stop( ) : 장치 끔. (value=None 장치 끔)

④ **변수 property**

㉠ is_active : 장치의 활성 여부 값을 반환할지를 결정

- True : 장치 활성 여부를 반환(value 로 알수 있음.)
- False : 장치 활성 여부를 반환하지 않음. (value 값은 항상 False임)

㉡ max_tone : 부저가 재생할 수 있는 가장 높은 톤을 지정. 값이 1일 때 재생됨.

㉢ mid_tone : 부저가 재생할 수 있는 중간 톤. 값이 0일 때 재생

㉣ min_tone : 부저가 재생할 수 있는 낮은 톤. 값이 −1일 때 재생

㉤ ocataves : 사용 가능한 옥타브 수를 지정

㉥ tone : 지정된 톤을 발생. 부저가 무음이면 None

㉦ value : 장치 활성화 상태, 0 or 1를 반환

(4) 클래스 : Tone

① **개요**

㉠ 수동 부저를 이용해서 midi 숫자로 소리를 냄

② **함수 원형**

```python
Tone(value)
```

㉠ value

- frequency : 주파수, 실숫값
- note : 문자값, 음계+옥타브로 구성, A음계의 4옥타브는 'A4'

- midi : 정수값, midi note tabel 숫자
- Tone(440.0) = Tone('A4') = Tone(69)

ⓛ TonalBuzzer와 함께 사용하여 음악 톤을 숫자로 쉽게 표현 가능

```
from gpiozero.tones import Tone

Tone(440.0)              # 440hz 소리 발생
Tone(69)          # MIDI 69 번째 소리 발생
```

③ 주파수와 계이름

ⓐ 기본 옥타브 – 4옥타브(A4)

음 주파수(hz)

음계 \ 옥타브	1	2	3	4	5	6	7	8
C	32.7032	65.4064	130.8128	261.6256	523.2511	1046.502	2093.005	4186.009
c#	34.6478	69.2957	138.5913	277.1826	554.3653	1108.731	2217.461	4434.922
D	36.7081	73.4162	146.8324	293.6648	587.3295	1174.659	2349.318	4698.636
D#	38.8909	77.7817	155.5635	311.1270	622.2540	1244.508	2489.016	4978.032
E	41.2034	82.4069	164.8138	329.6276	659.2551	1318.510	263.020	5274.041
F	43.6535	87.3071	174.6141	349.2282	698.4565	1396.913	2793.826	5587.652
F#	46.2493	92.4986	184.9972	369.9944	739.9888	1479.978	2959.955	5919.911
G	48.9994	97.9989	195.9977	391.9954	783.9909	1567.982	3135.963	6271.927
G#	51.9130	103.8262	207.6523	415.3017	830.6094	1661.219	3322.438	6644.875
A	55.0000	110.0000	220.0000	440.0000	880.0000	1760.000	3520.000	4040.000
A#	58.2705	116.5409	233.0819	466.1638	932.3275	1864.655	3729.310	7458.620
B	61.7354	123.4708	246.9417	193.8833	987.7666	1975.533	3951.066	7902.133

Midi note Number

note	-1	0	1	2	3	4	5	6	7	8	9
C	0	12	24	36	48	60	72	84	96	108	120
c#	1	13	25	37	49	61	73	85	97	109	121
D	2	14	26	38	50	62	74	86	98	110	122
D#	3	15	27	39	51	63	75	87	99	111	123
E	4	16	28	40	52	64	76	88	100	112	124
F	5	17	29	41	53	65	77	89	101	113	125
F#	6	18	30	42	54	66	78	90	102	114	126
G	7	19	31	43	55	67	79	91	103	115	127
G#	8	20	32	44	56	68	80	92	104	116	
A	9	21	33	45	57	69	81	93	105	117	
A#	10	22	34	46	58	70	82	94	106	118	
B	11	23	35	47	59	71	83	95	107	119	

④ 동작 method

ⓐ down(n=1) : 현재 옥타브에서 1옥타브 내린다.

ⓛ up(n=1) : 현재 옥타브에서 1옥타브 올린다.

⑤ 변수 property

ⓐ frequency : 현재 소리 주파수 값 반환(hz)

ⓛ midi : 현재 소리 주파수에 가장 가까운 MIDI 음표 값 반환

- 0~127 정수값으로 표현
- 현재 주파수가 8 Hz ~ 12500 Hz 범위가 넘으면 오류(ValueError)

ⓒ note : 현재 소리 주파수에 가장 가까운 옥타브 값 반환

- A0~G9 으로 표현(옥타브값 참조)
- 예) A0의 27.5 Hz 값보다 작거나 G9의 12,500 Hz 값보다 크면 오류(ValueError)

(5) 연결 정보 및 회로도

① 연결 정보

재료 모델명	이미지	모듈 연결 위치	BCM 핀번호
buzzer (피에조 수동)		buzzer 1	GND
		buzzer +	GPIO 25

② 회로도

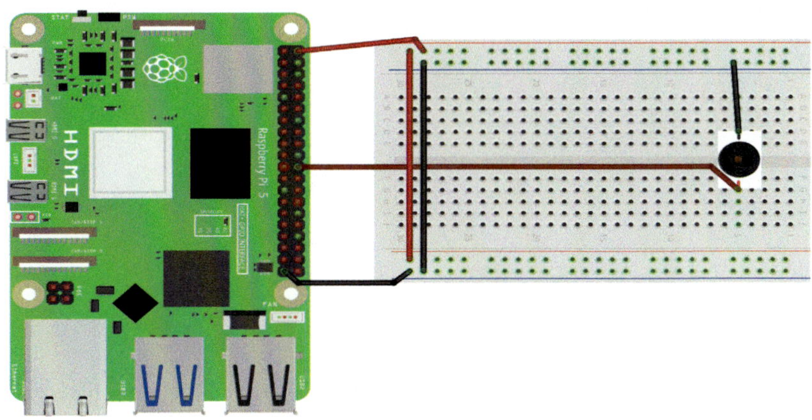

〈그림 4-6〉 buzzer_20251008

(6) 테스트해 보기

① 라(A4, 440) 소리를 내보자.

```python
# file name : test_buzzer.py

from gpiozero import TonalBuzzer
from time import sleep

bz = TonalBuzzer(25)

print('Press Ctrl+C to stop')

bz.play('A4')
sleep(0.3)

bz.stop( )
```

```python
# file name : test_buzzer.py

from gpiozero import TonalBuzzer
from gpiozero.tones import Tone
from time import sleep

bz = TonalBuzzer(25)

print('Press Ctrl+C to stop')

bz.play(Tone(440))
sleep(0.3)

bz.stop( )
```

(7) 실습해 보기

① 도레미파솔라시도(C4 ~ C5) 음을 발생시켜보자.

㉠ 음계 이름 이용

```python
# file name : buzzer_1.y

from gpiozero import TonalBuzzer
from time import sleep

bz = TonalBuzzer(25)
sound = ['C4', 'D4', 'E4', 'F4', 'G4', 'A4', 'B4', 'C5']

print('Press Ctrl+C to stop')
```

```python
while True :
    for s in sound :
        bz.play(s)
        print(f"{s} sound playing")
        sleep(0.5)

    bz.stop( )
    sleep(1)
```

ⓒ Tone 라이브러리 활용 (midi 숫자)

```python
# file name : buzzer_2.py

from gpiozero import TonalBuzzer
from gpiozero.tones import Tone
from time import sleep

bz = TonalBuzzer(25)
sound = [60, 62, 64, 65, 67, 69, 71, 72]

print('Press Ctrl+C to stop')
print('-'*30)

while True :
    for s in sound :
        bz.play(Tone(s))
        print(f"{s} sound playing')
        sleep(0.5)

    bz.stop( )
    sleep(1)
```

```
Press Ctrl+C to exit
--------------------
60 sound playing
62 sound playing
64 sound playing
65 sound playing
67 sound playing
69 sound playing
71 sound playing
72 sound playing
(1초 쉼)
60 sound playing
...
```

(8) 응용해 보기

① 자동차 후진 시 나오는 멜로디(엘리제를 위하여) 첫 소절

㉠ TonalBuzzer 혹은 Tone 클래스 사용

| TonalBuzzer 사용 | Tone( ) midi |

```
# file name : buzzer_elise_1.py

from gpiozero import TonalBuzzer
from time import sleep

bz = TonalBuzzer(25)

sound = ['E5', 'D#5', 'E5', 'D#5', 'E5',
'B4', 'D5', 'C5', 'A4','C4', 'E4', 'A4',
'B4', 'E4', 'G#4', 'B4', 'C5']
interval = [0.5, 0.5, 0.5, 0.5, 0.5, 0.5,
0.5, 0.5, 1, 0.5, 0.5, 0.5, 1, 0.5, 0.5,
0.5, 1]

print('Press Ctrl+C to stop')

for s, i in zip(sound, interval) :
    bz.play(s)
    sleep(i)

bz.stop( )
sleep(0.5)
```

```
# file name : buzzer_elise_1.py

from gpiozero import TonalBuzzer
from gpiozero.tones import Tone
from time import sleep

bz = TonalBuzzer(25)

midi = [76, 75, 76, 75, 76, 71, 74, 72,
69, 60, 64, 69, 71, 64, 68, 71, 72]
interval = [0.5, 0.5, 0.5, 0.5, 0.5,
0.5, 0.5, 0.5, 1, 0.5, 0.5, 0.5, 1, 0.5,
0.5, 0.5, 1]

print('Press Ctrl+C to stop')

for m, i in zip(midi, interval) :
    bz.play(Tone(m))
    sleep(i)

bz.stop( )
sleep(0.5)
```

(9) 도전해 보기

① 반복 재생

```
# file name : buzzer_elise_3.py

from gpiozero import TonalBuzzer
from gpiozero.tones import Tone
from time import sleep

bz = TonalBuzzer(13)
speed = 0.3

midi = [76, 75, 76, 75, 76, 71, 74, 72, 69, 60, 64, 69, 71, 64, 68, 71, 72]
speedinterval = [speed, speed, speed, speed, speed, speed, speed, speed, speed+0.3,
speed, speed, speed, speed+0.3, speed, speed, speed, speed+0.3]

print('Press Ctrl+C to stop')

while True :
    for m, i in zip(midi, speedinterval) :
        bz.play(Tone(m))
        sleep(i)

    bz.stop( )
    sleep(0.3)
```

 초음파 센서

(1) 개요

① 초음파 센서

㉠ trigger(송신부)에서 일정 간격의 초음파 펄스를 방출하고 전방 대상물에 부딪혀 돌아온 신호를 echo(수신부)에서 받아 이에 대한 시간차를 기반으로 거리를 산출.

㉡ 전방에 장애물의 유무 및 물체와의 거리, 속도 등을 측정

㉢ 거리 계산

$$이동\ 거리(m) = 속도(m/s) \times 소요시간(s)$$

- 초음파 속도 : 340m/s

- 왕복소요시간 : $duration(\mu m) = \dfrac{소요시간}{2}$

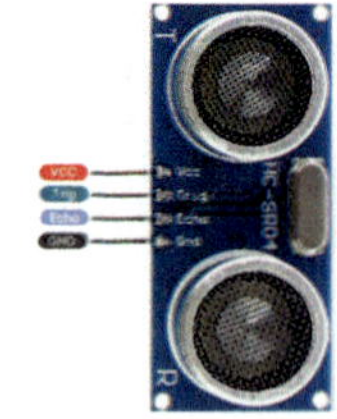

$$이동거리(m) = 340(m/s) \times \dfrac{소요시간(s)}{2}$$

펄스 소요시간 $t(\mu s)$로 변환하려면,

$$이동거리(m) = 340(m/s) \times \dfrac{소요시간(\mu s)}{2 \times 1000000}$$

$$이동거리(m) = 0.00017 \times t$$

㉣ HC-SR04

- 약 40Hz의 주파수의 초음파를 발사하여 물체에 반사되어 돌아오는 시간을 측정

- 외부 환경에 강한 특징을 갖고 있고, 물체의 색깔에 상관없이 사용할 수 있으며, 투명한 물체도 감지 가능하며 물이나 먼지 등이 있더라도 감지할 수 있는 장점이 있음

- trigger에서 음파 신호 출력(pint), echo에서 신호 입력

(2) 클래스 : DistanceSensor( )

① 함수원형 및 parameters

```
DistanceSensor(echo, trigger, max_distance, threshold_distance)
```

㉠ echo : 센서의 Echo와 연결된 GPIO 핀번호

㉡ trigger : 센서의 Trig와 연결된 GPIO 핀번호

㉢ max_distance : 최대 거리 설정

- 거리 설정 범위 : 0m ~ 4m

- 생략 시 기본값 : 1m

㉣ threshold_distance
- 경계거리를 설정. 기본값 0.3m
- 0.3m 거리 안으로 들어오면... in_range 상태
- 0.3m 거리를 벗어나면 out_of_range 상태

㉤ 예 : echo는 GPIO 12, Trig는 GPIO 13

```python
from gpiozero import DistanceSensor
sensor = DistanceSensor(12, 13)
#sensor = DistanceSensor(echo=12, trig=13)

print(f'Distance : {sensor.distance : .2f} m‘)          : .2f 소수점 2자리까지
```

② **동작 method**

㉠ wait_for_in_range(timeout=None) : 센서가 감지 상태(distanc < threshold_distance)가 될 때까지 대기
- 물체가 설정된 임계거리(threshold_distance) 안으로 들어올 때까지 대기
- timeout이 None이면 무한정 대기

㉡ wait_for_out_of_range(timeout=None) : 물체가 임계거리 밖으로 나갈 때까지 멈춤

㉢ when_in_range( ) : 기본 거리(threshold_distance) 안이 되면. 즉 감지가 되면 이벤트 동작

㉣ when_out_of_range( ) : 기본 거리 벗어나면 이벤트 동작

실시간 처리	순차적 처리
when_in_range( ) whein_out_of_range( )	wait_for_in_range( ) wait_for_out_of_range( )
이벤트 기반 처리	블로킹 방식 처리

③ **변수 property**

㉠ distance : 측정값

㉡ value : 연결된 장치의 값

(3) 연결 정보 및 회로도

① **연결 정보**

라즈베리파이	front_ultra	
5V	VCC	
GPIO 13	Trig	
GPIO 12	Echo	
GND	GND	

라즈베리파이	rear_ultra	
5V	VCC	
GPIO 4	Trig	
GPIO 17	Echo	
GND	GND	

sensor		BCM 핀번호
	+	GPIO 16
	GND	GND

② 회로도

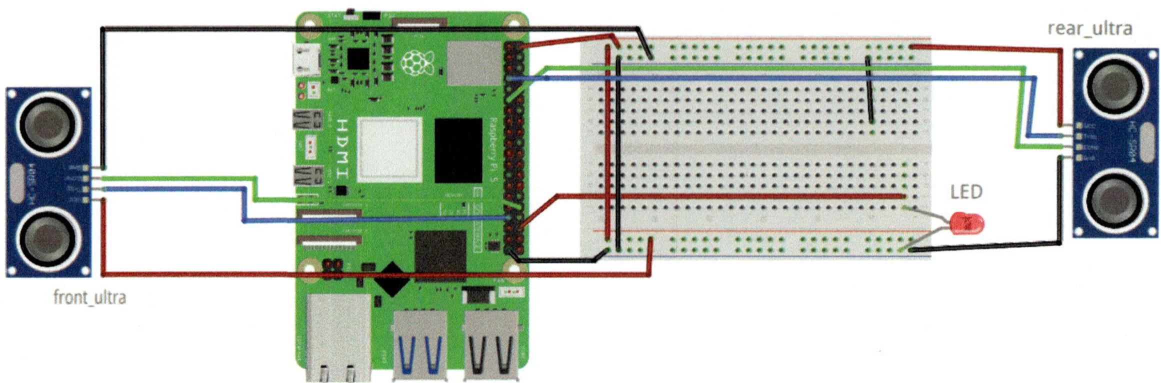

〈그림 4-7〉 초음파 센서 및 LED 회로도

(4) 테스트해 보기

① 전방 초음파 테스트

```python
# file name : test_front_ultra.py

from gpiozero import DistanceSensor
from time import sleep

front_ultra = DistanceSensor(echo=12, trigger=13)

print('Press Ctrl+C to stop')
print('-'*30)

while True :
    print(f'Distance : {rear_ultra.distance : .2f} m', end='\r')
    sleep(1)
```

㉠ print(f'Distance : {ultra.distance : .2f} m, end=₩r') : 소수점 두자리(.2f)까지 출력,

㉡ end=₩r : 그전 내용 지우고 새로운 거리 표시

② 후방 초음파 테스트

```python
# file name : test_rear_ultra.py

from gpiozero import DistanceSensor
from time import sleep

rear_ultra = DistanceSensor(echo=17, trigger=4)

print('Press Ctrl+C to stop')
print('-'*30)

while True :
    print(f'Distance : {rear_ultra.distance : .2f} m', end='\r')
    sleep(0.5)
```

(5) 실습해 보기

① 전후방 거리를 함께 표시해 보자.

```python
# file name : ultra_1.py

from gpiozero import DistanceSensor
from time import sleep

front_ultra = DistanceSensor(echo=12, trigger=13)
rear_ultra = DistanceSensor(echo=17, trigger=4)

print('Press Ctrl+C to stop')
print('-'*30)

while True :
    print(f'Front Distance : {front_ultra.distance : .2f} m')
    print(f'Rear Distance : {rear_ultra.distance : .2f} m')
    sleep(0.5)
```

② 전후방 거리와 출력 횟수를 함께 출력해 보자.

```python
# file name : ultra_2.py

from gpiozero import DistanceSensor
from time import sleep

front_ultra = DistanceSensor(echo=12, trigger=13)
rear_ultra = DistanceSensor(echo=17, trigger=4)

print('Press Ctrl+C to stop')
print('-'*30)

i=0
while True :
    i+=1
    print(f'{i} Front Distance : {front_ultra.distance : .2f} m')
    print(f'{i} Rear Distance : {rear_ultra.distance : .2f} m')
    sleep(0.5)
```

while 반복문에서 i는 1씩 증가하고 print문에서 {i}에 횟수 출력

(6) 응용해 보기

① 전후방 0.2m 거리 이내에 물체를 감지하면 텍스트를 출력

```python
# file name : ultra_3.py

from gpiozero import DistanceSensor
from signal import pause

front_ultra       =        DistanceSensor(echo=12,        trigger=13,        max_distance=1.0,
```

```python
                                                threshold_distance=0.2)
rear_ultra       =       DistanceSensor(echo=17,       trigger=4,       max_distance=1.0,
threshold_distance=0.2)

def front_object_detected( ) :
    print('Front object detected')

def front_object_not_detected( ) :
    print('Front object not detected')

def rear_object_detected( ) :
    print('Rear object detected')

def rear_object_not_detected( ) :
    print('Rear object not detected')

print('Press Ctrl+C to stop')
print('-'*30)

# front ultra sensor
front_ultra.when_in_range = front_object_detected
front_ultra.when_out_of_range = front_object_not_detected

# rear ultra sensor
rear_ultra.when_in_range = rear_object_detected
rear_ultra.when_out_of_range = rear_object_not_detected

pause( )
```

- 이벤트 방식으로 처리
    - .when_in_range : 범위 안에 들어오면.. OOO_object_detected( ) 함수 실행
    - .when_out_of_range : 범위를 벗어나면 OOO_object_not_detected( ) 함수 실행
- pause는 이벤트 방식에서 이벤트 처리가 끝나면 잠시 대기. 생략하면 1번만 실행하고 중단됨.

(7) 도전해 보기

① 목표

전후방 초음파 센서에 0.2m 안으로 객체가 탐지되면 LED가 깜빡깜빡이게 하고 객체가 감지되지 않으면 led를 끄게 하자.

② source code

```python
# file name : ultra_4.py

from gpiozero import DistanceSensor, LED
from signal import pause

front_ultra = DistanceSensor(echo=12, trigger=13, max_distance=1.0, threshold_distance=0.2)
rear_ultra = DistanceSensor(echo=17, trigger=4, max_distance=1.0, threshold_distance=0.2)
led = LED(16)
```

```python
def front_object_detected( ) :
    print('Front object detected')
    led.blink(on_time=0.2, off_time=0.2)

def front_object_not_detected( ) :
    print('Front object not detected')
    led.off( )

def rear_object_detected( ) :
    print('Rear object detected')
    led.blink(on_time=0.2, off_time=0.2)

def rear_object_not_detected( ) :
    print('Rear object not detected')
    led.off( )

print('Press Ctrl+C to stop')
print('-'*30)

# front ultra sensor
front_ultra.when_in_range = front_object_detected
front_ultra.when_out_of_range = front_object_not_detected

# rear ultra sensor
rear_ultra.when_in_range = rear_object_detected
rear_ultra.when_out_of_range = rear_object_not_detected

pause( )
```

05 라인 트레이서

(1) 개요

트랜지스터 및 적외선 발광 다이오드(LED)를 포함한
광전적 센서 모듈로, 주로 물체의 감지 및 트래킹에
사용된다. 이 센서는 빛이 물체에 반사되어 다시 센서
로 돌아오는 것을 감지하여 물체의 존재 여부를 확인한다.

① TCRT5000

㉠ 사양

- 정격 전압 : 3.3V ~ 5V
- 동작 범위 : 0.2mm ~ 2.5mm, (적정 2.5mm)
  동작 범위가 좁아 실습시 면과 바닥과의 거리를 많이 가깝게 해야 동작 여부 확인 가능.

- 출력형식 : 아날로그 / 디지털
  - D0 : 디지털 측정값 (0 또는 1)
  - A0 : 아날로그 측정값(0.0 ~ 1.0)
ⓛ 작동 방식
  - 색 구분 : 반사된 적외선 양을 측정
    - 반사양이 많으면(측정값이 0에 가까우면) 흰색
    - 반사양이 적으면(측정값이 1에 가까우면) 검정색

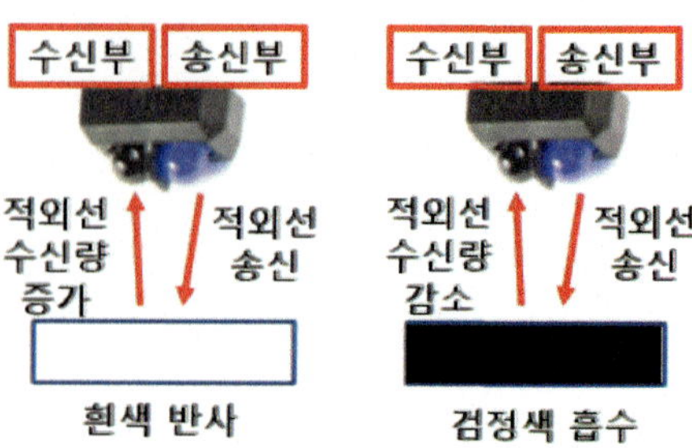

수신부	송신부	가변저항
검은색 포토 트랜지스터	파랑색 포토 트랜지스터	* 트랜지스터 감도 조절
적외선(빛) 받음	적외선(빛) 보냄	* 시계 방향은 거리 증가 * 반시계 방향은 거리 감소

(2) 클래스 : LineSensor

① 함수원형 및 parameters

```
LineSensor(pin)
```

㉠ pin : 센서의 D0과 연결핀 GPIO 번호

㉡ 예

```python
from gpiozero import LineSensor

line = LineSensor(5)

while True :
    if line.value == 1 :
        print('Black line')
    else :
        print('White surface')
```

② 동작 method

㉠ wait_for_line(timeout=None) : 선을 검출할 때까지 동작 안함.

  - None : 기본값, 선을 검출할 때까지 무한 대기

㉡ wait_for_no_line(timeout=None) : 선을 검출하지 않을 때까지 동작 안함.

㉢ line_detected( ) : 라인 감지 시 True

㉣ when_line( ) : 라인 검출 상태에서 비검출 상태로 변할 때 실행.

㉤ when_no_line( ) : 라인 비검출 상태에서 검출 상태로 변할 때 실행.

③ 변수 property

㉠ value : 라인센서 값 (1 : 검정색, 0 : 하얀색)

㉡ is_active : 라인센서 활성 상태 (1 : True, 0 : False)

(3) 연결 정보 및 회로도

① 연결 정보

right_line		라즈베리파이	right_line		라즈베리파이
	VCC	5V		VCC	5V
	GND	GND		GND	GND
	D0	GPIO 5 오른쪽		D0	GPIO 6 왼쪽
	A0	사용안함.		A0	사용안함.

② 회로도

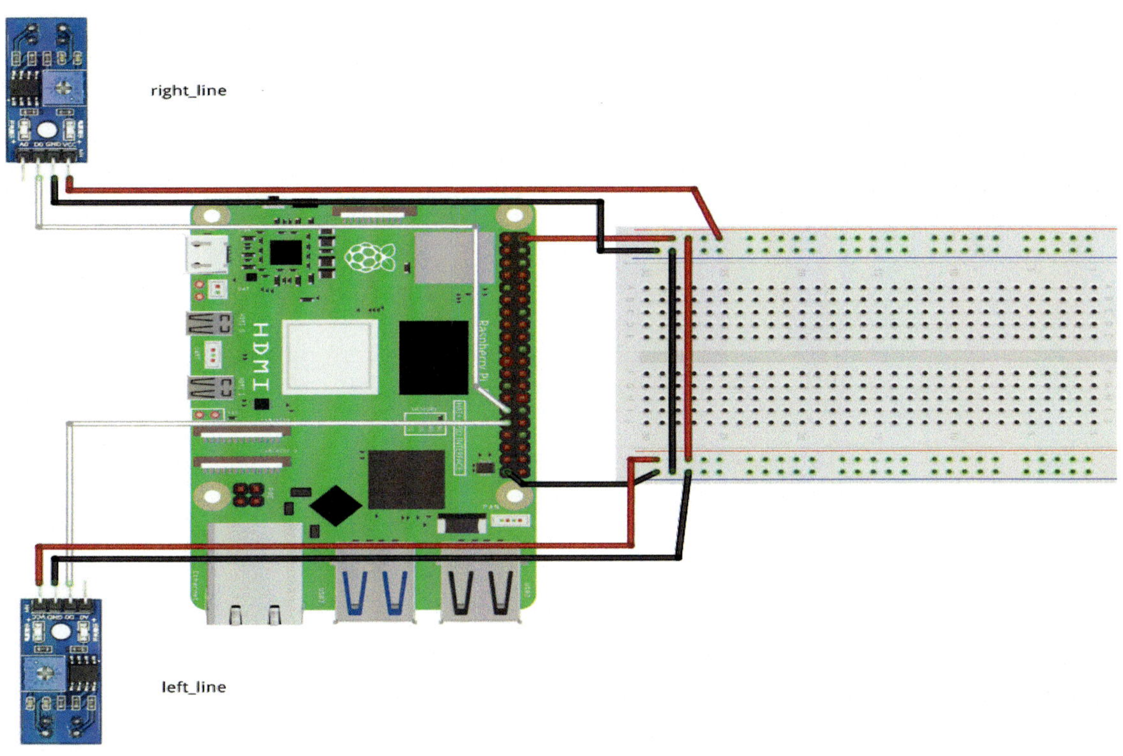

〈그림 4-8〉 회로도 – 라인트레이서

(4) 테스트해 보기

① 라인 트레이서 테스트

㉠ 제공된 라인트레이서 테스트를 출력해서 사용한다.

㉡ 라인 트레이서 출력값

- 검은색 라인 : 적외선을 흡수, 센서가 감지함. 값 1
- 하얀색 바닥 : 적외선을 반사, 센서가 감지하지 못함. 값 0

ⓒ 값이 제대로 나오지 않을 경우에 라인 트레이서의 감도를 조절한다.

- 그림에서 노란색 원이 조절기이다.
- 현재 조명 환경에 따라 매번 달라진다. 번거롭겠지만 매번 조절해줘야 한다.
- 실제 실내일 경우와 실외일 경우에 차이가 생각보다 크다.

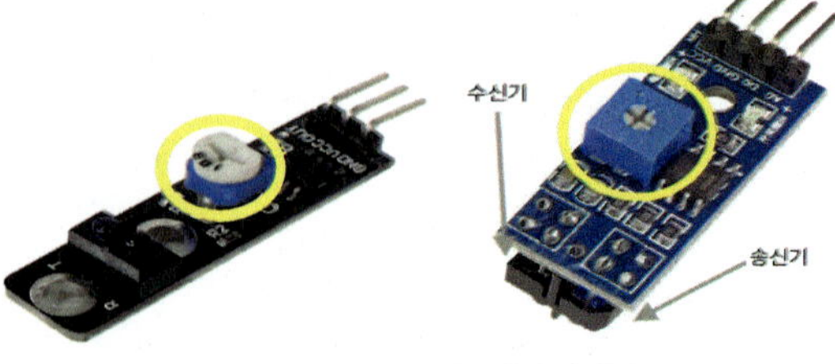


```python
# file name : test_line.py

from gpiozero import LineSensor
from time import sleep

right_line = LineSensor(5)
left_line = LineSensor(6)

print('Press Ctrl+C to stop')
print('-'*30)

while Trueⓛ :
    print(f'1 is Black line, 0 is White surface')
    print(f'LEFT : {left_line.value}, RIGHT : {right_line.value}')
    print(f'True is Black line, False is White surface')
    print(f'LEFT : {left_line.is_active}, RIGHT : {right_line.is_active}')
    sleep(0.5)
```

– 하얀색 바닥에 있을 경우

```
Press Ctrl+C to stop
------------------------------
1 is Black line, 0 is White surface
LEFT : 0, RIGHT : 0
True is Black line, False is White surface
LEFT : False, RIGHT : False
```

– 왼쪽 라인 센서가 검은색 라인에 있을 때

```
Press Ctrl+C to stop
------------------------------
1 is Black line, 0 is White surface
LEFT : 1, RIGHT : 0
True is Black line, False is White surface
LEFT : True, RIGHT : False
```

– 양쪽 센서 모두 검은색 라인에 있을 때

```
1 is Black line, 0 is White surface
LEFT : 1, RIGHT : 1
True is Black line, False is White surface
LEFT : True, RIGHT : True
```

(5) 실습해 보기

① 양쪽 라인 트레이서의 상태를 출력해 보자.

```python
# file name : line_1.py                    # while 반복문 사용

from gpiozero import LineSensor
from time import sleep

right_line = LineSensor(5)
left_line = LineSensor(6)

print('Press Ctrl+C to stop')
print('-'*30)

while True :
    if right_line.value == 1 :              # 오른쪽 라인센서 값이 1이면
        print('Right Line Detected. Black line') # 블랙
    else :
        print('Right Line Not Detected. White surface')
    print('-'*40)

    if left_line.value == 1 :               # 왼쪽 라인센서 값이 1이면
        print('Left Line Detected. Black line')
    else :
        print('Left Line Not Detected. White surface')

    sleep(0.5)
```

```python
# file name : line_2.py                    # 이벤트 방식

from gpiozero import LineSensor
from signal import pause

right_line = LineSensor(5)
left_line = LineSensor(6)

def on_right_line_detected( ) :
    print('Right Line Detected. Black line')

def on_right_line_not_detected( ) :
    print('Right Line Not Detected.  White surface')

def on_left_line_detected( ) :
    print('Left Line Detected. Black line')

def on_left_line_not_detected( ) :
    print('Left Line Not Detected. White surface')

right_line.when_line = on_right_line_detected
right_line.when_no_line = on_right_line_not_detected
left_line.when_line = on_left_line_detected
```

```python
left_line.when_no_line = on_left_line_not_detected

print('Press Ctrl+C to stop')
print('-'*30)

pause( )
```


(6) 응용해 보기

① 오른쪽, 왼쪽에서 차선이 검출되면 led가 깜빡깜빡, 그렇지 않으면 led를 끄자.

```python
# file name : line_3.py

from gpiozero import LineSensor, LED
from signal import pause

right_line = LineSensor(5)
left_line = LineSensor(6)
led = LED(13)
print('Press Ctrl+C to stop')

def on_right_line_detected( ) :
    print('Right Line Detected. Black line')
    led.blink(on_time=0.1, off_time=0.1)

def on_right_line_not_detected( ) :
    print('Right Line Not Detected.  White surface')
    led.off( )

def on_left_line_detected( ) :
    print('Left Line Detected. Black line')
    led.blink(on_time=0.1, off_time=0.1)

def on_left_line_not_detected( ) :
    print('Left Line Not Detected. White surface')
    led.off( )

right_line.when_line = on_right_line_detected
right_line.when_no_line = on_right_line_not_detected
left_line.when_line = on_left_line_detected
left_line.when_no_line = on_left_line_not_detected

print('Press Ctrl+C to stop')
print('-'*30)

pause( )
```

06 서보 모터

(1) 개요

① **특징**

   ㉠ 정밀 제어 : 원하는 각도로 바로 이동 후 유지

   ㉡ 간단한 제어 : PWM 신호만으로 동작

   ㉢ 소형 및 경량 : 드론, 로봇 팔, RC카 등 소형 장치에 적합

   ㉣ 저렴한 가격 : 교육용·프로토타입 제작에 부담 없음

   ㉤ 로봇, RC카, 자동화 장치 등에서 정밀한 각도 제어가 필요한 곳에 주로 쓰임

   ㉥ 왼쪽부터 산업용, RC용 모터, sg90 소형모터

② **sg90**

   ㉠ 기본 사양

- 동작 전압 : 4.8V ~ 6.0V (일반적으로 5V)
- 토크 : 약 1.8 kg·cm (4.8V 기준)
- 회전 범위 : 약 0° ~ 180° (실제는 10°~170° 정도)
- 제어 방식 : PWM (Pulse Width Modulation)

③ **RC servoMotor (Radio Control servo motor)**

   ㉠ Signal : PWM 선, (주황색선/노란색)

   ㉡ Vcc : + 연결, (빨강선)

   ㉢ GND : 접지 연결 (갈색선/검정선)

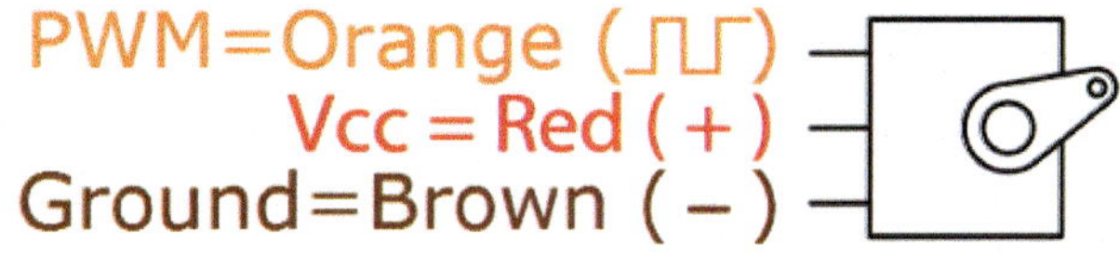

   ㉣ 3개의 선(5[V], GND, PWM에 각각 연결)

④ **jitter 현상**

   ㉠ jitter 현상이란? 서보가 특정 위치에 멈춰 있지 않고 떠는 현상

ⓛ 아래와 같은 경고 메시지가 나옴
- PWMSoftwareFallback : '서보 모터의 떨림을 줄이기 위해서는 pigpio 핀 팩토리를 사용하는 것이 좋다'라는 경고 메시지

```
/usr/lib/python3/dist-packages/gpiozero/output_devices.py    :    1509    :
PWMSoftwareFallback : To reduce servo jitter, use the pigpio pin factory.See
https : //gpiozero.readthedocs.io/en/stable/api_output.html#servo for more info
  warnings.warn(PWMSoftwareFallback(
```

ⓒ 원인
- 소프트웨어 PWM 신호 불안정
- 라즈베리파이 전원(5V) 부족. sg90은 순간적으로 많은 전류 필요함.
- gpiozero 패키지는 소프트웨어 PWM을 사용
- 라즈베리파이 하드웨어 GPIO 핀 번호 : GPIO 12, GPIO 13, GPIO 18, GPIO 19

ⓔ 해결 방안 : 아래 방법 중 외부 전원 방식을 선택
- pigpio 혹은 RPI.GPIO 다른 패키지 사용
  - 패키지 추가 필요할 뿐 아니라 다양한 다른 명령어를 사용해야 하는 혼란
- gpiozero에서 pulse 폭 조정(min_pulse_width, max_pulse_width 조절 코드가 매우 어려워짐.
- 외부 전원 공급 (★) 방식
  - 서보 모터 VCC는 외부전원, 서보 모터의 GND는 모터 드라이버와 같은 GND 연결

(2) 클래스 – Servo

서보 모터를 최소 및 최대 각도로 움직이려고 할 때 사용
예를 들어 문을 열고 닫는 경우에 사용하거나 초음파센서의 좌우거리 측정 등등

① 함수원형 및 parameters

```
Servo(pin)
```

- pin : 서보 모터의 signal과 연결된 GPIO 번호

② 동작 method

ⓐ detach( ) : 서보 모터 비활성화.

ⓛ max( ) : servoMotor를 180°로 돌린다.

ⓒ mid( ) : servoMotor를 90°로 돌린다.

ⓔ min( ) : servoMotor를 0°로 돌린다.

③ 변수 property 값

ⓐ value : 서보 모터의 위치 값, −1.0 ~ 1.0

속도를 튜플 형태로 (왼쪽 모터 속도, 오른쪽 모터 속도)

(3) 클래스 - AngularServo

정밀한 각도 조정이 필요할 때 사용하거나 물의 양을 조절해야 할 때 사용한다.

① 함수 원형

```
servo = AngularServo(pin, initial_angel=0, min_angle=-90, max_angle=90)
```

㉠ pin : 서보 모터의 signal과 연결된 GPIO 번호

㉡ initial_angle=0 : servor Motor 초기 각도. 기본값 0, None

㉢ min_angle=-90, : servor Motor 회전 최소 각도, 기본값 -90

㉣ max_angle=90, : servor Motor 회전 최대 각도, 기본값 90

② variable

㉠ angle : 서보 각도

㉡ is_active : 활성 여부, True / False

㉢ value : 서보의 위치를 -1(최소 위치)과 +1(최대 위치) 사이의 값으로 나타냄

③ 예

<table>
<tr><th>servo 클래스</th><th>AngularServo 클래스</th></tr>
<tr><td>

```
from gpiozero import Servo

servo = Servo(18)

while True :
    servo.min( )
    sleep(1)
    servo.mid( )
    sleep(1)
    servo.max( )
    sleep(1)
```

</td><td>

```
sm = AngularServo(18, min_angle=-90, max_angle=90)

while True :
    sm.angle = -90
    sleep(1)
    sm.angle = -45
    sleep(1)
    sm.angle = 0
    sleep(1)
    sm.angle = 45
    sleep(1)
    sm.angle = 90
    sleep(1)
```

</td></tr>
</table>

④ 클래스 비교

라이브러리	Servo	AngularServo
각도 지정	min( )	-90
	mid( )	0
	max( )	90
공통	value : -1.0 ~ 1.0	

(4) 연결 정보 및 회로도

① 연결 정보

    ㉠ 검정색 혹은 갈색선 : GND

    ㉡ 빨강색 선 : VCC, (sg90은 초기 요구 전력이 높아 외부전원 사용)

    ㉢ 노란색 혹은 주황색 선 : signal 선으로 라즈베리파이 GPIO 18번에 연결(하드웨어 PWM이 가능한 GPIO 12, 13, 18, 19번)

라즈베리파이	점퍼케이블	sensor	
GND	수-수	검정(갈색)색선	
5V	수-수	빨강색선	
GPIO 18	암-수	노란(주황)색선	

② 회로도

jitter(떨림) 현상을 방지하기 위해 외부 전원을 사용할 경우. 즉 dc 모터와 같이 사용할 경우 가능하면 전류 공급이 좋은 NIMH 충전 건전지나 혹은 리튬 배터리를 사용하면 좋다. 또한 외부 전원 사용 시 서보 모터의 GND를 건전지의 GND와 동일하게 해야 한다.

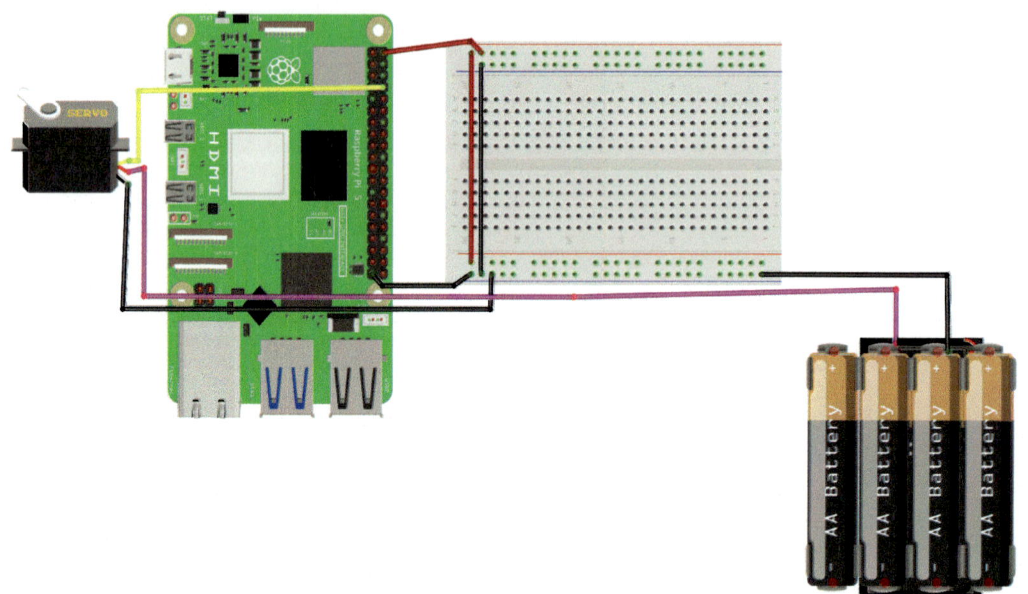

〈그림 4-9〉 서보 모터 회로도

(5) 테스트해 보기

① Servo 사용

```python
# file name : test_servo.py

from gpiozero import Servo
from time import sleep

servo = Servo(18)

print('Press Ctrl+C to stop')
print('-'*30)

servo.mid( )  # middle position

while True :
    servo.min( )      # min position
    sleep(1)
    servo.mid( )      # middle position
    sleep(1)
    servo.max( )      # max position
    sleep(1)
    servo.mid( )      # middle position
    sleep(1)
```

② jitter 현상 조절하기

㉠ min, max를 떨림이 없을 때까지 수정해야 한다.

```python
# file name : test_servo_jitter.py
from gpiozero import Servo
from time import sleep
servo = Servo(18, min_pulse_width=5/1000, max_pulse_width=25/1000)
print('Press Ctrl+C to stop')
print('-'*30)
servo.value = 0.5   # middle position is 0.5
while True :
    servo.value = 0.0   # min position is 0.0
    sleep(1)
    servo.value = 0.5   # middle position is 0.5
    sleep(1)
    servo.value = 1.0   # max position is 1.0
    sleep(1)
    servo.value = 0.5   # middle position is 0.5
    sleep(1)
```

(6) 실습해 보기

① 서보 모터를 돌려보자.

㉠ for 반복문 활용

- 0.5초마다 10도씩 회전

```python
# file name : servo_1.py

from gpiozero import Servo
from time import sleep

servo = Servo(18)

print('Press Ctrl+C to stop')
print('-'*30)

servo.value = 0.5   # middle position is 0.5

while True :
    for val in range(0, 1, 0.1) :  # from 0 to 1 with step 0.1
        print(f'servo.value = {servo.value}', end='\r')
        servo.value = val
        sleep(0.2)

    for val in range(1, 0, -0.1) :   # from 1 to 0 with step -0.1
        print(f'servo.value = {servo.value}', end='\r')
        servo.value = val
        sleep(0.2)
```

- for val in range(0, 1, 0.1) : 0부터 1까지 0.1씩 변화

- for val in range(1, 0, −0.1) : 1부터 0까지 −0.1씩 변화

② −90, −45, 0, 45, 90, 0 각도로 움직여 보자.

㉠ AngularServo 클래스 사용

```python
# file name : angular_servo_1.py

from gpiozero import AngularServo
from time import sleep

servo = AngularServo(18, min_angle=-90, max_angle=90)

servo.angle = 0          # 중간 위치

print('Press Ctrl+C to stop')

while True :
    servo.angle = -90            # 최소 위치
    sleep(1)
    servo.angle = -45
    sleep(1)
    servo.angle = 0              # 중간 위치
    sleep(1)
```

```python
    servo.angle = 45
    sleep(1)
    servo.angle = 90                   # 최대 위치
    sleep(1)
    servo.angle = 0                    # 중간위치
    sleep(1)
```

ⓛ 각도를 화면에 출력해 보자.

```python
# file name : angular_servo_2.py

from gpiozero import AngularServo
from time import sleep

servo = AngularServo(18, min_angle=-90, max_angle=90)

servo.angle = 0    # middle position is 0

print('Press Ctrl+C to stop')
print('-'*30)

while True :
    for angle in range(-90, 90, 45) :
        servo.angle = angle
        print(f'servo.angle = {servo.angle}', end='\r')
        sleep(1)

    for angle in range(90, -90, -45) :
        servo.angle = angle
        print(f'servo.angle = {servo.angle}', end='\r')
        sleep(1)
```

```
Press Ctrl+C to stop
------------------------------
servo.angle = -90                 # 여기에 -90, -45, 0 등의 각도가 한줄로 출력됨
```

(7) 응용해 보기

① 서보 모터를 처음에 중앙에서 주어진 각도로 움직이게 하고 각도를 출력해 보자.

    ㉠ servo_angle = [0, 45, 90, 45, 0, -45, -90, -45, 0]

    ㉡ servo_angle.reverse( ) : 반대로 다시 움직이도록 한다.

```python
# file name : servo_angularServo_3.py

from gpiozero import AngularServo
from time import sleep

servo = AngularServo(18, min_angle=-90, max_angle=90)

servo.angle = 0    # middle position is 0

print('Press Ctrl+C to stop')
print('-'*30)
```

```python
angles = [0, 45, 90, 45, 0, -45, -90, -45, 0]    # 각도 지정.

while True :

    for angle in angles :
        servo.angle = angle
        print(f'servo.angle = {angle} degrees', end='\r')
        sleep(1)

    for angle in angles[ : : -1] :
        servo.angle = angle
        print(f'servo.angle = {angle} degrees', end='\r')
        sleep(1)
```

```
Press Ctrl+C to stop
-------------------------------
servo.angle = 0 degrees              # 여기에 0, 45, 90 등의 각도가 한줄로 출력됨
```

 모터 드라이버 (H-bridge)

(1) 개요

① 1A motor driver - SN754410

　㉠ 주로 모터 제어 및 기타 고전류 애플리케이션에서 사용되는 H-브리지 드라이버

　㉡ 직류 모터를 양방향으로 제어할 수 있도록 설계

(2) 특징

① H-브리지 구성

　㉠ H-브리지 회로를 사용하여 모터의 회전 방향을 제어

　㉡ 모터를 시계 방향 또는 반시계 방향으로 회전

② 출력 전류

　㉠ 각 채널에서 최대 1A의 지속적인 출력 전류를 제공

　㉡ 저전력 DC 모터 및 기타 고전류 부하를 제어하는데 적합

③ **전압 범위** : 4.5V에서 36V까지의 전압을 지원

④ **기본 작업**

　　㉠ **기본 작업**

기능	Vcc			GND	GND			
핀번호	16	15	14	13	12	11	10	9
칩 앞쪽								
핀번호	1	2	3	4	5	6	7	8
기능	Vcc			GND	GND			외부 전원

기능	Vcc			GND	GND			
핀번호	16	15	14	13	12	11	10	9
칩 앞쪽								
핀번호	1	2	3	4	5	6	7	8
기능	Vcc			GND	GND			외부 전원

칩 앞쪽: SN754410 (1번 / 2번)

　　㉡ SN7544110 기본 회로도

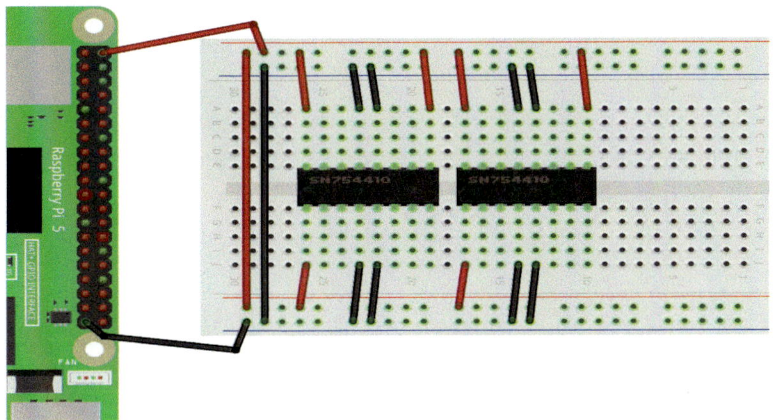

〈그림 4-10〉 SN754410_기본_연결

(3) 회로도

아래는 두 개의 SN754410 칩과 라즈베리파이의 기본 작업을 진행한 회로도이다.

● 표시가 있는 쪽이 1번, 라즈베리파이에 가까운 왼쪽 IC칩 ①, 멀게 있는 오른쪽 IC가 ②

① **브레드 보드 SN754410 방향**

앞	1번 SN754410 ●	뒤
	SN754410	

앞	2번 SN754410	뒤
	SN754410	

② 라즈베리파이 GPIO 연결

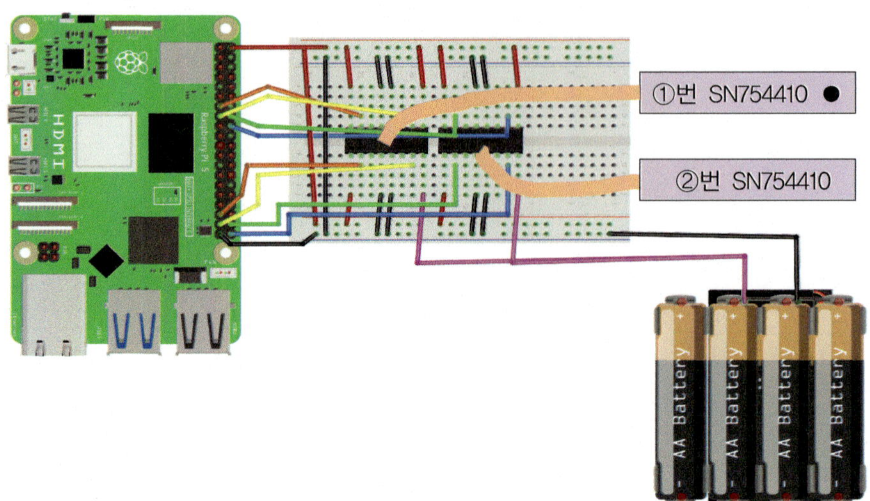

㉠ ①번 SN754410 : 오른쪽 DC motor 2개를 제어(회로도 위쪽 모터 2개)

㉡ ②번 SN754410 : 왼쪽 DC motor 2개를 제어(회로도 아래쪽 모터 2개)

※ 한쪽 방향의 DC motor 2개를 하나의 IC로 하나처럼 제어하는 편이 4륜 주행 제어에 효율적임

라즈베리파이	① chip	② chip
	오른쪽 dc motor 2개 제어	왼쪽 dc motor 2개 제어
	right_wheel	left_wheel

08 DC motor

(1) 개요

전기 에너지를 기계적인 회전 운동으로 변환하는 전기 기기이다. DC 모터는 직류 전원을 받아들여서 회전하는 구조를 가지고 있으며, 다양한 크기와 종류가 존재한다.

① 동작 원리

㉠ 코일에 전류를 흐르게 하고 이때 코일과 고정자 사이에 전류와 자력선의 방향에 따른 힘이 발행(플레밍의 왼손법칙). 이 힘은 코일에 흐르는 전류와 코일의 길이 자속에 비례하게 됨.

㉡ 회전자가 회전하더라도 전류의 방향은 일정하게 유지(회전자의 회전에 상관없이 전류의 방향 일정)

㉢ 브러시가 없고 회전자에 직접 전선이 연결되어 있다면 회전자의 힘은 방향이 바뀌어 힘의 방향이 바뀌면서 회전하지 않는다.

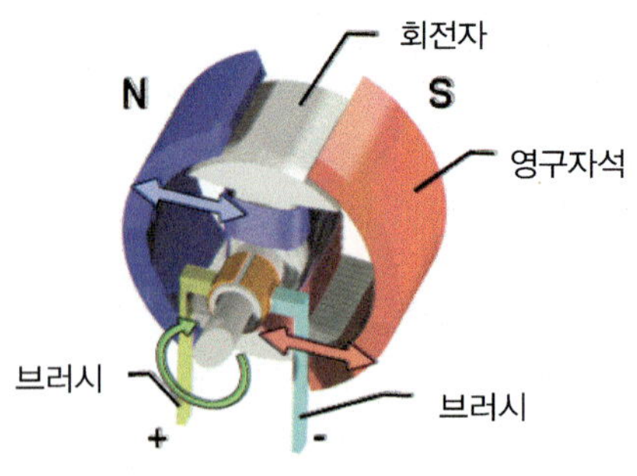

② 종류

  ㉠ brushless motor

- 브러시를 사용하지 않고 센서에 의해서 전류의 흐름을 제어
- 반영구적인 수명, 별도의 제어장치 필요
- 긴 수명과 높은 신뢰성
- 컴퓨터의 냉각팬, 쿼드로터의 프로펠러, 산업용 모터 등에 사용됨.

  ㉡ geared motor

- 기어가 내장된 기어드 모터
- 교육용 로봇 바퀴 등

(2) 클래스 : Motor( )

① 함수 원형 및 parameters

```
Motor(forward, backward)
```

㉠ forward : 모터와 연결된 GPIO 번호

㉡ backward : 모터와 연결된 GPIO 번호

㉢ 예

```
from gpiozero import Motor

motor1 = Motor(26, 19)          # Motor( ) 클래스로부터 motor1 객체 생성

motor1.forward(1)               # 1초간 최대속도(1)로 전진
sleep(1)
motor1.backward(0.5)            # 1초간 0.5 속도로 후진
sleep(1)
```

② 동작 method

㉠ forward(speed) : 전진, speed : 실수값. 0.0 ~ 1.0, 생략시 기본값 1

㉡ backword(speed) : 후진, speed : 실수값. 0.0 ~ 1.0

㉢ reverse(speed) : 모터 역방향 , speed : 실수값. 0.0 ~ 1.0

㉣ stop( ) : 모터 정지

③ 변수 property 값

㉠ value : 모터 속도 값, -1.0 ~ 1.0

  속도를 튜플 형태로 (왼쪽 모터 속도, 오른쪽 모터 속도)

- (1, 1)은 최대 속도로 전진, (-1, -1)은 최대 속도로 후진, (0, 0)은 정지 상태

(3) 클래스 : Robot( )

하나의 Robot( ), 2개의 DC motor 제어 가능.

① 함수원형 및 parameters

```
Robot( motor1=(tuple), motor2=(tuple) )
```

㉠ left=(tuple) : 모터1의 전진과 후진 제어를 위한 연결 핀들. tuple는 ( )안에 핀 번호 입력

㉡ right=(tuple) : 모터2의 전진과 후진 제어를 위한 연결 핀들. tuple는 ( )안에 핀 번호 입력

㉢ 예

- DC 모터 1 : 라즈베리파이 GPIO 26, 19번에 연결
- DC 모터 2 : 라즈베리파이 GPIO 22, 27번에 연결

```
from gpiozero import Robot, Motor

right_wheel = Robot(left=(26, 19), right=(22, 27))
right_wheel.forward(1.0)
right_wheel.backward(0.5)
```

② 동작 method

㉠ forward(speed=1) : 2개 모터 전진

- peed : 실수값. 0.0 ~ 1.0

㉡ backward(speed=1) : 2개 모터 후진

㉢ reverse( ) : 2개 모터 반대 방향으로 회전

㉣ right( ) : 오른쪽 방향 회전, 왼쪽 모터 전진, 오른쪽 모터 후진

㉤ left( ) : 왼쪽방향 회전, 왼쪽 모터 후진, 오른쪽 모터 전진

㉥ stop( ) : 모터 정지

③ 변수 property

value : 모터 속도, −1.0 ~ 1.0

(4) 연결 정보 및 회로도

① DC 기어드 모터 DM148 구조 및 연결

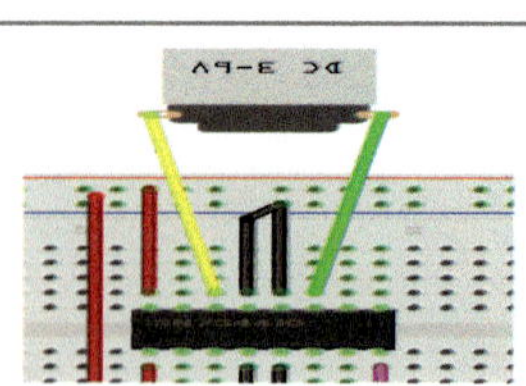

DC 기어드 모터 2개의 선을 SN754410의 모터 출력부분에 각각 연결하면 된다. 색에 상관없이 연결만 하면 된다.

② H-bridge ① 번 SN754410 연결 정보 – right_wheel

㉠ 회로도에서 라즈베리파이와 가까운 SN754410

sensor	라즈베리파이		sensor		라즈베리파이		
DC motor 1	GPIO 26, GPIO 19		DC motor 2		GPIO 22, GPIO 27		

GPIO	기능		모터2 입력	모터2 출력			모터2 출력	모터2 입력	
	GPIO		22	모터연결			모터연결	27	
SN754410 ①	기능	Vcc1	4A	4Y	GND	GND	3Y	3A	3,4EN
	핀번호	16	15	14	13	12	11	10	9
	칩 앞쪽								
	핀번호	1	2	3	4	5	6	7	8
	기능	1,2EN	1A	1Y	GND	GND	2Y	2A	Vcc2
GPIO	GPIO		26	모터연결			모터연결	19	
	기능		모터1 입력	모터1 출력			모터1 출력	모터1 입력	외부전원

③ H-bridge ②번 SN754410 연결 정보 – leftt_wheel

㉠ 회로도에서 라즈베리파이와 먼 SN754410

sensor	라즈베리파이		sensor		라즈베리파이		
DC motor 3	GPIO 20, GPIO 21		DC motor 4		GPIO 24, GPIO 23		

GPIO	기능		모터4 입력	모터4 출력			모터4 출력	모터4 입력	
	GPIO		23	모터연결			모터연결	24	
SN754410	기능	Vcc1	4A	4Y	GND	GND	3Y	3A	3,4EN
	핀번호	16	15	14	13	12	11	10	9
	칩 앞쪽								
	핀번호	1	2	3	4	5	6	7	8
	기능	1,2EN	1A	1Y	GND	GND	2Y	2A	Vcc2
GPIO	GPIO		20	모터연결			모터연결	21	
	기능		모터3 입력	모터3 출력			모터3 출력	모터3 입력	외부전원

④ 회로도

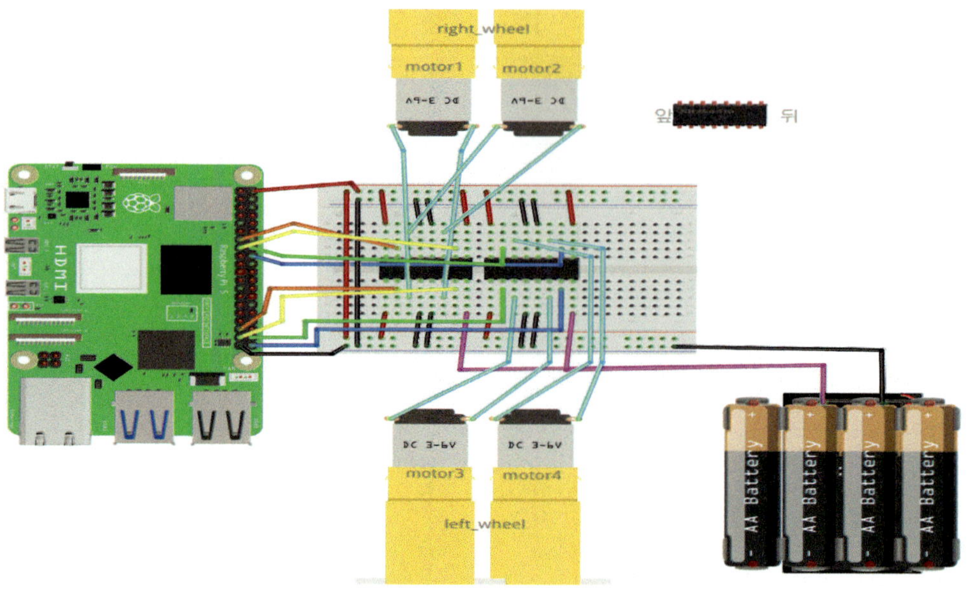

〈그림 4-11〉 DC motor 회로도

㉠ 모터별 GPIO 연결핀

라즈베리 파이	(19, 26)		(22, 27)
	motor 1		motor 2
	right_wheel		
	브레드보드		
	left_wheel		
	motor 3		motor 4
	(20, 21)		(23, 24)

(5) 테스트해 보기 (★)

① 4개의 모터가 모두 앞으로 돌고 있다.

② 모터 방향이 반대로 회전하면 핀번호를 서로 바꿔준다.

- 예를 들어 motor3의 바퀴가 거꾸로 돌고 있다면

```
motor1 = Motor(19, 26)        motor1 = Motor(19, 26)
motor2 = Motor(22, 27)        motor2 = Motor(22, 27)
motor3 = Motor(20, 21)        motor3 = Motor(21, 20)
motor4 = Motor(24, 23)        motor4 = Motor(24, 23)
```

③ 모터 정지

㉠ Ctrl + C를 누르면 프로그램은 종료되지만 모터는 계속 돔

ⓛ 프로그램 중단시 모터 정지 : atexit 혹은 finally 방법

* atexit( )는 프로그램 정지(ctrl +c)되면 cleanup( ) 함수 불러와서 모터 정지
* try – finally 구문에서 프로그램 정지(ctrl +c)되면 마지막(finally)에 모터 정지

<table>
<tr><td align="center">atexit( )</td><td align="center">finally</td></tr>
</table>

```python
# file name : test_motor.py
import atexit
from gpiozero import Motor

motor1 = Motor(26, 19)
motor2 = Motor(22, 27)
motor3 = Motor(20, 21)
motor4 = Motor(24, 23)

def cleanup( ) :
    print('Motor stopped')
    motor1.stop( )
    motor2.stop( )
    motor3.stop( )
    motor4.stop( )

atexit.register(cleanup)

print('Press Ctrl+C to stop')
print('-'*30)

while True :
    print('Motor    1,2,3,4    Forward',
end='\r')
    motor1.forward( )
    motor2.forward( )
    motor3.forward( )
    motor4.forward( )
```

```python
# file name : test_motor.py
from gpiozero import Motor

motor1 = Motor(26, 19)
motor2 = Motor(22, 27)
motor3 = Motor(20, 21)
motor4 = Motor(24, 23)

print('Press Ctrl+C to stop')
print('-'*30)

try :
    while True :
        print('Motor    1,2,3,4    Forward',
end='\r')
        motor1.forward( )
        motor2.forward( )
        motor3.forward( )
        motor4.forward( )
except KeyboardInterrupt :
    print('Stopped. ctrl+c pressed.')
except Exception as err :
    print(f'Error : {err}')
finally :
    print('Motor stopped')
    motor1.stop( )
    motor2.stop( )
    motor3.stop( )
    motor4.stop( )
```

– 종이컵을 뒤집어 Pi-Rover를 올려 놓으면 바퀴의 회전을 테스트하기가 편하다.

ⓒ 외부 전원을 연결하지 않았다면 처음에 바퀴가 힘이 없어 돌아가지 않을 수 있다.

손으로 바퀴를 살짝 돌려주면 돌아간다.

ⓔ end='\r' : 이전 출력 내용을 지우고 출력. 한줄만 출력되는 것처럼 보인다.

```
Press Ctrl+C to stop
------------------------------
Motor 1,2,3,4 Forward
```

④ 모터 개별 테스트 코드

　　㉠ 모터 개별 테스트에서 가장 중요한 부분은 정확한 핀번호를 확인한다.

　　　즉, 모터 드라이버와 라즈베리파이 GPIO 연결이 제대로 되었는지 정확히 파악....

```python
# file name : test_motor1.py

import atexit
from gpiozero import Motor

motor1 = Motor(26, 19)

print('Press Ctrl+C to stop')
print('-'*30)

def cleanup( ) :
    print('Motor 1 stopped')
    motor1.stop( )

atexit.register(cleanup)

while True :
    print('Motor 1 Forward')
    motor1.forward( )
```

```python
# file name : test_motor2.py

import atexit
from gpiozero import Motor

motor2 = Motor(22, 27)

print('Press Ctrl+C to stop')
print('-'*30)

def cleanup( ) :
    print('Motor 2 stopped')
    motor2.stop( )

atexit.register(cleanup)

while True :
    print('Motor 2 Forward')
    motor2.forward( )
```

```python
# file name : test_motor3.py

import atexit
from gpiozero import Motor

motor3 = Motor(20, 21)

print('Press Ctrl+C to stop')
print('-'*30)

def cleanup( ) :
    print('Motor 3 stopped')
    motor3.stop( )

atexit.register(cleanup)

while True :
    print('Motor 3 Forward')
    motor3.forward( )
```

```python
# file name : test_motor4.py

import atexit
from gpiozero import Motor

motor4 = Motor(24, 23)

print('Press Ctrl+C to stop')
print('-'*30)

def cleanup( ) :
    print('Motor 4 stopped')
    motor4.stop( )

atexit.register(cleanup)

while True :
    print('Motor 4 Forward')
    motor4.forward( )
```

(6) 실습해 보기

① 4개의 모터를 전진 3초, 정지 1초, 후진 2초, 정지 1초 해 보자.

　　㉠ Motor 클래스 활용, 순차 코딩

순차 코딩

함수 정의 및 활용

```python
# file name : motor_1.py

from gpiozero import Motor
from time import sleep
```

```python
# file name : motor_2.py

from gpiozero import Motor
from time import sleep
```

```python
motor1 = Motor(26, 19)
motor2 = Motor(22, 27)
motor3 = Motor(20, 21)
motor4 = Motor(24, 23)

print('Press Ctrl+C to stop')
print('-'*30)

while True :
    print('Motor 1,2,3,4 Forward')
    motor1.forward( )
    motor2.forward( )
    motor3.forward( )
    motor4.forward( )
    sleep(3)

    print('Motor 1,2,3,4 Stop')
    motor1.stop( )
    motor2.stop( )
    motor3.stop( )
    motor4.stop( )
    sleep(1)

    print('Motor 1,2,3,4 Backward')
    motor1.backward( )
    motor2.backward( )
    motor3.backward( )
    motor4.backward( )
    sleep(2)

    print('Motor 1,2,3,4 Stop')
    motor1.stop( )
    motor2.stop( )
    motor3.stop( )
    motor4.stop( )
    sleep(1)
```

```python
motor1 = Motor(26, 19)
motor2 = Motor(22, 27)
motor3 = Motor(20, 21)
motor4 = Motor(24, 23)

def move_forward( ) :
    motor1.forward( )
    motor2.forward( )
    motor3.forward( )
    motor4.forward( )

def move_backward( ) :
    motor1.backward( )
    motor2.backward( )
    motor3.backward( )
    motor4.backward( )

def move_stop( ) :
    motor1.stop( )
    motor2.stop( )
    motor3.stop( )
    motor4.stop( )

print('Press Ctrl+C to stop')
print('-'*30)

while True :
    move_forward( )
    sleep(3)
    move_stop( )
    sleep(1)
    move_backward( )
    sleep(2)
    move_stop( )
    sleep(1)
```

ⓛ Robot 클래스 활용

```python
# file name : motor_3.py

from gpiozero import Motor, Robot
from time import sleep

motor1 = Motor(26, 19)                      # 4개 모터 정의
motor2 = Motor(22, 27)
motor3 = Motor(20, 21)
motor4 = Motor(24, 23)

right_wheel = Robot(motor1, motor2)         # 2개씩 모터 묶음
left_wheel = Robot(motor3, motor4)

def move_forward( ) :
    right_wheel.forward( )                  # 4개 모터 동시 동작
```

```
        left_wheel.forward( )

def move_backward( ) :
    right_wheel.backward( )
    left_wheel.backward( )

def move_stop( ) :
    right_wheel.stop( )
    left_wheel.stop( )

print('Press Ctrl+C to stop')
print('-'*30)

while True :
    move_forward( )
    sleep(3)
    move_stop( )
    sleep(1)
    move_backward( )
    sleep(2)
    move_stop( )
    sleep(1)
```

(7) 응용해 보기

① **자동차가 사각형 주행을 해 보자.**

  ㉠ 전진 → 좌회전 → 전진 → 후진 → 우회전 → 후진

  • 왼쪽의 Motro 클래스 사용 코드와 오른쪽의 Robor 클래스 활용 비교.

<table>
<tr><td align="center">Motor 클래스 활용</td><td align="center">Robot 클래스 활용</td></tr>
</table>

```
# file name : motor_4.py

from gpiozero import Motor
from time import sleep

motor1 = Motor(26, 19)
motor2 = Motor(22, 27)
motor3 = Motor(20, 21)
motor4 = Motor(24, 23)

def move_forward( ) :
    motor1.forward( )
    motor2.forward( )
    motor3.forward( )
    motor4.forward( )

def move_backward( ) :
    motor1.backward( )
```

```
# file name : motor_5.py

from gpiozero import Motor, Robot
from time import sleep

motor1 = Motor(26, 19)
motor2 = Motor(22, 27)
motor3 = Motor(20, 21)
motor4 = Motor(24, 23)

right_wheel = Robot(motor1, motor2)
left_wheel = Robot(motor3, motor4)

def move_forward( ) :
    right_wheel.forward( )
    left_wheel.forward( )

def move_backward( ) :
```

```python
        motor2.backward( )
        motor3.backward( )
        motor4.backward( )

def move_turn_left( ) :
        motor1.forward( )
        motor2.forward( )
        motor3.backward( )
        motor4.backward( )

def move_turn_right( ) :
        motor1.backward( )
        motor2.backward( )
        motor3.forward( )
        motor4.forward( )

def move_stop( ) :
        motor1.stop( )
        motor2.stop( )
        motor3.stop( )
        motor4.stop( )

print('Press Ctrl+C to stop')
print('-'*30)

while True :
        print('1. forward')
        move_forward( )
        sleep(1)
        move_stop( )
        sleep(0.5)

        print('2. left_turn')
        move_turn_left( )
        sleep(1)
        move_stop( )
        sleep(0.5)

        print('3. forward')
        move_forward( )
        sleep(1)
        move_stop( )
        sleep(0.5)

        print('4. backward')
        move_backward( )
        sleep(1)
        move_stop( )
        sleep(0.5)

        print('5. right_turn')
        move_turn_right( )
        sleep(1)
```

```python
        right_wheel.backward( )
        left_wheel.backward( )

def move_turn_left( ) :
        right_wheel.forward( )
        left_wheel.backward( )

def move_turn_right( ) :
        right_wheel.backward( )
        left_wheel.forward( )

def move_stop( ) :
        right_wheel.stop( )
        left_wheel.stop( )

print('Press Ctrl+C to stop')
print('-'*30)

while True :
        print('1. forward')
        move_forward( )
        sleep(1)
        move_stop( )
        sleep(0.5)

        print('2. left_turn')
        move_turn_left( )
        sleep(1)
        move_stop( )
        sleep(0.5)

        print('3. forward')
        move_forward( )
        sleep(1)
        move_stop( )
        sleep(0.5)

        print('4. backward')
        move_backward( )
        sleep(1)
        move_stop( )
        sleep(0.5)

        print('5. right_turn')
        move_turn_right( )
        sleep(1)
        move_stop( )
```

```
move_stop( )                          sleep(0.5)
sleep(0.5)
                                      print('6. backward')
print('6. backward')                  move_backward( )
move_backward( )                      sleep(1)
sleep(1)                              move_stop( )
move_stop( )                          sleep(0.5)
sleep(0.5)
                                      print('Motor restart...')
print('Motor restart...')            sleep(1)
sleep(1)
```

09 IMU 관성 측정 장치

(1) 개요

① IMU(Interial Measurement Unit)

　　㉠ 가속도 센서와 각속도 센서, 지자기 센서를 동시에 사용

　　㉡ 각도, 위치, 자세, 속도를 측정

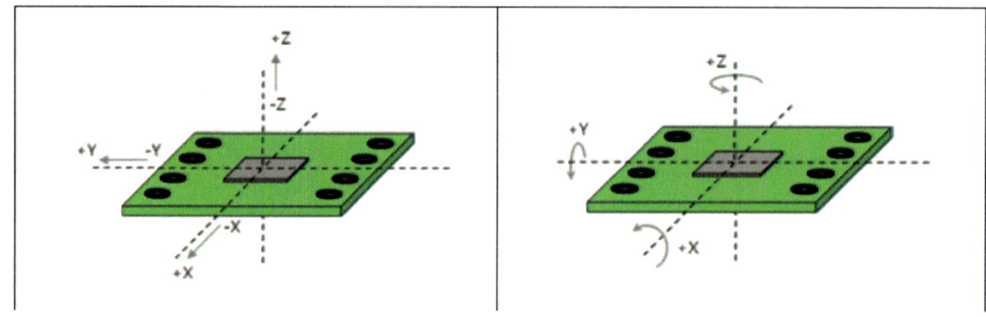

〈그림 4-12〉 IMU_원리(좌 가속도, 우 자이로스코프)

측정	가속도(Accelerometer)	자이로스코프(Gyroscope)	자기장 센서(Magnetometer)
특징	• 자신을 기준으로 x, y, z축 방향의 가속도와 기울어진 정도 측정 • z 축 방향으로 존재하는 중력 가속도($9.8m/s^2$)를 기준으로 각 축의 가속도를 측정 • 정지 상태에서만 정확한 값을 측정	• 코리올리 힘을 이용하여 회전양 측정, 각속도 측정 • roll : x축에 대한 회전 • pitch : y 축에 대한 회전 • yaw : z 축에 대한 회전 • 각속도 $$F_{coriolis} = m \cdot 2w \times v_r$$	• 홀효과 이용 지구의 자기를 측정 • yaw 값을 정확히 알아내기 위해 상용

② MPU6050 (GY-512)

　　㉠ 6축 IMU : 3축 가속도계 + 3축 자이로스코프

　　　• 전격 전압 : 3.3V~5V

ⓛ 통신 : I2C 통신

- 데이터 통신(양방향) : SDA (GPIO 2)
- 클럭 신호 : SCL (GPIO 3)

ⓒ 구조

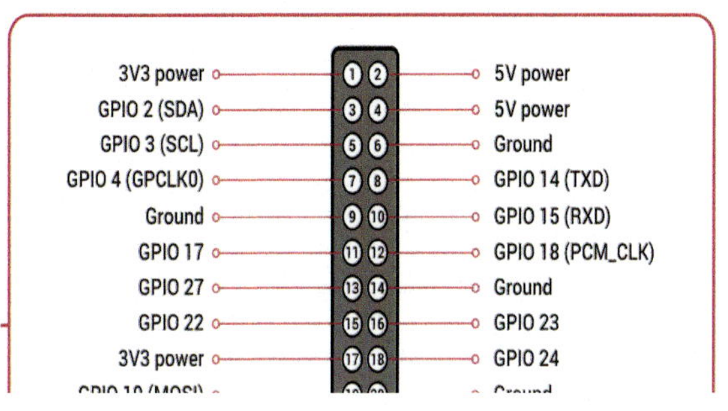

- VCC : 전원 공급핀 (3.3V ~5V)
- GND : 접지(Ground)
- SCL
  - SCL(Serial Clock) I2C 통신 클럭 신호선
  - 데이터 전송의 타이밍을 맞추는 역할
  - 라즈베리파이의 GPIO 3(SCL)핀에 연결
- SDA : SDA(Serial Data), I2C 통신의 데이터 신호선
  - 실제 데이터 주고받는 통로
  - 라즈베리파이의 GPIO 2(SDA)핀에 연결

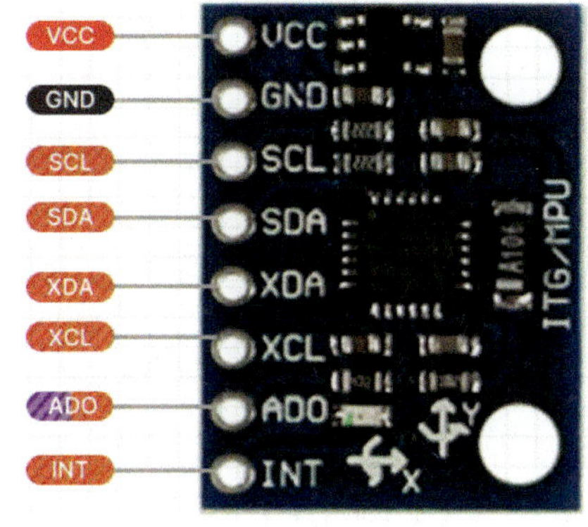

- XDA : XDA(Auxiliary Clock), 보조 I2C 데이터 핀
  - MPU 6050에 다른 I2C 센서(예 : 지자기 센서)를 추가로 연결하여 MPU 6050이 마스터 역할을 할 때 사용
- XCL (Auxiliary Clock) : 보조 I2C 클럭 핀
  - XDA와 함께 다른 센서를 연결할 때 사용
- ADO (Address Select) : I2C 주소 선택 핀
  - 이 핀을 GND에 연결하거나 비워두면 주소가 0x68 (기본값)
- INT : INT (Interrupt) : 인터럽트 출력 핀
  - 데이터가 준비되었거나, 충격/동작이 감지되었을 때 라즈베리파이에게 신호(인터럽트)를 보낼 수 있음
  - 본 교재 실습에서는 폴링(Polling)을 사용하므로 연결하지 않음.

③ I2C 통신 연결

㉠ 개념

- 마이크로프로세서끼리 연결, 마이크로프로세서와 센서 연결 후 데이터 통신
- 하나의 마스터와 하나 이상의 슬레이브(이론상 127개)와 시리얼 통신 가능.
- 동기 양방향 2선식 bus
- 데이터 오류에 대한 안정성은 없다.
- 데이터 안정을 위해서는 smbus 통신 활용이 필요

ⓛ 신호

- 데이터 통신(양방향) : SDA (GPIO 2)
- 클럭 신호 : SCL (GPIO 3)

ⓒ 라즈베리파이 환경 설정

- GUI환경에서 I2C 통신 – enable

ⓔ 필수 패키지 설치하기

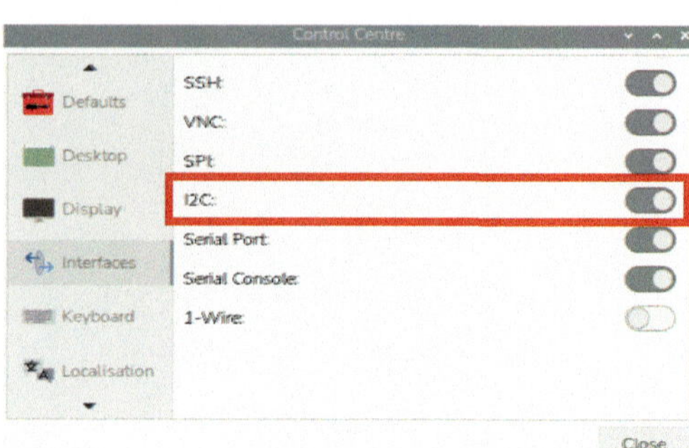

- SMBus(Simple Management Bus) 라이브러리
  - 파이썬 코드에서 I2C 장치와 직접 통신할 수 있게 함
  - I^2C는 기본적으로 2선(SDA, SCL) 직렬 통신 규격
  - smbus는 I^2C 버스를 파이썬에서 쉽게 제어할 수 있도록 함수 제공
  - 주요 용도 : LCD, RTC, DHT온습도, MPU6050 관성장치 등 같은 I^2C 기반 장치 제어

```python
import smbus

bus = smbus.SMBus(1)        # I²C 채널 1 사용
address = 0x27              # LCD나 센서의 I²C 주소
bus.write_byte(address, 0x01)  # 해당 장치에 데이터 전송
```

- i2c-tools 라이브러리
  - I^2C 디바이스 진단/테스트용 리눅스 유틸리티 모음
  - 설치 후 제공되는 명령어
  - i2cdetect : 연결된 I^2C 장치의 주소 스캔 (★)
  - i2cget : 특정 장치 레지스터 값 읽기
  - i2cset : 특정 장치 레지스터에 값 쓰기
  - i2cdump : 장치의 전체 레지스터 덤프
- 설치

```
$ sudo apt update
$ sudo apt install python3-smbus i2c-tools -y
```

- python3-smbus : I2C 통신용
- -y : 설치 사전 동의. 바로 설치가 됨.

ⓜ mpu6050-raspberrypi 클래스 설치

```
$ pip3 install mpu6050-raspberrypi --break-system-packages
```

- 강제 설치 : --break-system-packages 옵션 사용
- 강제 설치는 권장하지 않지만 테스트용으로만 사용하는 것이 좋다. 프로젝트나 개발 시에는 가상환경 활용을 권장한다.

```
pi@zeroToAI:~ $ sudo apt install python3-smbus i2c-tools -y
python3-smbus is already the newest version (4.4-2).
python3-smbus set to manually installed.
i2c-tools is already the newest version (4.4-2).
i2c-tools set to manually installed.
Summary:
  Upgrading: 0, Installing: 0, Removing: 0, Not Upgrading: 18
pi@zeroToAI:~ $ pip3 install mpu6050-raspberrypi --break-system-packages
Defaulting to user installation because normal site-packages is not writeable
Looking in indexes: https://pypi.org/simple, https://www.piwheels.org/simple
Collecting mpu6050-raspberrypi
  Downloading https://www.piwheels.org/simple/mpu6050-raspberrypi/mpu6050_raspbe
rrypi-1.2-py3-none-any.whl (6.5 kB)
Installing collected packages: mpu6050-raspberrypi
Successfully installed mpu6050-raspberrypi-1.2
pi@zeroToAI:~ $
```

ⓗ 장치 확인(★ 중요)
- mpu6050장치에 초록불이 들어왔으면 전원 연결은 성공

```
$ sudo i2cdetect -y 1
```

- 주소 : 16진수 68, 0x68

(2) 라이브러리 – mpu6050

① 사용 준비 및 생성

```
from mpu6050 import mpu6050          # import mpu6050 만 사용하면 안됨.
mpu = mpu6050(0x68)
```

㉠ address : i2c 주소(기본값 0x68)
㉡ bus : i2c 버스 번호(기본값 1

② 함수원형

```
mpu6050(address=주소,  bus=버스선)
```

㉠ address : mpu 장치 주소. 기본 0x68(기종에 다라 0x69일 수 있음.)
㉡ bus : 데이터 통신 버스선. 기본 1

③ 주요 method

범주	method	설명	반환값
데이터 읽기	get_accel_data( )	가속도 데이터 읽기	{'x' : ···, 'y' : ···, 'z' : ···} (단위 : g)
	get_gyro_data( )	자이로 데이터 읽기	{'x' : ···, 'y' : ···, 'z' : ···} (단위 : °/s
	get_temp( )	온도 읽기	float (섭씨 °C)

㉠ 형식
- 각 축의 가속도 값(단위 : g)

```
get_acces_data( )
```

– 출력 형식 : – get_accel_data( ) → { 'x' : ⋯, 'y' : ⋯, 'z' : ⋯ }

- 각 축의 각속도 값(단위 : °/s)

```
get_gyro_data( )
```

– 출력 형식 : – get_accel_data( ) → { 'x' : ⋯, 'y' : ⋯, 'z' : ⋯ }

- 센서 내부 온도 값(단위 : ℃)

```
get_temp( )
```

- 출력 형식 : float(실수)

ⓛ 사용 예

- import mpu6050만 입력하지 말고 from mpu6050 import mpu6050 전부 입력

```
from mpu6050 import mpu6050            # import mpu6050 만 사용하면 안됨.

mpu = mpu6050(0x68)

accel_data = mpu.get_accel_data( )
gyro_data = mpu.get_gyro_data( )
temp_c = mpu.get_temp( )
```

④ **가속도, 각속도 알아보기**

㉠ 중력 가속도

- 센서가 내부적으로 읽어내는 raw(ADC)값을 실제 물리 단위인 g(중력가속도)로 변환할 때 나누어 주는 값
- 지구 중력가속도 g = 약 9.80665 m/s²

- 가속도$(g) = \dfrac{raw\,값}{스케일\,벡터}$

- 예를 들어 센서에서 읽은 X축 raw 값이 8192라 할 때

범주	method	설명	사용 가능 상수
측정 범위 설정	set_accel_range(raw)	가속도 풀스케일 범위 설정	ACCEL_RANGE_2G = 16384.0 ACCEL_RANGE_4G = 8192.0 ACCEL_RANGE_8G = 4096.0 ACCEL_RANGE_16G = 2048.0

스케일 벡터	X 축 가속도(g)	장점	단점	사용
2G	8192 / 16384 = 0.5 g	민감도 높음 작은 움직임 감지	큰 충격시 포화	기울기 측정 정밀 동작
4G	8192 / 8192 = 1 g	범위, 민감도 균형		일반적인 로봇 주행
8G	8192 / 4096 = 2 g	큰 움직임 측정 가능	작은 변화 감지력 떨어짐	RC카, 드론
16G	8192 / 2048 = 4 g	매우 큰 충격 측정	해상도 가장 낮음	충돌 감지 스포츠 분석

ⓛ 각속도

범주	method	설명	사용 가능 상수
측정 범위 설정	set_gyro_range( )	자이로 풀스케일 범위 설정	GYRO_RANGE_250DEG GYRO_RANGE_500DEG GYRO_RANGE_1000DEG GYRO_RANGE_2000DEG

상수명	의미	1°/s당 카운트 수(LSB/°/s)	스케일 팩터(°/s)
GYRO_RANGE_250DEG	± 250°/s	131 LSB/°/s	Raw ÷ 131.0
GYRO_RANGE_500DEG	± 500°/s	65.5 LSB/°/s	Raw ÷ 65.5
GYRO_RANGE_1000DEG	± 1000°/s	32.8 LSB/°/s	Raw ÷ 32.8
GYRO_RANGE_2000DEG	± 2000°/s	16.4 LSB/°/s	Raw ÷ 16.4

- 각속도 변환 공식

> 각속도 (°/s) = Raw 값 / 스케일 벡터

– 측정된 Raw 가 262이라면

범위 (°/s)	스케일 벡터	각속도(°/s)	장점	단점	사용
250	131.0	262 / 131.0 = 2.0	민감도 높음 작은 움직임 감지	빠른 회전 시 포화	기울기 및 자세 측정
500	65.5	262 / 65.5 = 4.0	범위, 민감도 균형		일반 로봇주행
1000	32.8	262 / 32.8 = 8.0	빠름 회전 측정 가능	작은 변화 감지력 떨어짐	RC카, 드론
2000	16.4	262 / 16.4 = 16.0	매우 빠른 회전 측정	해상도 가장 낮음	충격 감지 스포츠 분석

⑤ **Pi-Rover 주행 환경 센서 범위**

환경	스케일 범위		이유
기본	가속도	±8g	* 주행 중 노면 요철, 급가속/급정지, 턱 넘기 등에서 ±4g를 넘는 피크가 가끔 발생 * ±8g는 포화 없이 커버하면서도 해상도가 충분
	자이로	±1000°/s	* 원점 회전, 급회전, 차선 추종 보정 시 회전 속도 피크가 커질 수 있음. * ±500°/s는 종종 포화될 수 있어 ±1000° /s가 안정적
실내 평바닥 완만한 회전	가속도	±4g	* 높은 민감도로 작은 흔들림까지 잘 캡처.
	자이로	±500°/s	* 포화 위험 낮을 때 권장.
교실, 바닥턱, 테이프차선 급가감속, 급회전	가속도	±8g	* 높은 민감도로 작은 흔들림까지 잘 캡처.
	자이로	±1000°/s	* 포화 위험 낮을 때 권장.
불규칙한 바닥 충격, 고속주행	가속도	±16g	* 포화 방지 우선. 대신 소신호 해상도는 낮아짐. 필터로 노이즈 관리 필요.
	자이로	±2000°/s	

㉠ 포화 여부 확인 : 데이터 로깅 중 최대/최소가 자주 클리핑(예 : 가속도 값이 범위 경계 근처에서 평평하게 뭉침)되면 한 단계 넓혀 설정.

ⓒ 해상도 최적화 : 포화가 드물고 여유가 있으면 한 단계 좁혀 더 높은 민감도로 정밀 제어.

ⓒ 노면/속도에 따른 동적 전환 : 주행 모드(라인트레이스/스핀/직진가속)에 따라 프로파일을 바꿔도 좋음.

⑥ MPU6050 온도값

ㄱ 특징

- MPU6050의 온도 센서는 '주위 온도를 재기 위해서'가 아님
- 자이로스코프와 가속도 센서는 온도 변화에 아주 민감해서, 온도가 변하면 값이 틀어진다. 이 오차를 보정하기 위해 센서 스스로 자기 체온을 재는 것임.
- 실제 온도보다 높게 나올 수 있으므로 실제 온도를 재려면 DHT 센서를 사용하는데 정밀 측정이 가능

(3) 연결 정보 및 회로도

① 연결 정보

라즈베리파이		sensor
라즈베리파이의 3.3V	VCC	
라즈베리파이의 GND	GND	
라즈베리파이의 GPIO 3 (SCL)	SCL	
라즈베리파이의 GPIO 2 (SDA)	SDA	
	XDA	
	XCL	
사용하지 않음.	ADO	
	INT	

② 회로도

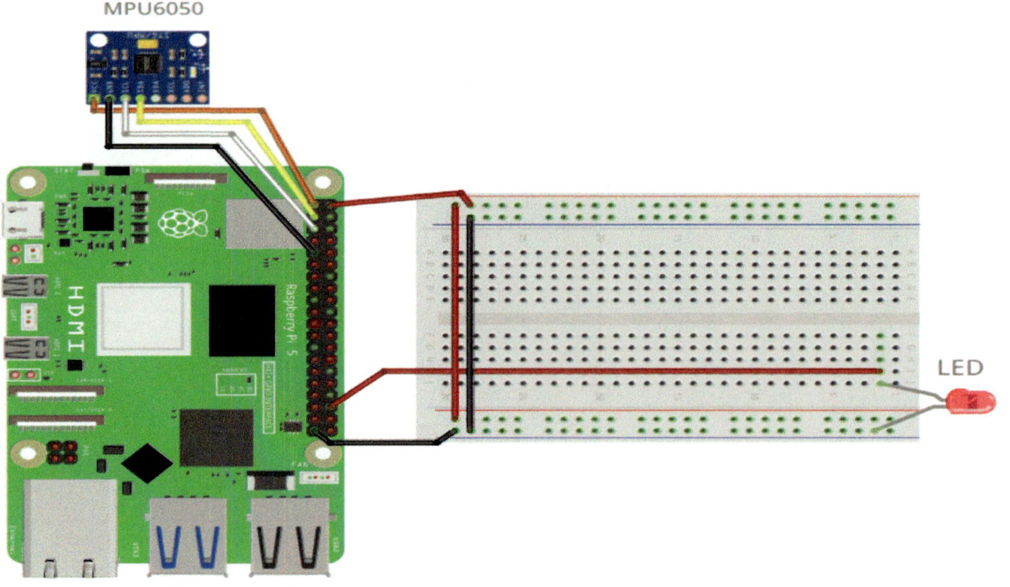

〈그림 4-13〉 mpu6050_led 회로도

(4) 테스트해 보기

① 가속도, 각속도, 온도 데이터를 출력해 보자.

- 가속도 데이터 : X, Y, Z축의 가속도값 (m/s² 단위, 소수점 2자리)
- 제곱(²) 입력 방법 : alt + 0178(숫자키패드) 윈도우에서만 가능
- 자이로스코프 데이터 : X, Y, Z축의 각속도값 (deg 단위, 소수점 1자리)
- 온도 : 센서 온도 (도 단위, 소수점 1자리)

㉠ 유의 사항 : mpu6050의 배선을 잘못 연결할 때 많은 오류 메시지가 나온다. 또한 정상으로 종료하더라도 많은 메시지가 나온다. 아래 코드는 교육용이다. 실제 사용 코드는 try 구문을 활용한 test_imu_try.py를 활용하는 것을 추천한다. try 구문은 차후 다시 언급한다.

```python
# file name : test_imu_sample.py

from mpu6050 import mpu6050
from time import sleep

sensor = mpu6050(0x68)

print('Press Ctrl+C to stop')
print('-'*30)

while True :
    accel_data = sensor.get_accel_data( )
    gyro_data = sensor.get_gyro_data( )
    temp_data = sensor.get_temp( )

    print(f'Acceleration (m/s²) : ')
    print(f'  X : {accel_data["x"] : 6.2f}')
    print(f'  Y : {accel_data["y"] : 6.2f}')
    print(f'  Z : {accel_data["z"] : 6.2f}')

    print(f'Gyroscope (deg/s) : ')
    print(f'  X : {gyro_data["x"] : 6.1f}')
    print(f'  Y : {gyro_data["y"] : 6.1f}')
    print(f'  Z : {gyro_data["z"] : 6.1f}')

    print(f'Temperature : {temp_data : 6.1f} deg')
    print('-' * 30)

    sleep(0.5)
```

```
Press Ctrl+C to stop
------------------------------
Acceleration (m/s²) :
  X :     0.12
  Y :    -0.05
  Z :     9.81
Gyroscope (deg/s) :
  X :     0.5
  Y :    -0.2
  Z :     0.1
Temperature :    25.3 deg
------------------------------
...
```

㉡ try 구문 활용

```python
# file name : test_imu_try.py

from mpu6050 import mpu6050
from time import sleep
import sys
```

```python
try :
    imu = mpu6050(0x68)
    print('IMU 센서 초기화 성공.')
except Exception as err :
    print(f'IMU 센서 초기화 실패 : {err}')
    print('I2C 연결을 확인하세요 ($ sudo i2cdetect -y 1)')
    sys.exit(1)

print('Press Ctrl+C to stop')
print('-'*30)

try :
    while True :
        accel_data = imu.get_accel_data( )
        gyro_data = imu.get_gyro_data( )
        temp_data = imu.get_temp( )

        print(f'Acceleration (m/s^2) : ')
        print(f'  X : {accel_data["x"] : 6.2f}')
        print(f'  Y : {accel_data["y"] : 6.2f}')
        print(f'  Z : {accel_data["z"] : 6.2f}')

        print(f'Gyroscope (deg/sec) : ')
        print(f'  X : {gyro_data["x"] : 6.1f}')
        print(f'  Y : {gyro_data["y"] : 6.1f}')
        print(f'  Z : {gyro_data["z"] : 6.1f}')

        print(f'Temperature : {temp_data : 6.1f} C')
        print('-' * 30)

        sleep(0.5)

except KeyboardInterrupt :
    print("\nProgram finished.")
```

ⓒ 실패시

```
IMU sensor initialization failed : [에러 메시지]
Check I2C connection ($ sudo i2cdetect -y 1)
```

ⓓ 연결 성공

```
IMU sensor initialized successfully.
Press Ctrl+C to stop
------------------------------
Acceleration (m/s^2) :
  X :    0.12
  Y :   -0.05
  Z :    9.78
Gyroscope (deg/sec) :
  X :     0.2
```

```
  Y :    -0.1
  Z :     0.3
Temperature :    25.3 C
------------------------------
...
```

(5) 실습해 보기

① 충돌을 감지해 보자.

```python
# file name : imu_1_collusion_simple.py

from mpu6050 import mpu6050
import math
from time import sleep

# 센서 초기화
sensor = mpu6050(0x68)
sensor.set_accel_range(sensor.ACCEL_RANGE_8G)

# 충돌 감지 임계값 (g-force 단위)
COLLISION_THRESHOLD = 2.0  # 2.0g 이상 충격 시 충돌로 판단

print('MPU6050 충돌 감지 시작...')
print('센서를 뚝 때려보세요.!')
print('Press Ctrl+C to stop')
print('-'*30)

collision_count = 0

while True :
    # 가속도 데이터 가져오기
    accel_data = sensor.get_accel_data( )

    # 전체 가속도의 크기 계산 (벡터 크기)
    total_accel = math.sqrt(
        accel_data['x']**2 +
        accel_data['y']**2 +
        accel_data['z']**2
    )

    # 중력 제외한 충격 가속도 계산
    impact_accel = abs(total_accel - 9.8)  # 중력(9.8m/s²) 제외

    # 충돌 감지
    if impact_accel > COLLISION_THRESHOLD :
        collision_count += 1
        print(f'충돌 감지! (#{collision_count})')
        print(f'충격 가속도 : {impact_accel : .2f}g')
        print(f'임계값 : {COLLISION_THRESHOLD}g')
        print('motor stop')
```

```python
        print('-' * 30)
    else :
        # 정상 상태 출력 (간단하게)
        print(f'정상 : {impact_accel : .2f}g', end='\r')

    sleep(0.1)
```

```
IMU 충돌 감지 시작...
센서를 뚝 때려보세요.!
Press Ctrl+C to stop
------------------------------
정상 : 0.15g정상 : 0.12g정상 : 0.18g정상 : 0.21g정상 : 0.09g정상 : 0.14g
충돌 감지! (#1)
충격 가속도 : 3.45g
임계값 : 2.0g
motor stop
------------------------------
.....
정상 : 0.19g정상 : 0.14g^C
```

② **급회전을 감지해 보자.**

　㉠ 설정값 : 1초에 180도 이상 회전하면 '급격한 회전'으로 판단

```python
# file name : imu_2_rotation_simple.py

from mpu6050 import mpu6050
from time import sleep

# 센서 초기화
sensor = mpu6050(0x68)

DRIFT_THRESHOLD = 180.0  # (단위 : deg/s)                    # 설정값 180

print('IMU 급격한 회전(Yaw) 감지 시작...')
print(f'감지 임계값 : {DRIFT_THRESHOLD : .1f} deg/s')
print('Pi-Rover를 손으로 잡고 빠르게 돌려보세요!')
print('Press Ctrl+C to stop')
print('-'*30)

# 메인 루프
while True :
    gyro_data = sensor.get_gyro_data( ) # 자이로스코프 데이터만 읽어옴

    yaw_speed = gyro_data["z"]  # Z축 회전 속도(각속도) 값만 가져옴 (Yaw)

    if abs(yaw_speed) > DRIFT_THRESHOLD :               # 임계값과 비교
        print(f'급격한 회전 감지! Speed : {yaw_speed : +.1f} deg/s')
    else :
        print(f'정상 회전 : {yaw_speed : +.1f} deg/s', end='\r')

    # 0.05초마다 빠르게 확인
    sleep(0.05)
```

③ 기울기를 감지해 보자.

```python
# file name : imu_3_tilt_simple.py

from mpu6050 import mpu6050
import math
from time import sleep

# 센서 초기화
sensor = mpu6050(0x68)
sensor.set_accel_range(sensor.ACCEL_RANGE_8G)

print('IMU 기울기 감지 시작...')
print('Press Ctrl+C to stop')
print('-'*30)

while True :
    accel_data = sensor.get_accel_data( )          # 가속도 데이터 가져오기

    # 기울기 각도 계산 (도 단위)
    roll = math.atan2(accel_data["y"], accel_data["z"]) * 180 / math.pi
    pitch = math.atan2(
        accel_data["x"],
        math.sqrt(accel_data["y"]2 + accel_data["z"]2)
    ) * 180 / math.pi

    if abs(roll) > 10 or abs(pitch) > 10 :                        # 기울기 방향 판단
        if roll > 10 :
            direction = "오른쪽으로 기울어짐"
        elif roll < -10 :
            direction = "왼쪽으로 기울어짐"
        elif pitch > 10 :
            direction = "앞으로 기울어짐"
        elif pitch < -10 :
            direction = "뒤로 기울어짐"
        else :
            direction = "기울어짐"
    else :
        direction = "수평 상태"

    # 결과 출력
    print(f'Roll : {roll : +.1f}deg, Pitch : {pitch : +.1f}deg → {direction}')

    sleep(0.2)
```

㉠ 출력 예

```
IMU 기울기 감지 시작...
IMU 센서 초기화 성공.
Press Ctrl+C to stop
------------------------------
Roll : +0.5deg, Pitch : +0.2deg -> 수평 상태
Roll : +0.3deg, Pitch : +0.1deg -> 수평 상태
Roll : +12.3deg, Pitch : +1.2deg -> 오른쪽으로 기울어짐
```

```
Roll : +15.8deg, Pitch : +2.1deg -> 오른쪽으로 기울어짐
Roll : +8.5deg, Pitch : +0.5deg -> 수평 상태
Roll : -11.2deg, Pitch : -0.3deg -> 왼쪽으로 기울어짐
Roll : -14.7deg, Pitch : -1.1deg -> 왼쪽으로 기울어짐
Roll : -2.1deg, Pitch : +12.5deg -> 앞으로 기울어짐
Roll : -1.5deg, Pitch : +18.3deg -> 앞으로 기울어짐
Roll : +0.8deg, Pitch : -13.2deg -> 뒤로 기울어짐
Roll : +0.5deg, Pitch : -0.2deg -> 수평 상태
Roll : +0.3deg, Pitch : +0.1deg -> 수평 상태
^C
Program finished.
```

(6) 응용해 보기

① 충돌 감지 시 LED 0.3초 간격으로 깜빡깜빡

```python
# file name : mpu6050_2.py

from mpu6050 import mpu6050
from gpiozero import LED
import math
from time import sleep

# 센서 및 LED 초기화
sensor = mpu6050(0x68)
sensor.set_accel_range(sensor.ACCEL_RANGE_8G)
led = LED(16)  # GPIO 16번 핀에 LED 연결

print('MPU6050 초기화 완료. 충돌 감지 시작...')
print('충돌이 감지되면 LED가 3초간 켜집니다!')

try :
    while True :
        accel_data = sensor.get_accel_data( )          # 가속도 데이터 가져오기

        # 기울기 각도 계산
        roll = math.atan2(accel_data['y'], accel_data['z']) * 180 / math.pi
        pitch = math.atan2(
            accel_data['x'],
            math.sqrt(accel_data['y']2 + accel_data['z']2)
        ) * 180 / math.pi

        # 기울기 확인 (임계값 = 10도)
        tilted = abs(roll) > 10 or abs(pitch) > 10

        # 충돌 감지
        total_accel = math.sqrt(accel_data['x']2 + accel_data['y']2 + accel_data['z']2)
        collision_accel = abs(total_accel - 9.8)  # 중력 제외
        collision_detected = collision_accel > 15   # 임계값 = 15 m/s²

        # 충돌 감지 시 LED를 3초간 깜박이기
```

```python
        if collision_detected :
            print(f'COLLISION DETECTED! Acceleration : {collision_accel : .2f} m/s²')
            print(f'Roll : {roll : +.2f}°, Pitch : {pitch : +.2f}°, Tilted : {tilted}')
            print('LED가 3초간 깜박입니다...')

            # 3초간 0.3초 단위로 깜박이기 (총 10번)
            for i in range(10) :
                led.on( )
                sleep(0.3)
                led.off( )
                sleep(0.3)

            print('LED 깜박임 완료')
        else :
            led.off( )
            print(f'Roll : {roll : +.2f}°, Pitch : {pitch : +.2f}°, Tilted : {tilted},
Collision : {collision_accel : .2f} m/s²')

        sleep(0.1)

except KeyboardInterrupt :
    print('프로그램 중지. Ctrl+C가 눌렸습니다.')
except Exception as err :
    print(f'오류 발생 : {err}')
finally :
    led.off( )  # LED 끄기
    sensor.close( )
```

㉠ 충돌 감지 함수 (detect_collision)

- 가속도 센서의 급격한 변화를 감지
- 중력 가속도(9.8 m/s²)를 제외한 순수 충돌 가속도 계산
- 임계값(15 m/s²)을 넘으면 충돌로 판단

㉡ LED 제어

- GPIO 16번 핀에 LED 연결
- 충돌 감지 시 LED가 3초간 켜짐
- 프로그램 종료 시 LED 자동으로 꺼짐

㉢ 출력 형식

- 정상 상태 : Roll : +2.34°, Pitch : −1.56°, Tilted : False, Collision : 2.45 m/s²

② **급격한 회전시 LED 0.3초 간격으로 깜빡깜빡**

```python
# file name : imu_5_rotation_led.py

from mpu6050 import mpu6050
from gpiozero import LED
import math
```

```python
from time import sleep

# 센서 및 LED 초기화
sensor = mpu6050(0x68)
sensor.set_accel_range(sensor.ACCEL_RANGE_8G)
led = LED(16)

print('MPU6050 초기화 완료. 회전 감지 시작...')
print('회전이 감지되면 LED가 3초간 깜빡입니다!')
print('Press Ctrl+C to stop')
print('-'*30)

while True :
    gyro_data = sensor.get_gyro_data( )  # 자이로스코프 데이터만 읽기

    yaw_speed = gyro_data["z"]           # Z축 회전 속도(각속도) 값만 읽기 (Yaw)

    # 회전 감지 시 LED를 3초간 깜박이기
    if yaw_speed > 180 :
        print(f'Rotation detected! Speed : {yaw_speed : +.1f} deg/s')
        for i in range(10) :
            led.on( )
            sleep(0.3)
            led.off( )
            sleep(0.3)
        print('LED 깜박임 완료')
    else :
        led.off( )
        print(f'Normal rotation : {yaw_speed : +.1f} deg/s', end='\r')

    sleep(0.1)
```

③ 급격한 기울기 시 LED 0.3초 간격으로 깜빡깜빡

```python
# file name : imu_6_tilt_led.py

from mpu6050 import mpu6050
from gpiozero import LED
import math
from time import sleep

# 센서 및 LED 초기화
sensor = mpu6050(0x68)
sensor.set_accel_range(sensor.ACCEL_RANGE_8G)
led = LED(16)

print('MPU6050 초기화 완료. 기울기 감지 시작...')
print('기울기가 감지되면 LED가 3초간 깜빡입니다!')
print('Press Ctrl+C to stop')
print('-'*30)

while True :
    accel_data = sensor.get_accel_data( )          # 가속도 데이터 가져오기
```

```python
# 기울기 각도 계산 (도 단위)
roll = math.atan2(accel_data["y"], accel_data["z"]) * 180 / math.pi
pitch = math.atan2(
    accel_data["x"],
    math.sqrt(accel_data["y"]**2 + accel_data["z"]**2)
) * 180 / math.pi

# 회전 감지 시 LED를 3초간 깜박이기
if roll > 10 or pitch > 10 :
    print(f'Tilt detected! Roll : {roll : +.1f} deg, Pitch : {pitch : +.1f} deg')
    for i in range(10) :
        led.on( )
        sleep(0.3)
        led.off( )
        sleep(0.3)
    print('LED 깜박임 완료')
else :
    led.off( )
    print(f'Normal tilt : Roll : {roll : +.1f} deg, Pitch : {pitch : +.1f} deg',
end='\r')

sleep(0.1)
```

⑩ 키보드 제어

(1) 개요

① 개념

㉠ 작업용 컴퓨터(노트북)의 키보드로 무선 연결된 Pi-Rover를 실시간으로 조종

㉡ 마치 컴퓨터로 카트라이더 같은 레이싱 게임을 하듯이, 키보드의 W, A, S, D 키를 사용하여 Pi-Rover을 전후 좌우로 조종

㉢ 가장 기초적이고 직관적인 원격 제어 방식, 실시간 제어(Real-time Control)

② 제어 원리 및 통신 구조

별도의 복잡한 프로그램 없이 VS Code의 터미널을 조종기로 사용

㉠ 입력(Laptop) : 사용자가 VS Code 터미널 창에서 키보드(예 : W)를 누른다.

㉡ 전송(SSH) : 눌린 키의 정보(아스키 코드)가 Wi-Fi(SSH 통신)로 라즈베리파이로 전달

㉢ 처리(Python) : 라즈베리파이의 파이썬 코드가 눌러진 코드(예 : w)를 인식하고 move_forward( ) 함수 실행하는 판단.

㉣ 동작(Pi-Rover) : motor_module을 통해 모터 전진

③ 키보드 설정

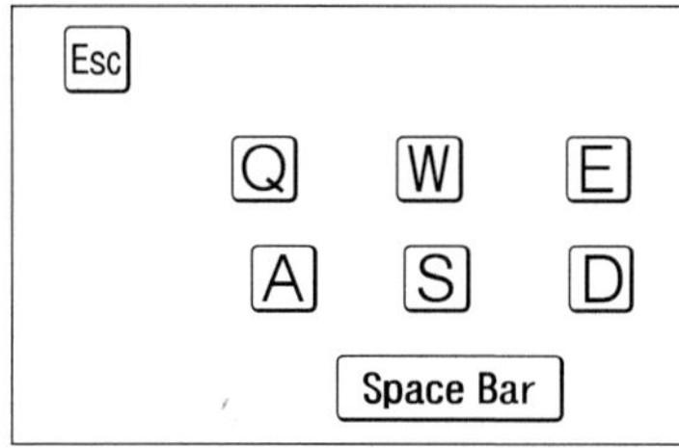

Esc		취소				
Q	전진, 왼쪽	W	전진	E	전진, 오른쪽
A	왼쪽 회전	S	후진	D	오른쪽 회전
Space Bar		잠시 멈춤				

(2) 라이브러리 - curses

① 텍스트 사용자 인터페이스(TUI) 응용 프로그램을 개발하는 데 사용

② vs code의 Remote SSH 접속으로 라즈베리파이에 접속, 키보드 조작을 통해 Pi-Rover 제어

③ 특징

   ㉠ 터미널 제어 : 화면을 지우거나 원하는 위치에 문자열을 삽입

   ㉡ 화면 최적화 : 화면 업데이트를 최적화하여 효율적인 디스플레이 관리를 제공

   ㉢ input( ) 함수는 키를 누르고 반드시 [Enter] 키를 쳐야 입력이 된다. Pi-Rover를 조종할 때마다 엔터를 칠 수는 없겠지?

   ㉣ 즉시 반응 : 엔터 키 없이 키보드를 누르는 순간 바로 인식. (게임 조작에 필수!)

   ㉤ 화면 제어 : 터미널 화면을 깜빡이지 않고 깔끔하게 갱신

      글자가 계속 아래로 밀리는 스크롤 방식이 아니라, 디지털 계기판처럼 숫자가 제자리에서 바뀜

   ㉥ 장점 : 리눅스(라즈베리파이 OS)에 기본으로 내장되어 있어 설치가 필요 없음.

④ 키보드 제어용 라이브러리 비교

라이브러리	pynput	keyboard	curses
키 입력 감지	가능(비동기 이벤트 기반)	가능(글로벌 키 감지)	가능(터미널 내 입력)
키 입력 시뮬레이션	가능	가능	불가능
멀티 플랫폼 지원	windows, Linux, macOS	Windows Linux : root 권한 필요	Linux windows 제한적
GUI 환경 지원	가능	가능	불가능, 터미널 전용
터미널 내 사용	불가능	불가능	가능
비동기 이벤트 처리	가능	없음	가능
사용 예제	키보드 리스터	keyboard.is_press( )	curses.wrapper( )
설치 여부	따로 설치해야 함	따로 설치해야 함	라즈베리파이 OS 포함

   ㉠ 실시간 키 입력 감지 및 GUI 환경에서 사용하려면 → pynput

   ㉡ 핫키 등록 및 글로벌 키 이벤트 감지가 필요하면 → keyboard

   ㉢ 터미널 기반 프로그램에서 키 입력을 처리하려면 → curses

⑤ **주요 메소드**

　㉠ curses.initscr( ) : 초기화, 터미널 객체 생성

　㉡ 색상 설정 : 색상을 초기화하고 설정

　　• start_color( ), use_default_colors( ), init_pair( ) 등

　㉢ 화면 조작 : 화면에 텍스트를 출력하거나 화면을 지움

　　• addstr( ), clear( ) 등의 메서드를 사용

　㉣ 사용자 입력 : 사용자 입력을 받음

　　• getstr( ), getkey( ) 등을 사용

　㉤ 종료 : 프로그램 종료 시 터미널을 원래 상태로 복구

　　• curses.endwin( )을 호출

⑥ **설치 여부 및 버전 확인**

```
$ dpkg -l ┊ grep curses
```

(3) 테스트해 보기

① **키보드 누르면 키보드 아스키 값을 출력해 보자.**

　㉠ curses.curs_set(0) : 커서 숨기거나 보여줌(0 : 숨김, 1 : 보임, 2 : 매우 잘 보임)

　㉡ 아래 코드는 터미널을 제어해야 하는데 Thonny의 [Run] 버튼으로는 실행되지 않음.
　반드시 터미널에서 직접 실행하거나, vs code의 SSH 접속 상태에서 실행해야 함.

vs code 접속	실행 됨	
vnc viewer로 접속	Thonny	실행 안됨
	터미널	실행 됨

　• 터미널 실행

```
$ cd /Pi-Rover/ch10_appendix/02_test_sensor
$ python3 test_keyboard.py
```

```python
# file name : test_keyboard.py

import curses

def main(stdscr) :
    curses.curs_set(0)

    stdscr.clear( )
    stdscr.addstr(0, 0, 'Key input detection... (Press ESC to exit)')
    stdscr.addstr(1, 0, 'Press any key...')
    stdscr.refresh( )

    while True :
        key = stdscr.getch( )

        if key == 27 :     # ESC key
```

```python
        break

        stdscr.clear( )
        stdscr.addstr(0, 0, 'Key input detection... (Press ESC to exit)')
        stdscr.addstr(1, 0, f'Pressed key : {key}')
        stdscr.refresh( )

curses.wrapper(main)
```

```
Key input detection... (Press ESC to exit)
Press any key...
Key input detection... (Press ESC to exit)
Pressed key : 48                    # 0
Key input detection... (Press ESC to exit)
Pressed key : 97                    # a
...
```

● 아스키 코드값

문자	ASCII	문자	ASCII	문자	ASCII	문자	ASCII	문자	ASCII	문자	ASCII	문자	ASCII
0	48	A	65	J	74	S	83	a	97	j	106	s	115
1	49	B	66	K	75	T	84	b	98	k	107	t	116
2	50	C	67	L	76	U	85	c	99	l	108	u	117
3	51	D	68	M	77	V	86	d	100	m	109	v	118
4	52	E	69	N	78	W	87	e	101	n	110	w	119
5	53	F	70	O	79	X	88	f	102	o	111	x	120
6	54	G	71	P	80	Y	89	g	103	p	112	y	121
7	55	H	72	Q	81	Z	90	h	104	q	113	z	122
8	56	I	73	R	82			i	105	r	114		
9	57												

(4) 실습해 보기

① 키보드 누르면 문자가 보이게 하자.

㉠ chr( ) : 아스키코드 값을 문자로 변환

● 예 : chr(65) → A

```python
# file name : keyboard_1.py

import curses

def main(stdscr) :
    curses.curs_set(0)

    stdscr.clear( )
    stdscr.addstr(0, 0, 'Key input detection... (Press ESC to exit)')
    stdscr.addstr(1, 0, 'Press any key...')
    stdscr.refresh( )
```

```python
    while True :
        key = stdscr.getch( )

        if key == 27 :      # ESC key
            break

        stdscr.clear( )
        stdscr.addstr(0, 0, 'Key input detection... (Press ESC to exit)')

        if 32<= key <= 126 :
            stdscr.addstr(1, 0, f'Pressed key : {chr(key)}')
        else :
            stdscr.addstr(1, 0, f'Code {key}')

        stdscr.refresh( )

curses.wrapper(main)
```

```
Key input detection... (Press ESC to exit)
Pressed key : a
Key input detection... (Press ESC to exit)
Code 259          # 방향키 누르면
```

- 문자 (아스키보드 32 ~ 126)이외의 키보드를 누르면 아스키코드 값이 나옴.

② **qweasd키를 누르면 기능이 출력되도록 해 보자.**

ㄱ 키보드 누르면 그전 메시지를 지우고 이번 메시지만 나오도록 함.

ㄴ ord( ) : 문자를 숫자로 변환, chr( ) 함수와는 반대 역할

- 예 : ord('a') → 97

```python
# file name : keyboard_2.py

import curses

def main(stdscr) :
    curses.curs_set(0)        # hide cursor
    msg = 'Ready! Press any key...'

    while True :
        stdscr.clear( )

        stdscr.addstr(0, 0, 'Key input detection... (Press ESC to exit)')
        stdscr.addstr(1, 0, msg)
        stdscr.refresh( )

        key = stdscr.getch( ) # wait for key input

        if key == ord('w') :
            msg = 'Forward : w'
        elif key == ord('s') :
            msg = 'Backward : s'
        elif key == ord('a') :
            msg = 'Left Turn : a'
```

```python
        elif key == ord('d') :
            msg = 'Right Turn : d'
        elif key == ord('q') :
            msg = 'Curve Left : q'
        elif key == ord('e') :
            msg = 'Curve Right : e'
        elif key == ord('+') :
            msg = 'Speed Up : +'
        elif key == ord('-') :
            msg = 'Speed Down : -'
        elif key == ord(' ') :  # Stop key
            msg = 'Stop : space'
        elif key == 27 :           # Exit key
            break
        else :
            msg = f'Unknown key : {chr(key)}'
curses.wrapper(main)
```

```
Key input detection... (Press ESC to exit)
Forward : w      # 키를 누를때마다 누른 키가 보입니다.
```

11 웹 서버 제어

(1) 개요

① Wi-Fi란?

㉠ Wireless Fidelity, 근거리 무선 통신 기술(WLAN).

㉡ 주파수 : 주로 2.4GHz 또는 5GHz 전파 대역을 사용

㉢ 핵심 장치 : 무선 공유기(AP, Access Point)

㉣ 무선 : 선이 없어 편리하게 이동하며 네트워크를 사용할 수 있음

㉤ 범용성 : 거의 모든 스마트 기기(스마트폰, 노트북, 태블릿)에 기본으로 탑재

㉥ 로컬 네트워크(LAN) : 인터넷 연결뿐만 아니라, 같은 공유기에 연결된 기기들끼리 '내부 통신망'을 구축

(2) flask 웹 서버

① 개념

㉠ Flask를 이용해 라즈베리파이(Pi-Rover)에 웹 서버를 실행.

㉡ '마이크로 웹 프레임워크(Micro Web Framework)'

- 마이크로란 Flask가 웹 서버를 만드는 데 꼭 필요한 핵심 기능(예 : 웹 서버 실행, 주소 연결)에만 집중하고, 부가 기능은 선택적으로 추가할 수 있게 만든 가볍고 유연한 도구

ⓒ 스마트폰, 컴퓨터의 웹브라우저(크롬, 사파리, 엣지 등)에서 Pi-Rover를 원격 제어

② **Flask의 주요 특징**

㉠ 파이썬 언어를 활용해서 웹 서버 만듦

㉡ 간결하고 배우기 쉬움

㉢ 설치가 쉽고, 테스트 및 실행 쉬움 : app.run( ) 명령어. 라즈베리파이에서 즉시 웹 서버를 테스트하고 실행

(3) 작업 프로세스

```
Flask 설치하기              sudo pip3 install flask
Flask 코드 작성하기          flask_web_hello.py
Flask 서버 실행하기              python3 flask_web_hello.py
Pi-Rover IP 주소 확인하기        hostname -I
스마트폰으로 접속하기          http : //[0.0.0.0] : 5000
```

① **flask 웹 서버 설치**

㉠ 설치 및 확인(버전은 다를 수 있음)

```
$ sudo pip3 install flask                    # 설치
$ pip3 show flask                            # 확인
Name : Flask
Version : 3.1.1
Summary : A simple framework for building complex web applications.
Home-page :
Author :
Author-email :
License-Expression : BSD-3-Clause
Location : /usr/lib/python3/dist-packages
Requires : blinker, click, itsdangerous, jinja2, markupsafe, werkzeug
Required-by : types-Flask-Cors, types-Flask-Migrate, types-Flask-SocketIO
...
```

② **㉢드 작성하기**

flask_web_hello.py : hello, bye 버튼을 구현한 플라스크 파일

③ **Flask 웹 서버 실행**

```
$ python3 flask_web_hello.py
```

④ **라즈베리파이 IP 확인**

㉠ IP 확인

- 화면 오른쪽 상단 와이파이 아이콘(🛜)을 마우스로 가져다 댐
- 터미널 아래 명령어 실행, 첫 번째가 라즈베리파이 ip, 마지막은 게이트웨이 ip 주소

```
$ hostname -I
192.168.137.155 192.168.137.1
```

ⓛ wi-if 환경 파악

가장 큰 목표는 스마트폰과 라즈베리파이가 같은 네트워크에 있게 하는 것임

- 집이나 사무실, 강의실 등의 wi-fi 환경 확인, 무선 공유기 이름 확인
- 외부이거나 wi-fi 접속이 어려울 경우, 모바일 핫스팟을 이용해 처리

⑤ **스마트폰, 컴퓨터의 웹 브라우저(크롬, 사파리, 엣지 등)로 라즈베리파이에 접속**

㉠ 라즈베리파이 IP가 예를 들어 192.168.137.111이면

접속 주소 : http : //192.168.137.111 : 5000

㉡ 웹 브라우저에 보이는 버튼을 클릭, hello, bye 출력 확인

(4) HTML, CSS, JavaScript 알아보기

① **HTML (HyperText Markup Language) : 뼈대와 구조**

㉠ 역할 : 웹 페이지의 내용(Content)과 구조(Structure) 담당

㉡ 비유 : 집 뼈대.. 틀.

㉢ 구조

```
<!DOCTYPE html>
<html>
    <head>
        <title>웹브라우저 제목표시줄</title>
    </head>
    <body>

        //여기에 텍스트, 버튼을 만들어요.

    </body>
</html>
```

㉣ 코드 예시

```
<body>
...
<button class="button" id="forward">W (↑)</button>
<button class="button" id="left">A (←)</button>
<button class="button" id="right">D (→)</button>
<button class="button" id="backward">S (↓)</button>
...
</body>
```

② **CSS(Cascading Style Sheets) : 꾸미기와 디자인**

㉠ 역할 : HTML로 만든 뼈대에 색상, 크기, 위치 등 스타일 입힘

㉡ 비유 : 사람의 '옷/화장' 또는 집의 '인테리어'

ⓒ 구조

```
<style>
        //여기에 버튼의 색, 글자색, 위치 등등 스타일 지정해요.
</style>
```

ⓓ 코드 예

```
<style>
    .button {
    padding : 15px;
        font-size : 20px;              /* 글자 크기 20px */
        border : none;
        border-radius : 10px;          /* 버튼 모서리 둥글게 10px */
        user-select : none;            /* 드래그 방지 */
        }
</style>
```

③ **JavaScript(JS)** : 동작과 기능

ⓐ 행동(클릭, 터치)에 반응하여 실제 동작(Logic) 수행

ⓑ 비유 : 집의 전기 시스템 등

ⓒ 구조

```
<script>
        // 여기에 버튼의 기능을 만들어요. 전진. 후진 등등
</script>
```

ⓓ 코드 예

- forward 버튼을 클릭(click)하면 터미널(console)에 Forward 명령을 내린다.

```
<script>
    document.getElementById('forward').addEventListener('click', ( ) => {
            console.log('Forward');
    });
</script>
```

④ **HTML 구조**

```
<!DOCTYPE html>
<html>

    <head>
    <title>HTML 구조입니다다</title>
    <style>
        /* 여기에 CSS 코드를 작성해요. */
    </style>
```

```
        </head>

        <body>
                /* 여기에 버튼을 만들어요. */

            <script>
                /* 여기에 JS 코드를 작성해요. */
            </script>

        </body>

</html>
```

⑤ **파이썬 실행 파일 구조**

```
# file name : flask_web.py              # 파일명

from  flask  import  Flask,  render_template_string,   # 필요 라이브러리 가져옴
request                                 # 모터 제어 함수 가져옴
from motor_module import *              # 프로그램 정지 함수 가져옴
import atexit

app = Flask(__name__)                   # Flask 앱객체(이름 : app) 생성

HTML_TEMPLATE="""                        # HTML 코드
<!DOCTYPE html>                          웹 브라우저에 보이는 버튼 생성 및
<html>                                   기능등을 구현하는 HTML 코드 영역
    <head>
        <title>HTML 구조입니다다</title>    위에서 언급한 HTML 구조가 여기에
        <style>                          다 들어갑니다.
                /* 여기에 CSS 코드를 작성해요. */
        </style>

    </head>
    <body>
            /* 여기에 버튼을 만들어요. */
        <script>
            /* 여기에 JS 코드를 작성해요. */
        </script>

    </body>
</html>
"""

# @ : 라우터 데코레이터, 브라우저에서 버튼을 누르면 관련된 파이썬 함수와 연결

@app.route('/')                          # / : 시작되면
def index( ) :                           # def index( ) 함수가 실행
    return render_template_string(HTML_TEMPLATE)   HTML_TEMPLATE에서 만든 버튼을 보
                                         여줌.

@app.route('/control', methods=['POST'])   # /contrrol( )를 접수(POST)하면
def control( ) :                           # control( ) 함수 실행
```

```python
        data = request.json                      # request로 받은 단어를
        command = data.get('command')            # command로 저장해서

        if command =='forward' :                 # if로 판단, 'forward'이면
            move_forward( )                       move_forward로 모터 전진
        elif command == 'backward'               'backword'이면
            move_backward                         move_backward로 모터 후진
        ...                                       ...
```

```python
def cleanup_motors( ) :                          # cleanup_motors( ) 함수 정의
    print('\n[CLEANUP] Flask 서버를 종료, Pi-Rover   # 출력문
정지')                                            # 모터 정지
    move_stop( )
```

```python
def run_web_server( ) :                          # run_web_server 실행 함수 정의
    atexit.register(cleanup_motors)              # 종료(atexit)할 때
...                                               cleanup_motors( ) 함수 실행

    app.run(host='0.0.0.0', port=5000, debug=False)   # 5000번 출구(포트)에서 외부 모든
                                                       손님들(0.0.0.0)을 대상으로
                                                       가게 오픈(run).
```

(5) 테스트해 보기

① hello, bye 2개 버튼으로 터미널에 'hello', 'bye' 출력하기

```python
# file name : flask_web_hello.py

from flask import Flask, render_template_string,
request
import subprocess  # 파이썬에서 터미널 명령어 사용

# Flask 앱 객체 생성 (app)
app = Flask(__name__)

# "웹 브라우저 화면에 버튼 생성" (HTML/CSS/JS)
#   - [기능] 버튼을 누르면 (mousedown), 버튼의 id값을 서버로 보냄
#   - [기능] 버튼에서 손을 떼면 (mouseup), 'stop' 명령을 보냄
HTML_TEMPLATE = """
<!DOCTYPE html>
<html>
<head>
    <title>hello, bye button test</title>
    <meta name="viewport" content="width=device-width, initial-scale=1.0">
    <style>
        body { text-align : center; font-family : Arial; }
        .button { padding : 20px; font-size : 20px; margin : 10px; width : 100px; }
    </style>
</head>
<body>
    <h1>hello, bye button</h1>
    <!-- 버튼 2개 (id가 핵심입니다) -->
    <button class="button" id="hello">Hello</button>
    <button class="button" id="bye">Bye</button>
```

```html
    <script>
        // (서버로 명령을 전송하는 JS 코드)
        const buttons = document.querySelectorAll('.button');

        buttons.forEach(button => {
            button.addEventListener('mousedown', sendCommand);
            button.addEventListener('touchstart', sendCommand, { passive : true });

            button.addEventListener('mouseup', sendStopCommand);
            button.addEventListener('touchend', sendStopCommand);
        });

        function sendCommand(event) {
            const command = event.target.id; // 'hello' 또는 'bye'
            fetch('/control', {
                method : 'POST',
                headers : { 'Content-Type' : 'application/json' },
                body : JSON.stringify({ command : command })
            });
        }

        function sendStopCommand( ) {
            // (손을 떼면 'stop' 대신 'released'를 보냅니다.)
            fetch('/control', {
                method : 'POST',
                headers : { 'Content-Type' : 'application/json' },
                body : JSON.stringify({ command : 'released' })
            });
        }
    </script>
</body>
</html>
"""
```

```python
# 4. 파이썬 코드
# 4-1. 기본 주소 ('/') : 웹사이트 첫 화면
@app.route('/')
def index( ) :
    # '웹 브라우저 화면을 보여줌(버튼 생성)'
    return render_template_string(HTML_TEMPLATE)

# 4-2. 제어 주소 ('/control') : 버튼 신호를 받는 곳
@app.route('/control', methods=['POST'])
def control( ) :
    # 스마트폰에서 보낸 JSON 데이터(명령)를 받음
    data = request.json
    command = data.get('command') # 'hello', 'bye', 'released'

    print(f"Command : {command}")                     # 받은 명령을 터미널에 출력

    return "OK", 200

def get_ip_address( ) :                               # ip 주소 찾는 함수
    try :
        result = subprocess.run(['hostname', '-I'], capture_output=True, text=True, check=True)
        if result.stdout.strip( ) :
            return result.stdout.split( )[0]
    except Exception as err :
```

```python
        print(f"IP 주소 찾기 오류 : {err}")
        print("hostname -I 명령어를 터미널에서 직접 실행해 IP를 확인하세요.")
    return None
def main( ) :
    my_ip = get_ip_address( )
    if not my_ip :
        print('IP 주소 못찾음.. 터미널에서 "hostname -I"를 직접 실행.')
        exit(1)

    print('Flask 서버 시작.')
    print(f'--> 접속 주소 : http : //{my_ip} : 5000')
    app.run(host='0.0.0.0', port=5000)

if __name__ == "__main__" :
    main( )
```

```
pi@zeroToAI              :              ~/Pi-Rover              $         /usr/bin/python
/home/pi/Pi-Rover/ch06_basic_driving/flask_web_hello.py
Flask 서버 시작.
--> 접속 주소 : http : //192.168.137.111 : 5000
 * Serving Flask app 'flask_web_hello'
 * Debug mode : off
WARNING : This is a development server. Do not use it in a production deployment. Use a
production WSGI server instead.
 * Running on all addresses (0.0.0.0)
 * Running on http : //127.0.0.1 : 5000
 * Running on http : //192.168.137.111 : 5000
Press CTRL+C to quit
192.168.137.1 - - [23/Nov/2025 11 : 26 : 58] "GET / HTTP/1.1" 200 -
Command : hello
192.168.137.1 - - [23/Nov/2025 11 : 27 : 01] "POST /control HTTP/1.1" 200 -
Command : released
192.168.137.1 - - [23/Nov/2025 11 : 27 : 01] "POST /control HTTP/1.1" 200 -
Command : bye
192.168.137.1 - - [23/Nov/2025 11 : 27 : 05] "POST /control HTTP/1.1" 200 -
Command : released
```

- WARNING : This is a development server. Do not use it in a production deployment. Use a production WSGI server instead.

  '지금 사용 중인 서버는 개발용이니, 실제 서비스(프로덕션)로 쓸 때는 더 튼튼한 WSGI 서버를 사용하란 말'의 경고이지만 크게 신경쓰지 않아도 된다.

(6) 실습해 보기

① 스마트폰이나 웹브라우저로 아래의 버튼을 생성하고 Pi-Rover를 제어해 보자.

```python
# file name : flask_web_control.py

# --- 1. 준비 ---
from flask import Flask, render_template_string, request
```

```python
from motor_module import *        # 모터 제어 함수 가져옴
import atexit                # 프로그램 정지시 모터 정지

# --- 2. Flask 앱 생성 ---
app = Flask(__name__)    # Flask 앱객체(이름 : app) 생성

current_speed = 0.7                  # Pi-Rover 기본 속도 설정

# --- 3. HTML 템플릿 (웹 브라우저 UI) ---
HTML_TEMPLATE="""
<!DOCTYPE html>
<html>
<head>
    <title>Pi-Rover 웹 제어</title>
    <!-- 스마트폰 화면에 꽉 차게 표시 -->
    <meta       name="viewport"       content="width=device-width,      initial-scale=1.0,
user-scalable=no">
    <style>
        /* HTML/CSS로 스마트폰 버튼 UI를 디자
           코드를 수정할 필요 없이, 그대로 사용하면 됨
        */
        body { font-family : Arial, sans-serif; text-align : center; background-color :
#f0f0f0; }
        .controller { display : grid; grid-template-columns : 1fr 1fr 1fr; gap : 15px;
max-width : 300px; margin : 30px auto; }
        .button {
            padding : 20px; font-size : 24px; background-color : #4CAF50;
            color : white; border : none; border-radius : 10px;
            box-shadow : 0 4px 8px rgba(0,0,0,0.2); user-select : none;
        }
        .button : active { background-color : #45a049; }
        .empty { background-color : transparent; box-shadow : none; }
        .stop { background-color : #f44336; }
        .stop : active { background-color : #d32f2f; }
    </style>
</head>
<body>
    <h1>Pi-Rover Wi-Fi 제어</h1>
    <div class="controller">
        <div class="empty"></div>
        <div class="button" id="forward">↑</div>
        <div class="empty"></div>
        <div class="button" id="left">←</div>
        <div class="button stop" id="stop">STOP</div>
        <div class="button" id="right">→</div>
        <div class="empty"></div>
        <div class="button" id="backward">↓</div>
        <div class="empty"></div>
    </div>

    <script>
        /*
          - 버튼을 누르면 (mousedown, touchstart) 버튼의 id ('forward', 'stop' 등)를
서버로 보냅니다.
          - 버튼에서 손을 떼면 (mouseup, touchend) 'stop' 명령을 보냄
        */
        const buttons = document.querySelectorAll('.button');
```

```javascript
        buttons.forEach(button => {
            if (button.id) {
                button.addEventListener('mousedown', sendCommand);
                button.addEventListener('touchstart', sendCommand, { passive : true });
                button.addEventListener('mouseup', sendStopCommand);
                button.addEventListener('touchend', sendStopCommand);
            }
        });
        function sendCommand(event) {
            const command = event.target.id;
            fetch('/control', {
                method : 'POST',
                headers : { 'Content-Type' : 'application/json' },
                body : JSON.stringify({ command : command, speed : 0.6 })
            });
        }
        function sendStopCommand( ) {
            fetch('/control', {
                method : 'POST',
                headers : { 'Content-Type' : 'application/json' },
                body : JSON.stringify({ command : 'stop' })
            });
        }
    </script>
</body>
</html>
"""
# HTML 코드 영역 끝

# --- 4. Flask 라우팅 ---
# @ : 라우터 데코레이터, 브라우저 주소와 파이썬 함수를 연결
@app.route('/')              # '/' : 기본 주소(예 : 192.168.1.10 : 5000)로 접속하면
def index( ) :               # 'index( )' 함수가 실행
    return render_template_string(HTML_TEMPLATE) # HTML_TEMPLATE에서 만든 화면을 보여줌


@app.route('/control', methods=['POST'])
# '/control' : '/control' 주소로 'POST' 방식(데이터 전송) 요청이 오면
def control( ) :             # 'control( )' 함수가 실행됨

    # 스마트폰에서 보낸 JSON 데이터를 'command' 변수에 저장됨
    data = request.json
    command = data.get('command')
    speed = data.get('speed', current_speed)

    print(f"Command : {command}") # 터미널에 명령 출력 (동작 확인용)

    # command 값에 따라 motor_module의 함수를 호출
    if command == 'forward' :
        move_forward(speed)
    elif command == 'backward' :
        move_backward(speed)
    elif command == 'left' :
        move_turn_left(speed)
    elif command == 'right' :
        move_turn_right(speed)
    elif command == 'stop' :
```

```python
        move_stop( )

    return "OK", 200 # 스마트폰에 "정상 처리됨" 응답

# --- 5. 안전 종료 함수 정의 ---
def cleanup_motors( ) :
    print('\n[CLEANUP] Flask 서버를 종료하며 Pi-Rover를 정지합니다.')
    move_stop( )

# --- 6. Flask 서버 실행 (메인 파일에서 호출됨) ---
def run_web_server( ) :

    atexit.register(cleanup_motors)                 # 종료시 모터 정지

    print("Flask 웹 서버를 시작합니다.")
    print("Pi-Rover와 동일한 Wi-Fi에 연결된 스마트폰/PC에서 접속하세요.")
    print(" (IP 주소 확인 : $ hostname -I )")

    # '0.0.0.0' : 5000번 출구(포트)에서 외부의 모든 손님들(0.0.0.0)을
    # 대상으로 가게 문을 엽니다(run).
    app.run(host='0.0.0.0', port=5000, debug=False)

if __name__ == '__main__' :
    run_web_server( )
```

```
pi@zeroToAI          :              ~/Pi-Rover              $          /usr/bin/python
/home/pi/Pi-Rover/ch06_basic_driving/flask_web_control.py
Flask 웹 서버를 시작합니다.
Pi-Rover와 동일한 Wi-Fi에 연결된 스마트폰/PC에서 접속하세요.
 (IP 주소 확인 : $ hostname -I )
 * Serving Flask app 'flask_web_control'
 * Debug mode : off
WARNING : This is a development server. Do not use it in a production deployment. Use a
production WSGI server instead.
 * Running on all addresses (0.0.0.0)
 * Running on http : //127.0.0.1 : 5000
 * Running on http : //192.168.137.111 : 5000
Press CTRL+C to quit
127.0.0.1 - - [23/Nov/2025 11 : 38 : 15] "GET / HTTP/1.1" 200 -
Command : left
127.0.0.1 - - [23/Nov/2025 11 : 38 : 20] "POST /control HTTP/1.1" 200 -
Command : stop
127.0.0.1 - - [23/Nov/2025 11 : 38 : 20] "POST /control HTTP/1.1" 200 -
Command : backward
127.0.0.1 - - [23/Nov/2025 11 : 38 : 25] "POST /control HTTP/1.1" 200
```

CHAPTER

5

Pi-Rover
조립하기

05 Pi-Rover 조립하기

 **개요**

(1) Pi-Rover란

① 교육적 가치

㉠ 이론과 실습의 통합 구조

㉡ 문제 해결형 실습(Project-Based Learning)으로 학습 몰입도 상승

㉢ 최신 임베디드 기술을 한 번에 경험

② 학습 목표

㉠ 파이썬 활용 능력 향상

㉡ 주행에 필요한 센서(초음파, 라인트레이서, 모터, 모터 드라이버) 제어 능력 향상

㉢ 센서 융합을 통한 주행 제어 능력 향상

㉣ 센서 데이터 처리 : 초음파 센서 데이터를 수집·전처리

㉤ 문제 해결 : 트러블슈팅, 성능 벤치마크, 하드웨어 한계 극복

㉥ 주행의 핵심 기술(센서 융합)을 소형 RC카 형태로 학습

③ 주요 특징

㉠ 라즈베리 파이 기반 교육용 자율주행 플랫폼

㉡ 하나부터 열까지 스스로 회로구성, 제어, 조립을 하는 DIY 교재

㉢ 인공지능 대표 언어인 파이썬 언어를 통해 실습

㉣ 저비용 : 라즈베리파이, 초음파 센서, H-브리지 드라이버 등 저렴한 부품 사용

㉤ 오픈 소스 및 내장 함수 위주로 번거로움 설치 등 최소화

㉥ 모듈화된 설계 : 센서, 제어, 통신, AI 영역의 명확히 분리되어 단계별 실습에 최적

㉦ 통합 교재 : 이론, 코드, 하드웨어 조립 가이드, 실습 과제 포함

(2) 학습 로드맵

주차	챕터	학습내용
1주	오리엔테이션 및 AIoT 이해하기	− 4차 산업혁명과 피지컬 AI (자동차/로봇 산업의 미래) − IoT, AIoT 개념 및 주요 사례 − 강의 목표 및 평가 방법 소개
2주	개발 환경 구축	− 라즈베리파이 OS 설치 및 기본 설정 − 네트워크 설정 (Wi-Fi/SSH) − VS Code 설치 및 원격 접속 실습
3주	파이썬 기초	− 파이썬 핵심 문법 (변수, 제어문, 함수)
3주	gpiozero 맛보기	− gpiozero 라이브러리 기초 (LED, 부저 제어) − [실습] LED 깜빡이기, 부저로 멜로디 만들기
4주	Pi-Rover 조립 및 모터 제어	− Pi-Rover 하드웨어 조립 (모터, 드라이버, 섀시) − DC 모터 구동 원리 (H-Bridge) − [핵심]motor_module.py 제작 및 전후 좌우 주행 테스트
5주	원격 제어 1 : 키보드 조종	− 터미널 제어 라이브러리 curses 이해 − [실습] WASD 키로 Pi-Rover 조종하기 − [안전] atexit을 이용한 안전 종료 구현
6주	원격 제어 2 : Wi-Fi 웹 조종	− Flask 웹 서버의 원리와 구조 (HTML/JS 기초) − 스마트폰 브라우저를 이용한 터치 조종 − [실습] 나만의 웹 컨트롤러 만들기
7주	거리 감지와 라인 인식	− 초음파 센서(거리)와 라인 센서(색상) 원리 − [실습] 장애물 감지 시 자동 정지 (AEB 기초) − [실습] 라인 감지 시 방향 전환 (LKA 기초)
8주	중간고사	− 필기 시험 (이론) 또는 간단한 주행 실기 테스트 − (예 : 키보드로 코스 주행하기)
9주	IMU 센서와 자세 제어	− 가속도/자이로 센서(MPU6050)의 이해 − I2C 통신 설정 및 데이터 읽기 − [실습] 충돌 감지 및 기울기 측정
10주	센서 필터링 1 : 모터와 초음파	− 필터링의 필요성 (노이즈와 진동) − [실습] 속도/변화율 제한 필터 (부드러운 출발) − [실습] 중간값 필터 (초음파 튀는 값 제거)
11주	센서 필터링 2 : IMU와 통합	− 저역 통과 필터(LPF)의 원리 − [실습] 모터 진동에도 흔들리지 않는 각도 측정 − [통합] filtering_module.py 완성
12주	센서 융합과 우선 순위 제어	− 센서 융합(Sensor Fusion)의 개념 − [실습] 라인트레이서 + 초음파 (장애물 회피) − [실습] 전후방 센서 오토 밸런싱
13주	Project 1 & 2(산업용 로봇)	− [AGV] 물류 로봇 : 라인 따라가며 장애물 정지 − [협동 로봇] 작업자와 안전 거리 유지 및 추종 − 팀 프로젝트 시작 및 역할 분담
14주	Project 3 & 4(미래형 로봇)	− [탐사 로버] 미로 탈출 (서보 스캐닝 + IMU 회전) − [IoT 관제] 웹 대시보드로 원격 모니터링 − 최종 프로젝트 튜닝 및 리허설
15주	기말 과제 발표 (Final)	− 팀별 종합 프로젝트 시연 (레이싱, 미로 찾기 등) − 동료 평가 및 피드백

 하드웨어 - 부품

(1) 조립시 필요 물품 및 공구

명	이미지	수량	용도	기타
납땜기 및 기타 일체		1	DCmotor 점퍼케이블 연결을 위한 납땜 등 (미리 납땜되어 있는 DC모터 사용시에는 필요없다.)	
드라이버		1	RC Car 프레임 고정 및 dc motor 연결 등	
롱로즈		1	물품 및 전선 잡기 및 점퍼연결선 절단 등	
양면테이프		–	부품 프레임 부착	
절연테이트		–	DC모터	
연결선		–	브레드보드 연결 및 센서 연결 등	점퍼케이블로 대체기능
점퍼 케이블	암수	19	연결선	
	암암	6		

(2) 센서 및 부품 현황

구분	분류	부품	갯수	gpiozero 라이브러리 사용 클래스
센서	LED	LED	1	LED
	부저	수동 부저	1	Buzzer, TonalBuzzer
	초음파	DM148	2	DistanceSensor
	라인 트레이서	TCRT5000	2	LineSensor
	서보 모터	sg90	1	Servo
	모터 드라이버 H–bridge	SN754410	2	–
	DC motor	DM148	4	Motor Robot
	IMU 관성측정장치	MPU6050	1	mpu6050 외부 라이브러리
부품	브레드보드	브레드보드(400홀)	1	
	서보 모터 bracket	sg90 팬/틸트 브라켓	1	서보 모터(sg90) 전용
	자동차 프레임	4WD Rc카	1	4축용 프레임
	바퀴	66mm	4	RC카용

구분	분류	부품	갯수	gpiozero 라이브러리 사용 클래스
부품	건전지 홀더	AA 건전지 4개	1	건전지 홀더
	건전지	AA 건전지 1.5V	4	DC motor 전원 공급
	보조 배터리	소형	1	라즈베리파이 전원 공급
	케이블		1	보조 배터리와 라즈베리파이 연결

(3) 센서 및 부품 이미지

[표 5-1] 기본 부품

재료명	이미지	수량	재료명	이미지	수량
라즈베리파이5		1	브레드보드 (half, 400홀)		1
초음파센서 (HC-SR04)		2	수동 부저		
자동차 프레임 킷트		1	DC 기어드모터 (DM148)		4
			건전지 홀더		1
라인 트레이서 (TCRT5000)		2	AA 건전지 (1.5V)		4
LED		1	SN754410		2
서보 모터		1	SG90 서보 모터 팬틸트 브라켓		1
IMU MCP6050		1			
점퍼 케이블	암수		19	연결선	
	암암		6		

(4) 전체 회로도

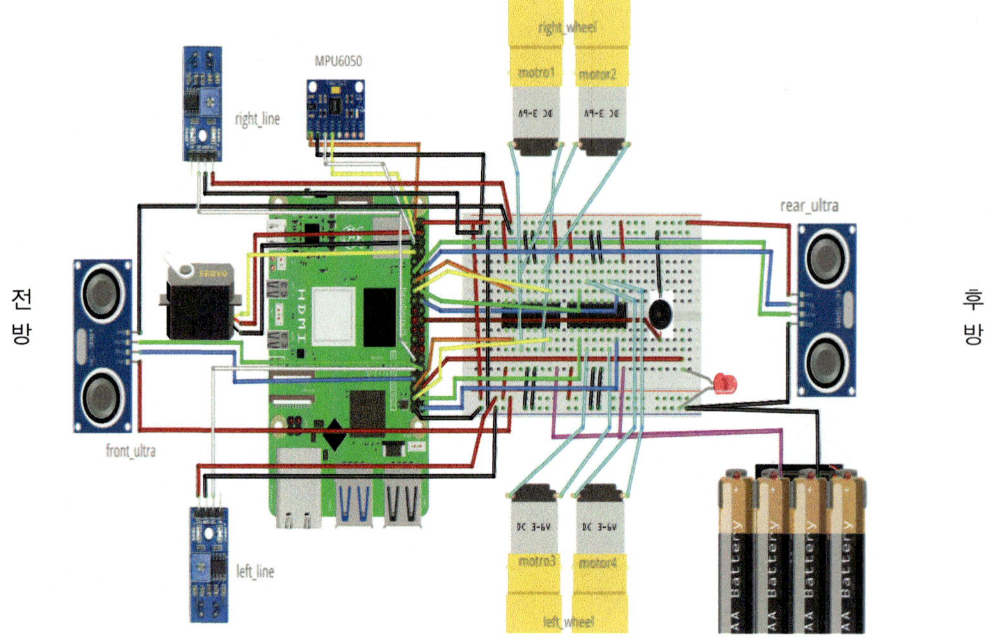

(5) GPIO 연결 정보

① 라즈베리파이 연결 정보

mpu6050 VCC	3V3	1	2	5V	브레드보드 VCC
mpu6050 SDA	SDA	3	4	5V	서보 모터 VCC
mpu6050 SCL	SCL	5	6	GND	서보 모터 GND
후방 초음파 trig	GPIO 4	7	8	TX	
	GND	9	10	RX	
후방 초음파 echo	GPIO 17	11	12	GPIO 18	서보 모터
SN754410①15	GPIO 27	13	14	GND	
SN754410①10	GPIO 22	15	16	GPIO 23	SN754410②15
	3V3	17	18	GPIO 24	SN754410②10
	MOSI	19	20	GND	
	MISO	21	22	GPIO 25	피에조 부저
	SCLK	23	24	CE0	
	GND	25	26	CE1	
	EED	27	28	EEC	
오른쪽라인트레이서 1	GPIO 5	29	30	GND	
왼쪽 라인트레이서 2	GPIO 6	31	32	GPIO 12	전방 초음파 Echo
전방 초음파 trig	GPIO 13	33	34	GND	GND
SN754410 ① 2	GPIO 19	35	36	GPIO 16	led
SN754410 ① 7	GPIO 26	37	38	GPIO 20	SN754410② 2
라즈베리파이 GND	GND	39	40	GPIO 21	SN754410② 7

- vcc와 GND는 회로도 참고

② **부품별 GPIO 연결 정보**

　㉠ 표의 배경색은 회로도의 색과 동일하다.

1. LED		GPIO 16
2. 부저		GPIO 25
3. 전방 초음파	echo	GPIO 12
	trig	GPIO 13
4. 후방 초음파	echo	GPIO 17
	trig	GPIO 4
5. 왼쪽 라인 트레이서		GPIO 6
6. 오른쪽 라인 트레이서		GPIO 5
7. 서보 모터		GPIO 18
8. 1번 SN754410 모터 드라이버	motor 1	GPIO 26
		GPIO 19
	motor 2	GPIO 27
		GPIO 22
9. 2번 SN754410 모터 드라이버	motor 3	GPIO 20
		GPIO 21
	motor 4	GPIO 24
		GPIO 23
10. IMU (mpu6050)	SDA	GPIO 2
	SCL	GPIO 3

(6) 모터 드라이버와 모터 연결 정보

① **right_wheel (motor1, motor2)**

　㉠ motor1 : front_right_wheel

　　motor2 : rear_right_wheel

sensor	라즈베리파이	sensor	라즈베리파이
DC motor 1	GPIO 26, GPIO 19	DC motor 2	GPIO 27, GPIO 22

GPIO	기능		모터2 입력	모터2 출력			모터2 출력	모터2 입력	
	GPIO		27	모터연결			모터연결	22	
SN754410 ①	기능	Vcc1	4A	4Y	GND	GND	3Y	3A	3,4EN
	핀번호	16	15	14	13	12	11	10	9
	칩 앞쪽								
	핀번호	1	2	3	4	5	6	7	8
	기능	1,2EN	1A	1Y	GND	GND	2Y	2A	Vcc2
GPIO	GPIO		26	모터연결			모터연결	19	외부전원
	기능		모터1 입력	모터1 출력			모터1 출력	모터1 입력	

ㄴ motor 3 : front_left_wheel

motor 4 : rear_left_wheel

sensor	라즈베리파이	sensor	라즈베리파이
DC motor 3	GPIO 20, GPIO 21	DC motor 4	GPIO 24, GPIO 23

GPIO	기능		모터4 입력	모터4 출력			모터4 출력	모터4 입력	
	GPIO		23	모터연결			모터연결	24	
SN754410	기능	Vcc1	4A	4Y	GND	GND	3Y	3A	3,4EN
	핀번호	16	15	14	13	12	11	10	9
	칩 앞쪽								
	핀번호	1	2	3	4	5	6	7	8
	기능	1,2EN	1A	1Y	GND	GND	2Y	2A	Vcc2
GPIO	GPIO		20	모터연결			모터연결	21	외부전원
	기능		모터3 입력	모터3 출력			모터3 출력	모터3 입력	외부전원

(7) Pi-Rover 조립하기

① 이미지

② 조립 동영상 가이드(qr 코드 및 링크 제공)

- https : //github.com/zeroToAIoT/Pi-Rover README 안내 참고하세요.

③ 단계별 세부 조립 방법

> **dc motor** : 점퍼 연결선 납땜
> **자동차 하체 프레임** : 보호필름 제거, dc motor 고정, 라인트레이서 고정, mpu6050 부착
> **자동차 상체 프레임** : 후방 초음파 부착, 4개의 지지대로 하체 프레임 연결
> **브레드 보드** : 라즈베리파이 GPIO, SN754410, 모터 연결
> **자동차 상체 프레임** : 라즈베리파이, 브레드 보드, 건전지 홀더 부착
>   라인트레이서, 후방 초음파 센서, LED 라즈베리파이 GPIO에 연결
> **서보 모터** : 서보 모터 브라켓 조립 및 서보 모터 브라켓 결합
>   서보 모터 브라켓과 전방 초음파 결합
>   서보 모터의 중앙에 위치하도록 test_servo.py 실행 후 부착
>   서보 모터와 전방 초음파를 라즈베리파이 GPIO에 연결

㉠ Step 1. DC motor 준비(납땜 및 절연)

가장 먼저 모터에 전선을 연결. 납땜이 튼튼하게 되어야 동작 에러가 없다.

ⓐ 납땜 : 모터 단자에 점퍼선 납땜.

   [주의] 선이 모터 몸통 안쪽으로 향하게 함. 바깥으로 튀어나오면 바퀴에 걸린다.

ⓑ 1차 절연 : 납땜 부분 서로 닿지 않도록(합선 방지) 절연테이프로 꼼꼼하게 감는다.

ⓒ 2차 고정 : 작업할 때 선이 당겨져서 끊어지지 않도록, 선을
모터 위로 반대편으로 꺾어서 테이프로 한 번 더 고정해 준다.

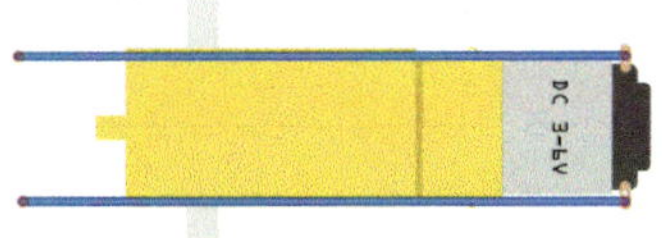

㉡ Step 2. 하부 프레임 조립

ⓐ 보호 필름 제거 : 아크릴 프레임의 양면 보호 필름을 벗겨낸다.

ⓑ 모터 장착

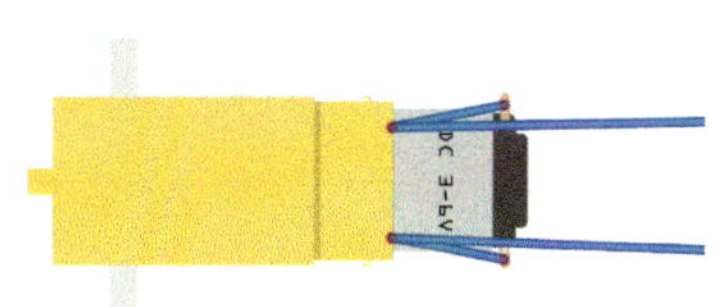

- 모터의 전선이 나오는 쪽이 서로 마주 보게(프레임 안쪽)
배치

- 전선은 프레임 가운데 있는 직사각형 구멍을 통해 위쪽
(상판 쪽)으로 미리 빼놓음

- 긴 볼트와 너트를 이용해 모터를 단단히 고정

ⓒ 작업 팁 : 종이컵을 뒤집어 놓고 그 위에 프레임을 올리면 모터가 바닥에 눌리지 않아 작업
이 편하다.

ⓓ 라인 트레이서 센서 장착(좌우)

- 위치 : 프레임 앞쪽(제공된 프레임에 6개, 8개 구멍이 있다. 아무쪽이나 선택해도 된다.

- 방향 : 센서(눈)가 바닥을 향하도록 뒤집어서 장착

- 배선 : 점퍼 케이블(VCC, GND, DO1)을 미리 꽂고, 선을 프레임 위쪽으로 빼둔다.

ⓔ IMU(MPU6050) 센서 부착

- 위치 : 하체 프레임 중앙 뒤쪽 (또는 지정된 위치)

– 방향 : 핀 헤더가 프레임 바깥쪽을 향하도록 배치(선 연결이 용이하다.)

– 고정 : 양면테이프를 사용하여 수평을 맞춰 붙임(기울어지면 데이터가 틀어진다!)

ⓒ Step 3. 상부 프레임 및 제어부 구성

두뇌 역할을 하는 라즈베리파이와 브레드보드, 배터리 구성

ⓐ 프레임 결합

– 지지대(서포터) 4개를 이용해 하판과 상판을 결합

– [체크] 모터 선(8개)과 센서 선들이 상판 구멍을 통해 위로 잘 올라왔는지 확인

ⓑ 라즈베리파이 및 브레드보드 부착

– 상부 프레임의 앞쪽(라인 센서가 부착된 곳)에 2cm(서보 모터 브라켓 들어갈 자리) 띄우고 라즈베리파이, 브레드보드 순으로 배치

ⓒ 모터 드라이버(SN754410) 장착

– 칩 2개를 브레드보드 가운데에 1칸 정도 띄고 연달아 꼽음.

[매우 중요] 칩의 반달 모양 홈(Notch)이 앞쪽 방향(라즈베리파이쪽)을 향하도록 통일해서 꽂아야 한다. 방향이 바뀌면 칩이 탈 수 있다.

1번 SN754410 ●	
앞	뒤

2번 SN754410	
앞	뒤

ⓓ Step 4. 서보 모터 헤드 브라켓 조립

두뇌 역할을 하는 라즈베리파이와 브레드보드, 배터리 구성

ⓐ 서보 날개 가공

– 십자(+) 모양 날개의 긴 쪽을 니퍼로 3개 구멍 중 3개 구멍 남기고 자르고 칼로 다듬어, 초음파 센서 브라켓(둥근 받침대)에 쏙 들어가도록 만듬

ⓑ 중심 잡기 (Zeroing)

– [필수] 아직 브라켓을 나사로 고정하지 말 것!

– [매우 중요] 라즈베리파이를 켜고 test_servo.py (또는 servo.mid( )) 코드를 실행하여 서보 모터를 0도(중앙) 위치로 맞춤.

ⓒ 브라켓 결합

– 서보가 0도인 상태에서 브라켓이 정면을 보게 끼우고 나사로 고정

ⓓ 초음파 센서 결합

– 브라켓 위에 전방 초음파 센서를 케이블 타이 2개로 단단히 묶는다.

ⓔ 차체 장착 : 완성된 헤드 유닛을 상판 앞쪽에 양면 테이프나 나사로 고정

ⓜ Step 4. 서보 모터 헤드 브라켓 조립

두뇌 역할을 하는 라즈베리파이와 브레드보드, 배터리 구성

ⓐ 전원 및 드라이버 기본 배선

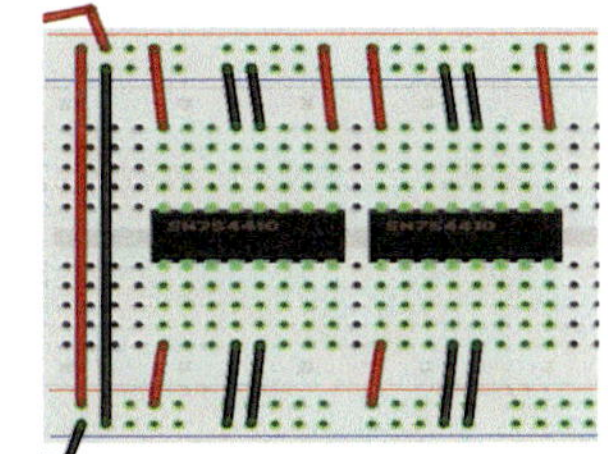

- 라즈베리파이 VCC(물리 핀번호 2)를 브레드보드 빨간 라인
  라즈베리파이의 GND(물리 핀번호 39)를 브레드보드의 파란 라인과 연결
- 브레드보드의 위, 아래 VCC, GND를 연결해 준다.

ⓑ 칩 전원 연결

- 칩 전원 : SN754410 칩의 16번(VCC), 8번(VCC2), 1번(Enable)
  핀 등을 브레드보드 빨강 라인(+)에 연결.
- 칩 접지 : SN754410 칩의 가운데 방열핀(4,5,12,13번)을 브레
  드보드 파랑 라인(–)에 연결.

ⓒ 모터와 SN754410 연결

- 모터 2개의 연결선을 SN754410의 중앙에 연결된 검은색 연결
  선(접지)옆의 위치에 연결
  모터에서 나온 2개 선은 구분이 없다. 아래 그림처럼 연결만 해주면 된다.

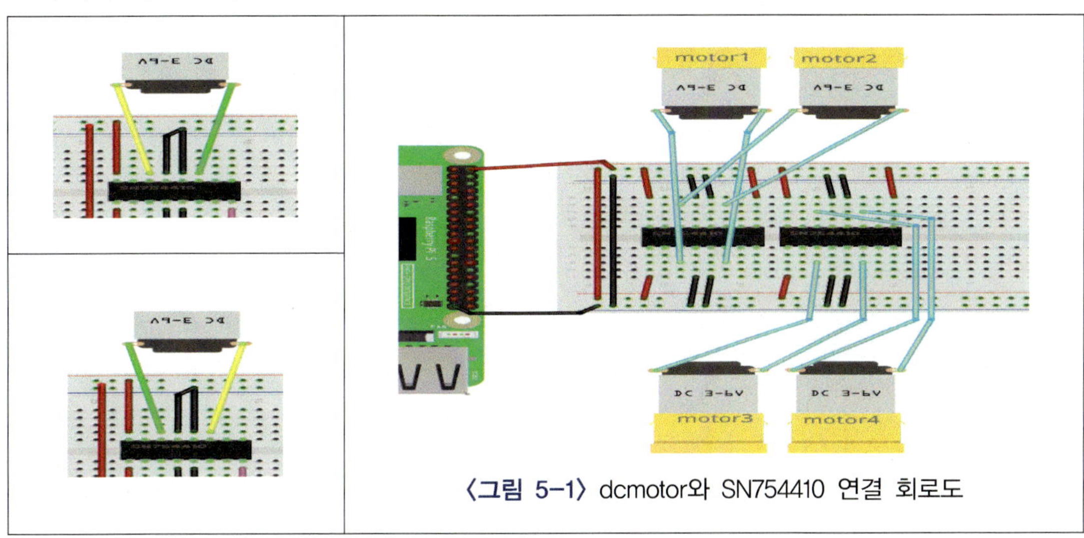

〈그림 5-1〉 dcmotor와 SN754410 연결 회로도

ⓓ 라즈베리파이 GPIO와 브레드보드 연결

- 점퍼 케이블 : 암수(총 8개), 주황-노랑-녹색-파랑(4개)순으로 연결된 2개
- 라즈베리파이 GPIO 핀과 연결은 SN754410 칩의 VCC 연결핀의 옆에 꽂음.
- 연결선은 앞에서부터 주황, 노란, 녹색, 파랑 순
- 연결 정보

sensor	라즈베리파이	sensor	라즈베리파이
DC motor 1	GPIO 26 (주황색선) GPIO 19 (노란색선)	DC motor 2	GPIO 22 (주황색선) GPIO 27 (노란색선)

sensor	라즈베리파이	sensor	라즈베리파이
DC motor 3	GPIO 20 (녹색선) GPIO 21 (파랑선)	DC motor 4	GPIO 24 (녹색선) GPIO 23 (파랑선)

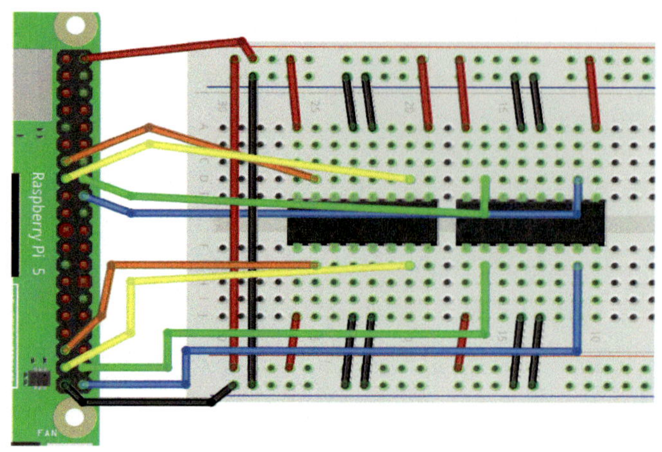

〈그림 5-2〉 GPIO SN754410 회로도

ⓔ 건전지 홀더 전원선 작업 및 연결
  – 건전지 홀더 + : 3개선으로 분기 (2개 SN754410 8핀, 서보 모터 VCC)
  – 건전지 홀더 – : 브레드보드 파란 라인 어느 곳에나 연결

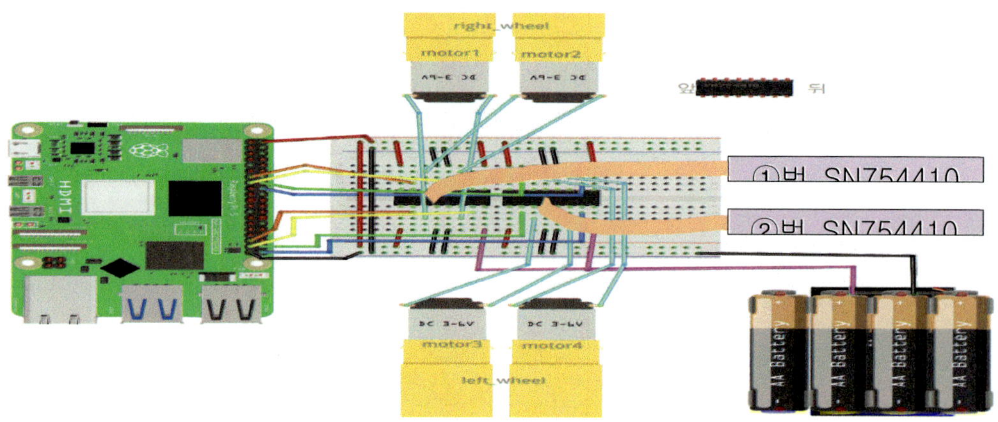

〈그림 5-3〉 모터 연결 최종 회로도

  ⓕ 선 정리

(8) 센서 테스트

① **모터 테스트**

  ㉠ 4개 모터가 모두 앞으로 전진, 모터 방향이 반대로 회전하면 핀번호를 서로 바꿔 줌.

  • 예를 들어 motor3의 바퀴가 거꾸로 돌고 있다면

```
motor1 = Motor(19, 26)
motor2 = Motor(22, 27)
motor3 = Motor(20, 21)
motor4 = Motor(24, 23)
```

```
motor3 = Motor(21, 20)
```

ⓛ 모터 정지

- Ctrl + C를 누르면 프로그램은 종료되지만 모터는 계속 돔
- 프로그램 중단시 모터 정지 : atexit 혹은 finally 방법
  - exit( )는 프로그램 정지(ctrl +c)되면 cleanup( ) 함수 불러와서 모터 정지
  - y - finally 구문에서 프로그램 정지(ctrl +c)되면 마지막(finally)에 모터 정지

atexit( )

```python
# file name : test_motor.py

import atexit
from gpiozero import Motor

motor1 = Motor(26, 19)
motor2 = Motor(22, 27)
motor3 = Motor(20, 21)
motor4 = Motor(24, 23)

def cleanup( ) :
    print('Motor stopped')
    motor1.stop( )
    motor2.stop( )
    motor3.stop( )
    motor4.stop( )

atexit.register(cleanup)

print('Press Ctrl+C to stop')
print('-'*30)

while True :
    print('Motor   1,2,3,4   Forward',
end='\r')
    motor1.forward( )
    motor2.forward( )
    motor3.forward( )
    motor4.forward( )
```

finally

```python
# file name : test_motor.py

from gpiozero import Motor

motor1 = Motor(26, 19)
motor2 = Motor(22, 27)
motor3 = Motor(20, 21)
motor4 = Motor(24, 23)

print('Press Ctrl+C to stop')
print('-'*30)

try :
    while True :
        print('Motor   1,2,3,4   Forward',
end='\r')
        motor1.forward( )
        motor2.forward( )
        motor3.forward( )
        motor4.forward( )
except KeyboardInterrupt :
    print('Stopped. ctrl+c pressed.')
except Exception as err :
    print(f'Error : {err}')
finally :
    print('Motor stopped')
    motor1.stop( )
    motor2.stop( )
    motor3.stop( )
    motor4.stop( )
```

- 종이컵을 뒤집어 Pi-Rover를 올려 놓으시면 바퀴의 회전을 테스트하기가 편하다.
- 외부 전원을 연결하지 않았다면 처음에 바퀴가 힘이 없어 돌아가지 않을 수 있다.
  손으로 바퀴를 살짝 돌려주면 돌아간다.
- 이후로는 모터 정지를 위해 atexit( )를 사용하겠다.

ⓒ 모터 개별 테스트 코드

- 모터 개별 테스트에서 가장 중요한 부분은 정확한 핀번호의 확인이다.
  즉, 모터 드라이버와 라즈베리파이 GPIO 연결이 제대로 되었는지 정확히 파악....

```python
# file name : test_motor1.py

import atexit
from gpiozero import Motor

motor1 = Motor(26, 19)

print('Press Ctrl+C to stop')
print('-'*30)

def cleanup( ) :
    print('Motor 1 stopped')
    motor1.stop( )

atexit.register(cleanup)

while True :
    print('Motor 1 Forward', end = '\r')
    motor1.forward( )
```

```python
# file name : test_motor2.py

import atexit
from gpiozero import Motor

motor2 = Motor(22, 27)

print('Press Ctrl+C to stop')
print('-'*30)

def cleanup( ) :
    print('Motor 2 stopped')
    motor2.stop( )

atexit.register(cleanup)

while True :
    print('Motor 2 Forward', end = '\r')
    motor2.forward( )
```

```python
# file name : test_motor3.py

import atexit
from gpiozero import Motor

motor3 = Motor(20, 21)

print('Press Ctrl+C to stop')
print('-'*30)

def cleanup( ) :
    print('Motor 3 stopped')
    motor3.stop( )

atexit.register(cleanup)

while True :
    print('Motor 3 Forward', end = '\r')
    motor3.forward( )
```

```python
# file name : test_motor4.py

import atexit
from gpiozero import Motor

motor4 = Motor(24, 23)

print('Press Ctrl+C to stop')
print('-'*30)

def cleanup( ) :
    print('Motor 4 stopped')
    motor4.stop( )

atexit.register(cleanup)

while True :
    print('Motor 4 Forward', end = '\r')
    motor4.forward( )
```

ㄹ end='₩r' : 이전 출력 내용을 지우고 출력. 한 줄만 출력되는 것처럼 보임

print('Motor 3 Forward', end = '\r')	print('Motor 3 Forward')
Press Ctrl+C to stop ------------------------------ Motor 1 Forward	Press Ctrl+C to stop ------------------------------ Motor 1 Forward Motor 1 Forward Motor 1 Forward Motor 1 Forward Motor 1 Forward

② **통합 테스트**

㉠ 통합 테스트를 해보신 후 동작이 되지 않는 센서들은 개별 테스트를 한다.

```python
# file name : test_all_sensor.py
# Test order : Buzzer -> LED -> Servo -> Front ultra -> Rear ultra -> Line ->
MPU6050 -> Motor

from time import sleep
from gpiozero import TonalBuzzer, LED, Servo, DistanceSensor, LineSensor, Motor
from mpu6050 import mpu6050

def test_buzzer( ) :
    print('[1/8] Buzzer test')
    bz = TonalBuzzer(25)
    for _ in range(3) :
        bz.play('A4')
        sleep(0.5)
        bz.stop( )
        sleep(0.5)
    print('Buzzer test completed\n')

def test_led( ) :
    print('[2/8] LED test')
    led1 = LED(16)
    for _ in range(3) :
        led1.on( )
        sleep(0.5)
        led1.off( )
        sleep(0.5)
    print('LED test completed\n')

def test_servo( ) :
    print('[3/8] Servo test')
    servo = Servo(18, min_pulse_width=0.5/1000, max_pulse_width=2.5/1000)
    servo.value = 0.5
    sleep(0.3)
    for _ in range(2) :
        servo.value = 0.0
        sleep(0.5)
        servo.value = 0.5
        sleep(0.5)
        servo.value = 1.0
        sleep(0.5)
        servo.value = 0.5
        sleep(0.5)
    print('Servo test completed\n')

def test_front_ultra( ) :
    print('[4/8] Front ultra test')
    front_ultra = DistanceSensor(echo=12, trigger=13)
    for _ in range(3) :
        print(f'  Distance : {front_ultra.distance : .2f} m')
        sleep(0.5)
```

```python
        print('Front ultra test completed\n')

def test_rear_ultra( ) :
    print('[5/8] Rear ultra test')
    rear_ultra = DistanceSensor(echo=17, trigger=4)
    for _ in range(3) :
        print(f'  Distance : {rear_ultra.distance : .2f} m')
        sleep(0.5)
    print('Rear ultra test completed\n')

def test_line( ) :
    print('[6/8] Line test')
    right_line = LineSensor(5)
    left_line = LineSensor(6)
    print(f'1 is Black line, 0 is White surface')
    print(f'True is Black line, False is White surface')
    for _ in range(3) :
        print(f'    LEFT  :  {left_line.value}  ({left_line.is_active}),  RIGHT  :
{right_line.value} ({right_line.is_active})')
        sleep(0.3)
    print('Line test completed\n')


def test_mpu6050( ) :
    print('[7/8] MPU6050 test')

    try :
        sensor = mpu6050(0x68)
        for _ in range(3) :
            accel_data = sensor.get_accel_data( )
            gyro_data = sensor.get_gyro_data( )
            temp_data = sensor.get_temp( )
            print(f'  Acceleration X : {accel_data["x"] : 6.2f} Y : {accel_data["y"]
: 6.2f} Z : {accel_data["z"] : 6.2f} m/s²')
            print(f'  Gyro X : {gyro_data["x"] : 6.1f} Y : {gyro_data["y"] : 6.1f} Z
: {gyro_data["z"] : 6.1f} deg/s')
            print(f'  Temperature : {temp_data : 6.1f} deg')
            sleep(0.5)
    except Exception as err :
        print(f'MPU6050 test failed : {err}')

def test_motor( ) :
    print('[8/8] Motor forward test')
    motor1 = Motor(26, 19)
    motor2 = Motor(22, 27)
    motor3 = Motor(20, 21)
    motor4 = Motor(24, 23)

    try :
        print('  Motor forward started...')
        motor1.forward( )
        motor2.forward( )
        motor3.forward( )
        motor4.forward( )
```

```python
        sleep(1.5)
    finally :
        motor1.stop( )
        motor2.stop( )
        motor3.stop( )
        motor4.stop( )
    print('Motor test completed\n')

def main( ) :
    print('All sensors sequential test started')
    print('-' * 30 + '\n')

    try :
        test_buzzer( )
        sleep(0.5)

        test_led( )
        sleep(0.5)

        test_servo( )
        sleep(0.5)

        test_front_ultra( )
        sleep(0.5)

        test_rear_ultra( )
        sleep(0.5)

        test_line( )
        sleep(0.5 )

        test_mpu6050( )
        sleep(0.5)

        test_motor( )

        print('All tests completed!\n')
        print('-' * 30)

    except KeyboardInterrupt :
        print('\n\nTest interrupted\n')
    except Exception as err :
        print(f'\nError occurred : {err}')
if __name__ == '__main__' :
    main( )
```

03 소프트웨어

(1) 작업 환경

① 라즈베리파이

㉠ 사용 라이브러리

- 스마트폰 원격 제어용 bludot 라이브러리는 최신 핸드폰(2023.1월 이후 모델)에서는 검색 및 다운로드가 안된다. 구형 모델에서만 동작된다.

분류	라이브러리 명	기능
설치 필요없음	python	파이썬
	gpiozero	센서(LED, 초음파, 모터 등) 제어
	curses	키보드 원격 제어
설치 필요	mpu6050-raspberrypi	IMU 관성 측정장치 mpu6050
	i2c-tools	i2c 통신 제어용
	python3-smbus	i2c 통신
	flask	웹서버
	bluedot	스마트폰 원격 제어

② 작업용 컴퓨터

㉠ vs code

- Pi-Rover를 SSH 원격 접속을 통해 코딩 및 키보드 등의 원격 제어를 위한 프로그램
- chapter 03 개발환경 구축, 05 파이썬 프로그래밍 환경, 3) 개발환경을 참고한다.

㉡ 모바일 핫스팟을 통해 라즈베리파이의 ip 확인 후 vnc viewer 실행

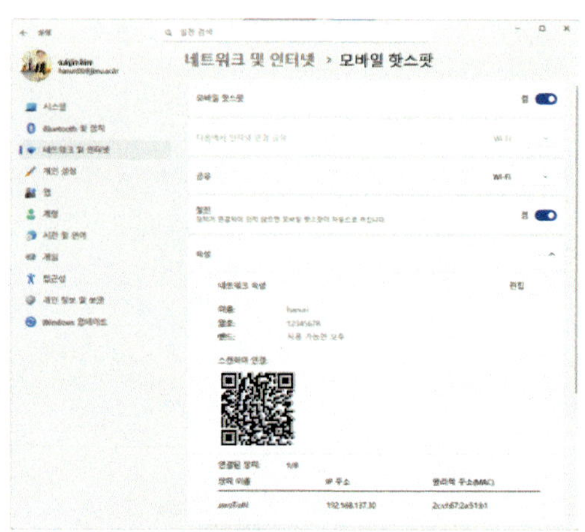

〈그림 5-4〉 모바일 핫스팟 연결

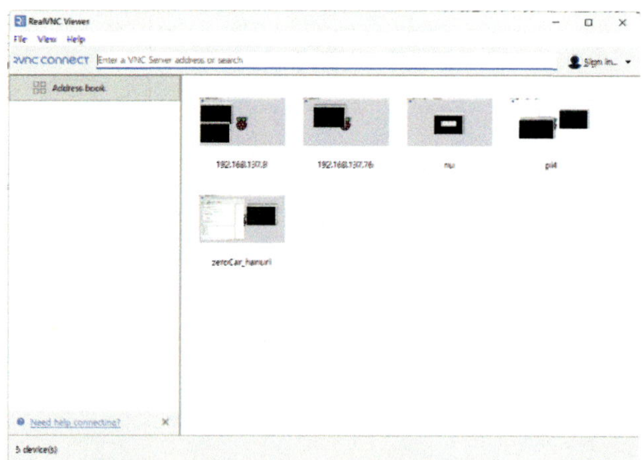

〈그림 5-5〉 vnc_viewer

CHAPTER

6

기초 동작 실습

06 기초 동작 실습

 환경 설정

(1) 파일 구조

```
Pi-Rover/                                    # 패키지 디렉터리
|
...
중간 생략
...
├── __init__.py                 # 패키지 초기화 파일(빈 파일 가능)
|
├── chapter06_basic_control/            # ch06 기초 동작 실습
|   ├── motor_module.py          # 모터 제어 모듈 (제일 먼저 작업)
|   ├── bluddot_control.py
|   ├── imu_control.py
|   ├── keyboard_control.py
|   ├── line_control.py
|   └── ultra_control.py
...
```

(2) motor_module.py 파일 (★)

① 모터 제어를 위한 모듈 파일. 모터 설정의 기초.

② ch07, ch08, ch09에서 복사해서 계속 사용.

```python
# file name : motor_module.py

from gpiozero import Motor, Robot

motor1 = Motor(26, 19)                       # 모터 테스트할 때 파악된 핀번호로 수정
motor2 = Motor(22, 27)                       # 모터 테스트할 때 파악된 핀번호로 수정
motor3 = Motor(20, 21)                       # 모터 테스트할 때 파악된 핀번호로 수정
motor4 = Motor(24, 23)                       # 모터 테스트할 때 파악된 핀번호로 수정

right_wheel = Robot(motor1, motor2)          # 오른쪽 모터 2개 제어
left_wheel = Robot(motor3, motor4)           # 왼쪽 모터 2개 제어

def move_forward(current_speed) :
```

```python
        right_wheel.forward(speed=current_speed)
        left_wheel.forward(speed=current_speed)

def move_backward(current_speed) :
    right_wheel.backward(speed=current_speed)
    left_wheel.backward(speed=current_speed)

def move_curve_left(current_speed) :
    right_wheel.forward(speed=current_speed)
    left_wheel.forward(speed=current_speed*0.5)  # 왼쪽 축은 느리게, 0.5

def move_curve_right(current_speed) :
    right_wheel.forward(speed=current_speed*0.5) # 오른쪽 축은 느리게, 0.5
    left_wheel.forward(speed=current_speed)

def move_turn_left(current_speed) :
    right_wheel.forward(speed=current_speed)
    left_wheel.backward(speed=current_speed)

def move_turn_right(current_speed) :
    right_wheel.backward(speed=current_speed)
    left_wheel.forward(speed=current_speed)

def move_stop( ) :
    right_wheel.stop( )
    left_wheel.stop( )
    print('Motors stopped')

def move_speed_up(current_speed) :
    current_speed = min(1.0, current_speed + 0.1)
    return current_speed

def move_speed_down(current_speed) :
    current_speed = max(0.0, current_speed - 0.1)
    return current_speed
```

🟣 02 키보드 원격제어 동작 실습

(1) 개요

① 작업용 컴퓨터(노트북)의 키보드 조작을 통해 Pi-Rover 원격 제어

② 작업용 컴퓨터(노트북)의 vs code의 Remote SSH 접속

- vs code의 Remote SSH 접속 (ch03-05 개발도구 및 환경 설정 참고)

③ curses 라이브러리 사용. 라즈베리파이 OS에 내장. 추가 설치 필요 없음.

④ (주위) curses 라이브러리는 Thonny에서 실행 버튼을 클릭하면 에러가 남.
터미널에서 직접 실행해야 함.

⑤ 키보드 설정

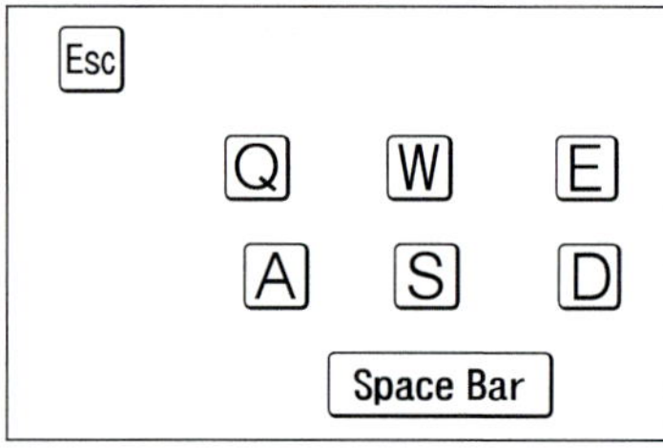

Esc	취소				
Q	전진, 왼쪽	W	전진	E	전진, 오른쪽
A	왼쪽 회전	S	후진	D	오른쪽 회전
Space Bar		잠시 멈춤			

(2) 실습해 보기

① 키보드로 모터를 제어해 보자.

```python
# file name : keyboard_3_control.py
import atexit
import curses
from motor_module import *

atexit.register(cleanup_motor)        # 프로그램 종료시 모터 정지

def main(stdscr) :

    current_speed = 0.7

    curses.curs_set(0)        # hide cursor
    msg = 'Ready! Press qweasd+-_ space key...'

    while True :
        stdscr.clear( )

        stdscr.addstr(0, 0, 'Pi-Rover keyboard control... (Press ESC to exit)')
        stdscr.addstr(1, 0, f'Current Speed : {current_speed : .1f}')
        stdscr.addstr(2, 0, f'status : {msg}')
        stdscr.refresh( )

        key = stdscr.getch( ) # wait for key input

        if key == ord('w') :
            move_forward(current_speed)
            msg = 'Forward : w'
        elif key == ord('s') :
            move_backward(current_speed)
            msg = 'Backward : s'
        elif key == ord('a') :
            move_turn_left(current_speed)
            msg = 'Left Turn : a'
        elif key == ord('d') :
            move_turn_right(current_speed)
            msg = 'Right Turn : d'
        elif key == ord('q') :
            move_curve_left(current_speed)
            msg = 'Curve Left : q'
        elif key == ord('e') :
            move_curve_right(current_speed)
```

```python
            msg = 'Curve Right : e'
        elif key == ord('+') :
            current_speed = move_speed_up(current_speed)
            msg = 'Speed Up : +'
        elif key == ord('-') :
            current_speed = move_speed_down(current_speed)
            msg = 'Speed Down : -'
        elif key == ord(' ') :  # Stop key
            msg = 'Stop : space'
        elif key == 27 :        # Exit key
            break
        else :
            msg = f'Unknown key : {chr(key)}'

curses.wrapper(main)
```

03 wi-fi 원격제어 동작 실습

(1) 개요

① Pi-Rover에 웹사이트(Web Server)를 만들고, 스마트폰이나 컴퓨터의 인터넷 브라우저(크롬, 사파리)로 접속하여 버튼을 터치해 조종하는 방식

② 집에 있는 공유기를 통해 스마트폰으로 보일러나 전등을 끄고 켜는 '스마트 홈' 원리와 똑같다.

③ 별도의 전용 앱(App)을 설치할 필요 없이, 인터넷이 되는 모든 기기(아이폰, 안드로이드, 태블릿, PC)에서 웹브라우저로 접속 가능

④ AIoT(지능형 사물인터넷) 첫걸음.

(2) 핵심 기술 : 플라스크(Flask)

① **Flask란?**

㉠ 파이썬으로 쉽고 빠르게 웹사이트를 만들 수 있게 해주는 도구

㉡ 역할

- Pi-Rover 안에서 작은 웹 서버(가게)를 열은 후 스마트폰(손님)에서 접속해서 "전진해!"라고 주문하면, 그 주문을 받아 파이썬 코드로 모터를 움직임.

② **동작 원리(Client-Server 구조)**

㉠ 서버(Pi-Rover) : 와이파이에 접속하여 192.168.0.10 : 5000 주소로 대기

㉡ 클라이언트(스마트폰) : 웹 브라우저 주소창에 주소를 입력하여 접속

㉢ 요청(Request) : 화면의 '전진(▲)' 버튼을 누르면 스마트폰이 서버에 신호를 보냄.

㉣ 제어(Control) : 서버가 신호를 받고 motor_module을 통해 바퀴를 굴림.

① 웹브라우저에서 키보드의 wasd 혹은 마우스 클릭으로 Pi-Rover를 제어해 보자.


```python
# file name : flask_web_wasd_control.py
# (WASD 키보드 지원 + 실제 모터 제어 + 안전 종료)

import atexit                       # 안전 종료
from flask import Flask, render_template_string, request
import subprocess                   # IP 주소 자동 찾기
from motor_module import *

# 1. Flask 앱 객체 생성 (app)
app = Flask(__name__)

# 기본 속도 설정
current_speed = 0.6

# 2. "웹 브라우저 화면 버튼 생성"
HTML_TEMPLATE = """
<!DOCTYPE html>
<html>
<head>
    <title>WASD piCar Control</title>
    <meta        name="viewport"        content="width=device-width,        initial-scale=1.0,
user-scalable=no">
    <style>
        body { text-align : center; font-family : Arial; background-color : #f0f0f0; }
        .controller {
            display : grid;
            grid-template-columns : 1fr 1fr 1fr;
            gap : 10px;
            max-width : 240px;
            margin : 20px auto;
        }
        .button {
            padding : 15px; font-size : 20px; border : none; border-radius : 10px;
            user-select : none; color : white;
            box-shadow : 0 4px 6px rgba(0,0,0,0.1);
        }
        .button : active { box-shadow : 0 2px 4px rgba(0,0,0,0.1); transform :
translateY(2px); }
        .empty { visibility : hidden; }

        /* 버튼 색상 */
        #forward, #backward { background-color : #4CAF50; } /* 녹색 */
        #left, #right { background-color : #FF9800; } /* 주황색 */

        /* 키보드 눌렸을 때 강조 효과 */
        .active-btn { filter : brightness(85%); transform : translateY(2px); }
    </style>
</head>
<body>
```

```html
<h1>WASD 키보드 제어</h1>
<p>화면 버튼 또는 키보드(W,A,S,D)를 누르세요</p>

<div class="controller">
    <div class="empty"></div>
    <button class="button" id="forward">W (↑)</button>
    <div class="empty"></div>

    <button class="button" id="left">A (←)</button>
    <div class="empty"></div>
    <button class="button" id="right">D (→)</button>

    <div class="empty"></div>
    <button class="button" id="backward">S (↓)</button>
    <div class="empty"></div>
</div>

<script>
    const buttons = document.querySelectorAll('.button');
    buttons.forEach(button => {
        button.addEventListener('mousedown', ( ) => sendCommand(button.id));
        button.addEventListener('touchstart', (e) => { e.preventDefault( );
sendCommand(button.id); });
        button.addEventListener('mouseup', sendStopCommand);
        button.addEventListener('touchend', (e) => { e.preventDefault( );
sendStopCommand( ); });
    });

    // 키보드 이벤트 (keydown)
    document.addEventListener('keydown', function(event) {
        if (event.repeat) return;
        const key = event.key.toLowerCase( );
        let command = '';

        if (key === 'w' || key === 'arrowup') command = 'forward';
        else if (key === 'a' || key === 'arrowleft') command = 'left';
        else if (key === 's' || key === 'arrowdown') command = 'backward';
        else if (key === 'd' || key === 'arrowright') command = 'right';

        if (command) {
            const btn = document.getElementById(command);
            if(btn) btn.classList.add('active-btn');
            sendCommand(command);
        }
    });

    // 키보드 이벤트 (keyup)
    document.addEventListener('keyup', function(event) {
        const key = event.key.toLowerCase( );
        const validKeys = ['w', 'a', 's', 'd', 'arrowup', 'arrowleft', 'arrowdown',
'arrowright'];

        if (validKeys.includes(key)) {
```

```javascript
                buttons.forEach(btn => btn.classList.remove('active-btn'));
                sendStopCommand( );
            }
        });

        function sendCommand(command) {
            fetch('/control', {
                method : 'POST',
                headers : { 'Content-Type' : 'application/json' },
                body : JSON.stringify({ command : command })
            });
        }

        function sendStopCommand( ) {
            fetch('/control', {
                method : 'POST',
                headers : { 'Content-Type' : 'application/json' },
                body : JSON.stringify({ command : 'stop' })
            });
        }
    </script>
</body>
</html>
"""
```

```python
# 3. 파이썬 코드
@app.route('/')
def index( ) :
    return render_template_string(HTML_TEMPLATE)


@app.route('/control', methods=['POST'])
def control( ) :
    data = request.json
    command = data.get('command')
    # JS에서 speed를 보내지 않을 경우 기본값 current_speed 사용
    speed = data.get('speed', current_speed)

    # 실제 모터 제어 함수 호출
    if command == 'forward' :
        move_forward(speed)
    elif command == 'backward' :
        move_backward(speed)
    elif command == 'left' :
        move_turn_left(speed)
    elif command == 'right' :
        move_turn_right(speed)
    elif command == 'stop' :
        move_stop( )

    # 디버깅용 출력
    print(f'Command : {command}, Speed : {speed}')
    return "OK", 200
```

5. IP 주소 찾기 함수
def get_ip_address( ) :
    try :
        result = subprocess.run(['hostname', '-I'], capture_output=True, text=True,
check=True)
        if result.stdout.strip( ) :
            return result.stdout.split( )[0]
    except Exception as err :
        print(f'IP 주소 찾기 오류 : {err}')
        print("hostname -I 명령어를 터미널에서 직접 실행해 IP를 확인하세요.")
    return None

6. main 함수
def main( ) :
    # 프로그램 시작 시 종료 함수(move_stop) 등록
    atexit.register(move_stop)

    my_ip = get_ip_address( )
    if not my_ip :
        print('IP 주소를 찾을 수 없습니다.')
        exit(1)

    print('Flask 서버 시작 (WASD 키보드 지원).')
    print(f'--> 접속 주소 : http : //{my_ip} : 5000')

    # 0.0.0.0으로 열어서 외부 접속 허용
    app.run(host='0.0.0.0', port=5000)

if __name__ == "__main__" :
    main( )

```
^Cpi@zeroToAI : ~/Pi-Rover $ /usr/bin/python /home/pi/Pi-Rover/ch06_basic_driving/flask_web_wasd.py
Flask 서버 시작 (WASD 키보드 지원).
--> 접속 주소 : http : //192.168.137.111 : 5000
 * Serving Flask app 'flask_web_wasd'
 * Debug mode : off
WARNING : This is a development server. Do not use it in a production deployment. Use a
production WSGI server instead.
 * Running on all addresses (0.0.0.0)
 * Running on http : //127.0.0.1 : 5000
 * Running on http : //192.168.137.111 : 5000
Press CTRL+C to quit
127.0.0.1 - - [23/Nov/2025 12 : 07 : 51] "GET / HTTP/1.1" 200 -
W (↑) : 'forward'
127.0.0.1 - - [23/Nov/2025 12 : 07 : 53] "POST /control HTTP/1.1" 200 -
STOP (released)
127.0.0.1 - - [23/Nov/2025 12 : 07 : 53] "POST /control HTTP/1.1" 200 -
A (←) : 'left turn'
```

◆ 04 초음파 센서 동작 실습

(1) 개요

① 정의

   ㉠ 초음파로 Pi-Rover가 전방의 물체까지의 거리(Distance)를 측정하고 장애물을 스스로 인식하면서 동작

   ㉡ 지금까지는 사람이 조종해야만 움직였지만(수동 제어), 이제부터는 Pi-Rover가 스스로 장애물을 보고 멈추거나 피하는(자율 제어) 첫 번째 단계인 인지(Perception) 기능 학습

② 핵심 기술 : 초음파 거리 측정(Ultrasonic Ranging)

   ㉠ 원리(ToF : Time of Flight)

- 센서가 사람 귀에는 들리지 않는 고주파 소리(초음파)를 발사(Trigger)
- 소리가 물체에 부딪혀 되돌아 옴(Echo).
- 소리가 갔다가 오는데 걸린 시간을 측정하여 거리를 계산
  - 거리 = (시간 × 소리의 속도) ÷ 2
- 자동차의 후방 감지 센서나 자동 긴급 제동(AEB) 시스템의 핵심 원리

③ 자율 주행 시나리오 (Logic)

실습을 통해 Pi-Rover는 지능형 행동을 수행

   ㉠ 감지(Sense) : 전방 20cm 앞에 무언가 있다! (거리 데이터 수집)

   ㉡ 판단(Think) : 이대로 가면 부딪히겠네? 위험하다! (if 거리 〈 0.2 :)

   ㉢ 제어(Act) : 모터를 멈추자!. (move_stop( ))

④ 주 기능

   ㉠ 감지 거리 : 0.2m, 재탐지 시간 : 0.1초

   ㉡ 전후방 동시에 물체가 감지되면 정지, 전방 물체만 감지되면 후진.
후방 물체만 감지되면 전진, 물체 감지 없으면 기본 전진

(2) 실습해 보기

① 감지거리 0.2m : threshold_distance=0.2

```python
# file name : ultra_control.py

import atexit
from signal import pause
from gpiozero import DistanceSensor
from motor_module import *

# 초음파 센서 초기화 (감지 거리 0.2m로 설정)
front_ultra = DistanceSensor(echo=12, trigger=13, max_distance=1.0, threshold_distance=0.2)
```

```python
rear_ultra = DistanceSensor(echo=17, trigger=18, max_distance=1.0, threshold_distance=0.2)

current_speed = 0.7

def front_object_detected( ) :
    print('Front object detected')
    check_and_move( )

def front_object_not_detected( ) :
    print('Front object not detected')
    check_and_move( )

def rear_object_detected( ) :
    print('Rear object detected')
    check_and_move( )

def rear_object_not_detected( ) :
    print('Rear object not detected')
    check_and_move( )

def check_and_move( ) :

    front_status = front_ultra.in_range
    rear_status = rear_ultra.in_range

    if front_status and rear_status :
        move_stop( )
        print('Both front and rear object detected, stopping')
    elif front_status and not rear_status :
        move_backward(current_speed)
        print('Front object detected, moving backward')
    elif not front_status and rear_status :
        move_forward(current_speed)
        print('Rear object detected, moving forward')
    else :
        move_forward(current_speed)
        print('No object detected, moving forward')

def run_ultra( ) :
    print('Ultra control system started')
    print('Press Ctrl+C to stop')
    print(f'Current speed : {current_speed : .1f}')
    print(f'Front ultra sensor distance : {front_ultra.distance : .2f} m')
    print(f'Rear ultra sensor distance : {rear_ultra.distance : .2f} m')
    print('-'*30)

    # 이벤트 핸들러 등록
    front_ultra.when_in_range = front_object_detected
    front_ultra.when_out_of_range = front_object_not_detected
    rear_ultra.when_in_range = rear_object_detected
    rear_ultra.when_out_of_range = rear_object_not_detected

    check_and_move( )     # check and move initial position

def main( ) :
    atexit.register(move_stop)
```

```
        run_ultra( )
        pause( )
if __name__ == '__main__' :
        main( )
```

05 라인트레이서 동작 실습

(1) 개요 (Overview)

① 바닥에 그려진 검은색 선(Line)을 센서로 감지하여, 로봇이 선을 이탈하지 않고 양쪽 차선 안쪽 경로(Track)로 주행하게 하는 기술

② 사람이 횡단보도를 건널 때 흰색 선 안쪽으로 걸으려고 노력하거나, 기차가 철로를 따라 달리는 것과 같음. Pi-Rover에게는 검은 선이 곧 차선

③ 공장에서 물건을 나르는 무인 운반차(AGV)나 자동차의 차선 유지 보조 시스템(LKA)의 기초가 되는 경로 추종(Path Following) 기술 학습

④ **핵심 기술** : 적외선 반사 (Infrared Reflection)

　　㉠ 원리 : 적외선을 쏘는 발광부와 적외선을 받는 수광부.

　　㉡ 흰색 바닥 : 적외선을 잘 반사하므로 수광부로 빛이 많이 들어옴 (0, False)

　　㉢ 검은색 선 : 검은색은 빛을 흡수하므로 반사되는 빛이 적거나 없음. (1, True)

　　㉣ 이 차이를 이용해 로봇은 지금 바닥을 밟고 있는지, 선을 밟고 있는지 구분

　　㉤ 구성 : 보통 좌/우 2개의 센서를 사용하여, 선이 로봇의 가운데에 오도록 제어

⑤ **자율 주행 시나리오 (Logic)**

통해 Pi-Rover는 위치 보정 행동 수행.

　　㉠ 직진(Safe) : 두 센서 모두 흰 바닥을 보고 있다면? → "잘 가고 있군. 직진!"

　　㉡ 좌측 이탈(Warning) : 왼쪽 센서가 검은 선을 밟았다면? → 왼쪽으로 치우쳤네!
　　　오른쪽 커브 주행. (Curve Right)

　　㉢ 우측 이탈(Warning) : 오른쪽 센서가 검은 선을 밟았다면? → 오른쪽으로 치우쳤네!
　　　왼쪽으로 커브 주행 (Curve Left)

　　㉣ 정지(Stop) : 두 센서가 모두 검은 선을 밟음 → "교차로거나 정지선이다! 멈추자."(Stop)
　　　※ 부록에 있는 '라인트레이서 테스트용 색띠(p277)'를 활용

(2) 실습해 보기

① **기능 구현** : is_active : 검정색 라인 감지 True— 하얀색 바닥 False

```python
# file name : line_control.py

from time import sleep
from gpiozero import LineSensor
from motor_module import *
import atexit

right_line = LineSensor(5)
left_line = LineSensor(6)

current_speed = 0.7

def track_line( ) :
    left_on = left_line.is_active
    right_on = right_line.is_active

    if not left_on and not right_on :
        print('Forward')
        move_forward(current_speed)
    elif left_on and not right_on :
        print('Curve Right')
        move_curve_right(current_speed)
    elif not left_on and right_on :
        print('Curve Left')
        move_curve_left(current_speed)
    else :
        print('Stop...')
        move_stop( )

def main( ) :
    atexit.register(cleanup_motor)

    print('Line control system started')
    print('Press Ctrl+C to stop')
    print(f'Current speed : {current_speed : .1f}')
    print('-'*30)

    while True :
        track_line( )
        sleep(0.01)      # 미세한 지연 (CPU 사용량 최소화)

if __name__ == '__main__' :
    main( )
```

㉠ 양쪽 모두 감지되지 않으면 차선 안쪽 → 직진, move_froward( )

　• if not left_on and not right_on :

㉡ 왼쪽만 감지 → 왼쪽으로 벗어남 → 오른쪽으로 복귀 move_curve_right( )

　• elif left_on and not right_on :

ⓒ 오른쪽만 감지 → 오른쪽으로 벗어남 → 왼쪽으로 복귀, move_curve_left( )

- elif not left_on and right_on :

ⓔ 양쪽 모두 감지 → 차선 벗어남 → 정지, move_stop( )

- else

◆06 IMU 관성장치 동작 실습

(1) 개요

① 주행 제어

㉠ MPU6050 IMU 센서를 사용하여 충돌을 감지하고, 충돌 발생 시 자동으로 안전 제어를 수행하는 스마트 주행

㉡ 충돌이 감지되면 정지, 정지 후 1초간 후진하도록 함

② 가속도(Acceleration)와 회전 속도(Angular Velocity)를 측정하여, Pi-Rover가 충격을 받았는지, 급회전하고 있는지, 기울어졌는지 판단

③ 사람이 눈을 감고 있어도 몸이 기울어진 것을 느끼거나(평형 감각), 부딪혔을 때 충격을 느끼는(촉각) 것과 같음.

④ 외부 환경(장애물, 라인) 파악이 아니라, Pi-Rover의 상태(외부 충돌, 급회전, 기울기)를 실시간 모니터링하여 충돌 및 급회전, 전복 사고에 대처하는 안전 제어를 학습

⑤ 핵심 기술 : 6축 모션 센싱 (6-Axis Motion Sensing)

㉠ 가속도계(Accelerometer) : 직선 움직임과 중력 감지

- 충격(Impact) : 부딪힐 때 발생하는 급격한 가속도 변화(G-force) 감지
- 기울기(Tilt) : 중력 방향을 기준으로 차가 얼마나 기울어졌는지(Roll, Pitch) 계산

㉡ 자이로스코프(Gyroscope) : 회전 움직임을 감지

- 회전(Rotation) : 제자리에서 얼마나 빠르게 돌고 있는지(Yaw Rate)를 측정

㉢ 신 방식(I2C) : SDA(데이터), SCL(시계) 두 개의 선으로 데이터 통신

⑥ 자율 주행 시나리오 (Logic) : Pi-Rover는 충돌을 느끼고 스스로 대처하는 능력

㉠ 감지(Sense) : "엇! 갑자기 2.5G의 큰 충격이 왔다!" (가속도 급변)

㉡ 판단(Think) : "부딪혔구나. 계속 가면 안돼. 물러나자." (if shock > 2.0 :)

㉢ 제어(Act) : "즉시 정지하고, 안전한 곳으로 후진해!" (move_backward( ))

(2) try ~ except ~ finally 구문

① 개념

㉠ 파이썬에서 예외(오류) 처리를 위한 문법

㉡ 프로그램 실행 중 발생할 수 있는 다양한 오류 상황을 미리 대비하여, 프로그램이 갑작스럽게 중단되지 않도록 안전하게 처리

② 구조

㉠ try 블록 (필수)

- 예외가 발생할 가능성이 있는 코드를 작성
- 이 영역에서 오류가 발생하면 즉시 except 블록으로 이동

㉡ except 블록 (필수)

- try 블록에서 예외가 발생했을 때 실행되는 코드를 작성
- 프로그램이 중단되지 않고 대안적인 처리를 수행할 수 있다.

㉢ finally 블록 (선택)

- 예외 발생 여부와 관계없이 끝날 때 항상 실행되는 코드 작성
- 파일 닫기, 센서 등의 리소스 정리 등의 작업에 사용

㉣ 기본 구조

```
try :
    # 예외(오류)가 발생할 가능성이 있는 코드
    실행할_코드
except 예외종류 :
    # 예외가 발생했을 때 실행할 코드
    예외_처리_코드
finally :
    # 예외 발생 여부와 관계없이 항상 실행되는 코드
    정리_작업_코드
```

– 코딩 시 samlpe_template.py안의 내용을 먼저 복사한 후 사용하면 편리하다.

㉤ 예

```
# file name : sample_template.py

from gpiozero import LED, Buzzer, DistancdSensor, LineSensor
from motor_module import *
from time import sleep

try :
    while True :
        # 무한 반복할 주 작업
        print('작업 중...')

        sleep(1)

except Exception as err :
```

```python
    # 에러가 나면 실행. 에러 원인 출력
    print(f'센서 에러, 원인은 : {err}')

except KeyboardInterrupt :
    # 사용자가 Ctrl+C를 눌렀을 때 실행됩니다.
    print('\nStopped. Ctrl+C pressed.')

finally :
    # 프로그램이 어떤 방식으로든 종료될 때 항상 마지막에 실행됩니다.
    # 여기에 하드웨어를 안전하게 정리하는 코드를 넣습니다.
    print('리소스 정리 완료.')
    # 예 : motor.stop( ), led.off( ) 등
```

(3) 실습해 보기

① 코드가 너무 어려우시면 try 구문을 사용하지 않은 코드를 먼저 본다.

ㄱ imu_1_collision_simpley.py, imu_2_rotation_simple.pym imu_3_tilt_simple.py

② 전진 주행 중 충돌이 발생하면 정지하도록 하자.

ㄱ 평상시 : 전진 주행

ㄴ 충돌 감지 : MPU6050의 가속도계에서 급격한 변화 감지

ㄷ 안전 제어 : 즉시 정지 → 1초간 후진 → 다시 전진

```python
# file name : imu_1_collision_try.py

import atexit
import math
from time import sleep
import sys
from mpu6050 import mpu6050
from motor_module import *

# 1. 센서 초기화
try :
    imu = mpu6050(0x68)
    imu.set_accel_range(imu.ACCEL_RANGE_8G) # 가속도 범위를 ±8g로 설정
    print('IMU 센서 초기화 성공.')
    atexit.register(move_stop)   # 프로그램 종료 시 모터 정지

except Exception as err :
    print(f'IMU 센서 초기화 실패 : {err}')
    print('I2C 연결을 확인하세요 ($ sudo i2cdetect -y 1)')
    move_stop( ) # 종료 전 모터 정지
    sys.exit(1) # 프로그램 종료

# 2. 설정값 정의
current_speed = 0.7
COLLISION_THRESHOLD = 2.0  # 2.0g 이상 충격 시 충돌로 판단

print('MPU6050 충돌 감지 주행 시작...')
```

```python
print('Pi-Rover를 툭 때려보세요!')
print('Press Ctrl+C to stop')
print('-'*30)

# 3. 메인 루프
try :
    while True :

        accel_data = imu.get_accel_data( )   # 가속도 데이터 가져오기

        # 전체 가속도의 크기 계산 (벡터 크기)
        total_accel = math.sqrt(
            accel_data["x"]**2 +
            accel_data["y"]**2 +
            accel_data["z"]**2
        )

        # 중력 제외한 충격 가속도 계산
        impact_accel = abs(total_accel - 9.8)  # 중력(9.8m/s²) 제외

        if impact_accel > COLLISION_THRESHOLD :  # 충돌 감지
            print(f'Collision detected!')
            print(f'충격 가속도 : {impact_accel : .2f}g')
            print(f'임계값 : {COLLISION_THRESHOLD}g')
            print('motor stop')
            move_stop( )
            print('-' * 30)
        else :
            # 정상 상태 출력
            print(f'정상 : {impact_accel : .2f}g', end='\r')
            move_forward(current_speed)

        sleep(0.1)

except KeyboardInterrupt :
    print('\nProgram finished.')
```

<table>
<tr><td>

```
IMU 센서 초기화 성공.
MPU6050 충돌 감지 주행 시작...
센서를 툭 때려보세요!
Press Ctrl+C to stop
------------------------------
정상 : 0.15g
정상 : 0.18g
Program finished.
```

</td><td>

```
IMU 센서 초기화 성공.
MPU6050 충돌 감지 주행 시작...
센서를 툭 때려보세요!
Press Ctrl+C to stop
------------------------------
정상 : 0.18g
정상 : 0.25g
Collision detected!
충격 가속도 : 3.12g
임계값 : 2.0g
motor stop
------------------------------
정상 : 0.18g
Program finished.
```

</td></tr>
</table>

③ 전진 중 급회전이 생기면 멈추도록 해 보자.

```python
# file name : imu_2_rotation_try.py

import atexit
import sys
from time import sleep
from mpu6050 import mpu6050
from motor_module import *

# 1. 센서 초기화
try :
    imu = mpu6050(0x68)
    imu.set_accel_range(imu.ACCEL_RANGE_8G)   # 가속도 범위를 ±8g로 설정
    print('IMU 센서 초기화 성공.')
    atexit.register(move_stop)   # 프로그램 종료 시 모터 정지
except Exception as err :
    print(f'IMU 센서 초기화 실패 : {err}')
    print('I2C 연결을 확인하세요 ($ sudo i2cdetect -y 1)')
    sys.exit(1)

# 2. 설정값 정의
current_speed = 0.6
DRIFT_THRESHOLD = 180.0  # 180 deg/s 이상 회전 시 급격한 회전으로 판단

print('MPU6050 회전 감지 시작...')
print('Pi-Rover를 회전시켜보세요!')
print('Press Ctrl+C to stop')
print('-'*30)

# 3. 메인 루프
try :
    while True :

        gyro_data = imu.get_gyro_data( )   # 자이로스코프 데이터만 읽기
        yaw_speed = gyro_data["z"]   # Z축 회전 속도(각속도) 값만 읽기 (Yaw)

        # 임계값과 비교
        if abs(yaw_speed) > DRIFT_THRESHOLD :
            print(f'급격한 회전 감지! 속도 : {yaw_speed : +.1f} deg/s')
            move_stop( )
        else :
            print(f'정상 회전 : {yaw_speed : +.1f} deg/s', end='\r')
            move_forward(current_speed)

        sleep(0.2)

except KeyboardInterrupt :
    print('\nProgram finished.')
```

```
IMU 센서 초기화 성공.              IMU 센서 초기화 성공.
MPU6050 회전 감지 시작...          MPU6050 회전 감지 시작...
Press Ctrl+C to stop             Press Ctrl+C to stop

-------------------------------   -------------------------------

정상 회전 : +45.2 deg/s           정상 회전 : +120.5 deg/s
정상 회전 : +25.3 deg/s           정상 회전 : +150.2 deg/s
Program finished.                급격한 회전 감지! 속도 : +210.8 deg/s
                                 급격한 회전 감지! 속도 : +195.3 deg/s
                                 급격한 회전 감지! 속도 : +188.7 deg/s
                                 정상 회전 : +165.2 deg/s
                                 Program finished.
```

④ 전진중 기울기가 심해질 경우 정지해 보자.

```python
# file name : imu_3_tilt_try.py

import atexit
import math
from time import sleep
import sys
from mpu6050 import mpu6050
from motor_module import *

# 1. 센서 초기화
try :
    imu = mpu6050(0x68)
    imu.set_accel_range(imu.ACCEL_RANGE_8G)
    print('IMU 센서 초기화 성공.')
    atexit.register(move_stop)   # 프로그램 종료 시 모터 정지
except Exception as err :
    print(f'IMU 센서 초기화 실패 : {err}')
    print('I2C 연결을 확인하세요 ($ sudo i2cdetect -y 1)')
    sys.exit(1) # 프로그램 종료

# 2. 설정값 정의
current_speed = 0.6
TILT_THRESHOLD = 20.0  # 기울기 감지 임계값 (도)

# 2. 메인 루프
print('IMU 기울기 감지 시작...')
print('Pi-Rover를 기울여보세요!')
print('Press Ctrl+C to stop')
print('-'*30)

try :
    while True :

        accel_data = imu.get_accel_data( )   # 가속도 데이터 가져오기

        # 기울기 각도 계산 (도 단위)
        roll = math.atan2(accel_data["y"], accel_data["z"]) * 180 / math.pi
        pitch = math.atan2(
```

```python
            accel_data["x"],
            math.sqrt(accel_data["y"]**2 + accel_data["z"]**2)
        ) * 180 / math.pi

        # 기울기 방향 판단
        if abs(roll) > TILT_THRESHOLD or abs(pitch) > TILT_THRESHOLD : # 20도
            move_stop( )                # 위험 : 기울어짐 -> 정지

            if roll > TILT_THRESHOLD : msg = "오른쪽 기울어짐"
            elif roll < -TILT_THRESHOLD : msg = "왼쪽 기울어짐"
            elif pitch > TILT_THRESHOLD : msg = "앞으로 기울어짐"
            elif pitch < -TILT_THRESHOLD : msg = "뒤로 기울어짐"
            else : msg = "기울어짐"

            print(f'위험 : {msg} (Roll : {roll : .0f}, Pitch : {pitch : .0f}) -> 정지')

        else :           # 안전 : 수평 상태 -> 전진
            print(f'정상 주행... (Roll : {roll : .0f}, Pitch : {pitch : .0f})', end='\r')
            move_forward(current_speed)

        sleep(0.2)

except KeyboardInterrupt :
    print('\nProgram finished.\n')
```

- 정상수평상태 주행에서는 같은 줄에서 계속 업데이트end='₩r')

```
IMU 센서 초기화 성공.
IMU 기울기 감지 시작...
Press Ctrl+C to stop
-------------------------------
정상 주행... (Roll : 2, Pitch : -1)
위험 : 오른쪽 기울어짐 (Roll : 25, Pitch : 3) -> 정지
위험 : 왼쪽 기울어짐 (Roll : -22, Pitch : -2) -> 정지
위험 : 앞으로 기울어짐 (Roll : 5, Pitch : 23) -> 정지
위험 : 뒤로 기울어짐 (Roll : -3, Pitch : -25) -> 정지
정상 주행... (Roll : 1, Pitch : 0)
Program finished.
```

CHAPTER

7

다중 센서 융합 지능형 동작 실습

07 다중 센서 융합 지능형 동작 실습
(Intelligent Driving with Multi-Sensor Fusion)

 환경 설정

(1) 파일 구조

```
Pi-Rover/                                      # 패키지 디렉터리


├── ch07_sensor_fusion_control                # ch07 센서 융합 지능형 동작
│    ├── motor_module.py                      # 모터 제어 모듈
│    ├── front_rear_ultra_control.py             # 전후방 초음파
│    ├── imu_ultra_control.py                    # IMU + 전방 초으파
│    ├── line_ultra_control.py                   # 라인트레이서 + 초음파
│    ├── motor_module.py                      # 모터 제어 모듈
│    ├── servo_ultra_control.py              # 서보 모터 + 전후방 초음파
│    └── servo_ultra_imu_control.py             # 서보모터 + 전후바 초음파 + IMU
...
```

(2) moter_module.py 복사

① 6장의 motor_module.py를 7장_sensor_fusion_control/으로 복사

② **복사 방법**

　㉠ vs code SSH 접속시

　　• ctrl + c, ctrl -v 혹은 마우스 오른쪽 버튼의 복사, 붙여넣기

　㉡ vnc viewer 접속시

　　• 작업 표시줄 – 파일 탐색기 실행, 마우스 오른쪽 버튼으로 복사, 붙여넣기

　　• 터미널 (비추천)

```
$ cd ~/Pi-Rover
$ cp ch06_basic_control/motor_module.py /ch07_basic_control/motor_module.py
```

 센서 융합 동작 실습 – 기초

(1) 라인트레이서 + 초음파 융합 실습

① 개요

　㉠ 초음파 센서와 라인트레이서 센서를 동시에 사용해, 전방 장애물과 차선 이탈을 모두 방지하는 주행

　㉡ 라인트레이서 : 두 개의 라인 센서(LEFT_LINE, RIGHT_LINE)로 차선 중앙을 유지

　㉢ 초음파 센서 : 전방 거리를 측정해 일정 거리 이내 장애물 감지 시 자동 정지

　㉣ 실제 기술 : 자동차의 차선 유지 보조(LKA) 시스템과 자동 긴급 제동(AEB) 시스템이 결합된 형태

② 융합 제어 로직

　㉠ 기본 : 검은색 라인을 이탈하지 않고 따라가며 주행

　㉡ 안전 미션 : 주행 중 전방 20cm 이내에 장애물이 나타나면, 라인 상황과 상관없이 즉시 정지

　㉢ 전방에 장애물이 없고 차선 안쪽에 있으면 전진

　㉣ 전방에 장애물이 없지만 차선 이탈 시 커브 동작으로 차선 복귀

③ 동작 원리 : 우선순위 제어 (Priority Control)

　㉠ 두 센서가 동시에 작동할 때, 어떤 판단이 더 중요할까?

- 1순위 (안전) : 장애물 감지 (초음파)
- 2순위 (주행) : 차선 감지 (라인)
- 코드 : if–elif–else 구조
  - 만약(if) 장애물이 가까이 있으면? → 정지!
  - 그게 아니고(elif) 라인이 감지되면? → move_curve! (라인트레이싱)
  - 그것도 아니면(ELSE) → 직진!

④ 실습해 보기

```python
# file name : line_ultra_control.py

import atexit
from time import sleep
from gpiozero import DistanceSensor, LineSensor
from motor_module import *

# 라인 센서
right_line = LineSensor(5)
left_line = LineSensor(6)

# 초음파 센서
front_ultra = DistanceSensor(echo=12, trigger=13, max_distance=1.0, threshold_distance=0.2)
```

```python
# 설정값
current_speed = 0.6
STOP_DISTANCE = 0.2          # max_distance = 1.0의 20%,  0.2m

def run_line_ultra( ) :
    print("Running line and ultra sensor driving")
    print('-'*30)

    while True :
        dist = front_ultra.distance
        print(f'Front distance : {dist : .2f} m', end='\r', flush=True)

        if dist < STOP_DISTANCE :
            print("Object detected! Stopping.", end='\r')
            move_stop( )
            sleep(1)
            continue

        left_line_on = left_line.is_active
        right_line_on = right_line.is_active
        print(f'Left line : {left_line_on}, Right line : {right_line_on}', end='\r')

        if left_line_on and not right_line_on :
            print('Left line detected, moving curve right', end='\r')
            move_curve_right(current_speed * 0.5)
        elif not left_line_on and right_line_on :
            print('Right line detected, moving curve left', end='\r')
            move_curve_left(current_speed * 0.5)
        elif left_line_on and right_line_on :
            print('Both lines detected, stopping', end='\r')
            move_stop( )
        else :
            print('No line detected, moving forward', end='\r')
            move_forward(current_speed)

        sleep(0.1)

def main( ) :
    atexit.register(move_stop)        # 프로그램 종료 시 모터 정지

    print("Running line and ultra sensor driving")
    print('Pi-Rover를 동작시켜서 라인과 초음파 센서를 테스트해보세요!')
    print('Press Ctrl+C to stop')
    print('-'*30)

    run_line_ultra( )

if __name__ == "__main__" :
    main( )
```

(2) 전후방 초음파 융합 동작 실습

① 개요

ㄱ 전방과 후방에 장착된 두 개의 초음파 센서를 동시에 사용하여, 차량의 앞뒤 상황을 실시간으로 감지하고 제어

ㄴ 실제 기술 : 자동차의 전후방 주차 보조 시스템(PAS[2]) 또는 후방 교차 충돌 방지(RCCA)[3] 원리와 연결

② 목표

ㄱ 안전 거리 확보 : 전방이나 후방 어느 한쪽이라도 장애물이 설정 거리(예 : 20cm) 이내로 접근하면 반대 방향으로 이동하여 충돌 피함.

ㄴ 갇힘 감지 : 만약 앞뒤가 모두 막혀있다면, 움직이는 것이 오히려 위험하므로 제자리에서 정지하여 경고

③ 핵심 동작 원리

상황	전방 초음파	후방 초음파	판단
갇힘	감지	감지	긴급정지
전방 위험	감지	안전	후진
후방 위험	안전	감지	전진
모두 안전	안전	안점	정지

ㄱ Pi-Rover 후방에 손을 대보세요. 차가 앞으로 움직임이다. 손이 가까이 갈수록 도망(?)가는 듯한 Pi-Rover를 볼 수 있다.

④ 실습해 보기

```python
# file name : front_rear_ultra_control.py

import atexit
from time import sleep
from gpiozero import DistanceSensor
from motor_module import *

front_ultra = DistanceSensor(echo=12, trigger=13, max_distance=1.0, threshold_distance=0.2)
rear_ultra = DistanceSensor(echo=17, trigger=18, max_distance=1.0, threshold_distance=0.2)

# 설정값
current_speed = 0.6
STOP_DISTANCE = 0.2

def run_front_rear_ultra( ) :
```

---

2) PAS(Parking Assist System) : 차량의 앞·뒤 범퍼에 달린 초음파 센서 등으로 주변 장애물과의 거리를 측정해서, 소리(삐-삐-삐)나 화면 그래픽으로 운전자에게 알려주는 주차 거리 경보 시스템
3) RCCA(Rear Cross Collision-Avoidance Assist) : 후진 출차 시 좌우에서 횡단해 들어오는 차량·오토바이 등을 레이더/카메라로 감지하고, 충돌 위험이 있으면 경고하고 필요시 브레이크까지 개입하는 후방 교차 충돌 방지 시스템

```python
        print('Running front and rear ultra sensor driving')
        print('-'*30)

        while True :
            front_dist = front_ultra.distance
            rear_dist = rear_ultra.distance
            print(f'Front object : {front_dist : .2f} m, Rear object : {rear_dist : .2f} m', end='\r')

            if front_dist < STOP_DISTANCE and rear_dist > STOP_DISTANCE :
                print('Both objects detected, stopping', end='\r')
                move_stop( )
            elif front_dist < STOP_DISTANCE :
                print("Front object detected, moving backward", end='\r')
                move_backward(current_speed)
            elif rear_dist < STOP_DISTANCE :
                print("Rear object detected, moving forward", end='\r')
                move_forward(current_speed)
            else :
                print("No object detected, Ready to move", end='\r')
                move_forward(current_speed)

            sleep(0.1)
def main( ) :
    atexit.register(move_stop)        # register move_stop to exit

    print('Running front and rear ultra sensor driving')
    print('Pi-Rover is ready to move!')
    print('Press Ctrl+C to stop')
    print('-'*30)

    run_front_rear_ultra( )
if __name__ == "__main__" :
    main( )
```

(3) IMU + 초음파 융합 동작 실습

① 개요

    ㉠ 이중 안전 장치(Double Safety System)

        눈(초음파)으로 보고 피하려 하지만 못 보고 부딪치면 IMU가 반응

    ㉡ 전방 장애물을 감지하는 '초음파 센서'와 충돌 충격을 감지하는 'IMU 센서'를 결합,

        충돌 전과 후를 모두 대비하는 안전 시스템

    ㉢ 초음파 센서는 소리를 흡수하는 물체(스펀지 등)나 사각지대에서는 장애물을 놓칠 수 있음. 이

        때 물리적인 충돌을 감지하는 IMU가 최후의 보루 역할.

    ㉣ 실제 자동차의 긴급 제동(AEB)+에어백 센서의 조합과 비슷

    ㉤ **실제 기술** : 자동차가 카메라/레이더로 앞차를 보고 멈추지만(AEB), 만약 사고가 나면 충격 센

        서가 작동해 에어백을 터뜨리고 엔진을 멈추는 원리

② **목표(Goal)**

㉠ 1차 방어(회피) : 초음파 센서로 장애물이 20cm 이내에 감지되면 정지 충돌 예방

㉡ 2차 방어(복구) : 센서가 감지하지 못한 물체와 부딪혀 충격(2.0g 이상)이 발생하면, 즉시 멈추고 후진하여 탈출

③ **동작 원리**

상황	IMU	초음파	동작
충돌 발생	감지됨(>2g)	–	충돌 회피(정지 → 후진 → 정지)
장애물	미감지	감지(<0.2m)	정지
평상	미감지	미감지(>0.2m)	전진 주행

④ **실습해 보기**

```python
# file name : imu_ultra_control.py

import atexit
import math
from time import sleep
import sys
from mpu6050 import mpu6050, DistanceSensor
from motor_module import *

# --- 1. 센서 초기화 ---
try :
    # IMU 센서 설정
    imu = mpu6050(0x68)
    imu.set_accel_range(imu.ACCEL_RANGE_8G)
    print('IMU sensor initialized successfully')
except Exception as err :
    print(f'IMU sensor initialization failed : {err}')
    print('I2C connection check ($ sudo i2cdetect -y 1)')
    sys.exit(1)

# 초음파 센서 설정
front_ultra     =      DistanceSensor(echo=12,      trigger=13,      max_distance=1.0,
threshold_distance=0.2)

# --- 2. 설정값 ---
current_speed = 0.6
STOP_DISTANCE = 0.2         # 20cm
COLLISION_THRESHOLD = 2.0  # 2.0g

# --- 3. 충돌 회피 동작 (Recovery) ---
def action_collision_detected( ) :
    print('\n!!! Collision detected !!! Recovering...')

    move_stop( )
    sleep(0.5)
```

```python
        print('    <- Moving backward...')
        move_backward(current_speed)
        sleep(1.0)              # 1초간 후진

        move_stop( )
        sleep(0.5)
        print('    Recovery Done. Resuming...')

# --- 4. 메인 주행 로직 ---
def run_imu_ultra( ) :
    while True :
        accel = imu.get_accel_data( )               # 1. IMU 데이터 읽기
        total_accel = math.sqrt(
            accel['x']**2 +
            accel['y']**2 +
            accel['z']**2
        )
        impact_accel = abs(total_accel - 9.8)

        front_dist = front_ultra.distance           # 2. 초음파 거리 읽기

        status_msg = ''                             # 상태 메시지 변수

        # 3. 우선순위 판단 (Priority Logic)
        if impact_accel > COLLISION_THRESHOLD :  # 물리적 충돌 감지
            action_collision_detected( )
            continue                # 아래 코드 실행않고 처음으로.

        elif front_dist < STOP_DISTANCE :                   # 장애물 감지
            status_msg = 'Stop (Obstacle)'
            move_stop( )

        else :                                      # 안전 (주행)
            status_msg = 'Forward'
            move_forward(current_speed)

        # 4. 화면 출력
        print(f'Impact : {impact_accel : 4.2f}g | Dist : {front_dist : 4.2f}m | Status
: {status_msg}        ', end='\r')

        sleep(0.05)

# --- 5. 메인 실행 ---
def main( ) :
    atexit.register(move_stop)        # register move_stop to exit

    print('Running IMU and ultra sensor driving')
    print('Pi-Rover is ready to move!')
    print('Press Ctrl+C to stop')
    print('-'*30)

    run_imu_ultra( )

if __name__ == "__main__" :
    main( )
```

```
pi@zeroToAI : ~/Pi-Rover $ python3 imu_ultra_control.py
Running IMU and ultra sensor driving
------------------------------
Impact : 0.05g ¦ Dist : 1.52m ¦ Status : Forward
Impact : 0.04g ¦ Dist : 0.15m ¦ Status : Stop (Obstacle)
```

㉠ 충돌시

```
pi@zeroToAI : ~/Pi-Rover $ python3 imu_ultra_control.py
Running IMU and ultra sensor driving
------------------------------
Impact : 0.05g ¦ Dist : 1.52m ¦ Status : Forward
Impact : 3.42g ¦ Dist : 0.25m ¦ Status : Forward
!!! Collision detected !!! Recovering...
    <- Moving Backward...
    Recovery Done. Resuming...
Impact : 0.06g ¦ Dist : 0.55m ¦ Status : Forward
```

03 센서 융합 동작 실습 - 응용

(1) 서보 모터 + 초음파 융합 동작 실습

① 개요

서보 모터(전방 초음파) 회전으로 스캔하여 최적 경로 탐지

② 구성

㉠ 전방 초음파 (Scanning) : 서보 모터 위에 장착됨.

정면(0도), 좌(-45도), 우(+45도) 스캔

㉡ 후방 초음파 (Fixed) : 차체 뒤에 고정됨. 후진 시 안전 확보용.

㉢ 구동 모터(DC 모터) : 이동 및 회전.

③ 동작 알고리즘

㉠ 탐색(Scan) → 판단(Decision) → 행동(Action) 3단계

㉡ 주행 : 전방을 보며(서보 0도) 직진

㉢ 감지 : 전방 20cm 이내 장애물 감지 시 즉시 정지

㉣ 탐색(Scanning)

- 서보를 왼쪽(-45도)으로 돌려 거리 측정. (dist_left)
- 서보를 오른쪽(+45도)으로 돌려 거리측정. (dist_right)
- 다시 정면(0도)으로 회전

㉤ 판단(Decision)

- dist_left vs dist_right 비교.

ᅟ　　　– 왼쪽이 더 넓으면 : 좌회전 결정.

ᅟ　　　– 오른쪽이 더 넓으면 : 우회전 결정.

ᅟ　　　– 둘 다 좁으면 (막다른 길) : 후진 결정.

ⓗ 행동 및 후방 안전

- 회전할 때는 제자리 회전(Spin Turn)

- 만약 '후진'을 해야 한다면, 후방 초음파 센서를 확인하여 뒤가 안전할 때만 후진

④ 코드 이해하기

ㄱ AngularServo 클래스 복습

ㄴ 주요 알고리즘 이해하기

- 전방 장애물 감지시 좌우 회전을 통한 각도별 거리 측정

```python
def scanning( ) :                 # 좌우 스캔하여 거리 측정
    distances = []

    for angle in SCAN_ANGLES :
        servo.angle = angle
        sleep(0.3)

        dist = front_ultra.distance     # 거리 측정
        distances.append(dist if dist is not None else 0)  # None이면 0으로 처리

    return distances
```

- 가장 먼 거리 방향 찾기

```python
def find_best_angle(distances) :      # 가장 먼 거리 방향 찾기
    best_angle = 0
    max_distance = 0
    for angle, distance in zip(SCAN_ANGLES, distances) :
        if distance > max_distance :
            max_distance = distance
            best_angle = angle

    print(f'Best angle : {best_angle}, distance : {max_distance : .2f}m')

    return best_angle, max_distance
```

- 방향 결정하기

```python
if valid_dist < STOP_DISTANCE:                   # 장애물 감지
        print('Front object detected! Stopping.')
        move_stop()

        distances = scanning()      # 좌우 스캔하여 거리 측정
        best_angle, best_distance = find_best_angle(distances) # 가장 먼 거리
방향 찾기

        # 최적 방향으로 회전
        if best_angle > 0:
```

```python
                print(f'Best angle: right, distance: {best_distance:.2f}m')
                move_turn_right(current_speed)
            elif best_angle < 0:
                print(f'Best angle: left, distance: {best_distance:.2f}m')
                move_turn_left(current_speed)
            else:
                print('No best angle found, moving forward')
                move_forward(current_speed * 0.5)

        else:                                           # 장애물 없음
            print('No object detected, moving forward')
            move_forward(current_speed * 0.5)
            sleep(0.1)
```

⑤ **실습해 보기**

```python
# file name : servo_ultra_control.py

import atexit
from time import sleep
from gpiozero import DistanceSensor, AngularServo
from motor_module import *

# sensor initialization
front_ultra = DistanceSensor(echo=12, trigger=13, max_distance=1.0)
rear_ultra = DistanceSensor(echo=17, trigger=18, max_distance=1.0)
servo = AngularServo(4, min_angle=-90, max_angle=90)

# settings
current_speed = 0.6
STOP_DISTANCE = 0.3          # max_distance = 1.0의 30%,  0.3m
SCAN_ANGLES = [-45, 0, 45]

def scanning( ) :            # 좌우 스캔하여 거리 측정

    distances = []
    print('Scanning...', end='\r')

    for angle in SCAN_ANGLES :
        servo.angle = angle
        sleep(0.3)

        dist = front_ultra.distance     # 거리 측정
        valid_dist = dist if dist is not None else 0.0
        distances.append(valid_dist)

        print(f'Angle : {angle}, Distance : {valid_dist : .2f}m')

    servo.angle = 0
    sleep(0.3)

    return distances


def find_best_angle(distances) :         # 가장 먼 거리 방향 찾기
    best_angle = 0
    max_distance = 0
    for angle, distance in zip(SCAN_ANGLES, distances) :
```

```python
            if distance > max_distance :
                max_distance = distance
                best_angle = angle

        print(f'Best angle : {best_angle}, distance : {max_distance : .2f}m')

        return best_angle, max_distance
def run_servo_ultra( ) :        # 서보 모터와 초음파 센서 기반 미로 탈출 로직

    servo.angle = 0
    sleep(0.3)

    move_forward(current_speed * 0.5)

    while True :
        front_dist = front_ultra.distance
        valid_dist = front_dist if front_dist is not None else 0.0  # None이면 0.0으로 처리
        print(f'Front distance : {valid_dist : .2f}m', end='\r')

        if valid_dist < STOP_DISTANCE :                        # 장애물 감지
            print('Front object detected! Stopping.')
            move_stop( )

            distances = scanning( )          # 좌우 스캔하여 거리 측정
            best_angle, best_distance = find_best_angle(distances)  # 가장 먼 거리 방향 찾기
            print(f'Best angle : {best_angle}, distance : {best_distance : .2f}m')

            # 최적 방향으로 회전
            if best_angle > 0 :
                print(f'Turning right to angle : {best_angle}')
                move_curve_right(current_speed)
                sleep(0.5)
            elif best_angle < 0 :
                print(f'Turning left to angle : {best_angle}')
                move_curve_left(current_speed)
                sleep(0.5)
            else :
                print('No best angle found, moving forward')

            print('Moving forward')
            move_forward(current_speed * 0.5)

        else :                                                 # 장애물 없음
            pass
def main( ) :
    atexit.register(move_stop)        # register move_stop to exit

    print('Running servo and ultra sensor driving')
    print('Pi-Rover is ready to move!')
    print('Press Ctrl+C to stop')
    print('-'*30)

    run_servo_ultra( )

if __name__ == "__main__" :
    main( )
```

(2) 서보 모터 + 초음파 + IMU 융합 동작 실습

① 개요

㉠ 정확한 각도 제어로 장애물 회피

㉡ IMU(MPU6050)의 자이로스코프(회전각)와 전방 초음파 센서를 결합하여, 장애물을 감지하면 정지 후 지정한 각도만큼 정확히 회전한 뒤 회피 경로로 주행을 재개하는 고급 주행 제어

㉢ 비교

구분	서보 모터 + 초음파	서보 모터 + 초음파 + IMU
방향 판단	동일 (서보 모터 + 초음파)	
회전	시간 기반	센서 기반
코드	move_curve_right( ) sleep(0.5)	gyro_data = imu.get_gyro_data( ) z_gyro = gyro_data['z'] if abs(z_gyro) > 2.0 : current_angle += z_gyro * dt
특징	0.5초 도는 각도가 정확하지 않음.	IMU 회전속도(deg/s)를 시간으로 더해 정확한 각도로 회전

㉣ 센서별 기능

- 초음파 센서 : 전방 장애물 감지(임계거리 이내)
- IMU 자이로스코프 : 회전 각도 측정 및 제어

㉤ 융합 제어 로직

- 장애물 감지 시 즉시 정지
- IMU를 이용해 차체를 오른쪽(또는 왼쪽)으로 45° 또는 90° 정확히 회전
- 회전 완료 후 전진 재개

② IMU 응용 알고리즘

㉠ 정확한 회전(90°) 제어

```python
# 시간 기반 회전 (부정확)
move_turn_left(MAX_SPEED)  # 1초 동안 얼마나 돌지 모름
sleep(1)

# IMU 활용 : 각도 기반 회전 (정확)
def turn_left_90_degrees( ) :
    start_angle = imu.get_angle( )
    move_turn_left(MAX_SPEED)
    while abs(imu.get_angle( ) - start_angle) < 90 :
        sleep(0.01)
    move_stop( )
```

ⓛ 자이로스코프 기반 자세 안정화

```python
def stabilize_driving( ) :          #기울어진 도로에서 수평 유지

    pitch = imu.get_pitch( )  # 앞뒤 기울기

    if pitch > 5 :          # 앞으로 기울어짐
        move_backward(MAX_SPEED * 0.3)
    elif pitch < -5 :  # 뒤로 기울어짐
        move_forward(MAX_SPEED * 0.3)
    else :
        move_forward(MAX_SPEED)
```

ⓒ 주차 시스템

```python
def parallel_parking( ) :                  # 평행 주차
    # 1단계 : 90도 우회전
    turn_right_90_degrees( )

    # 2단계 : 후진 (IMU로 직선 유지)
    move_backward_straight( )

    # 3단계 : 90도 좌회전
    turn_left_90_degrees( )
```

ⓡ 미끄럼 감지 및 보정

```python
def detect_drift( ) :              # 미끄러짐 감지
    yaw_rate = imu.get_yaw_rate( )  # 회전 속도

    if abs(yaw_rate) > 10 :  # 예상치 못한 회전
        print('드리프트 감지!')
        # 긴급 정지 또는 보정
        move_stop( )
```

ⓜ 경사로 주행

```python
def hill_climbing( ) :              # 오르막길 주행
    pitch = imu.get_pitch( )

    if pitch > 10 :  # 오르막
        move_forward(MAX_SPEED * 1.2)  # 속도 증가
    elif pitch < -10 :  # 내리막
        move_forward(MAX_SPEED * 0.6)  # 속도 감소
```

ⓗ 정밀한 경로 추적

```python
def follow_angle_path(target_angles) :                  # 각도 기반 경로 추적
    for target_angle in target_angles :
        current_angle = imu.get_yaw( )
        angle_diff = target_angle - current_angle

        if angle_diff > 5 :
            move_turn_right(MAX_SPEED)
        elif angle_diff < -5 :
```

```
            move_turn_left(MAX_SPEED)
        else :
            move_forward(MAX_SPEED)
```

(ㅅ) 충돌 후 복구

```python
def collision_recovery( ) :                    # 충돌 후 원래 방향으로 복구
    collision_angle = imu.get_yaw( )

    # 180도 회전 (뒤돌기)
    turn_180_degrees( )

    # 원래 방향으로 복구
    target_angle = collision_angle + 180
    turn_to_angle(target_angle)
```

(ㅇ) 실시간 자세 모니터링

```python
def monitor_attitude( ) :                      # 실시간 자세 모니터링
    roll = imu.get_roll( )     # 좌우 기울기
    pitch = imu.get_pitch( )   # 앞뒤 기울기
    yaw = imu.get_yaw( )       # 회전 각도

    print(f"Roll : {roll : .1f}°, Pitch : {pitch : .1f}°, Yaw : {yaw : .1f}°')

    # 위험한 자세 감지
    if abs(roll) > 30 or abs(pitch) > 30 :
        print('위험한 자세 감지!')
        move_stop( )
```

(ㅈ) source code

```python
# file name : servo_ultra_imu_control.py


import atexit
import sys
from time import sleep, time
from mpu6050 import mpu6050
from gpiozero import DistanceSensor, AngularServo
from motor_module import *

# 센서 초기화
try :
    imu = mpu6050(0x68)
    print('IMU sensor initialized successfully')
except Exception as err :
    print(f'IMU sensor initialization failed : {err}')
    print('I2C connection check ($ sudo i2cdetect -y 1)')
    sys.exit(1)    # 예외 발생 시 프로그램 종료

front_ultra = DistanceSensor(echo=12, trigger=13, max_distance=1.0)
rear_ultra = DistanceSensor(echo=17, trigger=18, max_distance=1.0)
servo = AngularServo(4, min_angle=-90, max_angle=90)
```

```python
# settings
current_speed = 0.6
STOP_DISTANCE = 0.3          # max_distance = 1.0의 30%,  0.3m
SCAN_ANGLES = [-60, -45, -15, 0, 15, 45, 60]

def scanning( ) :            # 좌우 스캔하여 거리 측정

    distances = []
    print('Scanning...', end='\r')

    for angle in SCAN_ANGLES :
        servo.angle = angle
        sleep(0.2)

        dist = front_ultra.distance     # 거리 측정
        valid_dist = dist if dist is not None else 0.0
        distances.append(valid_dist)

        print(f'Angle : {angle}, Distance : {valid_dist : .2f}m')

    servo.angle = 0
    sleep(0.3)

    return distances

def find_best_angle(distances) :      # 가장 먼 거리 방향 찾기
    best_angle = 0
    max_distance = 0
    for angle, distance in zip(SCAN_ANGLES, distances) :
        if distance > max_distance :
            max_distance = distance
            best_angle = angle

    print(f'Best angle : {best_angle}, distance : {max_distance : .2f}m')

    return best_angle, max_distance

def turn_to_angle_imu(target_angle) :

    if target_angle == 0 :
        print('Target angle is 0, no need to turn')
        return

    current_yaw=0.0
    last_time=time( )

    if target_angle > 0 :
        move_curve_right(current_speed)
    else :
        move_curve_left(current_speed)

    while abs(current_yaw) < abs(target_angle) :
        gyro_data = imu.get_gyro_data( )
        z_gyro = gyro_data['z']
        current_yaw += z_gyro * (time( ) - last_time)
        last_time = time( )
        print(f'Current yaw : {current_yaw : .1f} / Target angle : {target_angle}',
end='\r')
```

```python
        move_stop( )
        print(f'Turn to {target_angle} degrees completed')
        sleep(0.5)

def run_servo_ultra_imu( ) :
    servo.angle = 0
    sleep(0.5)
    move_forward(current_speed)

    while True :
        front_dist = front_ultra.distance    # 초음파 센서 거리 측정
        valid_dist = front_dist if front_dist is not None else 0.0  # None이면 0.0으
로 처리
        print(f'Front : {valid_dist : .2f}m', end='\r')

        if valid_dist < STOP_DISTANCE :                        # 장애물 감지
            print('Front object detected! Stopping.')
            move_stop( )

            distances = scanning( )       # 좌우 스캔하여 거리 측정
            best_angle, best_distance = find_best_angle(distances)      # 가장 먼 거
리 방향 찾기
            print(f'Best angle : {best_angle}, distance : {best_distance : .2f}m')

            if best_angle < STOP_DISTANCE :
                print('Best angle is too close, moving backward')
                if rear_ultra.distance > STOP_DISTANCE :
                    move_backward(current_speed)
                    sleep(1)
                    move_stop( )
                else :
                    print('Rear object detected! Stopping.')
                    move_stop( )
                    break
            else :
                turn_to_angle_imu(best_angle)
                move_forward(current_speed)

        else :
            print('No object detected, moving forward')
            move_forward(current_speed)

        sleep(0.1)

def main( ) :
    atexit.register(move_stop)

    print('Running IMU, servo and ultra sensor driving')
    print('Pi-Rover is ready to move!')
    print('Press Ctrl+C to stop')
    print('-'*30)

    run_servo_ultra_imu( )

if __name__ == "__main__" :
    main( )
```

(3) 센서 우선순위 동작 제어

① 개요

명확한 센서 우선순위가 존재하며, 이는 안전한 자율주행을 위해 필수적이다.

② 센서 우선순위의 중요성

㉠ 안전성 보장 : 충돌 방지가 최우선

㉡ 효율적인 주행 : 안전 확인 후 주행 제어 실행

㉢ 시스템 안정성 : 센서 간 충돌 방지

㉣ 예측 가능한 동작 : 명확한 우선순위로 일관된 제어

③ Pi-Rover 제어

㉠ 안전 센서 먼저 체크 → 장애물/기울기 감지

㉡ 안전 확인 후 주행 제어 → 라인 추적/방향 제어

㉢ 센서 데이터 융합 → 여러 센서 정보 종합 판단

㉣ 실시간 모니터링 → 지속적인 안전 상태 확인

④ 센서 우선순위 구조

㉠ 1순위 : 안전 센서 (Safety Sensors)

- 초음파 센서 (Ultrasonic Sensor) : 장애물 감지
- IMU 센서 : 차량 기울기 및 안정성 모니터링

㉡ 2순위 : 주행 제어 센서 (Navigation Sensors)

- 라인 센서 (Line Sensor) : 경로 추적
- 서보 모터 : 방향 제어

⑤ 센서별 역할과 우선순위

센서	우선순위	역할	임계값	동작
초음파	1순위	장애물 감지	20cm	즉시 정지
IMU	2순위	안정성 모니터링	15도	속도 조절
라인	3순위	경로 추적	–	커브 제어
서보	4순위	방향 제어	–	각도 회전

㉠ 초음파 센서(최우선)

- 역할 : 장애물 감지 및 충돌 방지
- 우선순위 : 1순위 (즉시 정지 명령)
- 임계값 : 20cm 이내에서 정지

㉡ IMU 센서(안전 보조)

- 역할 : 차량 기울기 모니터링 및 속도 조절
- 우선순위 : 2순위 (속도 조절)

• 임계값 : 15도 이상 기울어지면 속도 50% 감소

　ⓒ 라인 센서(주행 제어)

• 역할 : 경로 추적 및 방향 제어

• 우선순위 : 3순위 (안전 확인 후 실행)

• 로직 : 좌우 라인 상태에 따른 커브 제어

　ⓔ 서보 모터(방향 제어)

• 역할 : 정확한 각도 회전

• 우선순위 : 4순위 (장애물 회피 시 사용)

⑥ **우선 순위 제어 로직**

```
def run_line_ultra_imu( ) :
    # 1순위 : 전방 거리 확인 (안전 우선)
    dist = front_ultra.distance
    if dist < DISTANCE_THRESHOLD :  # 20cm 이내
        print('Object detected! Stop.')
        move_stop( )  # 즉시 정지
        return True, dist, "stop"

    # 2순위 : IMU 기반 안정성 체크
    current_speed = adjust_speed_for_tilt(current_speed)

    # 3순위 : 라인 추적 (주행 제어)
    if not left_line_on and not right_line_on :
        move_forward(current_speed)
```

⑦ **Pi-Rover 적용 source code 예**

```
# 우선순위 처리 예시
def run_line_ultra_imu( ) :
    # 1순위 : 초음파 센서 (안전)
    if dist < DISTANCE_THRESHOLD :
        move_stop( )  # 즉시 정지
        return

    # 2순위 : IMU 센서 (안정성)
    current_speed = adjust_speed_for_tilt(current_speed)

    # 3순위 : 라인 센서 (주행)
    if not left_line_on and not right_line_on :
        move_forward(current_speed)
```

CHAPTER

8

센서 필터링과 동작 안정화

08 센서 필터링과 동작 안정화

 01 센서 필터링 (Sensor Filtering)

(1) 개념

① 센서로부터 측정된 데이터에서 불필요한 노이즈(잡음)를 제거하고 실제 신호만 추출하는 신호 처리 기법

　ㄱ 정확성 : 더 정확한 센서 데이터

　ㄴ 안정성 : 자동차가 안정적으로 주행, 오류로 인한 사고 방지

　ㄷ 효율성 : 불필요한 동작 방지

② 필요성

　ㄱ Pi-Rover에서 사용되는 각 센서(초음파, 라인 트레이서, IMU 등)는 주변 환경의 영향으로 인해 측정값이 불안정하거나 급격한 변동을 보임

　ㄴ Pi-Rover의 성능을 향상시키기 위해서는 센서 필터링이 필수

- 센서 노이즈
  - 초음파 센서는 벽면의 반사음, 환경 소음에 의해 실제 거리보다 짧거나 긴 값을 측정
  - IMU 센서(가속도, 자이로)는 진동이나 전자기 간섭으로 인해 불규칙하게 변함
- 제어 불안정성
  - 모터 : 필터링되지 않은 센서 값을 그대로 모터 제어에 사용하면, 차량이 급격하게 회전하거나 떨리는 현상이 발생
- 주행 정확도 감소
  - 장애물 회피, 라인 추적, 자동 주행 등의 제어 성능이 저하
- 센서 데이터 활용성
  - 필터링을 통해 데이터의 경향성((패턴)을 파악할 수 있으며, 향후 상태 예측에도 활용

(2) 필터링 기법

① 요약

필터링 기법	역할	특징	사용 센서	복잡도
속도 제한 (Speed Limiter)	안전	입력값이 최대/최소를 넘지않도록 고정 (과속 방지)	모터	낮음
속도 변화율 제한 (Rate Limiter)	보호	값이 변하는 속도를 제한하여 급격한 변화 막음 (급출발/급정지 방지)	모터	낮음
저역 통과 필터 (Low-Pass Filter)	진동제거	고주파 노이즈(떨림) 제거, 저주파(실제값)만 통과	IMU, 모터	중간
이동 평균 (Moving Average)	매끄러움	최근 n개 데이터의 평균값	초음파	낮음
중간값 필터 (Median Filter)	오류제거	정렬된 데이터의 중간값 선택	초음파 라인 트레이서	중간
칼만 필터 (Kalman Filter)	최적 추정	확률 기반 최적 추정	위치측정, 융합 센서 등	높음

② 속도 제한(Speed Limiter / Clamping)

ㄱ 개념

- 입력된 제어 값이 미리 설정한 최대값(Max)과 최소값(Min) 범위를 벗어나지 않도록 강제로 고정(Clamp)함
- 사용자가 아무리 높은 속도(예 : 100%)를 입력해도, 미리 설정한 안전 한계선(예 : 80%)을 넘지 못하게 강제로 막는 기법

ㄴ 필요성

- 안전 사고 방지
  - 충돌 방지 : 좁은 실내에서 Pi-Rover가 너무 빨라 벽에 충돌하는 것 방지
  - 추락 방지 : 책상이나 높은 곳에서 떨어지는 것을 막아줌
- 기계적 보호 : 모터와 기어박스에 과도한 부하가 걸리는 것을 방지하여 수명 늘림
- 제어 용이성 : 너무 빠르면 조종이 어려움. 적절한 속도로 제한해 제어 용이하게 함

ㄷ 장점 : 과도한 출력으로 인한 모터/회로 손상 방지 및 초보자의 조작 실수로 인한 폭주를 막아 안전성 확보

ㄹ 단점 : 하드웨어가 가진 최대 성능(최고 속도)을 100% 활용하지 못함

ㅁ 예시 : 1.0(100%) 출력을 명령해도, 안전을 위해 0.6(60%)까지만 전달되도록 제한

ㅂ 원리 : if 문을 사용하여 입력값이 최대값을 넘으면 최대값으로, 최소값보다 작으면 최소값으로 고정함.

```python
# 속도 제한 필터 (Speed Limiter / Clamping)
def speed_limit_filter(input_speed, max_limit=0.8) :

    if input_speed > max_limit :                # 1. 전진(양수) 제한
```

```python
        return max_limit

    elif input_speed < -max_limit :           # 2. 후진(음수) 제한
        return -max_limit

    return input_speed                        # 3. 안전 범위 안이면 그대로 통과
```

③ 속도 변화율 제한 필터(Rate Limiter / Slew Rate Limiting)

ⓐ 개념

- 저역통과 필터와 비슷하게 '부드러운 주행'을 위해 속도의 변화율을 제한
- 속도가 갑자기 0에서 100으로 변할 때, 한 번에 변하지 않고 일정한 기울기(Step)를 가지고 서서히 변하도록 제한함

ⓑ 장점 : 급출발/급정지(Jerk)를 방지하여 주행이 부드러워지고, 기어와 바퀴의 마모를 줄임

ⓒ 단점 : 조종 반응이 즉각적이지 않고 반응 속도가 느려짐 (Lag)

ⓓ 예시 : 풀악셀을 밟아도 차가 튀어나가지 않고 웅~ 하며 부드럽게 가속됨

ⓔ 목표 속도까지 한번에 점프하지 않고 정해진 폭(제한폭)만큼씩만 단계적으로 이동

```python
# 속도 변화율 제한 필터 (Rate Limiter)
def rate_limit_filter(target_speed, current_speed, max_change=0.1) :

    speed_diff = target_speed - current_speed     # 차이 계산

    if abs(speed_diff) > max_change :
        if speed_diff > 0 :
            return current_speed + max_change
        else :
            return current_speed - max_change

    return target_speed
```

ⓕ 제한폭(max_change)=0.1

ⓖ 차이 계산 : 차이(speed_diff) = 목표 속도(target_speed) − 현재 속도(current_speed)

ⓗ 차이(speed_diff)가 제한폭(max_change)보다 크고 차이(speed_diff)rk 0보다 크면(급가속 상황) 현재 속도(current_speed)에 제한폭(max_change) 더해주고 차이가(speed_diff) 가 0보다 작으면 (급감속 상황) 현재 속도(current_speed)에 제한폭(max_change) 빼준다.
정상이면 목표속도(target_speed)

④ 저역통과 필터(Low-Pass Filter)

ⓐ 개념

- 고주파 성분(빠른 변화, 노이즈)을 제거하고 저주파 성분(느린 변화 실제 신호) 통과.

ⓑ 장점 : 연속적인 데이터에서 흔들림을 줄여줌, 계산량이 적고 구현이 간단

ⓒ 단점 : 지연(Lag)이 발생할 수 있음

㉣ 예시 : 가속도 센서에서 손떨림 같은 고주파 잡음을 줄임

㉤ 새로운 목표 속도와 이전 속도를 일정한 비율(α, 알파)로 섞어서 사용함

㉥ 공식 : 출력값 = (현재값 $\times \alpha$) + [이전값 $\times (1 - \alpha)$] $\therefore$ $\alpha(0.0{\sim}1.0)$

- alpha가 클수록(1.0에 가까울수록) : 빠릿빠릿함 (필터 효과 적음)

- alpha가 작을수록(0.0에 가까울수록) : 아주 부드러움 (지연 심함)

- α값이 크면 빠른 반응, 작으면 부드러운 변화, 보통 모터 제어에서는 0.2 ~ 0.5 추천

```python
# 저역통과 필터 (Low-Pass Filter)
def low_pass_motor_filter(target_speed, current_speed, alpha=0.3) :

    # 공식 : (목표값 * alpha) + (이전값 * (1 - alpha))
    filtered_speed = (target_speed * alpha) + (current_speed * (1 - alpha))

    return filtered_speed
```

- target_speed : 목표 속도 (입력값)

- current_speed : 현재 속도 (이전 출력값)

- filtered_speed : 필터링된 값

㉦ 속도 변화율 제한 필터 vs 저역 통과 필터

- 두 기법 모두 부드러운 가속, 감속을 하지만 아래와 같은 차이가 남.

필터기법	속도 변화율 제한 필터	저역 통과 필터
변화모양	직선 형태 변화	곡선 형태 변화
특징	– 속도가 일정한 속도로 꾸준히 변화 – 기어 보호에 최적	– 처음에는 빠르게 변화, 목표값에 가까워질수록 서서히 느려짐

⑤ **이동 평균 필터(Moving Average Filter)**

㉠ 개념 : 최근 N개의 데이터를 평균 내어 현재 값을 추정

㉡ 장점 : 구현이 간단하고 노이즈 제거 효과가 좋음

㉢ 단점 : 반응 속도가 느려짐 (급격한 변화에 둔감)

㉣ 예시 : 초음파 센서 거리값이 순간적으로 튀는 것을 완화

㉤ 원리 : 리스트에 저장된 최근 데이터들의 평균을 구함

㉥ 동작 방식

ⓐ 새로운 값을 리스트에 추가

ⓑ 리스트가 꽉 차면 가장 오래된 값 제거

ⓒ 평균 계산

ⓧ WINDOW_SIZE = 5 : 데이터 5개로..

```
WINDOW_SIZE = 5                    # 이동 평균 윈도우 크기

data_list = []                     # 데이터 저장 리스트

def get_moving_average(data_list, new_value) :
    data_list.append(new_value)        # 새로운 데이터 추가

    if len(data_list) > WINDOW_SIZE :
        data_list.pop(0)                        # 오래된 데이터 삭제
    return sum(data_list) / len(data_list)          # 평균 계산 (합계 / 개수)
```

ⓞ WINDOW_SIZE = 5 # 이동 평균 윈도우 크기 (최근 5개 데이터를 평균냄)
크기가 클수록 부드럽지만 반응이 느려지고, 작을수록 빠르지만 노이즈가 남음

ⓩ history = [ ] : # 데이터를 저장할 리스트 (기억 장소)

ⓩ 리스트 크기(data_list)가 윈도우 크기(WINDOW_SIZE)보다 커지면 데이터(data_list)에서 첫 번째 삭제(.pop(0))

ⓠ 평균값 = 데이터 합계(sum) / 개수(len)

⑥ **중간값 필터(Median Filter)**

㉠ 개념 : 최근 N개의 데이터를 오름차순 정렬 후 중앙값을 선택

㉡ 장점 : 순간적인 큰 튐(Outlier)에 강함

㉢ 단점 : 계산량이 조금 많고, 연속적인 데이터에서는 부드럽지 않을 수 있음

㉣ 예시 : 라인트레이서 센서가 순간적으로 잘못된 값을 읽었을 때 안정화

㉤ 원리

  • 데이터를 크기 순으로 정렬한 뒤, 가운데 값 선택

㉥ 장점 : 갑자기 튀는 오류값 제거에 탁월

```
def median_filter(data_list) :
    if not data_list :
        return 0.0

    # 1. 크기순으로 정렬 (오름차순)
    sorted_data = sorted(data_list)
    n = len(sorted_data)
    mid_index = n // 2  # 가운데 인덱스 계산

    # 2. 데이터 개수에 따라 중간값 결정
    if n % 2 == 1 :
        # 홀수 개면 : 정가운데 값 반환
        return sorted_data[mid_index]
    else :
        # 짝수 개면 : 가운데 두 값의 평균 반환 (더 정확함)
        return (sorted_data[mid_index - 1] + sorted_data[mid_index]) / 2
```

     ⓢ 중간값 필터 vs 평균값 필터

- 예) 센서값이 아래와 같을 때. 10, 10, 10, 300, 10
- 평균 필터 : 340 / 5 = 68
- 중간값 필터 (10, 10, 10, 10 ,300) 정렬 후 가운데 선택 평균 10

⑦ **칼만 필터(Kalman Filter)**

    ㉠ 원리 : 센서 측정값과 시스템 모델(예측값)을 결합해 최적의 추정값을 계산

    ㉡ 장점 : 노이즈 환경에서도 매우 정확한 추정 가능, 실시간 처리에 적합

    ㉢ 단점 : 수학적 이해와 구현이 복잡함

    ㉣ 예시 : GPS + IMU 센서 융합(위치 추정), 초음파 센서와 IMU 결합한 주행 등

    ㉤ 구현 코드는 매우 복잡하다. 그래서 코드는 생략한다.

(3) 파일 구조

```
Pi-Rover/                                      # 패키지 디렉터리
|
...
중간 생략
...
|
├── ch08_sensor_filtering/          # ch08 센서필터링
│   ├── motor_module.py            # 모터 제어 모듈 (ch06에서 복사. )
│   ├── filtering_module.py             # 필터링 함수 모음.(새로 작성해야함)
│   ├── motor_limiit_control.py # 속도 제한 필터 적용 모터 제어
│   ├── motor_rate_control.py           # 속도 변화율 제한 필터 적용 모터 제어
│   ├── motor_lpf_control.py            # 저역 통과 필터(LPF) 적용 모터 제어
│   ├── ultra_median_control.py # 중간값 필터 적용 초음파 센서 제어
│   ├── ultra_avg_control.py            # 이동평균 필터 (MAF) 적용 초음파 센서 제어
│   ├── line_avg_control.py             # 이동평균 필터 (MAF) 적용 라인 센서 제어
│   ├── line_median_control.py  # 중간값 필터 적용 라인 센서 제어
│   └── imu_lpf_control.py              # 저역 통과 필터(LPF) 적용 IMU 제어
...
```

① **모터 모듈** : motor_module.py

    ㉠ ch06_basic_drivig 디렉터리의 아래 파일을 수정해서 사용

- keyboard_3_control.py → keyboard_filtering_control.py
- motro_module.py → 복사해서 그래도 사용

② **필터 모듈** : filtering_module.py

    ㉠ 위에서 언급한 필터링 기법의 함수들을 모은 모듈(기능) 파일

    ㉡ 다른 파이썬 파일에서 import 해서 사용

```
# file name : filtering_module.py

import statistics        # 중간값 계산을 위한 모듈

# 속도 제한 필터 (Speed Limiter / Clamping)
```

```python
def speed_limit_filter(input_speed, max_limit=0.8) :
    if input_speed > max_limit :                    # 1. 전진(양수) 제한
        return max_limit
    elif input_speed < -max_limit :                 # 2. 후진(음수) 제한
        return -max_limit

    return input_speed                              # 3. 안전 범위 안이면 그대로 통과


# 속도 변화율 제한 필터 (Rate Limiter)
def rate_limit_filter(target_speed, current_speed, max_change=0.1) :
    speed_diff = target_speed - current_speed

    if abs(speed_diff) > max_change :
        if speed_diff > 0 :
            return current_speed + max_change
        else :
            return current_speed - max_change

    return target_speed

# 저역통과 필터 (Low-Pass Filter)
def low_pass_motor_filter(target_speed, current_speed, alpha=0.3) :

    # 공식 : (목표값 * alpha) + (이전값 * (1 - alpha))
    filtered_speed = (target_speed * alpha) + (current_speed * (1 - alpha))

    return filtered_speed

# 이동 평균 ( Moving Average Filter )
def moving_average_filter(data_list, new_data, window_size=5) :
    data_list.append(new_data)
    if len(data_list) > window_size :      # 오래된 데이터 제거
        data_list.pop(0)

    return sum(data_list) / len(data_list)     # 평균값 반환

# 중간값 ( Median Filter )
def median_filter(data_list, new_data, window_size=5) :
    data_list.append(new_data)
    if len(data_list) > window_size :      # 오래된 데이터 제거
        data_list.pop(0)

    return statistics.median(data_list)      # 중간값 반환
```

ⓒ 속도 변화율 필터링 기법을 사용 예

```python
# 필터링사용 예
from filtering_module import rate_limit_filter
...
current)speed = rate_limit_filter(temp_speed, max_limit=SAFE__LIMIT)
....
```

 모터 필터링 동작 안정화 실습

(1) 필요성

① 모터 특성

물리적 특성	안전성 우선	제어 성능 향상
* DC 모터는 물리적 관성을 가짐 * 급격한 속도 변화는 모터 손상 위험	* 모터 보호가 최우선 고려사항 * 급격한 가속/감속 방지	* 적절한 반응성 유지 * 부드러운 가속/감속 구현

㉠ 모터 드라이버(SN75441 칩)을 통해 PWM(Pulse Width Modulation) 신호로 제어함.

㉡ DC 모터 : PWM 제어

- PWM(Pulse Width Modulation)
  - 일정한 주기 내에서 신호를 On/Off하는 시간의 비율(Duty Cycle)을 조절
  - Duty Cycle = (On 시간 / 전체 주기) × 100%
  - 예 : 10ms 주기에서 On 시간이 5ms면 Duty Cycle = 50%
- gpiozero 라이브러리에서는 속도값을 0.0 ~ 1.0 범위로 표현 (0 = 정지, 1.0 = 최대 속도)

② 필요성

㉠ 급출발/급정지 (Jerk) 문제

- 코드로 move_forward(1.0)을 명령하면 모터는 0.001초 만에 최고 속도로 도달하려고 함. 마치 자동차에서 풀악셀을 한 번에 밟는 것과 같음. 이로 인해 기어박스가 마모되거나 차체가 들썩거리는 불안정한 움직임이 발생.

㉡ 과속 위험

- 좁은 실내에서 최고 속도로 달리면 제어가 어렵고 충돌 시 파손 위험이 큼

㉢ 입력 노이즈

- 키보드 연타로 인해 속도 명령이 0.5, 0.8, 0.4로 요동칠 때, 모터가 이를 그대로 따라 하면 주행이 거칠어진다.

(2) 모터 필터링 기법

필터링 기법	역할	특징
속도 제한(Speed Limiter)	안전	입력값이 최대/최소를 넘지않도록 고정 (과속 방지)
속도 변화율 제한(Rate Limiter)	보호	값이 변하는 속도를 제한하여 급격한 변화 막음 (급출발/급정지 방지)
저역 통과 필터(Low-Pass Filter)	진동제거	고주파 노이즈(떨림) 제거, 저주파(실제값)만 통과

① 속도 제한 필터(Speed Limiter / Clamping)

㉠ 역할 : [안전장치] 입력값이 아무리 커도 설정한 한계(Limit)를 넘지 못하게 막음

㉡ 비유 : 발렛파킹 모드나 초보 운전자를 위한 속도 제한 장치.

② **속도 변화율 제한 필터 (Rate Limiter / Slew Rate)**

③ **역할** : [급발진 방지] 속도가 변하는 기울기(Slope)를 제한하여, 목표 속도까지 계단식으로 천천히 도달하게 함.

④ **비유** : 엑셀 페달을 천천히 꾹 눌러 밟는 것과 같은 효과 (Soft Start).

⑤ **저역 통과 필터 (Low-Pass Filter)**

   ㉠ 역할 : [승차감 개선] 급격한 입력 변화를 무시하고, 이전 속도와 부드럽게 섞어서 곡선 형태로 가속/감속.

   ㉡ 비유 : 고급차의 에어 서스펜션처럼 부드러운 가속감 제공.

(3) 필터링 적용 안정화 실습

① **목표** : 키보드(WASD)로 Pi-Rover를 조종할 때, 필터를 켰을 때와 껐을 때의 가속감 차이를 터미널 수치와 실제 주행으로 체감한다.

   ㉠ ch06_basic_drivig 디렉터리의 아래 파일을 그대로 사용

- 모터 제어 모듈 : motor_module.py (ch 06에서 복사)
- 필터링 모듈 : filtering_module.py (ch 08에서 구현함)
- keyboard_3_control.py 복사 → keyboard_filtering.py(필터링 기법 적용)

② **속도 제한(speed limite) 필터 적용 안정화 실습**

   ㉠ 터미널에서 실행해야 한다. Thonny에서 실행하지 말 것!

```
$ cd ~/Pi-Rover/ch08_sensor_filtering/
$ cd python3 motor_limiit_control.py
```

```python
# file name : motor_limiit_control.py
# 속도 제한 필터(Speed Limiter, Clamping)를 적용한 모터 제어

import atexit
import curses
from motor_module import *
from filtering_module import *

def main(stdscr) :
    atexit.register(move_stop)       # 프로그램 종료 시 모터 정지

    current_speed = 0.5    # 현재 속도
    SAFE_LIMIT = 0.8       # 안전 속도 제한 (1.0 -> 0.8)

    curses.curs_set(0)     # 커서 숨기기
    msg = 'Ready! Press keys...'

    while True :
        stdscr.clear( )
```

```python
        stdscr.addstr(0, 0, 'piCar Keyboard Control with Speed Limiter')
        stdscr.addstr(1, 0, '(ESC : Quit, +/- : Speed)')

        # 현재 속도와 제한 속도 표시
        stdscr.addstr(3, 0, f'Current Speed : {current_speed : .1f} (Limit : {SAFE_LIMIT})')
        stdscr.addstr(4, 0, f'Status : {msg}')

        stdscr.refresh( )

        key = stdscr.getch( ) # wait for key input

        if key == ord('w') :
            move_forward(current_speed)
            msg = 'Forward : w'
        elif key == ord('s') :
            move_backward(current_speed)
            msg = 'Backward : s'
        elif key == ord('a') :
            move_turn_left(current_speed)
            msg = 'Left Turn : a'
        elif key == ord('d') :
            move_turn_right(current_speed)
            msg = 'Right Turn : d'
        elif key == ord('q') :
            move_curve_left(current_speed)
            msg = 'Curve Left : q'
        elif key == ord('e') :
            move_curve_right(current_speed)
            msg = 'Curve Right : e'

        # --- [핵심] 속도 조절 및 필터링 적용 ---
        elif key == ord('+') or key == ord('=') :
            # 1. 일단 속도를 올림 (최대 1.0까지 올라감)
            temp_speed = move_speed_up(current_speed)

            # 2. 필터 통과! (설정한 SAFE_LIMIT를 넘으면 잘라버림)
            current_speed = speed_limit_filter(temp_speed, max_limit=SAFE_LIMIT)

            msg = f'Speed Up (+) -> {current_speed : .1f}'

        elif key == ord('-') or key == ord('_') :
            # 1. 일단 속도를 내림
            temp_speed = move_speed_down(current_speed)

            # 2. 필터 통과
            current_speed = speed_limit_filter(temp_speed, max_limit=SAFE_LIMIT)

            msg = f'Speed Down (-) -> {current_speed : .1f}'

        elif key == ord(' ') :  # Stop key
```

```python
                move_stop( )
                msg = 'Stop : space'

            elif key == 27 :          # Exit key
                break

            else :
                msg = f'Unknown key : {chr(key)}'

if __name__ == "__main__" :
    curses.wrapper(main)
```

③ 속도 변화율(rate limite) 필터 적용 안정화 실습

㉠ 고급 승차감... ^^

```python
# file name : motor_rate_control.py
# 속도 변화율 제한 필터(Rate Limiter)를 적용한 모터 제어

import atexit
import curses
from time import sleep
from motor_module import *
from filtering_module import rate_limit_filter # [핵심] 필터 함수 임포트

def main(stdscr) :
    atexit.register(move_stop)        # 프로그램 종료 시 모터 정지

    current_speed = 0.0    # 현재 속도
    target_speed = 0.0     # 목표 속도
    MAX_CHANGE = 0.05           # 한 번에 변할 수 있는 최대 폭 (작을수록 부드러움)
    TARGET_MAX = 0.8       # 목표 최대 속도

    while True :
        # --- 화면 그리기 ---
        stdscr.clear( )
        stdscr.addstr(0, 0, 'piCar Keyboard Control with Rate Limiter (Soft Start)')
        stdscr.addstr(1, 0, '(ESC : Quit)')

        # 목표 속도와 현재 속도(서서히 변함)를 비교해서 보여줌
        stdscr.addstr(3, 0, f'Target : {target_speed : +.1f} -> Current : {current_speed : +.2f}')

        # 시각적 게이지 바 (#)
        bar_len = int(abs(current_speed) * 20)
        bar = '#' * bar_len
        stdscr.addstr(4, 0, f'Speed Bar : [{bar : <20}]')

        stdscr.addstr(6, 0, f'Status : {msg}')

        stdscr.refresh( )

        # --- 입력 확인 ---
```

```python
        key = stdscr.getch( ) # 키 입력 (비차단 : 안 눌리면 -1 반환)

        # --- 목표 속도(Target) 설정 ---
        # 키를 누르면 목표가 생기고, 손을 떼면(-1) 목표가 0이 됨 (자동 정지)
        if key == ord('w') :
            target_speed = TARGET_MAX
            msg = 'Forward (w)'
        elif key == ord('s') :
            target_speed = -TARGET_MAX
            msg = 'Backward (s)'
        elif key == ord('a') :
            # 회전은 즉시 반응해야 하므로 필터 없이 직접 제어
            move_turn_left(0.6)
            msg = 'Left Turn (a)'
            target_speed = 0.0  # 회전 중에는 직진 속도 0으로 리셋
            continue                          # 루프 처음으로
        elif key == ord('d') :
            move_turn_right(0.6)
            msg = 'Right Turn (d)'
            target_speed = 0.0
            continue
        elif key == ord(' ') :
            target_speed = 0.0
            msg = 'Stop (space)'
        elif key == 27 :          # Exit key
            break
        elif key == -1 :
            # 키를 안 누르면 목표 속도를 0으로 (서서히 멈춤)
            target_speed = 0.0
            msg = 'Released (Decelerating...)'

        # --- [핵심] 필터링 적용 (Rate Limiter) ---
        # 목표(Target)를 향해 현재(Current) 속도를 조금씩(MAX_CHANGE) 변화시킴
        current_speed       =       rate_limit_filter(target_speed,       current_speed,
max_change=MAX_CHANGE)

        # --- 모터 구동 ---
        if current_speed > 0 :
            move_forward(abs(current_speed))
        elif current_speed < 0 :
            move_backward(abs(current_speed))
        else :
            move_stop( )

        # 루프 속도 조절 (너무 빠르면 순식간에 변하므로 지연을 줌)
        sleep(0.05)

if __name__ == "__main__" :
    curses.wrapper(main)
```

④ 저역 통과(LPF, Low-Pass Filter) 필터 적용 실습

```python
# file name : motor_lpf_control.py
# 저역 통과 필터(LPF, Low-Pass Filter)를 적용한 모터 제어

import atexit
import curses
from time import sleep
from motor_module import *
from filtering_module import low_pass_filter # LPF 필터 함수 임포트


def main(stdscr) :
    atexit.register(move_stop)        # 프로그램 종료 시 모터 정지

    current_speed = 0.0     # 현재 속도
    target_speed = 0.0      # 목표 속도
    ALPHA = 0.1             # 필터 강도
    TARGET_MAX = 0.8        # 목표 최대 속도

    curses.curs_set(0)      # 커서 숨기기
    msg = 'Ready! Press keys...'

    while True :
        stdscr.clear( )
        stdscr.addstr(0, 0, 'piCar Keyboard Control with Low-Pass Filter')
        stdscr.addstr(1, 0, '(ESC : Quit)')

        # 목표 속도와 현재 속도 비교
        stdscr.addstr(3, 0, f'Target : {target_speed : +.1f} -> Current : {current_speed : +.3f}')

        # 시각적 게이지 바 (#)
        bar_len = int(abs(current_speed) * 20)
        bar = '#' * bar_len
        stdscr.addstr(4, 0, f'Speed Bar : [{bar : <20}]')

        stdscr.addstr(6, 0, f'Status : {msg}')

        stdscr.refresh( )

        key = stdscr.getch( ) # wait for key input

        if key == ord('w') :
            target_speed = TARGET_MAX
            msg = 'Forward (w)'
        elif key == ord('s') :
            target_speed = -TARGET_MAX
            msg = 'Backward (s)'
        elif key == ord('a') :   # turn left
            target_speed = 0.0
            move_turn_left(0.6)
            msg = 'Left Turn (a)'
            continue
        elif key == ord('d') :   # turn right
```

```python
            target_speed = 0.0
            move_turn_right(0.6)
            msg = 'Right Turn (d)'
            target_speed = 0.0
            continue
        elif key == ord(' ') :
            target_speed = 0.0
            msg = 'Stop (space)'
        elif key == 27 :            # Exit key
            break
        elif key == -1 :
            # 키를 떼면 목표는 0이 되지만, 실제 속도는 LPF에 의해 서서히 줄어듦
            target_speed = 0.0
            msg = 'Released (Coast to Stop...)'

        # --- [핵심] 필터링 적용 (Low Pass Filter) ---
        # 공식 : (목표 * alpha) + (이전값 * (1-alpha))
        current_speed = low_pass_filter(target_speed, current_speed, alpha=ALPHA)

        # --- 모터 구동 ---
        # 0.05 미만의 아주 작은 값은 모터가 반응 안 하므로 0으로 처리 (잡음 제거)
        if abs(current_speed) < 0.05 :
            move_stop( )
        elif current_speed > 0 :
            move_forward(abs(current_speed))
        elif current_speed < 0 :
            move_backward(abs(current_speed))

        # 루프 속도 조절
        sleep(0.05)

if __name__ == "__main__" :
    try :
        curses.wrapper(main)
    except KeyboardInterrupt :
        print('Program stopped by user.')
```

㉠ 초기시작

```
piCar Keyboard Control with Low-Pass Filter
(ESC : Quit)
Target : +0.0 -> Current : +0.000
Speed Bar : [                    ]
Status : Ready! Press keys...
```

㉡ w키 누르고 있을 때

```
piCar Keyboard Control with Low-Pass Filter
(ESC : Quit)
Target : +0.8 -> Current : +0.400
Speed Bar : [########            ]
Status : Forward (w)
```

ⓒ 키를 떼었을 때

```
piCar Keyboard Control with Low-Pass Filter
(ESC : Quit)
Target : +0.0 -> Current : +0.720
Speed Bar : [##################  ]
Status : Released (Coast to Stop...)
```

- 시각적 게이지 : # 문자로 속도를 표시한다 (최대 20칸).
- 부드러운 변화 : LPF로 속도가 점진적으로 변한다.

03 초음파센서 필터링 동작 안정화 실습

(1) 필요성

① 초음파 센서는 공기 중에서 퍼지다가 엉뚱한 곳에 반사되거나, 전압이 불안정하면 가끔 터무니없는 값(예 : 3000cm 또는 0cm)이 들어옴

② **문제점** : "거리가 20cm 이하면 멈춰라"는 코드를 짰는데, 갑자기 센서 오류로 0cm가 한 번 들어오면 차가 멀쩡히 가다가 급브레이크 동작

(2) 초음파 필터링 기법

① **이동 평균 필터 (Moving Average Filter)**

ㄱ [잔진동 제거] 최근 5~10개의 데이터를 모아 평균값으로 처리

ㄴ 값이 10, 11, 9, 10처럼 자잘하게 떨릴 때 이를 10.0으로 매끄럽게 만듦.

ㄷ 단점 : 갑자기 튀는 큰 값(Outlier)이 섞이면 평균값 전체가 이상해 짐

② **중간값 필터 (Median Filter) – ★추천**

ㄱ [오류 제거] 데이터를 크기순으로 나열한 뒤 정중앙 값 선택

ㄴ [10, 10, 300, 10, 11]이 들어와도 300은 무시되고 10이 선택. 초음파 센서에 가장 효과적

(3) 필터링 적용 안정화 실습

① **중간값 필터(median filter) 적용 안정화 실습**

- 센서 앞에서 손을 흔들며 원본 데이터(Raw)와 필터링 데이터(Filtered)를 비교 출력

ㄱ ch06_basic_control / ultra_control.py 활용

```
# file name : ultra_median_control.py
# 중간값 필터(Median Filter)를 적용한 초음파 센서 동작

import atexit
```

```python
from time import sleep
from gpiozero import DistanceSensor
from motor_module import *
from filtering_module import median_filter  # 중간값 필터 임포트

# --- 1. 센서 초기화 ---
# max_distance=1.0 (1m)
front_ultra = DistanceSensor(echo=12, trigger=13, max_distance=1.0)
rear_ultra = DistanceSensor(echo=17, trigger=18, max_distance=1.0)

# --- 2. 설정값 ---
current_speed = 0.6
STOP_DISTANCE = 0.2  # 20cm (정지 기준)

# [핵심] 필터링을 위한 데이터 저장소 (리스트)
front_history = []
rear_history = []

# --- 3. 메인 주행 함수 ---
def run_ultra_median( ) :

    while True :
        # 1. 원본 데이터 읽기 (Raw Data)
        raw_f = front_ultra.distance
        raw_r = rear_ultra.distance

        val_f = raw_f if raw_f is not None else 1.0
        val_r = raw_r if raw_r is not None else 1.0

        # 2. [핵심] 중간값 필터 적용 (Noise Removal)
        # history 리스트에 값을 추가하고, 중간값을 계산해옵니다.
        clean_front = median_filter(front_history, val_f, window_size=5)
        clean_rear = median_filter(rear_history, val_r, window_size=5)

        # 3. 상황 판단 및 제어 (필터링된 값 사용!)
        status_msg = 'Forward'

        # Case 1 : 앞뒤 모두 막힘
        if clean_front < STOP_DISTANCE and clean_rear < STOP_DISTANCE :
            move_stop( )
            status_msg = 'Stop (Trapped)'

        # Case 2 : 전방 감지 -> 후진
        elif clean_front < STOP_DISTANCE :
            move_backward(current_speed)
            status_msg = 'Backward (Front Obstacle)'

        # Case 3 : 후방 감지 -> 전진
        elif clean_rear < STOP_DISTANCE :
            move_forward(current_speed)
            status_msg = 'Forward (Rear Obstacle)'

        # Case 4 : 안전 -> 전진
```

```python
        else :
            move_forward(current_speed)
            status_msg = 'Forward (Clear)'

        # 4. 상태 출력 (원본 vs 필터값 비교)
        print(f'Raw : {val_f : .2f}m -> Clean : {clean_front : .2f}m | {status_msg}
', end='\r')

        sleep(0.05)

# --- 4. 메인 실행 ---
def main( ) :
    atexit.register(move_stop)          # 프로그램 종료 시 모터 정지

    print('초음파 센서 주행 (중간값 필터 적용)')
    print('-'*30)
    run_ultra_median( )

if __name__ == '__main__' :
    main( )
```

② 이동 평균 필터(MAF, Moving Average Filter) 적용 안정화 실습

```python
# file name : ultra_avg_control.py
# 이동평균 필터 (MAF, Moving Average Filter) 적용 초음파 센서 동작

import atexit
from time import sleep
from gpiozero import DistanceSensor
from motor_module import *
from filtering_module import moving_average_filter # MAF 필터 임포트

# --- 1. 센서 초기화 ---
# max_distance=1.0 (1m)
front_ultra = DistanceSensor(echo=12, trigger=13, max_distance=1.0)
rear_ultra = DistanceSensor(echo=17, trigger=18, max_distance=1.0)

# --- 2. 설정값 ---
current_speed = 0.6
STOP_DISTANCE = 0.2  # 20cm (정지 기준)

# [핵심] 필터링을 위한 데이터 저장소 (리스트)
front_history = []
rear_history = []

# --- 3. 메인 주행 함수 ---
def run_ultra_avg( ) :

    while True :
        # 1. 원본 데이터 읽기 (Raw Data)
        # (가끔 None이 들어오면 1.0m로 안전하게 처리)
        raw_f = front_ultra.distance
        raw_r = rear_ultra.distance
```

```python
        val_f = raw_f if raw_f is not None else 1.0
        val_r = raw_r if raw_r is not None else 1.0

        # 2. [핵심] 이동평균 필터 적용 (Noise Removal)
        # history 리스트에 값을 추가하고, 평균값을 계산해옵니다.
        clean_front = moving_average_filter(front_history, val_f, window_size=5)
        clean_rear = moving_average_filter(rear_history, val_r, window_size=5)

        # 3. 상황 판단 및 제어 (필터링된 값 사용!)
        status_msg = 'Forward'

        # Case 1 : 앞뒤 모두 막힘
        if clean_front < STOP_DISTANCE and clean_rear < STOP_DISTANCE :
            move_stop( )
            status_msg = 'Stop (Trapped)'

        # Case 2 : 전방 감지 -> 후진
        elif clean_front < STOP_DISTANCE :
            move_backward(current_speed)
            status_msg = 'Backward (Front Obstacle)'

        # Case 3 : 후방 감지 -> 전진
        elif clean_rear < STOP_DISTANCE :
            move_forward(current_speed)
            status_msg = 'Forward (Rear Obstacle)'

        # Case 4 : 안전 -> 전진
        else :
            move_forward(current_speed)
            status_msg = 'Forward (Clear)'

        # 4. 상태 출력 (원본 vs 필터값 비교)
        print(f'Raw : {val_f : .2f}m -> Clean : {clean_front : .2f}m | {status_msg}
', end='\r')

        sleep(0.05)

# --- 4. 메인 실행 ---
def main( ) :
    atexit.register(move_stop)        # 프로그램 종료 시 모터 정지

    print('초음파 센서 주행 (이동평균 필터 적용)')
    print('-'*30)
    run_ultra_avg( )

if __name__ == '__main__' :
    main( )
```

04 라인 트레이서 필터링 안정화 실습

(1) 필요성

① 센서가 흔들릴 때 불안정한 신호

② 먼지나 빛의 변화로 인한 오류

③ **디지털 센서의 한계** : 라인 센서는 0(흰색) 또는 1(검은색)만 출력

④ **문제점** : 채터링 현상(Chattering)

    ㉠ 트랙 바닥에 작은 먼지나 얼룩이 있거나 센서가 경계선에 걸치면, 0과 1 사이를 미친 듯이 왔다
        갔다 하는 채터링(Chattering) 현상이 발생

    ㉡ 바퀴가 좌우로 심하게 떨림

(2) 라인 센서 필터링 기법

① **이동 평균 필터의 응용 (Majority Vote) ★추천..**

    ㉠ 원리 : 센서 값은 0과 1뿐이지만, 최근 5개의 평균을 내면 0.2, 0.8 같은 실수가 나옴

    ㉡ 판단 : 평균이 0.5보다 크면 "검은색(1)", 작으면 "흰색(0)"으로 판단.
        즉, 5번 중 3번 이상 검은색이어야 진짜 검은색으로 인정하는 다수결 방식

    ㉢ 효과 : 아주 잠깐 스쳐 지나가는 먼지나 노이즈를 무시할 수 있음.

(3) 필터링 적용 안정화 실습

① **이동 평균(MAF, Moving Average Filter) 기법 적용 실습**

    ㉠ 목표 : 검은 테이프 경계면에서 센서를 흔들 때, Raw 값은 깜빡거려도 Filtered 값은 안정적으
        로 유지되는지 확인

    ㉡ ch06_basic_control 디렉토리 line_control.py 활용

```python
# file name : line_avg_control.py
# 이동평균 필터 (MAF, Moving Average Filter) 적용 라인 센서 동작

import atexit
from time import sleep
from gpiozero import LineSensor
from motor_module import *
from filtering_module import moving_average_filter # MAF 필터 임포트

# --- 1. 센서 설정 ---
right_line = LineSensor(5)
left_line = LineSensor(6)

# --- 2. 설정값 ---
current_speed = 0.6
```

```python
THRESHOLD = 0.5  # 판단 기준 (평균값이 0.5보다 크면 '감지'로 간주)

# [핵심] 필터링을 위한 데이터 저장소
left_history = []
right_history = []

# --- 3. 주행 로직 함수 ---
def run_line_avg( ) :
    # 1. 센서 원본 값 읽기 (True/False) -> 숫자(1.0/0.0)로 변환
    # int( )를 쓰면 True=1, False=0이 됩니다.
    raw_left = float(int(left_line.is_active))
    raw_right = float(int(right_line.is_active))

    # 2. [핵심] 이동 평균 필터 적용
    # 0과 1 사이의 소수점 값(확률)으로 변환 (예 : 0.8 means 80% 확률로 라인임)
    avg_left = moving_average_filter(left_history, raw_left, window_size=5)
    avg_right = moving_average_filter(right_history, raw_right, window_size=5)

    # 3. 판단 (Threshold 기준)
    # 필터링된 값이 0.5보다 크면 '확실히 라인을 밟았다'고 판단
    is_left = avg_left > THRESHOLD
    is_right = avg_right > THRESHOLD

    # 상태 메시지
    status_msg = 'Forward'

    # 4. 주행 제어 (Two-Line Lane Keeper 모드)
    if not is_left and not is_right :
        move_forward(current_speed)
        status_msg = 'Forward'

    elif is_left and not is_right :
        move_curve_right(current_speed)
        status_msg = 'Curve Right (Left Detected)'

    elif not is_left and is_right :
        move_curve_left(current_speed)
        status_msg = 'Curve Left (Right Detected)'
    else :
        move_stop( )
        status_msg = 'Stop (Both Lines)'

    # 5. 상태 출력 (터미널 도배 방지)
    print(f'L_Avg : {avg_left : .2f} | R_Avg : {avg_right : .2f} | {status_msg}', end='\r')

# --- 4. 메인 실행 ---
def main( ) :
    atexit.register(move_stop)

    print('Line tracker (Moving Average Filter applied)')
    print('Pi-Rover is ready to move!')
```

```python
        print('Press Ctrl+C to stop')
        print('-'*30)

        run_line_avg( )

if __name__ == '__main__' :
    main( )
```

② 중간값 필터(Median Filter) 적용 안정화 실습

```python
# file name : line_median_control.py
# 중간값 필터 (Median Filter) 적용 라인 센서 동작

import atexit
from time import sleep
from gpiozero import LineSensor
from motor_module import *
from filtering_module import median_filter # 중간값 필터 임포트

# --- 1. 센서 설정 ---
right_line = LineSensor(5)
left_line = LineSensor(6)

# --- 2. 설정값 ---
current_speed = 0.6
THRESHOLD = 0.5  # 판단 기준 (평균값이 0.5보다 크면 '감지'로 간주)

# [핵심] 필터링을 위한 데이터 저장소
left_history = []
right_history = []

# --- 3. 주행 로직 함수 ---
def run_line_median( ) :
    # 1. 센서 원본 값 읽기 (True/False) -> 숫자(1.0/0.0)로 변환
    # int( )를 쓰면 True=1, False=0 으로 변환
    raw_left = float(int(left_line.is_active))
    raw_right = float(int(right_line.is_active))

    # 2. [핵심] 중간값 필터 적용
    # 0과 1 사이의 소수점 값(확률)으로 변환 (예 : 0.8 means 80% 확률로 라인임)
    median_left = median_filter(left_history, raw_left, window_size=5)
    median_right = median_filter(right_history, raw_right, window_size=5)

    # 3. 판단 (Threshold 기준)
    # 필터링된 값이 0.5보다 크면 '확실히 라인을 밟았다'고 판단
    is_left = median_left > THRESHOLD
    is_right = median_right > THRESHOLD

    # 상태 메시지
    status_msg = 'Forward'

    # 4. 주행 제어 (Two-Line Lane Keeper 모드)
```

```python
        if not is_left and not is_right :
            move_forward(current_speed)
            status_msg = 'Forward'

        elif is_left and not is_right :
            move_curve_right(current_speed)
            status_msg = 'Curve Right (Left Detected)'

        elif not is_left and is_right :
            move_curve_left(current_speed)
            status_msg = 'Curve Left (Right Detected)'

        else :
            move_stop( )
            status_msg = 'Stop (Both Lines)'

        # 5. 상태 출력
        print(f'L_Med : {median_left : .2f} ¦ R_Med : {median_right : .2f} ¦ {status_msg}
', end='\r')

# --- 4. 메인 실행 ---
def main( ) :
    atexit.register(move_stop)

    print('Line tracker (Median Filter applied)')
    print('Pi-Rover is ready to move!')
    print('Press Ctrl+C to stop')
    print('-'*30)

    run_line_median( )

if __name__ == '__main__' :
    main( )
```

05 IMU 센서 필터링 동작 안정화 실습

(1) 필요성

① 문제점

　㉠ 너무나 민감한 MPU6050 가속도 센서

　㉡ Pi-Rover가 달릴 때 모터에서 발생하는 진동까지 모두 가속도로 인식하는 상황 발생

② 현상

　㉠ 차는 가만히 서 있는데, 데이터 값은 0.1, −0.2, 0.3으로 이상 현상 발생

　㉡ 이 값을 그대로 쓰면 차가 "어? 기울어졌네?" 하고 오작동을 일으킴.

③ **해결책**

　㉠ 저역 통과 필터(LPF)를 사용하여, 파르르 떨리는 고주파 진동(노이즈)은 무시

　㉡ 차체가 실제로 기울어지는 움직임(저주파 신호)만 통과시킴.

④ **사용 범위**

　㉠ 충돌(Collision) : 충돌은 순간적인 '쾅!' 신호이다. 필터를 쓰면 신호가 뭉개지고 버려짐으로 오히려 충돌 감지를 못할 수도 있고, 위험하다. (필터링 비추천)

　㉡ 회전(Rotation) : 자이로 센서는 원래 노이즈가 적음. 필터 사용할 필요 없음.

　㉢ 기울기(Tilt) & 진동 : 여기가 핵심이다. 모터가 돌면 가속도 센서가 미친 듯이 떨리는데, LPF를 적용하면 마법처럼 숫자가 얌전해진다.

(2) 필터링 기법

① **저역 통과 필터 (Low-Pass Filter) – ★필수**

　㉠ 역할 : 고주파(빠른 진동)는 차단, 저주파(실제 차체의 기울기나 묵직한 충돌)만 통과

　㉡ 원리 : 이전 데이터에 80~90% 가중치를 두고, 새 데이터는 10~20%만 반영.
　　데이터 변화에 '관성(무게감)'을 주어 진동을 흡수

　㉢ 예 : Raw 값은 서스펜션이 없는 수레와 같아서 바닥의 돌맹이 충격이 그대로 전해짐
　　반면 Filtered 값은 고급 서스펜션이 달린 세단과 같아서, 모터가 덜덜거려도 데이터는 부드럽게 유지됨.

(3) IMU 필터링 적용 안정화 실습

① **제한** : 충돌과 급회전에 대해서는 필터링을 진행하지 않음.

　㉠ 충돌에 대해서 필터링을 사용하면 오히려 충돌값을 제거해버리지만 아주 위험.

　㉡ 마찬가지로 급회전에서 필터링으로 값이 제거되서 위험함.

② **목표**

통과 필터를 적용하여 모터 진동 노이즈를 제거한 안정적인 기울기 감지

③ **ch06_basic_control 디렉토리의imu_3_tilt.py 활용**

```python
# file name : imu_lpf_control.py
# 저역 통과 필터(LPF, Low-Pass Filter)를 적용한 IMU 진동 필터링

import atexit
import sys
import math
from time import sleep
from mpu6050 import mpu6050
from motor_module import *
from filtering_module import low_pass_filter
```

```python
# --- 1. 센서 초기화 ---
try :
    imu = mpu6050(0x68)
    imu.set_accel_range(imu.ACCEL_RANGE_8G)
    print('IMU(MPU6050) 초기화 성공.')
    atexit.register(move_stop)   # 프로그램 종료 시 모터 정지

except Exception as err :
    print(f'IMU 초기화 실패 : {err}')
    print('I2C 연결을 확인하세요 ($ sudo i2cdetect -y 1)')
    move_stop( )  # 종료 전 모터 정지
    sys.exit(1)

# --- 2. 설정값 ---
# 필터 강도 (0.0 ~ 1.0)
# 0.1 ~ 0.2 : 아주 부드러움 (진동 제거 탁월, 반응 약간 느림)
# 0.5 ~ 0.8 : 민감함 (진동 조금 남음, 반응 빠름)
ALPHA = 0.2

# 이전 가속도 값을 기억할 변수 (진동 필터링용)
prev_accel_x = 0.0
prev_accel_y = 0.0
prev_accel_z = 0.0

print('IMU 진동 필터링 테스트 (LPF 적용)')
print('가속도 데이터의 진동을 제거하여 안정적인 기울기를 계산합니다.')
print('-'*30)

# --- 3. 메인 루프 ---
try :
    while True :
        # 1. 원본 가속도 데이터 읽기 (Raw Acceleration)
        raw_accel = imu.get_accel_data( )

        # 2. [핵심] 가속도 데이터에 저역 통과 필터 적용 (진동 제거)
        # 각 축(x, y, z)의 진동을 개별적으로 필터링
        filtered_accel_x = low_pass_filter(raw_accel['x'], prev_accel_x, alpha=ALPHA)
        filtered_accel_y = low_pass_filter(raw_accel['y'], prev_accel_y, alpha=ALPHA)
        filtered_accel_z = low_pass_filter(raw_accel['z'], prev_accel_z, alpha=ALPHA)

        # 다음 루프를 위해 현재 값을 '이전 값'으로 저장
        prev_accel_x = filtered_accel_x
        prev_accel_y = filtered_accel_y
        prev_accel_z = filtered_accel_z

        # 3. 필터링된 가속도로 기울기 계산 (Filtered Angle)
        filter_roll = math.atan2(filtered_accel_y, filtered_accel_z) * 180 / math.pi
        filter_pitch = math.atan2(
            filtered_accel_x,
            math.sqrt(filtered_accel_y**2 + filtered_accel_z**2)
        ) * 180 / math.pi
```

```python
        # 비교용 : 원본 가속도로 계산한 기울기 (Raw Angle)
        raw_roll = math.atan2(raw_accel['y'], raw_accel['z']) * 180 / math.pi
        raw_pitch = math.atan2(
            raw_accel['x'],
            math.sqrt(raw_accel['y']**2 + raw_accel['z']**2)
        ) * 180 / math.pi

        # 4. 판단 및 제어 (필터링된 값 사용!)
        # 20도 이상 기울어지면 정지
        if abs(filter_roll) > 20 or abs(filter_pitch) > 20 :
            status_msg = "Stop (Tilted)"
            move_stop( )
        else :
            status_msg = "Forward"
            move_forward(0.6)

        # 5. 비교 출력 (Raw vs Filtered)
        # 터미널에서 원본과 필터링된 기울기의 떨림 차이를 확인해보세요.
        print(f'Roll : {raw_roll : 4.0f} -> {filter_roll : 4.0f}° ¦ Pitch : {raw_pitch :
4.0f} -> {filter_pitch : 4.0f}° ¦ {status_msg}        ', end='\r')

        sleep(0.1)

except KeyboardInterrupt :
    print("\n프로그램 종료.")
```

CHAPTER

9

종합 프로젝트 - 지능형 Pi-Rover

09 종합 프로젝트 – 지능형 Pi-Rover

01 [준비] 프로젝트 통합 환경 구축

(1) 로봇 제어의 핵심

① 모듈화 (motor_module + filtering_module)

② 파일 구조

02 [Project 1] 스마트 팩토리 물류 로봇 (AGV)

(1) 프로젝트 개요

① **목표** : 공장 바닥의 정해진 라인(경로)을 따라 부품을 운송하는 AGV (Automated Guided Vehicle) 를 구현한다.

② **시나리오**

　㉠ Pi-Rover는 두 개의 안전선 사이를 주행하며 물건을 운반. (라인 트레이싱)

　㉡ 이동 경로에 작업자(장애물)가 나타나면 즉시 정지하고 대기. (안전 정지)

　㉢ 작업자(장애물)가 사라지면, 안전을 위해 3초간 대기 후 경고(부저)를 알리고 다시 출발 (안전 재출발)

　㉣ 핵심 기술 : LineSensor(주행) + DistanceSensor(안전) + median_filter(오작동 방지) + 경고 (부저)

(2) 하드웨어 및 모듈 준비

① **사용 센서**

　㉠ DC 모터

　㉡ 전방 초음파 센서

　㉢ 좌/우 라인 센서

　㉣ 부저

② 모듈

　　㉠ motor_module.py (모터 동작 모듈)
　　㉡ filtering_module.py (데이터 필터링)

(3) 핵심 로직 (Flow)

① 안전(Safety)

공장에서는 속도보다 안전이 우선이므로, 초음파 센서의 노이즈로 인해 로봇이 급정거하는 것을 막기 위해 중간값 필터를 필수적으로 사용.

(4) 실습해 보기

```python
# file name : project1_agv_rover.py
# (스마트 팩토리 AGV : 라인 추적 및 장애물 감지 자동 정지 시스템)

# 1. 표준 라이브러리
import atexit
from time import sleep

# 2. 서드파티 라이브러리
from gpiozero import DistanceSensor, LineSensor

# 3. 로컬 라이브러리
from motor_module import *        # 모터 제어
from filtering_module import *    # 필터링 함수

# --- 센서 초기화 ---

# [안전 센서] 전방 초음파 (작업자 감지용)
front_safety_sensor = DistanceSensor(echo=12, trigger=13, max_distance=1.0)

# [주행 센서] 라인 센서 (경로 추적용)
right_line = LineSensor(5)
left_line = LineSensor(6)

# --- 설정값 (Parameters) ---
CRUISE_SPEED = 0.5        # 공장 내 안전 주행 속도
SAFE_DISTANCE = 0.25      # 안전 정지 거리 (25cm)
RESTART_DELAY = 3.0       # 장애물 제거 후 재출발 대기 시간 (3초)

# 필터링을 위한 데이터 저장소 (리스트)
dist_history = []

# --- 메인 주행 로직 ---
def run_agv_system( ) :
    move_stop( )
    sleep(1)

    while True :
```

```python
# 1. 거리 데이터 읽기 (노이즈가 섞인 원본)
raw_dist = front_safety_sensor.distance
if raw_dist is None :
    raw_dist = 1.0

# 2. 중간값 필터 적용 (튀는 값 제거)
clean_dist = median_filter(dist_history, raw_dist, window_size=5)

# 3. 라인 센서 상태 읽기
left_on = left_line.is_active
right_on = right_line.is_active

# 4. 장애물 감지 시 정지
if clean_dist < SAFE_DISTANCE :
    print(f'Obstacle detected! ({clean_dist*100 : .1f}cm) -> Emergency stop')
    move_stop( )

    while True :           # 장애물이 사라질 때까지 대기 (무한 루프)
        d = front_safety_sensor.distance    # 대기 중에도 계속 거리를 측정.
        if d is None : d = 1.0

        if d > SAFE_DISTANCE :          # 다시 안전거리가 확보되면?
            print(f'Obstacle removed! {RESTART_DELAY} seconds to restart...')
            sleep(RESTART_DELAY) # 안전하게 잠시 대기 후 출발
            print('AGV is ready to move!')
            break # 대기 루프 탈출 -> 다시 주행 루프로

        sleep(0.1)

    continue # 주행 로직 건너뛰고 처음으로 돌아감

# 라인 트레이싱 (Two-Line Lane Keeper 방식)
status_msg = ''

if not left_on and not right_on :        # 둘 다 밟지 않은 경우
    move_forward(CRUISE_SPEED)
    status_msg = 'Forward (Safe)'

elif left_on and not right_on :        # 왼쪽 라인 밟은 경우
    move_curve_right(CRUISE_SPEED)
    status_msg = 'Correction -> Right'

elif not left_on and right_on :        # 오른쪽 라인 밟은 경우
    move_curve_left(CRUISE_SPEED)
    status_msg = 'Correction -> Left'

else :                          # 둘 다 밟은 경우
    move_stop( )
    status_msg = 'Stop (Line Error)'

print(f'Distance : {clean_dist : 3.1f}m | {status_msg : <25}', end='\r')
```

```python
# --- 실행 ---
def main( ) :
    atexit.register(move_stop)

    print('AGV System (Line tracking and obstacle detection)')
    print('Pi-Rover is ready to move!')
    print('Press Ctrl+C to stop')
    print('-'*30)

    run_agv_system( )

if __name__ == "__main__" :
    main( )
```

(5) 좀 더 이해하기

① 유령 정지

공장에서는 용접 불꽃이나 기계 소음 때문에 센서값이 튀는 경우가 많다. 필터 없이 코드를 짜면, 아무것도 없는데 로봇이 끼익! 하고 멈춰버리는 '유령 정지(Phantom Braking)' 현상이 생겨서, median_filter가 필수이다.

② 재출발 지연 (Safety Delay)

장애물이 사라졌다고 바로 퓽! 하고 튀어 나가면 위험하겠죠? 작업자가 완전히 비킬 때까지 3초 정도 기다려주는 것이 로봇 안전 설계의 매너

③ AGV의 역할

우리가 만든 이 코드가 거대한 부품을 나르는 삼성전자나 현대자동차 공장의 로봇에도 똑같이 적용되는 기본 원리이다.
이 첫 번째 프로젝트로 Pi-Rover의 산업적 가능성을 멋지게 보여줄 수 있을 것이다!

03 [Project 2] 협동 로봇 : 안전 거리 유지 시스템

(1) 프로젝트 개요

① 자동차의 스마트 크루즈 컨트롤(ACC) 혹은 공장의 작업자 추종 로봇(Follower)

② 단순히 장애물을 피하는 것을 넘어, 대상과의 거리를 일정하게 유지하기 위해 전진과 후진을 스스로 결정하는 피드백 제어의 기초를 다룸.

③ 목표

Pi-Rover가 앞서가는 물체(사람 또는 다른 로봇)와 일정한 안전 거리(예 : 30cm)를 스스로 유지

하며 따라가게 함

④ 시나리오

ㄱ 따라가지(Follow) : 대상이 멀어지면() 35cm) 속도를 높여 따라감

ㄴ 유지(Hold) : 적정 거리(25~35cm)에 있으면 정지하여 대기.

ㄷ 회피(Back-off) : 대상이 가까이 다가오면(< 25cm) 뒤로 물러나 안전 거리 확보

⑤ 핵심 기술

ㄱ DistanceSensor(거리 측정)

ㄴ median_filter(초음파 센서 노이즈 제거)

ㄷ low_pass_filter(모터의 부드러운 가감속).

(2) 하드웨어 및 모듈 준비

① **센서** : 전방 초음파 센서 (거리 측정용)

② **모듈** : motor_module.py (구동), filtering_module.py (데이터 필터링)

(3) 핵심 로직(Flow)

① 목표 거리(Target)와 현재 거리(Current)의 차이를 이용해 행동을 결정

② **센서 필터링**

ㄱ 초음파 센서 값이 튀면 차가 울컥거릴 수 있으므로 median_filter 필터링

ㄴ 모터 필터링 : 갑작스러운 전진/후진 전환 시 충격을 줄이기 위해 low_pass_filter로 속도를 부드럽게 변화시킨다.

(4) 실습해 보기

```python
# file name : project2_safety_follower.py
# (협동 로봇 : 대상과의 거리를 일정하게 유지하는 스마트 크루즈/팔로워)

# 1. 표준 라이브러리
import atexit
from time import sleep

# 2. 서드파티 라이브러리
from gpiozero import DistanceSensor

# 3. 로컬 라이브러리
from motor_module import *
from filtering_module import *

# --- 센서 초기화 ---
```

```python
# [초음파] 전방 센서 (최대 1m)
front_sensor = DistanceSensor(echo=12, trigger=13, max_distance=1.0)

# --- 설정값 (Parameters) ---
TARGET_DIST = 0.30        # 목표 안전 거리 (30cm)
TOLERANCE = 0.05          # 허용 오차 범위 (±5cm) -> 25~35cm 사이면 정지
MAX_SPEED = 0.6           # 최대 추종 속도

# 필터링을 위한 변수들
dist_history = []         # 거리 데이터 저장소 (Median Filter용)
current_motor_val = 0.0 # 현재 모터 속도 상태 (LPF용, + : 전진, - : 후진)

# --- 메인 주행 로직 ---
def run_follower_system( ) :
    # 전역 변수 사용 (LPF 계산을 위해 이전 속도 기억)
    global current_motor_val

    # 시스템 안정화 대기
    move_stop( )
    sleep(1)

    while True :

        # 1. 거리 측정 (눈)
        raw_dist = front_sensor.distance
        if raw_dist is None : raw_dist = 1.0 # 에러 시 안전값(먼 거리)

        # 2. 중간값 필터 적용 (튀는 값 제거)
        clean_dist = median_filter(dist_history, raw_dist, window_size=5)

        # 3. 상황 판단 및 목표 속도 결정 (뇌)
        target_motor_val = 0.0 # 기본은 정지
        status_msg = 'Hold'

        # 4. 거리 차이 계산 (양수 : 멀다, 음수 : 가깝다)
        diff = clean_dist - TARGET_DIST

        # 5. 너무 멀 때 (추종) -> 전진
        if diff > TOLERANCE :
            target_motor_val = MAX_SPEED
            status_msg = 'Forward (Follow)'

        # 6. 너무 가까울 때 (회피) -> 후진
        elif diff < -TOLERANCE :
            target_motor_val = -MAX_SPEED # 후진 명령 (음수)
            status_msg = 'Backward (Back-off)'

        # 7. 적정 거리 유지 (오차 범위 내) -> 정지
        else :
            target_motor_val = 0.0
            status_msg = 'Stop (Good Range)'
```

```python
        # 8. 모터 제어 및 필터링 (근육)
        smooth_val = low_pass_filter(target_motor_val, current_motor_val, alpha=0.2)
        current_motor_val = smooth_val           # 현재 속도 갱신

        # 9. 필터링된 속도 값으로 실제 모터 구동
        if abs(smooth_val) < 0.1 :
            move_stop( )
        elif smooth_val > 0 :
            move_forward(abs(smooth_val))
        else :
            move_backward(abs(smooth_val))

        # 10. 상태 모니터링
        print(f'Distance : {clean_dist : 3.1f}m ¦ Motor : {smooth_val : +.2f} ¦
{status_msg : <20}', end='\r')

# --- 실행 ---
def main( ) :
    atexit.register(move_stop)

    print('Safety Follower System')
    print('Pi-Rover is ready to move!')
    print('Press Ctrl+C to stop')
    print('-'*30)

    run_follower_system( )

if __name__ == "__main__" :
    main( )
```

(5) 좀 더 이해해 보기

① 여유 구간(Tolerance)

㉠ 만약 오차 범위(±5cm)가 없다면 어떻게 될까?

로봇이 30.1cm면 전진하고 29.9cm면 후진하느라 제자리에서 미친 듯이 덜덜거릴 것이다. 적당한 여유 구간(Tolerance)을 줘야 로봇이 편안하게 쉰다.

② 저역 통과 필터(LPF)의 마법

㉠ 코드의 핵심 : low_pass_filter

㉡ 전진하다가 갑자기 후진 명령이 떨어져도, 필터 덕분에 속도가 서서히 줄어들었다가 부드럽게 뒤로 바뀐다. 마치 능숙한 운전자가 운전하는 것처럼 보인다.

③ 산업 현장 적용

㉠ 이 기술은 공장에서 작업자를 따라다니는 '팔로잉 카트'나, 고속도로에서 앞차 간격을 유지하는 스마트 크루즈 컨트롤에 쓰이는 핵심 기술

◆04 [Project 3] 자율 탐사 로버 (Rover)

(1) 프로젝트 개요

① 자율 탐사 로버 (Autonomous Exploration Rover)

모든 센서(초음파, 서보, IMU)를 총동원하여, 미지의 환경(미로)에서 스스로 지도를 스캔(Scanning)하고, 정밀하게 회전하여(IMU), 탈출구를 찾는(Algorithm) 화성 탐사선 수준의 지능을 구현

② 목표

지도가 없는 미지(Unknown)의 공간에서 스스로 장애물을 감지하고, 가장 넓은 경로를 찾아 계속 이동하는 자율 탐사(Exploration) 기능을 구현한다.

③ 시나리오 (미로 탈출)

㉠ 탐색 주행 : 전방을 주시하며 안전하게 이동

㉡ 장애물 조우 : 벽이나 장애물을 만나면 즉시 정지

㉢ 지형 스캐닝 : 서보 모터를 이용해 주변(좌/우/대각선)의 거리를 정밀하게 측정

㉣ 경로 판단 : 측정된 데이터를 분석하여 가장 멀리 갈 수 있는(가장 넓은) 방향을 선택

㉤ 정밀 회전 : IMU(자이로스코프)를 이용해 선택한 방향으로 정확한 각도만큼 회전

㉥ 핵심 기술 AngularServo(능동 스캐닝) + MPU6050(정밀 제어) + median_filter(데이터 신뢰성 확보).

(2) 하드웨어 및 모듈 준비

① **센서** : 전방 스캐닝 초음파(서보 위), 후방 안전 초음파, IMU(MPU6050)

② **모듈** : motor_module.py, filtering_module.py

(3) 핵심 로직 (Flow)

① 인식(Perception) → 판단(Planning) → 제어(Control)

로봇 공학의 표준 프로세스를 따름

㉠ [인식] 초음파 센서 값이 튀는 것을 막기 위해 median_filter를 적용하여 정확한 거리값을 얻는다.

㉡ [판단] 스캔한 거리 리스트에서 최댓값(Max)을 찾아 최적의 각도를 결정한다.

㉢ [제어] time.sleep에 의존하지 않고, IMU 값을 적분하여 목표 각도에 도달할 때까지 모터를 제어 (Closed-Loop Control).

(4) 실습해 보기

```python
# file name : project3_maze_rover.py
# (미지의 환경을 탐사하고 스스로 길을 찾는 지능형 로버)

# 1. 표준 라이브러리
import atexit
import sys
from time import sleep, time

# 2. 서드파티 라이브러리
from gpiozero import DistanceSensor, AngularServo
from mpu6050 import mpu6050

# 3. 로컬 라이브러리
from motor_module import * # 모터 제어
from filtering_module import median_filter # 노이즈 제거 필터

# --- 1. 센서 초기화 ---

# [IMU] 정밀 회전용 (안전 초기화)
try :
    imu = mpu6050(0x68)
    print('IMU(MPU6050) system is ready')
except :
    print('IMU connection failed')
    sys.exit(1)

# [초음파] 전방(Scan) & 후방(Safety)
front_ultra = DistanceSensor(echo=12, trigger=13, max_distance=1.5)
rear_ultra = DistanceSensor(echo=17, trigger=18, max_distance=1.5)

# [서보] 스캐닝용 (GPIO 4)
servo = AngularServo(4, min_angle=-90, max_angle=90)

# --- 2. 설정값 (Parameters) ---
EXPLORE_SPEED = 0.5      # 탐사 주행 속도
STOP_DISTANCE = 0.3      # 장애물 감지 거리 (30cm)
SCAN_ANGLES = [-60, -30, 0, 30, 60] # 5지점 스캔 (각도)

# 필터링 데이터 저장소 (리스트)
dist_history = []

def get_filtered_distance(sensor) :
    raw = sensor.distance
    if raw is None : raw = 1.5

    return median_filter(dist_history, raw, window_size=3)

def turn_precise_imu(target_angle) :

    if target_angle == 0 : return
```

```python
        direction = 'Left' if target_angle > 0 else 'Right'
        print(f'Precise rotation started : {direction} {abs(target_angle)}°')

        current_yaw = 0.0
        last_time = time( )

        # 회전 시작 (제자리 회전)
        if target_angle > 0 : move_turn_left(0.6)
        else : move_turn_right(0.6)

        # 목표 각도 도달할 때까지 루프 (자이로 적분)
        while abs(current_yaw) < abs(target_angle) :
            now = time( )
            dt = now - last_time
            last_time = now

            # 자이로 Z축(Yaw) 속도 적분
            gyro_z = imu.get_gyro_data( )['z']

            # 노이즈 필터링 (2.0 deg/s 미만 무시)
            if abs(gyro_z) > 2.0 :
                current_yaw += gyro_z * dt

        move_stop( )
        print(f'Rotation angle : {abs(current_yaw) : .1f}°')
        sleep(0.5) # 안정화

def scan_and_decide( ) :
    print('Scanning the environment...')

    best_angle = 0
    max_dist = 0

    for angle in SCAN_ANGLES :
        servo.angle = angle
        sleep(0.3)

        # 필터링된 거리값 사용 (신뢰도 향상)
        dist = get_filtered_distance(front_ultra)

        if dist > max_dist :
            max_dist = dist
            best_angle = angle

    # 정면 복귀
    servo.angle = 0
    sleep(0.3)

    return best_angle, max_dist

# --- 5. 메인 로직 (탐사 루프) ---
```

```python
def run_rover_mission( ) :

    # 초기화
    servo.angle = 0
    sleep(0.5)
    move_forward(EXPLORE_SPEED)

    while True :
        # 1. 전방 감시 (필터 적용)
        front_dist = get_filtered_distance(front_ultra)

        # 2. 장애물 감지 시 대응
        if front_dist < STOP_DISTANCE :
            print(f'[감지] 전방 장애물 ({front_dist*100 : .1f}cm)! 경로 재설정...')
            move_stop( )

            # 3. 스캔 및 판단
            target_angle, max_space = scan_and_decide( )

            # 4. 행동 결정
            if max_space < STOP_DISTANCE :
                # 4-1. 갇힘 (Dead End) -> 후진
                print(' [경고] 막다른 길입니다. 후진합니다.')

                # 후방 안전 확인
                if rear_ultra.distance > 0.3 :
                    move_backward(0.5)
                    sleep(1.2) # 충분히 후진
                    move_stop( )
                    # 후진 후 180도 회전(뒤로 돌기) 시도
                    turn_precise_imu(180)
                else :
                    print('   [비상] 앞뒤가 모두 막혔습니다. 구조 요청!')
                    break # 또는 대기
            else :
                # 4-2. 경로 발견 -> 정밀 회전
                print(f'   □ [결정] {target_angle}도 방향이 최적 ({max_space : .2f}m)')
                turn_precise_imu(target_angle)

            # 5. 주행 재개
            print(' [주행] 탐사 재개')
            move_forward(EXPLORE_SPEED)

        else :
            # 정상 주행 중 상태 표시
            print(f'탐사 중... 전방 거리 : {front_dist : .2f}m', end='\r')

        sleep(0.05)

def main( ) :
    atexit.register(move_stop)
```

```python
    print('Maze Rover System')
    print('Pi-Rover is ready to move!')
    print('Press Ctrl+C to stop')
    print('-'*30)

    run_rover_mission( )

if __name__ == "__main__" :
    main( )
```

(5) 좀 더 이해해 보기

① 필터의 실전 적용

㉠ 초음파 센서 값이 튀면 로봇이 '어? 장애물이다!' 하고 가다 서다를 반복

㉡ 여기서 median_filter를 적용함으로써 로봇이 '침착하게' 거리를 측정

```python
# 초음파 센서 값에 중간값 필터를 적용해 노이즈 제거
def get_filtered_distance(sensor) :
    raw = sensor.distance
    if raw is None : raw = 1.5

    return median_filter(dist_history, raw, window_size=3)
```

② IMU의 가치

㉠ 7.4절까지는 '대충 0.5초 돌면 되겠지?' 하고 운에 맡겼지만, 이제는 IMU 덕분에 미끄러운 바닥에서도, 배터리가 약해져도 정확히 원하는 만큼 돌게 함.

㉡ IMU를 이용해 목표 각도만큼 정확히 회전 (오차 보정)

target_angle : 양수(좌회전), 음수(우회전)

```python
def turn_precise_imu(target_angle) :

    if target_angle == 0 : return

    direction = '좌회전 (Left)' if target_angle > 0 else '우회전 (Right)'
    print(f'   □ [제어] 정밀 회전 시작 : {direction} {abs(target_angle)}도')

    current_yaw = 0.0
    last_time = time( )

    # 회전 시작 (제자리 회전)
    if target_angle > 0 : move_turn_left(0.6)
    else : move_turn_right(0.6)

    # 목표 각도 도달할 때까지 루프 (자이로 적분)
    while abs(current_yaw) < abs(target_angle) :
        now = time( )
        dt = now - last_time
```

```python
        last_time = now

        # 자이로 Z축(Yaw) 속도 적분
        gyro_z = imu.get_gyro_data( )['z']

        # 노이즈 필터링 (2.0 deg/s 미만 무시)
        if abs(gyro_z) > 2.0 :
            current_yaw += gyro_z * dt

    move_stop( )
    print(f'Rotation angle : {abs(current_yaw) : .1f}°')
    sleep(0.5) # 안정화
```

③ **탐사 알고리즘(Greedy Algorithm)** : 현재 눈앞에 보이는 곳 중 가장 넓은 곳을 선택하는 단순하지만 강력한 알고리즘(Greedy)을 사용한다. 이것이 복잡한 미로를 탈출하는 기초 지능이다.

05 [Project 4] IoT 원격 관제 센터

(1) 프로젝트 개요

① Remote Operation Console

㉠ 6.2절에서 배운 Flask(웹 제어)와 6.5~6.6절에서 배운 센서(데이터 읽기) 활용

㉡ 양방향 통신(Bidirectional Communication)

② **목표**

Pi-Rover를 보이지 않는 곳(재난 현장, 파이프 내부 등)으로 보내고, 안전한 외부에서 웹 브라우저를 통해 원격 조종하며 실시간 센서 데이터를 모니터링함.

③ **개념**

단순한 리모컨(단방향)을 넘어, 로봇의 상태(기울기, 거리)를 실시간으로 받아보는 '디지털 트윈(Digital Twin)' 기초 모델임.

④ **핵심 기술** : Flask 웹 서버 + AJAX(비동기 데이터 통신) + HTML/CSS 대시보드 구현.

(2) 하드웨어 및 모듈 준비

① **센서** : 전방 초음파(거리 감지), IMU(자세/기울기 감지).

② **모듈** : motor_module.py (구동), mpu6050 라이브러리.

(3) 시나리오 및 핵심 로직

① **서버 가동** : Pi-Rover가 Wi-Fi에 접속하여 웹 서버를 열고 대기함.

② **관제 접속** : 사용자가 스마트폰/PC 브라우저로 접속하면 종합 관제 대시보드가 열림.

③ **명령 전송(Client → Server)** : 화면의 버튼(WASD)을 누르면 로봇에게 이동 명령을 내림.

④ **데이터 수신(Server → Client)**

    ㉠ 웹 페이지가 0.5초마다 서버에게 "지금 상태 어때?"라고 물어봄(Polling).

    ㉡ 서버는 전방 거리(cm), 차량 기울기(Roll/Pitch), 충격량(G) 데이터를 JSON으로 묶어서 보내줌.

    ㉢ 화면의 수치가 실시간으로 갱신됨.

(4) 실습해 보기

① HTML/JavaScript가 포함된 단일 파일로 구성하여 실행 편의성을 높임.

② 센서 데이터를 실시간으로 읽어와 웹페이지에 표시하는 기능이 핵심임.

```python
# file name : project4_iot_center.py
# (웹 브라우저로 원격 제어하며 센서 데이터를 실시간 모니터링하는 IoT 시스템)

# 1. 표준 라이브러리
import atexit
import math
import sys
import subprocess

# 2. 서드파티 라이브러리
from flask import Flask, render_template_string, request, jsonify
from gpiozero import DistanceSensor
from mpu6050 import mpu6050

# 3. 로컬 라이브러리
from motor_module import * # 모터 제어

# --- 센서 초기화 ---

# [IMU] 자세 제어용
try :
    imu = mpu6050(0x68)
    print('IMU 센서 연결 성공.')
except :
    print('IMU 센서 연결 실패. 점검 요망.')
    sys.exit(1)

# [초음파] 거리 감지용
front_ultra = DistanceSensor(echo=12, trigger=13, max_distance=2.0)

# --- Flask 및 변수 설정 ---
app = Flask(__name__)
current_speed = 0.6


# --- 웹 대시보드 (HTML/CSS/JS) ---
# (라이트 모드 디자인 적용, Pi-Rover 타이틀 적용)
```

```python
HTML_TEMPLATE = """
<!DOCTYPE html>
<html>
<head>
    <title>Pi-Rover IoT Center</title>
    <meta name="viewport" content="width=device-width, initial-scale=1.0, user-scalable=no">
    <style>
        /* [라이트 모드] 깔끔하고 인쇄에 유리함 */
        body {
            font-family : 'Segoe UI', Tahoma, Geneva, Verdana, sans-serif;
            text-align : center;
            background-color : #f4f4f9;
            color : #333;
            margin : 0;
            padding : 20px;
            touch-action : manipulation;
        }

        h2 {
            margin-top : 0;
            color : #2E7D32;
            font-size : 1.5rem;
            text-transform : uppercase;
            letter-spacing : 2px;
            border-bottom : 2px solid #2E7D32;
            display : inline-block;
            padding-bottom : 5px;
        }

        /* 센서 데이터 대시보드 패널 */
        .dashboard {
            display : flex;
            justify-content : space-between;
            margin : 20px 0;
            padding : 15px;
            background : #ffffff;
            border-radius : 15px;
            box-shadow : 0 4px 15px rgba(0,0,0,0.1);
            border : 1px solid #e0e0e0;
        }

        .sensor-box {
            width : 32%;
            background : #f8f9fa;
            padding : 10px 5px;
            border-radius : 10px;
            border : 1px solid #eee;
        }

        .value {
            font-size : 1.8rem;
```

```css
        font-weight : bold;
        color : #0277BD;
        font-family : 'Courier New', Courier, monospace;
}

.label {
    font-size : 0.8rem;
    color : #666;
    margin-top : 5px;
    font-weight : bold;
}

/* 조종 컨트롤러 패널 */
.controller-panel {
    background : #ffffff;
    padding : 20px;
    border-radius : 20px;
    box-shadow : 0 4px 15px rgba(0,0,0,0.1);
    border : 1px solid #e0e0e0;
    max-width : 300px;
    margin : 0 auto;
}

.controller {
    display : grid;
    grid-template-columns : 1fr 1fr 1fr;
    gap : 15px;
}

.btn {
    aspect-ratio : 1;
    display : flex;
    align-items : center;
    justify-content : center;
    font-size : 2rem;
    border : none;
    border-radius : 15px;
    background : #e0e0e0;
    color : #333;
    box-shadow : 0 4px #999;
    cursor : pointer;
    transition : all 0.1s;
}

.btn : active {
    background : #4CAF50;
    color : white;
    box-shadow : 0 2px #666;
    transform : translateY(4px);
}

.empty { visibility : hidden; }
```

```
        #stop {
            background : #FFCDD2;
            color : #D32F2F;
            box-shadow : 0 4px #E57373;
        }
        #stop : active {
            background : #F44336;
            color : white;
            box-shadow : 0 2px #D32F2F;
        }

        /* 상태 메시지 */
        .status-bar {
            margin-top : 20px;
            font-size : 0.9rem;
            color : #555;
            background : #fff;
            display : inline-block;
            padding : 5px 15px;
            border-radius : 20px;
            box-shadow : 0 2px 5px rgba(0,0,0,0.05);
        }

        .icon { font-weight : bold; }

    </style>
</head>
<body>
    <h2>Pi-Rover 관제 센터</h2>

    <div class="dashboard">
        <div    class="sensor-box"><div    id="dist"    class="value">--</div><div>거리
(cm)</div></div>
        <div                    class="sensor-box"><div                    id="roll"
class="value">--</div><div>Roll(°)</div></div>
        <div                 class="sensor-box"><div                 id="pitch"
class="value">--</div><div>Pitch(°)</div></div>
    </div>

    <div class="controller-panel">
        <div class="controller">
            <div class="empty"></div><div class="btn" id="forward"><span class="icon">▲
</span></div><div class="empty"></div>
            <div    class="btn"    id="left"><span    class="icon">◄</span></div><div
class="btn"    id="stop"><span    class="icon">■</span></div><div    class="btn"
id="right"><span class="icon">►</span></div>
            <div class="empty"></div><div class="btn" id="backward"><span class="icon">
▼</span></div><div class="empty"></div>
        </div>
    </div>
```

```html
    <div class="status-bar">
        Server    Status    :    <span    style="color    :    #2E7D32;    font-weight    :
bold;">Online</span> | Mode : Manual
    </div>

    <script>
        const buttons = document.querySelectorAll('.btn');
        buttons.forEach(btn => {
            if(btn.id) {
                btn.addEventListener('touchstart',  (e)  =>  {  e.preventDefault(  );
sendCmd(btn.id); });
                btn.addEventListener('touchend',  (e)  =>  {  e.preventDefault(  );
sendStop( ); });
                btn.addEventListener('mousedown', ( ) => sendCmd(btn.id));
                btn.addEventListener('mouseup', sendStop);
            }
        });

        function sendCmd(cmd) {
            fetch('/control',  {  method  :  'POST',  headers  :  {'Content-Type'  :
'application/json'}, body : JSON.stringify({command : cmd}) });
        }
        function sendStop( ) {
            fetch('/control',  {  method  :  'POST',  headers  :  {'Content-Type'  :
'application/json'}, body : JSON.stringify({command : 'stop'}) });
        }

        setInterval(( ) => {
            fetch('/status').then(r => r.json( )).then(data => {
                document.getElementById('dist').innerText = data.dist;
                document.getElementById('roll').innerText = data.roll;
                document.getElementById('pitch').innerText = data.pitch;

                // 위험 감지 시각화
                const distEl = document.getElementById('dist');
                if (parseFloat(data.dist) < 20.0) distEl.style.color = '#D32F2F';
                else distEl.style.color = '#0277BD';
            });
        }, 500);
    </script>
</body>
</html>
"""


# --- Flask 라우팅 ---

@app.route('/')
def index( ) :
    return render_template_string(HTML_TEMPLATE)

# [기능 1] 모터 제어 요청 처리
@app.route('/control', methods=['POST'])
def control( ) :
```

```python
        cmd = request.json.get('command')

        if cmd == 'forward' : move_forward(current_speed)
        elif cmd == 'backward' : move_backward(current_speed)
        elif cmd == 'left' : move_turn_left(current_speed)
        elif cmd == 'right' : move_turn_right(current_speed)
        elif cmd == 'stop' : move_stop( )

        return "OK", 200

# [기능 2] 센서 상태 데이터 반환 (JSON)
@app.route('/status')
def status( ) :
    # 1. 초음파 거리 (cm)
    d = front_ultra.distance
    dist_val = round(d * 100, 1) if d is not None else 0.0

    # 2. IMU 기울기 (Roll, Pitch)
    accel = imu.get_accel_data( )
    x, y, z = accel['x'], accel['y'], accel['z']

    # 기울기 계산 공식 적용
    roll = math.atan2(y, z) * 180 / math.pi
    pitch = math.atan2(x, math.sqrt(y*y + z*z)) * 180 / math.pi

    # JSON 형식으로 웹페이지에 전달
    return jsonify({
        'dist' : dist_val,
        'roll' : round(roll, 1),
        'pitch' : round(pitch, 1)
    })

# --- 시스템 실행 ---
def get_ip( ) :
    try :
        ret = subprocess.run(['hostname', '-I'], capture_output=True, text=True)
        return ret.stdout.split( )[0]
    except : return '?.?.?.?'

def main( ) :
    atexit.register(cleanup_motor)

    ip = get_ip( )
    print('='*40)
    print('   [Project 4] Pi-Rover 관제 센터 가동')
    print(f'   - 접속 주소 : http : //{ip} : 5000')
    print('   - 기능 : 원격 조종 + 실시간 센서 모니터링')
    print('='*40)

    app.run(host='0.0.0.0', port=5000, debug=False)

if __name__ == "__main__" :
    main( )
```

(5) 좀 더 이해해 보기

① 시각화의 힘

   ㉠ 터미널에 흐르는 숫자는 알아보기 힘들지만, 이렇게 대시보드로 만들면 로봇의 상태를 한눈에 파악할 수 있음.

   ㉡ 스마트 팩토리 관제 시스템의 기초

② 데이터의 흐름

로봇이 센서 값을 읽음(Sensing) → 웹 서버가 JSON으로 포장함(Processing) → 스마트폰이 풀어서 화면에 보여줌(Monitoring). 이 전체 흐름을 이해하는 것이 AIoT의 핵심

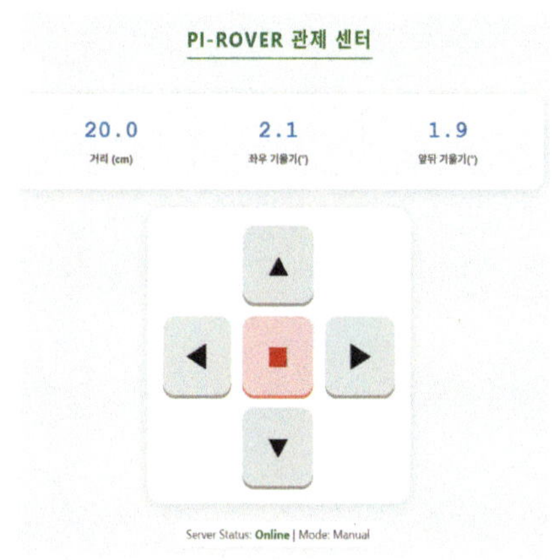

CHAPTER

10

부 록

10 부 록

01 하드웨어 & 부품

(1) 센서 및 부품 현황

순	명칭	사양	이미지	수	라이브러리
1	라즈베리파이	Raspberry 5		1	–
2	브레드보드	브레드보드 (half, 400홀)		1	–
3	초음파	HC-SR04		2	DistanceSensor
4	LED	3mm		1	LED
5	저항	220Ω		1	–
6	버튼	푸시 버튼		1	Button
7	자동차 프레임	자동차 프레임 킷트		1	DC모터 4 건전지홀더 1 포함
8	부저	피에조 수동부저		1	Buzzer TonalBuzzer Tone
9	라인 감지	TCRT5000		2	LineSensor
10	servo 모터	sg-90		1	servo AngularServo

순	명칭	사양		이미지	수	라이브러리
11	서보 모터 브라켓	sg-90 팬틸트 브라켓			1	
12	IMU 관성장치	MPU6050			1	mpu6050
13	모터드라이버	SN754410			2	–
14	건전지	AA 건전지 (1.5V)			4	–
15	점퍼 케이블	연결선	빨강		2	
			주황		2	
			검정		4	
		수-수			20	
		암-수				
		암-암				

– 프로젝트에서 다루는 센서는 제외한다.

(2) 라즈베리파이 GPIO 핀

GPIO(General Purpose Input/Output : 다목적(범용) 입출력)

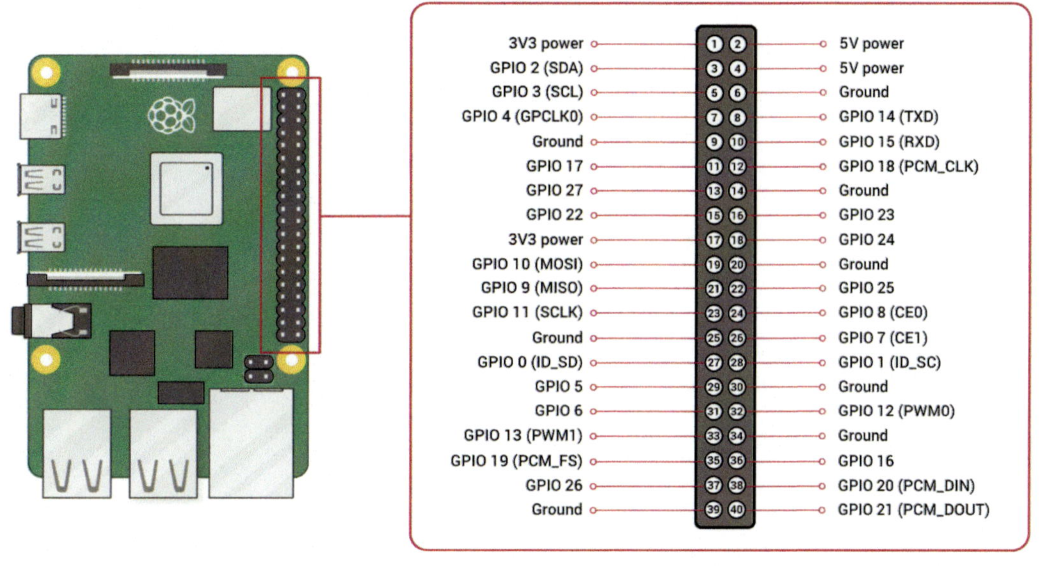

〈그림 10-1〉 라즈베리파이 GPIO핀 번호

(3) 전체 파일 구조도

```
/home/pi/Pi-Rover/                        <-- 프로젝트 최상위 폴더

├── README.md                             <-- (설명 파일)
├── requirements.txt                      <-- (설치 라이브러리 목록)

├── ch03_setting/                         <-- (개발환경 설정 실습)
├── ch04_sensor/                          <-- (센서 기초 제어 실습)
├── ch06_basic_control/        <-- (기초 동작 제어 실습)
├── ch07_sensor_fusion_control/ <-- (융합 동작 제어 실습)
├── ch08_sensor_filtering/                <-- (센서 필터링 실습)
├── ch09_project/                         <-- (종합 프로젝트)
└── ch10_Appendix/                        <-- (부록)
    ├── 01_QnA.py
    └── 02_sensor_test/
```

(4) 센서 체크용 코드

① 체크 리스트

② 파일 구조

```
/home/pi/Pi-Rover/                        <-- 프로젝트 최상위 폴더

├── README.md                             <-- (설명 파일)
├── requirements.txt                      <-- (설치 라이브러리 목록)

├── ch03_setting/                         <-- (개발환경 설정 실습)
├── ch04_sensor/                          <-- (센서 기초 제어 실습)
├── ch06_basic_control/        <-- (기초 동작 제어 실습)
├── ch07_sensor_fusion_control/ <-- (융합 동작 제어 실습)
├── ch08_sensor_filtering/                <-- (센서 필터링 실습)
├── ch09_project/                         <-- (종합 프로젝트)
└── ch10_Appendix/                        <-- (부록)
    ├── 01_QnA.py
    └── 02_sensor_test/
        ├── test_all_sensor.py            <-- (전체 센서 테스트용)
        ├── test_00000.py                 <-- (00000 : 센서이름별 개별파일 들)
```

③ source code

㉠ 전체 센서 통합 테스트 코드이다.

㉡ 개별 센서 테스트 코드도 ch10 부록에 포함되어 있다.

```python
# file name : test_all_sensor.py
# Test order : Buzzer -> LED -> Servo -> Front ultra -> Rear ultra -> Line ->
MPU6050 -> Motor

from time import sleep
from gpiozero import TonalBuzzer, LED, Servo, DistanceSensor, LineSensor, Motor
from mpu6050 import mpu6050
```

```python
def test_buzzer( ) :
    print('[1/8] Buzzer test')
    bz = TonalBuzzer(25)
    for _ in range(3) :
        bz.play('A4')
        sleep(0.5)
        bz.stop( )
        sleep(0.5)
    print('Buzzer test completed\n')

def test_led( ) :
    print('[2/8] LED test')
    led1 = LED(16)
    for _ in range(3) :
        led1.on( )
        sleep(0.5)
        led1.off( )
        sleep(0.5)
    print('LED test completed\n')

def test_servo( ) :
    print('[3/8] Servo test')
    servo = Servo(18, min_pulse_width=0.5/1000, max_pulse_width=2.5/1000)
    servo.value = 0.5
    sleep(0.3)
    for _ in range(2) :
        servo.value = 0.0
        sleep(0.5)
        servo.value = 0.5
        sleep(0.5)
        servo.value = 1.0
        sleep(0.5)
        servo.value = 0.5
        sleep(0.5)
    print('Servo test completed\n')

def test_front_ultra( ) :
    print('[4/8] Front ultra test')
    front_ultra = DistanceSensor(echo=12, trigger=13)
    for _ in range(3) :
        print(f'  Distance : {front_ultra.distance : .2f} m')
        sleep(0.5)
    print('Front ultra test completed\n')

def test_rear_ultra( ) :
    print('[5/8] Rear ultra test')
    rear_ultra = DistanceSensor(echo=17, trigger=4)
    for _ in range(3) :
        print(f'  Distance : {rear_ultra.distance : .2f} m')
        sleep(0.5)
    print('Rear ultra test completed\n')
```

```python
def test_line( ) :
    print('[6/8] Line test')
    right_line = LineSensor(5)
    left_line = LineSensor(6)
    print(f'1 is Black line, 0 is White surface')
    print(f'True is Black line, False is White surface')
    for _ in range(3) :
        print(f'    LEFT : {left_line.value} ({left_line.is_active}), RIGHT : {right_line.value} ({right_line.is_active})')
        sleep(0.3)
    print('Line test completed\n')

def test_mpu6050( ) :
    print('[7/8] MPU6050 test')

    try :
        sensor = mpu6050(0x68)
        for _ in range(3) :
            accel_data = sensor.get_accel_data( )
            gyro_data = sensor.get_gyro_data( )
            temp_data = sensor.get_temp( )
            print(f'  Acceleration X : {accel_data["x"] : 6.2f} Y : {accel_data["y"] : 6.2f} Z : {accel_data["z"] : 6.2f} m/s²')
            print(f'  Gyro X : {gyro_data["x"] : 6.1f} Y : {gyro_data["y"] : 6.1f} Z : {gyro_data["z"] : 6.1f} deg/s')
            print(f'  Temperature : {temp_data : 6.1f} deg')
            sleep(0.5)
    except Exception as err :
        print(f'MPU6050 test failed : {err}')

def test_motor( ) :
    print('[8/8] Motor forward test')
    motor1 = Motor(26, 19)
    motor2 = Motor(22, 27)
    motor3 = Motor(20, 21)
    motor4 = Motor(24, 23)

    try :
        print('  Motor forward started...')
        motor1.forward( )
        motor2.forward( )
        motor3.forward( )
        motor4.forward( )
        sleep(1.5)
    finally :
        motor1.stop( )
        motor2.stop( )
        motor3.stop( )
        motor4.stop( )
    print('Motor test completed\n')
```

```python
def main( ) :
    print('All sensors sequential test started')
    print('-' * 30 + '\n')

    try :
        test_buzzer( )
        sleep(0.5)

        test_led( )
        sleep(0.5)

        test_servo( )
        sleep(0.5)

        test_front_ultra( )
        sleep(0.5)

        test_rear_ultra( )
        sleep(0.5)

        test_line( )
        sleep(0.5)

        test_mpu6050( )
        sleep(0.5)

        test_motor( )

        print('All tests completed!\n')
        print('-' * 30)

    except KeyboardInterrupt :
        print('\n\nTest interrupted\n')
    except Exception as err :
        print(f'\nError occurred : {err}')

if __name__ == '__main__' :
    main( )
```

(5) 라인트레이서 테스트용 색띠

(6) 회로도

① fritzing 다운로드

ⓐ 다운로드 링크

- 사이트 : https : //fritzing.org/download/
- 2022년 7월 기준으로 유료로 변환. 메뉴 [Download]로 들어가서 본인의 컴퓨터 사양 및 운영 체제(32bit/64bit)에 맞게 다운로드.

ⓑ 설치

다운로드 받은 fritzing.exe 실행하여 설치한다. 생각보다 시간이 걸리니 참고 기다린다.

② 사용하기

ⓐ 초기 파일 생성

- [파일] - [새로만들기] 실행하면 브레드보드가 있는 화면이 있는 초기 화면이 생성된다.
- 기본메뉴 : [파일] [편집] [부품] [보기] [윈도우] [Routin] [도움말]
- 추가하려는 부품은 오른쪽 화면에서 찾아 왼쪽 화면으로 드래그 하고 브레드보드에 필요한 곳에 연결하면 된다. 찾으려는 부품이 보이지 않을 시에는 돋보기를 활용하여 찾아보면 된다.
- 아예 부품이 없을 때에는 인터넷에서 검색하면 된다. 사용 방법은 pp.48 참고

ⓑ 기본 제어

버튼			동작	기능
왼쪽 클릭	선택		마우스 휠	화면 확대/축소
오른쪽 클릭	단축 메뉴		ctrl + 마우스휠	화면 위/아래 이동
드래그	부품 선택 시 이동		alt + 마우스 휠	화면 왼쪽/오른쪽 이동
	브레드보드 및 부품시 연결선			

ⓒ 생성된 브레드보드 방향 전환

- 브레드보드를 선택 후 프로그램 왼쪽 하단  클릭, 브레드보드가 방향이 바뀐다.
  – 빨강색 라인이 위로 가도록 바꾼다.

〈그림 10-2〉 setting_01_브레드 보드 방향 전환

③ **없는 부품 사용하기**

프리징에서 기본 제공하는 부품 이외에 나만의 부품이 필요할 시에는 인터넷에서 부품을 찾아 다운받아 사용한다.(프리징부품 폴더)

㉠ 확장자 fzpz로 검색 후 다운로드 하면 된다.

　검색시 : 찾으려는 부품명.fzpz

㉡ 부품 찾을 시 참고 사이트

- https : //www.elec-cafe.com/fritzing-parts-download/
- https : //github.com/adafruit/Fritzing-Library/tree/master/parts
- https : //github.com/RafaGS/Fritzing
- https : //github.com/adafruit/Fritzing-Library
- https : //gitlab.com/ainpoenya/e-radionica.com-Fritzing-Library-parts-/-/tree/master
- 더 좋은 사이트 공유해 주시면 감사.

㉢ 오른쪽 메뉴 - import.... 클릭 후 추가하려는 부품 선택.

- 위치 : 다운로드 위치 (에 : C : ₩다운로드)
- Raspberry-Pi5.fzpz, T Cobbler Plus Cable.fzpz 선택하여 추가

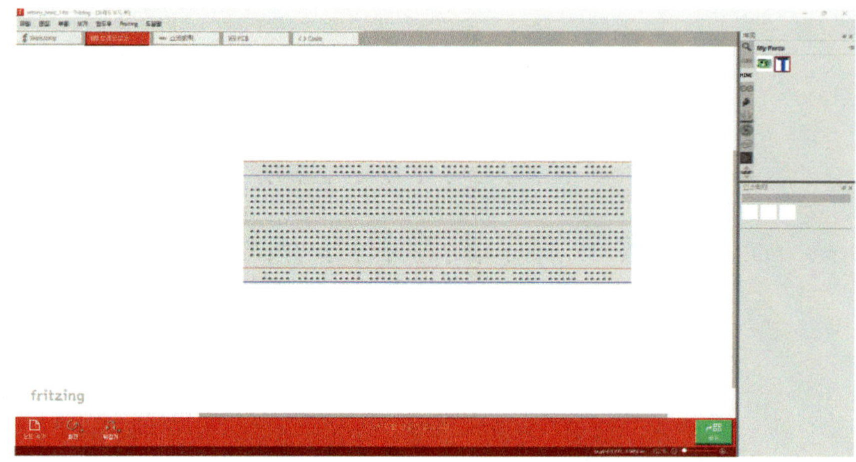

〈그림 10-3〉 setting_02_import_pi5_T

④ 라즈베리파이 기본 연결

㉠ MINE 탭에서 라즈베리파이5와 T 케이블 드래그 한 후 회전시켜 아래와 같이 연결한다.

- 라즈베리파이를 왼쪽 기본 화면으로 드래그 후 프로그램 왼쪽 하단 [회전] 클릭하여 회전한 후 그림처럼 브레드보드랑 연결한다.

- T Cobbler Plus(일명 T자 확장 커넥터) 드래그 한 후 뒤집기로 [회전] 한 후 아래 그림처럼 연결한다.

- T확장 커넥터와 라즈베리파이를 연결한다. 라즈베리파이 GPIO40핀이 녹색이 되도록 연결한다.

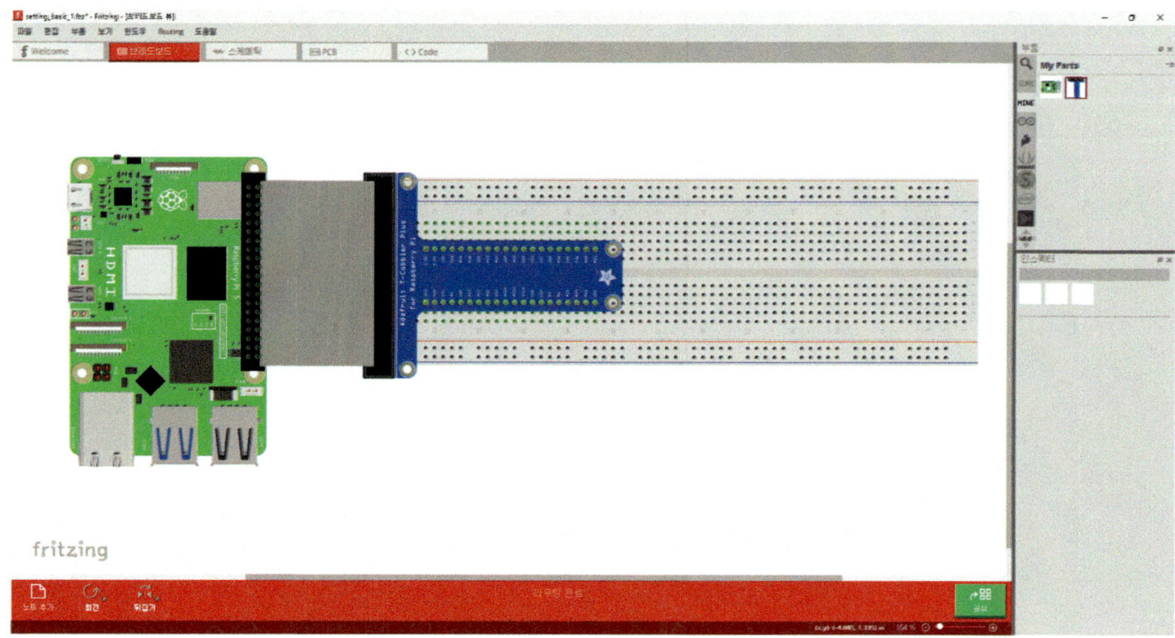

〈그림 10-4〉 setting_03

ⓛ 라즈베리파이의 V, GND와 브레드보드와 연결

- 브레드보드 왼쪽, 오른쪽 연결
  - 왼쪽 절반, 오른쪽 절반의 가운데는 연결되어 있지 않으므로 연결

〈그림 10-5〉 setting_04_line_setting_1

- 연결선 선택 후 화면 오른쪽 인스펙터 - 색상
- 위쪽 + 은 빨강색, 아래쪽 + 주황색, GND는 검정색

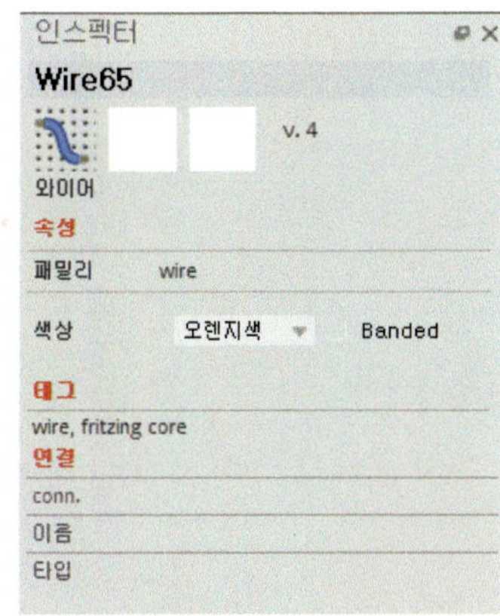

〈그림 10-6〉 setting_04_breadboard_5

- 브레드 보드 위쪽, 아래쪽 GND 연결
  - T 연결케이블 때문에 직접 선을 그리지 못하고 기존 선을 복사해서 사용
  - 검정색 연결선 2개 복사. 근처로 이동 후 선의 끝을 드래그 해서 연결

〈그림 10-7〉 setting_04_breadboard_6_gnd_1

〈그림 10-8〉 setting_04_breadboard_6_gnd_2

- 브레드보드 위쪽에 5V, 브레드 보드 아래쪽에 3.3V
  - 위와 마찬가지로 빨강, 주황색 복사, 적절한 위치로 이동 후 연결

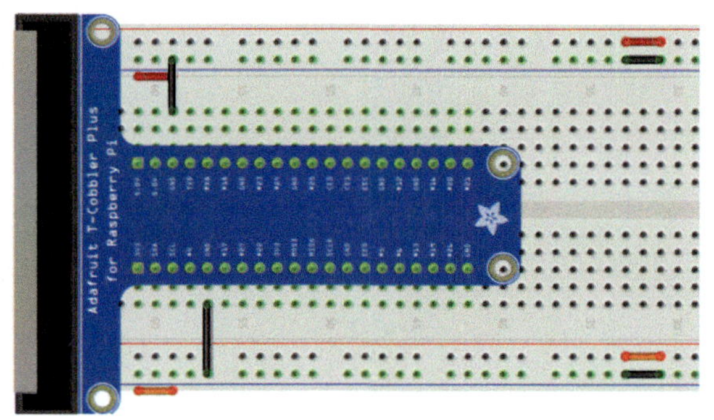

〈그림 10-9〉 setting_04_breadboard_7_vcc_1

〈그림 10-10〉 setting_04_breadboard_7_vcc_2

⑤ LED 및 저항 추가

　㉠ [부품] - [CORE] - [출력]영역 - LED 추가

　LED 다리(-) 부분 드래그, 연결 위치 변경

	왼쪽(직선)	오른쪽(구부러짐)
	- (음극)	+ (양극)

　㉡ LED 인스펙터

　LED 속성 - 색상 - 클릭하여 Orange(620nm) 로 변경

　㉢ 저항 : [부품] - [Core parts]영역에서 저항 드래그 하여 추가 후 회전(저항은 +, - 구분 없음)
　후 연결

– 저항 인스펙터 : 저항값을 원하는 값으로 변경하면 된다. 여기선 220Ω으로 변경

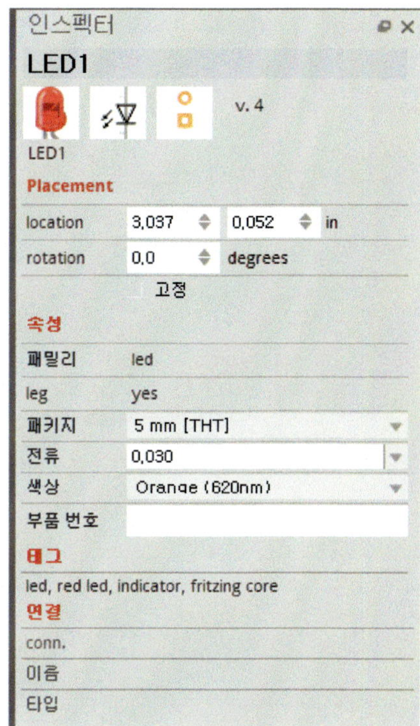

〈그림 10-11〉 setting_04_led

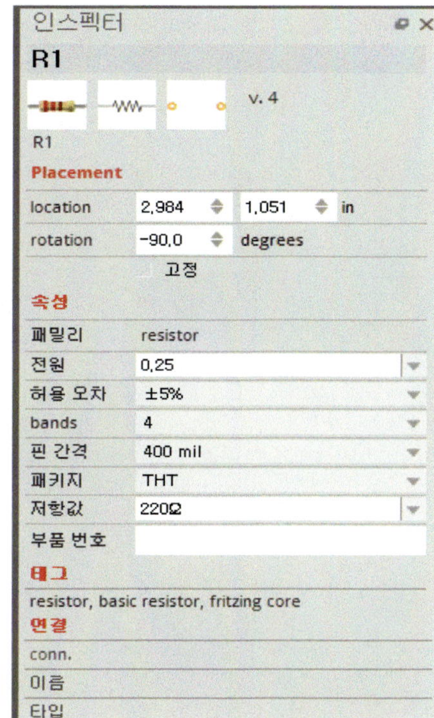

〈그림 10-12〉 setting_05_저항

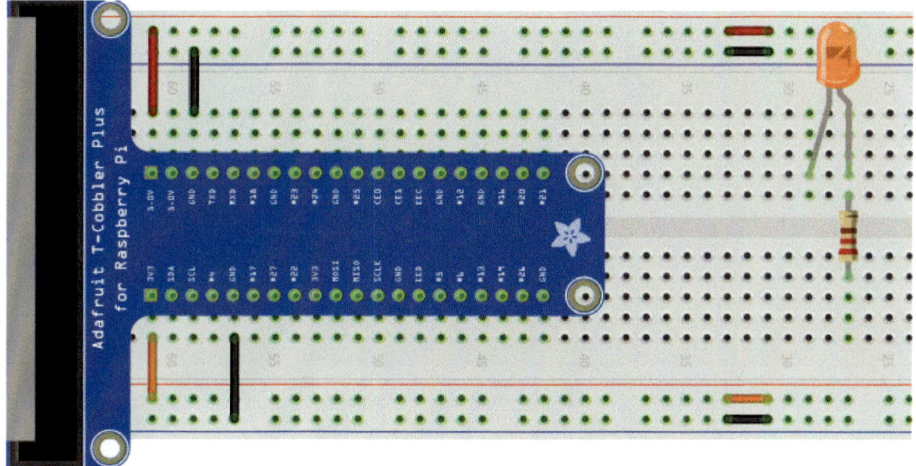

〈그림 10-13〉 setting_06

㉣ 선 연결

- 선은 작업화면에서 드래그 하면 된다.
- LED와 위쪽 GND 라인 연결
  - [인스펙터] – [색상] – 검정색
- LED + 연결과 GPIO 연결
  - 저항 끝 라인에서 GPIO 27번까지 드래그

– [인스펙터] – [색상] – 오렌지색

– 연결 후 선의 적당한 곳에서 드래그하여 'ㄷ'자형으로 만들어 준다.

– 2번 꺾어졌으면 2번 작업

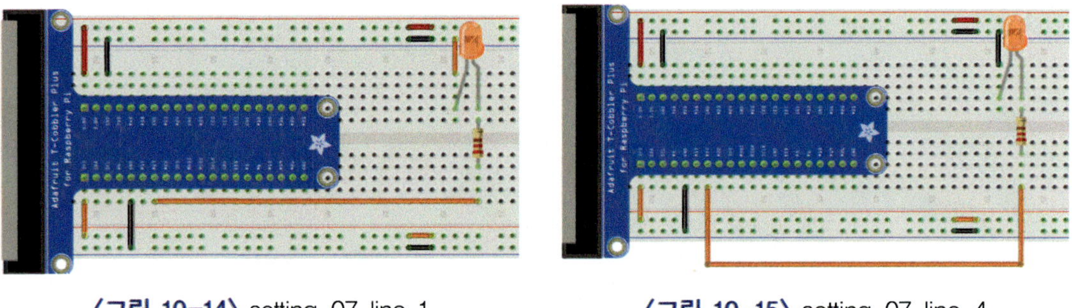

〈그림 10-14〉 setting_07_line_1　　　　〈그림 10-15〉 setting_07_line_4

㉢ 작업이 끝나고 저장. 확장자(*.fzz)

● 프리징 파일의 확장자는 led.fzz로 저장

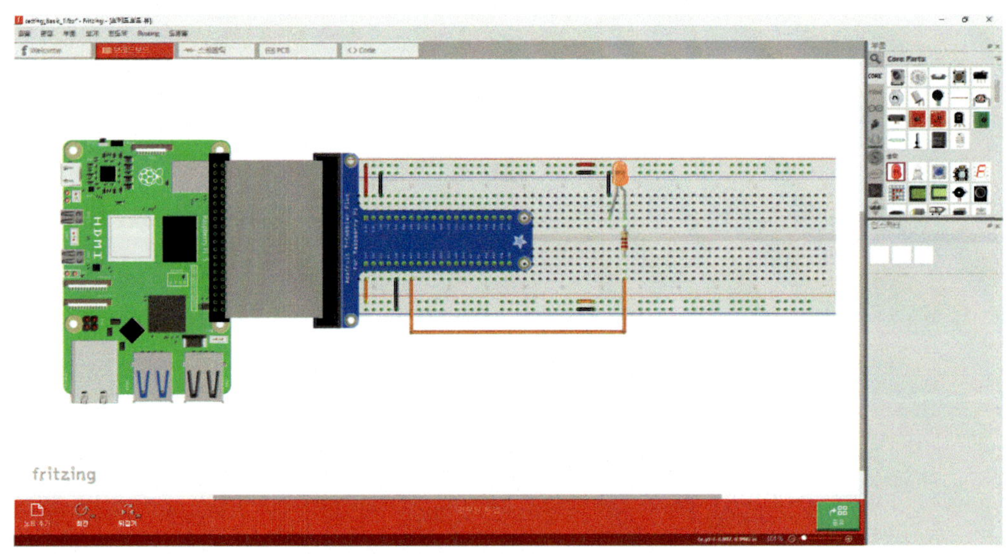

〈그림 10-16〉 setting_08

⑥ 기본 부품

부품명	이미지	부품명	이미지
라즈베리파이5		라즈베리파이 GPIO T형 확장보드	
브레드보드 (830)		확장선	수수

⑦ 기본 연결

　㉠ 전원

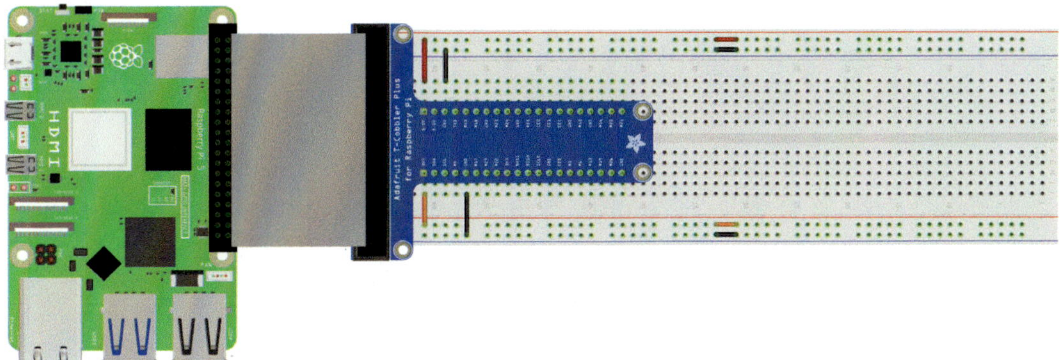

〈그림 10-17〉 fzz_basic_00

- 그림 위쪽 빨강 라인은 5V 연결
- 그림 아래쪽 주황 라인은 3.3V 연결

　㉡ 전원 및 GND 연결

- 브레드 보드 왼쪽 영역과 오른쪽 영역을 연결해 준다.

02 소프트웨어 및 개발 환경

(1) 파이썬 설치 및 IDLE 사용

① 설치하기

　㉠ 다운로드

- 파이썬 공식 홈페이지 : https://www.python.org/
- [Downloads] - [Download for Windows] - Python 3.13.* -

　㉡ 화면 하단 ☑ Add python.exe to PATH 체크 (꼭… 필수)

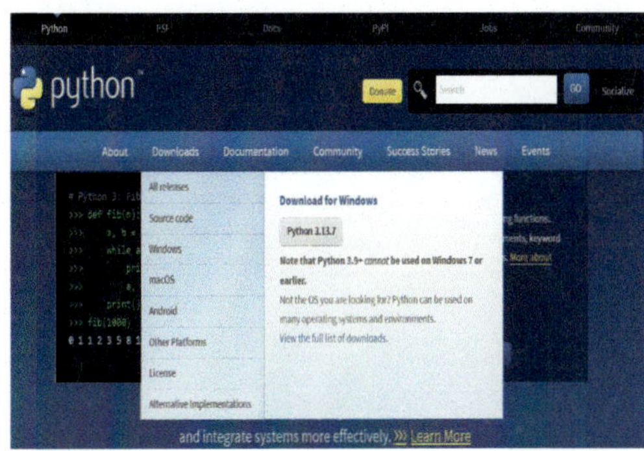

〈그림 10-18〉 download_imager

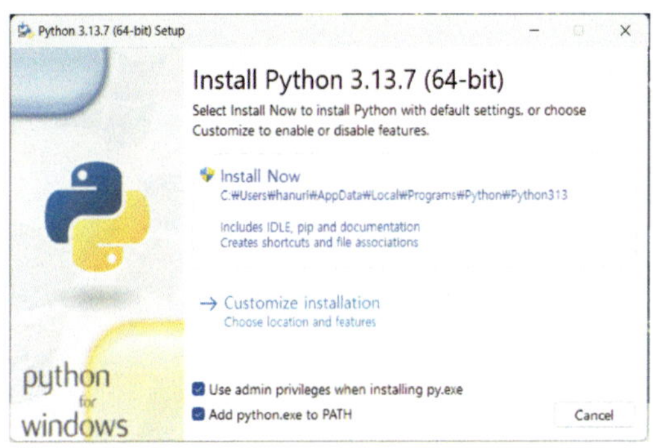

〈그림 10-19〉 python_install_01

ⓒ 화면 중앙 Install Now 클릭..

ⓔ 이후 Next 클릭, 설치됨.

② **사용법**

㉠ IDLE 두 가지 mode

- IDLE(Integrated Development Environment, 통합 개발 환경)

IDLE interactive shell	IDLE Editor
* 파이썬 명령어를 한 줄씩 입력하며 실행 결과를 바로 확인하는 공간 * 간단한 연산이나 명령 실행 시 주로 사용 * 프롬프트 형태	* 파이썬 코드 긴 경우 사용 * 파일 형태로 저장 가능 * [FILE] − [New File] 클릭
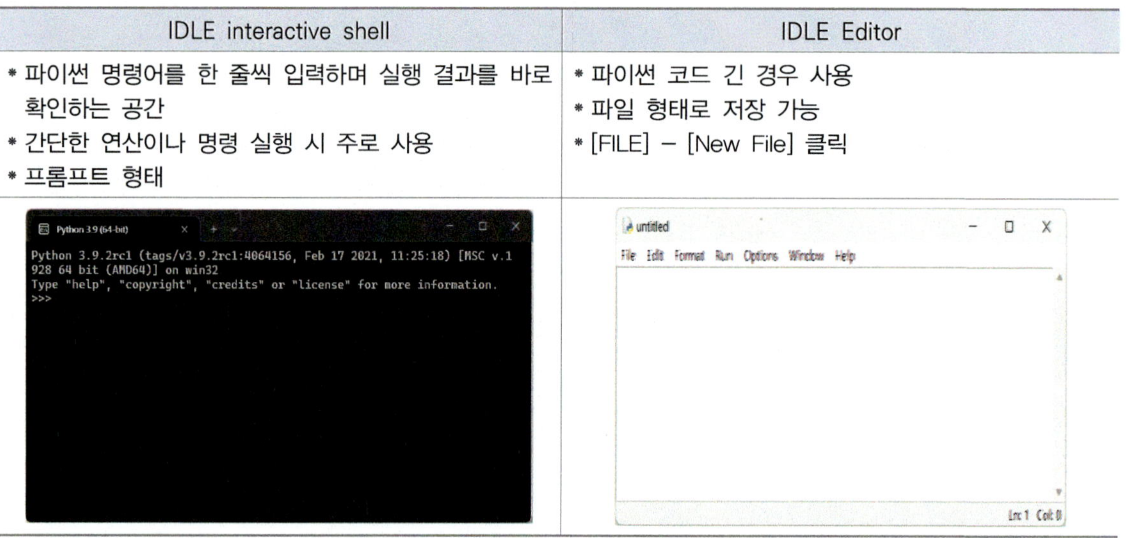	

㉡ IDLE Editor 사용법

- 주 사용 메뉴

메뉴	스크린샷	설명

[File]	New File Ctrl+N
	Open... Ctrl+O
	Open Module... Alt+M
	Recent Files ▶
	Module Browser Alt+C
	Path Browser
	Save Ctrl+S
	Save As... Ctrl+Shift+S
	Save Copy As... Alt+Shift+S
	Print Window Ctrl+P
	Close Alt+F4
	Exit Ctrl+Q
		* [File] − [New File]
		  새로운 파일 생성
		* [File] − [Open...]
		  기존 파일 불러오기
		* [File] − [Save As...]
		  저장, 새로운 이름으로 저장
		* [File] − [Save]
		  저장, 기존 파일 덮어쓰기

[Run]	Run Module F5 Run... Customized Shift+F5 Check Module Alt+X Python Shell	* [Run] − [Run Module] 코드 실행
[Options]	Configure IDLE Show Code Context Show Line Numbers Zoom Height Alt+2	* [Options] − [Configure IDLE] 환경 설정, 글꼴

- 코딩시 들여쓰기는 무조건 키보드의 Tab 키를 이용하여야 함.

```python
from gpiozero import LED
from time import sleep

led1 = LED(17)

print('Press Ctrl+C to exit')

while True:
    led1.on()
    sleep(1)
    led1.off()
    sleep(1)
```

(2) vs code 설치 및 사용하기

① 특징

㉠ 일반 PC(노트북)에서 Remote SSH를 이용하여 라즈베리파이에 접속하여 코딩, 실행

㉡ 로컬 환경에서 작업하는 것처럼 라즈베리파이의 파일 시스템에 접근하고, 코드를 편집하고, 실행, 가상 환경을 사용하면 프로젝트별로 독립적인 개발 환경을 구성.

② 설치

㉠ 다운로드 및 설치

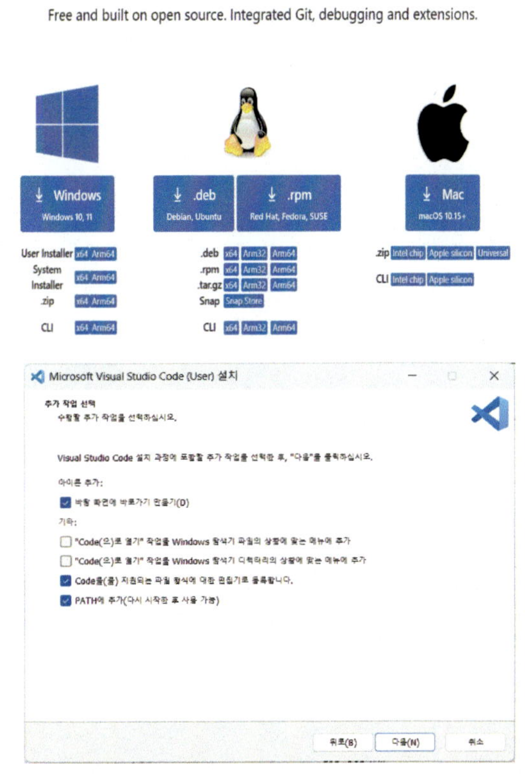

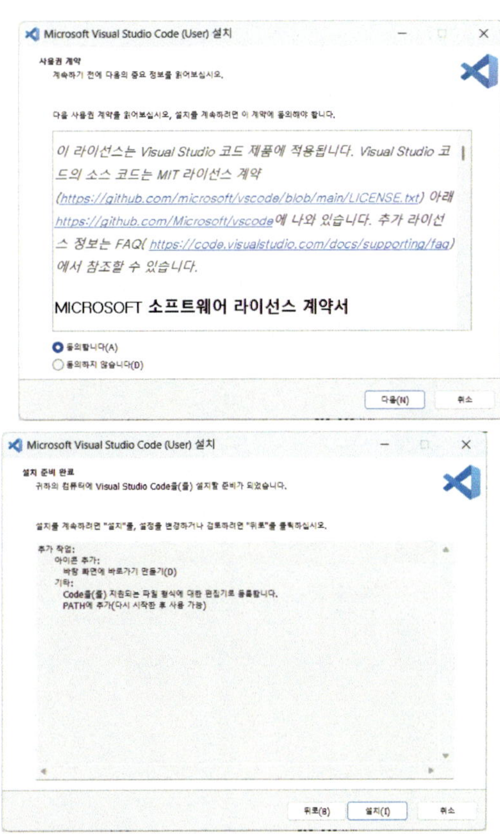

ⓛ 초기화면

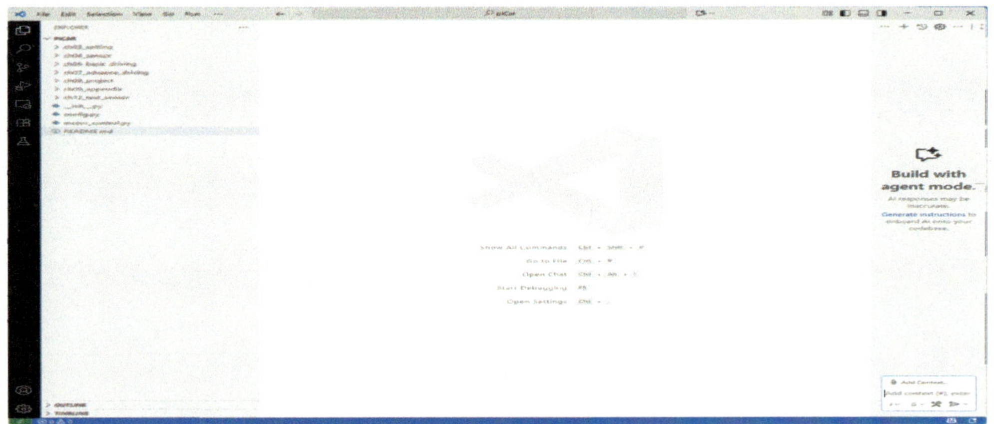

〈그림 10-20〉 초기화면

ⓒ 설정

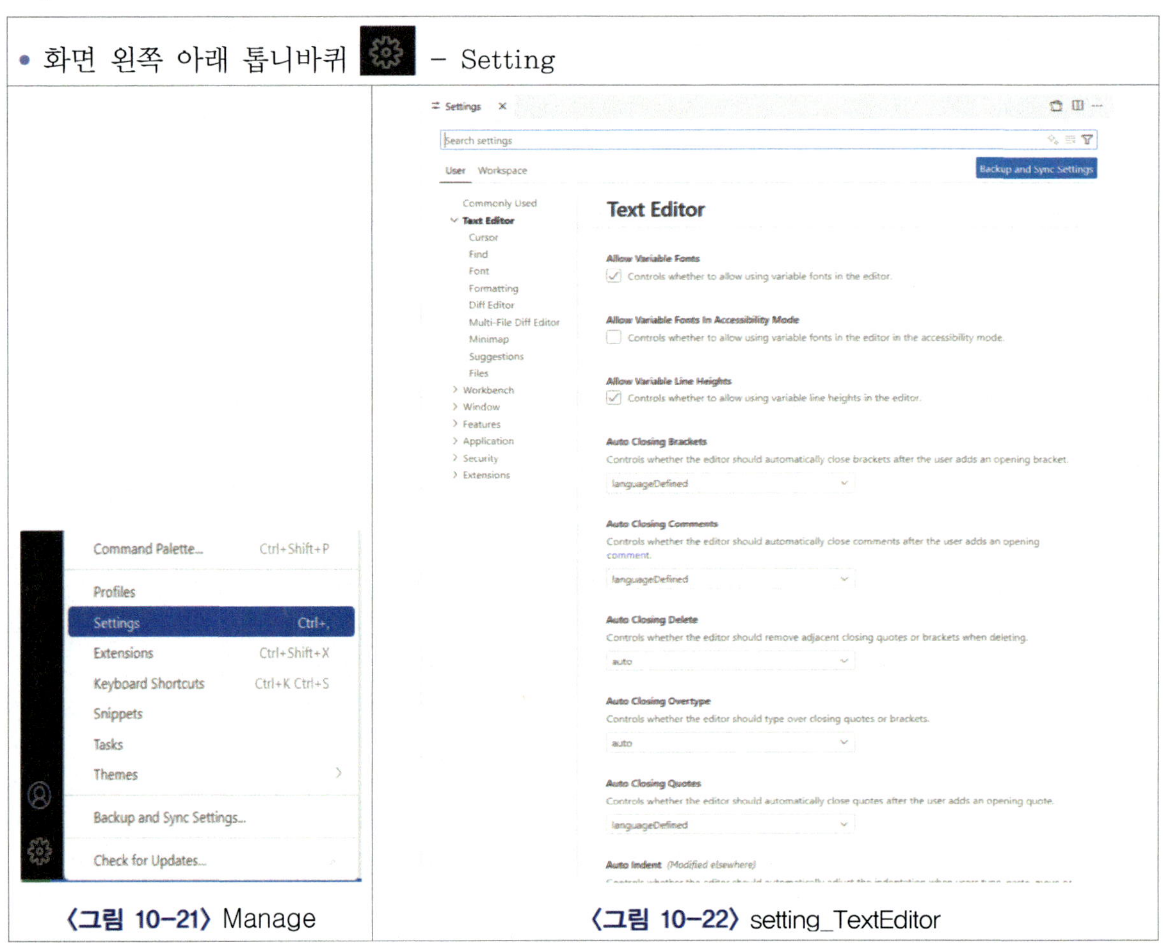

〈그림 10-21〉 Manage

〈그림 10-22〉 setting_TextEditor

㉣ 사이드 메뉴

메뉴	명칭	기능
	Explorer (Ctrl + Shift + E)	* 탐색기 * 폴더 및 파일를 트리 형태로 보여 줌 * 파일 및 폴더 생성, 삭제, 이름변경 등
	search (Ctrl + Shift + F)	* 검색 * 작성한 파일이나 폴더 찾을 때
	Source Control (Ctrl + Shift + G)	* 소스 제어 * git 버전관리 연동 및 관리 담당 * 변경 파일 목록, 커밋, 푸시, 풀 등
	Run and Debug (Ctrl + Shift + D)	* 실행 및 디버깅 * 파일 실행 및 디버그
	Remote Explorer	* 원격 접속 컴퓨터 목록 확인
	Extensions (Ctrl + Shift + X)	* 확장 * vs code에 추가 확장 프로그램 관리

④ 확장 프로그램 설치

㉠ 왼쪽 사이드 메뉴 - extensions - python 검색 후 설치

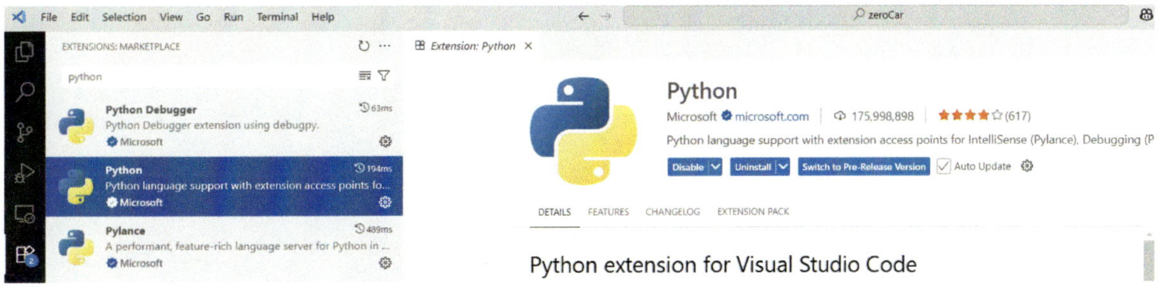

〈그림 10-23〉 vscode_extension_python

⑥ Explorer

Explorer 상세 메뉴		설명
		New File...	* 새로운 파일 생성 * 파일이름 확장자 모두 써야 함. * led.py, ultra.py 등
	New Folder...	* 새로운 폴더 생성
	Refresh Explorer	* 새로 고침
	Collapse Folders in Explorer	* 열려 있던 모든 폴더 등을 닫고 정리

⑦ 파일을 실행하려고 하는데, 'Run Python File in Terminal' 명령어가 보이지 않는다.

  ㉠ VS Code의 Python 확장(마이크로소프트)이 설치되어 있고 활성화되어 있지 않다.

  ㉡ 확장프로그램으로 가서 python, microsoft를 설치한다.

(3) 개발 전용 폰트 사용하기

① 사용 이유

  ㉠ 코딩할 때 주로 사용하는 폰트로 글자(영어, 숫자 등)를 명확하게 구분하기 위해 사용

  ㉡ 글자의 너비를 조절해 가독성을 높이기 위해 사용

② D2coding란?

D2 Coding 글꼴은 나눔바른고딕을 바탕으로 개발자의 코딩을 위해 가독성 및 유사 문자간 변별력 뿐만 아니라 디자인적으로 한글과의 조화를 고려해 최적화시킨 글꼴

굴림 글꼴	D2coding 글꼴
영문 대문자 : O 영문 소문자 : o 숫자 : 0 OOOooo000	영문 대문자 : O 영문 소문자 : o 숫자 : 0 000ooo000
영문 대문자 : I 영문 소문자 : i 영문(L) 소문자 : l 숫자 : 1 IIIiiIII111	영문 대문자 : I 영문 소문자 : i 영문(L) 소문자 : l 숫자 : 1 IIIiilll111

③ 다운

  ㉠ 사이트 : https : //github.com/naver/d2codingfont

  ㉡ 다운로드

  • 화면 아래로 살짝 내려가 'Ver 1.3.2 (2018.06.01. 배포)' 클릭

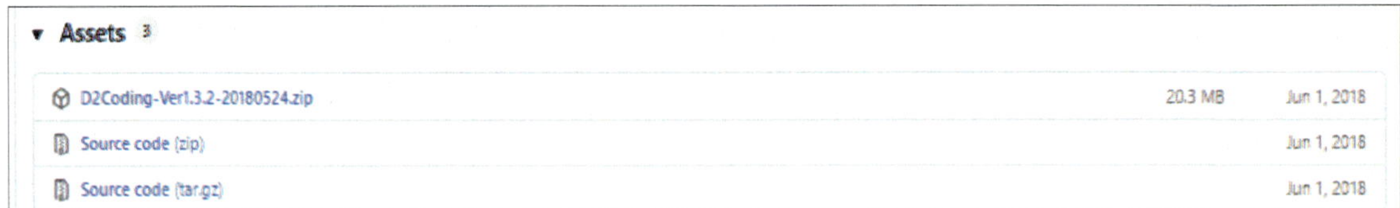

  • D2Coding-Ver1.3.2-20180524.zip 클릭, 다운로드

④ 설치

  ㉠ 다운받은 파일 압축 해제.

ⓛ D2CodingAll 폴더로 이동

ⓒ D2Coding-Ver1.3.2-20180524-all.ttc 파일 마우스 오른쪽 버튼

ⓔ '모든 사용자용으로 설치' 클릭

⑤ **IDLE Editor에서 D2coding 글꼴 사용하기**

ⓐ [Options] - [Configure IDLE] 에서

- Font Face - D2coding으로 변경
- Size - 12로 설정(화면에선 14로 설정하였음.)
- Python Standard : 4Spaces! 로 설정(파이썬은 들여쓰기가 그룹 처리 됨.)

⑥ **vs code에서 D2coding 글꼴 사용하기**

ⓐ 설정 열기

- 윈도우 : Ctrl + ,(콤마)
- 맥 : Cmd + ,(콤마)
- 또는 메뉴에서 파일(File) 〉 기본 설정(Preferences) 〉 설정
  (Settings)

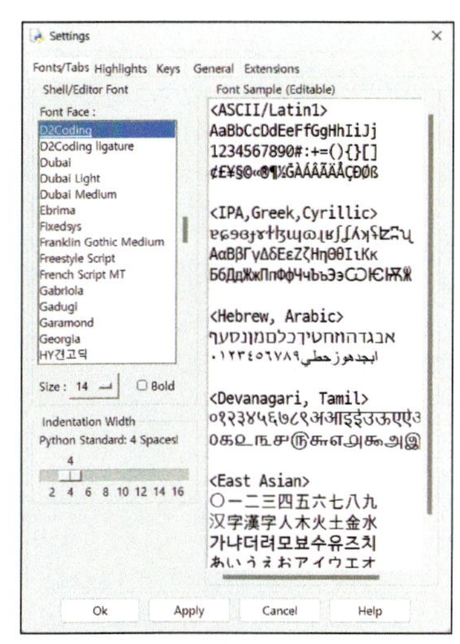

ⓑ Font Family 검색

- 설정 검색창에 font family라고 입력하거나
- [Text Editor] - [Font] - Font Family

ⓒ 글꼴 이름 입력

- Editor : Font Family 항목의 맨 앞에 'D2Coding'을 추가
- 작은 따옴표로 감싸고 쉼표로 구분하는 것이 일반적.
  예시 : 'D2Coding', Consolas, 'Courier New', monospace

ⓔ [팁] D2Coding ligature 버전을 설치했다면 'D2Coding ligature'라고 입력하면 화살표 등이 예
쁘게 변하는 기능을 쓸 수 있음.

〈그림 10-24〉 vs code에 D2coding 글꼴 설정

⑦ **라즈베리파이에서 나눔글꼴 설치**

무료 공개용 폰트인 네이버 나눔 폰트를 설치한다. 나눔 폰트에는 34개의 글꼴이 포함되어 있는데 그중에서 D2Coding 글꼴을 사용한다. 개인적으로 프로그램 IDE(이클립스, VS code, 파이썬 등 등)에서 D2Coding 글꼴을 선호하는 편이라 설치하지만 선택사항이다.

```
$ sudo apt install fonts-nanum
```

(4) 라즈베리파이 업데이트

① **업데이트 및 업그레이드**

㉠ 처음 시 무조건 진행한다. upgrade는 시간이 조~~금 많이 걸린다.

㉡ 이후 새로운 라이브러리를 설치하기 전에는 필히 먼저 진행한다.

㉢ autoremove는 필요 없는 소프트웨어를 제거한다.

```
$ sudo apt update
$ sudo apt upgrade -y
$ sudo apt autoremove
```

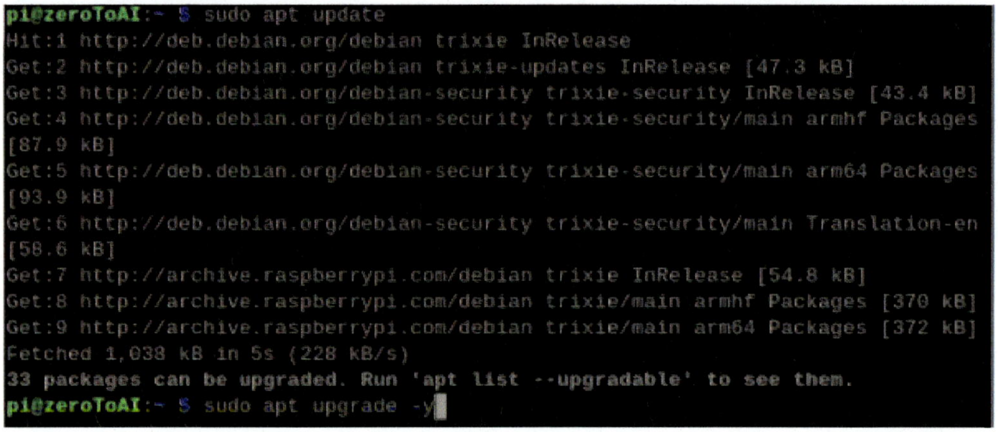

〈그림 10-25〉 라즈베리파이OS 업데이트 및 업그레이드

② **라즈베리파이 OS 버전 확인**

```
$ cat /etc/os-release
```

③ **파이썬 버전 확인**

　㉠ 아래 둘 중 하나만 실행하시면 된다.

```
$ python --version
```

```
$ python -V
```


(5) fcitx5 한글입력기 설치 (선택사항)

① **개요**

　㉠ fcitx5 입력기와 한글 폰트, 언어팩을 설치

　㉡ 데이안 계열에서 가장 많이 사용하고 있는 한글입력기는 IBus-Hangul, fcitx-Hangul, uim-Byeoru, nimf 등이 있다.

　㉢ 센서 제어에 집중하고자 본 교재에서는 한글입력기를 설치하지 않는다.

　㉣ 교재에서 소스에 대한 설명은 한글을 사용하고 있지만 실제 source code의 코딩이나 주석, 기타 설명 등은 전부 영어로 처리하고 있다.

② **한글 폰트(구글의 noto) 설치**

　㉠ 한글이 깨지지 않고 잘 보이도록 구글의 Noto 폰트를 먼저 설치

```
$ sudo apt update
$ sudo apt install fonts-noto-cjk -y
```

　㉡ -y : 설치 사전동의, 앞 글자와 한칸 띄어져 있어야 한다.

③ **fcitx 입력기 설치**

```
$ sudo apt install fcitx5 fcitx5-hangul fcitx5-config-qt -y
```

④ **기본 입력기 설정(im-config)**

　㉠ 기본 설정 도구 실행

```
$ im-config -n fcitx5
```

⑤ **재부팅**

　㉠ 시작 메뉴 – Shutdown – Shutdown 클릭하거나 터미널에서 아래 명령어 입력

```
$ sudo reboot
```

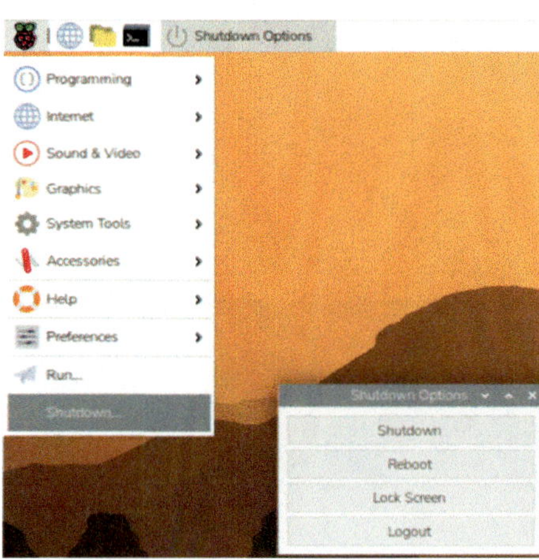

⑥ fcitx 입력기 환경 설정

㉠ 재부팅 후 화면 오른쪽 상단에 키보드 모양 아이콘 생겼는지 확인.

㉡ 설정 메뉴

- 화면 오른쪽 상단 키보드 아이콘 우클릭 → Configure (설정) 클릭
- 또는 시작 메뉴 → 기본 설정 (Preferences) → Fcitx 5 Configuration 실행
- 설정화면 오른쪽 Available Input Method : 에 hangul 입력해 검색
- hangul를 더블클릭하거나 왼쪽 화살표로 해서 이동해서 한글 추가

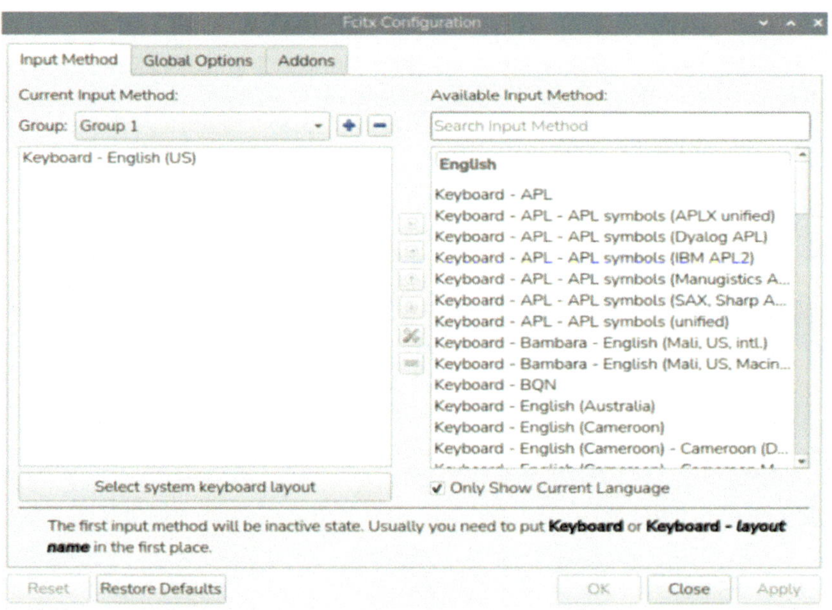

〈그림 10-26〉 fcitx5 configuration 화면

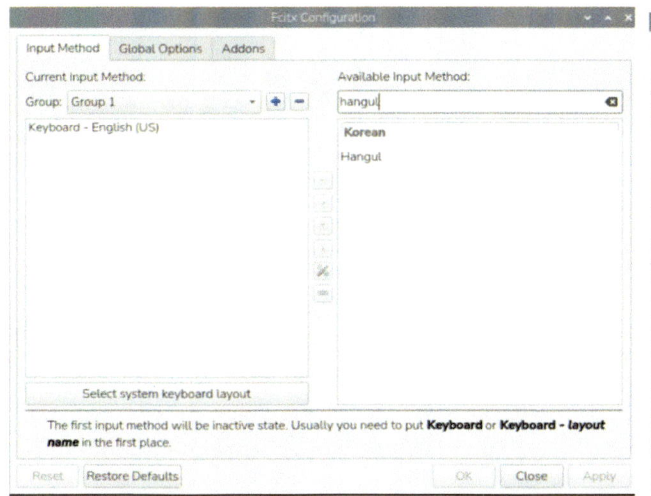

〈그림 10-27〉 hangul 입력기 검색

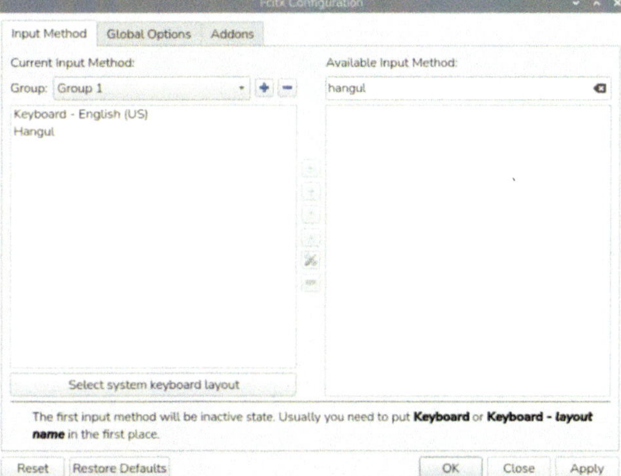

〈그림 10-28〉 hangul(한글 입력기) 추가

⑦ **한글 입력 테스트**

- 한영 전환키 : ctrl + space 또는 한영키

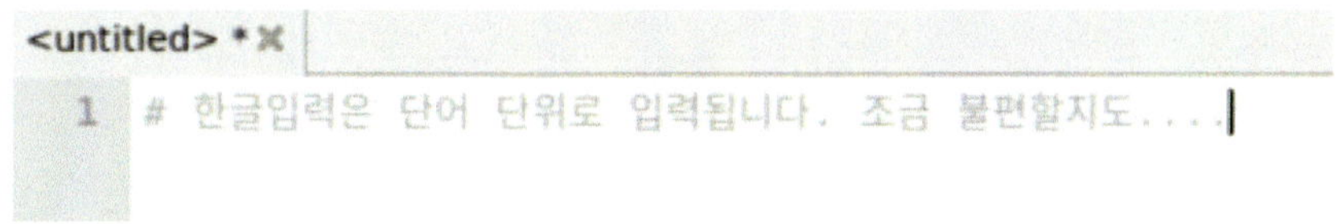

⑧ **fcitx 삭제**

```
$ sudo apt purge fcitx5 fcitx5-hangul fcitx5-config-qt -y
$ sudo apt autoremove -ㅛ
```

(6) 소스 코드 다운로드

본 교재의 모든 소스 파일 다운로드를 진행하고, 터미널에 작업한다.

① **사용자 작업 디렉터리 이동**

```
$ cd ~
```

- ~ : 사용자 디렉터리 의미, /home/pi 와 같음.

② **터미널을 열고 아래 명령어를 입력**

```
$ git clone https : //github.com/zerotoaiot/Pi-Rover.git
```

③ **작업 위치로 이동**

```
$ cd Pi-Rover/
pi@zeroToAI : ~Pi-Rover $
```

④ 확인 : ls 명령어

```
pi@zeroToAI : ~Pi-Rover $ ls
```

㉠ pi : 접속 사용자 아이디

㉡ zeroToAI : 라즈베리파이 호스트명

㉢ ~ : 사용자 홈 디렉터리, /home/pi를 의미

㉣ Pi-Rover : 현재 위치한 Pi-Rover 디렉터리

㉤ ls : 파일 목록 보여주는 명령어

- 챕터 이름이 보인다. 각 디렉터리에 소스코드가 들어 있다.

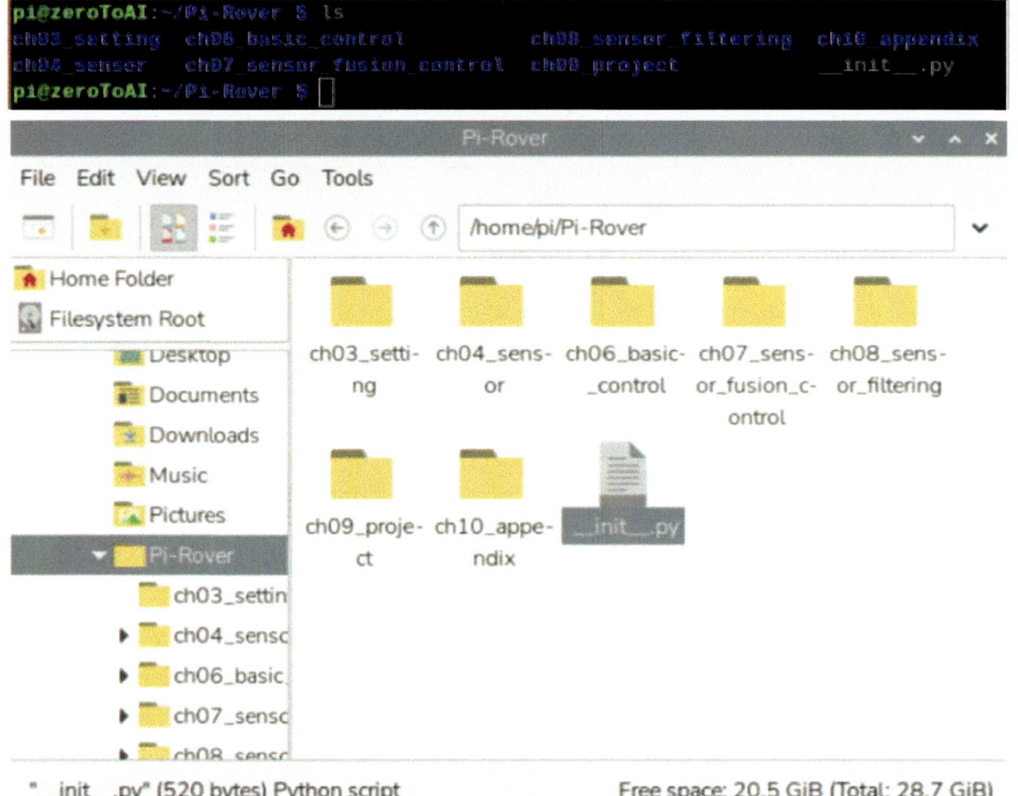

(7) 라이브러리 설치 – requirements.txt

① 라이브러리 설치

㉠ requirements.txt 사용

- 프로젝트에 필요한 라이브러리 목록을 requirements.txt 파일에 저장해두면, 다른 환경에서도 쉽게 동일한 환경을 구성할 수 있다.
- 가상환경에 설치된 패키지 목록 리스트 파일 생성

```
(Pi-Rover) $ pip freeze > requirements.txt
```

- 패키지 설치(다른 라즈베리파이 시스템)

```
(Pi-Rover) $ pip install –r requirements.txt
```

 **Q & A**

(1) 라즈베리파이 관련

Q 라즈베리파이 os는 무료인가요?

㉠ 라즈베리파이 os는 리눅스 계열이며 무료이다.

㉡ 현재 2025년 10월 1일 기준으로 라즈베리파이 OS 버전은 13, 명칭은 Trixie이다.

㉢ 3개의 OS 버전이 있다. 버전별 32bit, 64bit 아키텍쳐용을 제공한다.
- 서버 시스템용 축소 버전 (476MB)
- 기본 데스크톱 버전 (1.2GB)
- 전체 버전 (3.4GB)

Q 라즈베리파이를 설정하기 위해서는 처음에 USB 키보드, USB 마우스, HTML 모니터가 꼭 필요할까?

㉠ 꼭 필요하진 않지만 원격 접속(SSH Telnet) 후 터미널을 이용해서 키보드로 수동으로 VNC 기능을 활성화해 줘야 미러링 서버를 사용할 수 있다.

㉡ 라즈베리파이 OS 11 버전 이후부터 보안이 강화되어 처음에 wireless 접속이 안된다. 번거롭지만 처음 부팅시에는 필요하다.

㉢ 처음 부팅 후 해야 할 일
- 노트북이 있으면 모바일 핫스팟 설정
- 작업 표시줄 오른쪽 상단 – 무선 랜 설정
  – 가장 중요한 것은 라즈베리파이의 IP 주소를 알아내는 것이다.
- 라즈베리파이 설정 – VNC viewer 활성화
- 노트북에서 VNC viewer로 라즈베리파이에 접속
- 터미널 활용 – 소스 코드 다운로드
- 노트북 vs code SSH 접속해서 작업하면 된다.

Q 라즈베리파이 IP 접속이 되지 않는다.

㉠ 원인 라즈베리파이 IP 주소가 변동이 생겼다.

원인	해결방안
라즈베리파이 IP 주소가 바뀌었다. 다른 wi-fi 상황에서 접속하면 IP가 변동된다. 유동 IP 방식을 주로 쓰는 wi-fi AP(공유기)에서 발생한다.	1. HDMI 모니터와 USB 마우스로 라즈베리파이 연결해서 접속한 IP 주소를 알아낸다. 2. 웹브라우저를 이용해서 wi-fi AP에 관리자 권한으로 접속해서 현재 접속된 라즈베리파이의 IP를 알아낸다. 3. 호스트 이름으로 접속 　　Pi-Rover, 혹은 zeroToAI 등

ⓛ 공유기 관리자 페이지 확인

- 웹 브라우저로 공유기 관리자 페이지 주소로 접속
  - 현재 본인의 IP주소의 앞 3부분이 같고 끝에 1로 처리
  - 예를 들어 본인의 컴퓨터 스마트폰 IP가 192.168.137.21이라면 공유기 IP주소는 192.168.137.1)로 접속. 공유기 모델마다 틀릴 수 있다.
- 로그인 : 관리자 계정으로 로그인한다.
- 연결된 장치 목록 확인 : '네트워크 관리', 'DHCP 서버', '연결된 장치 목록', '내부 네트워크 설정' 등과 같은 메뉴에서 현재 공유기에 연결된 장치 목록을 확인한다.

ⓒ 라즈베리파이 호스트명으로 접속(100% 성공은 아니다.)

- micro sd-card에 라즈베리파이 OS 이미지 설치시 설정한 호스트명으로 접속
- 윈도우 cmd, 혹은 터미널에서 명령어 입력 후 엔터

```
ping zeroToAI
```

ⓔ 네트워크 스캐너 앱 활용

- 절대 공공 공유기에서 사용하면 안된다.
본인의 집이나 개인사무실 등에서 사용한다.
- IP Tools, Fing-Network Tools, Network Analyzer 앱 설치
- 앱에서 스캔 또는 검색 실행
- 스캔 결과 목록에서 pi, basic, Pi-Rover, zeroCar, Raspberrypi, raspi 등 찾아 확인

(2) vs code 관련

Q 접속 에러

㉠ Could not establish connection to 'Pi-Rover' 접속 에러 시

- SSH 접속 테스트, 윈도우 명령 프롬프트에서 (IP는 접속할 라즈베리파이 IP)

```
ssh pi@192.168.0.100
```

```
@    WARNING : REMOTE HOST IDENTIFICATION HAS CHANGED!    @
@@@@@@@@@@@@@@@@@@@@@@@@@@@@@@@@@@@@@@@@@@@@@@@@@@@@@@@@@@@@@@@
.....
```

이런 오류가 나오면 SSH 호스트 키가 변경되었다는 말이다.

- 해결방법 : 아래 명령으로 기존의 키 제거하고 다시 접속하면 된다.

```
ssh-keygen -R 192.168.0.100
```

- 다시 접속하면 된다.

Q 원격 접속했는데. 실행 버튼이 없고 실행이 되지 않을 때

㉠ 왼쪽 메뉴 –Extensions(Ctl+Shift+X) – 상단에 'python' 입력 후 나오는 아래 프로그램 설치
㉡ 아래 2개의 확장 프로그램을 설치해야 .py 파일을 열면 상단에 ▶ 실행 버튼이 나타나고,
Ctrl+F5로도 실행 가능해진다.
㉢ Python by Microsoft (필수)
- 기능 : 코드 실행, 디버깅, 자동완성, 실행 버튼 활성화 등
- 설치 버튼 : Install in SSH : Pi-Rover 클릭
㉣ Pylance by Microsoft (필수)
- 기능 : 빠르고 정확한 코드 분석, 타입 체크, 인텔리센스 향상

(3) 서보 모터 관한 것

Q Jitter 현상 해결

㉠ 아래와 같은 오류 및 메시지가 나올 때

```
/usr/lib/python3/dist-packages/gpiozero/output_devices.py        :        1509        :
PWMSoftwareFallback : To reduce servo jitter, use the pigpio pin factory.See https :
//gpiozero.readthedocs.io/en/stable/api_output.html#servo for more info
  warnings.warn(PWMSoftwareFallback(
```

㉡ pigpio 패키지 사용
- 먼저 pigpio 라이브러리 설치

```
$ sudo apt update
$ sudo apt install pigpio python3-pigpio
```

  - pigpio : 라즈베리파이의 GPIO를 정밀하게 제어하는 C 기반 라이브러리
  - python3-pigpio : Python에서 pigpio를 사용할 수 있게 해 줌
- pigpio 데몬 실행

```
$ sudo systemctl start pigpiod
```

- pigpio 데몬 실행 확인

```
$ ps aux | grep pigpiod
```

● 부팅시 자동 pigpiod 실행

```
$ sudo systemctl enable pigpiod
```

● pigpiod 중지

```
$ sudo systemctl stop pigpiod
```

● 프로그래밍 및 실행

```python
# file name : servo_jitter_pigpio.py

from gpiozero import Servo
from gpiozero.pins.pigpio import PiGPIOFactory
from time import sleep

factory = PiGPIOFactory( )
servo = Servo(18, pin_factory=factory)

print('Press Ctrl+C to stop')

servo.value = 0.5   # middle position is 0.5

while True :
    servo.value = 0.0   # min position is 0.0
    sleep(0.5)
    servo.value = 0.5   # middle position is 0.5
    sleep(0.5)
    servo.value = 1.0   # max position is 1.0
    sleep(0.5)
    servo.value = 0.5   # middle position is 0.5
    sleep(0.5)
```

- factory = PiGPIOFactory( ) : pigpio 라이브를 사용, 하드웨어 PWM 가능

- factory = defaultFactory( ) : 기본값, 소프트웨어 PWM 사용

ⓒ RPI.GPIO 라이브러리 사용

● 설치 확인

– 라즈베리파이 OS에는 기본적으로 설치되어 있음.

```
$ pip3 list | grep RPi.GPIO
types-RPi.GPIO                 0.7
```

```
pi@zeroToAI:~ $ pip3 list | grep RPi.GPIO
types-RPi.GPIO                 0.7
pi@zeroToAI:~ $
```

〈그림 10-29〉 pip3_list_grep_RPiGPIO

- 설치

  – moduleNotFoundError가 뜨면 설치 필요

```
$ sudo apt update
$ sudo apt install python3-rpi.gpio
```

- 프로그래밍

```python
# file name : servo_jitter_pigpio.py

import RPi.GPIO as GPIO
from time import sleep

GPIO.setmode(GPIO.BCM)
GPIO.setup(18, GPIO.OUT)
servo = GPIO.PWM(18, 50)      # 50 Hz 서보설정
servo.start(7.5)              # 중간 위치 7.5

print('Press Ctrl+C to stop')

while True :
    servo.ChangeDutyCycle(2.5)  # 최저위치 2.5
    sleep(1)
    servo.ChangeDutyCycle(7.5)  # 중간 위치 7.5
    sleep(1)
    servo.ChangeDutyCycle(12.5)  # 최대 위치 12.5
    sleep(1)
    servo.ChangeDutyCycle(7.5)  # 중간 위치 7.5
    sleep(1)
```

04 리눅스 기초 명령어

(1) 리눅스 패키지 다루기

① apt(Advanced Package Tool)

㉠ 데미안 리눅스 계열에서 사용되는 소프트웨어 패키지 관리 도구

㉡ 소프트웨어를 설치하거나 업데이트할 때 사용

```
$ sudo apt update
$ sudo apt upgrade -y
```

- sudo : 관리자 권한으로 실행
- -y : 패키지 설치 사전 동의

㉢ 설치

- 새로운 프로그램 설치 전에 update / upgrade를 먼저 진행

```
$ sudo apt install 패키지명
```

ⓔ 제거

```
$ sudo apt remove 패키지명
```

```
$ sudo apt purge 패키지명
```

② pip (pip installs Packages)

ⓐ Python 패키지 관리자

- python 3.4 이상부터는 자동으로 설치되어 있음.
- 가상환경에서 패키지 관리를 위해 사용
- 가상환경 : 여러 개의 프로젝트 관리시 프로젝트별로 생성해 활용

명령어	설명	예
install	패키지 설치	pip install opencv-python
	패키지 설치시 버전지정	pip install python==3.9 pip install pytorch==2.0.1
	pip 업그레이드	pip install --upgrade pip
	requirements.txt로 패키지 설치	pip install -r requirements.txt
uninstall	패키지 삭제	pip uninstall pandas
list	설치된 패키지 목록 확인	pip list
show	특정 패키지 정보 보기	pip show gpiozero
freeze	설치된 패키지 버전 포함 출력(requirements.txt 만들 때)	pip freeze > requirements.txt

③ requirements.txt 사용

프로젝트에 필요한 라이브러리 목록을 requirements.txt 파일에 저장해두면, 다른 환경에서도 쉽게 동일한 환경을 구성할 수 있다.

ⓐ 가상환경에 설치된 패키지 목록 리스트 파일 생성

```
(basic) $ pip freeze > requirements.txt
```

ⓑ 패키지 설치(다른 라즈베리파이 시스템)

```
(basic) $ pip install -r requirements.txt
```

(2) 리눅스 주요 명령어

① 리눅스 명령어 형식

```
$ 명령어 -옵션 인자1 인자1
```

ⓐ 각 구분은 한칸 공백

ⓑ 옵션 앞에 -(한개) 혹은 --(2개)로 시작한다.

② **관리자 권한 명령**

　　sudo : 관리자 권한

③ **라즈베리파이 OS 버전 확인**

```
$ cat /etc/os-release
```

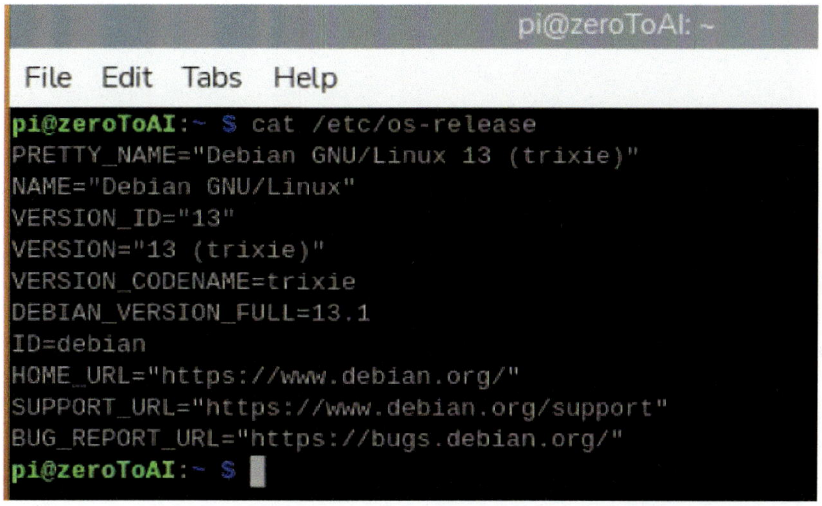

<《그림 10-30》 라즈베리파이os_버전 확인_cat

ⓒ Debian 계열의 13버전, 명칭은 trixie,

ⓒ 참고로 Debian 계열의 12버전, 명칭은 Bookworm (2023년 10월 출시)

④ **리눅스 프로그램 패키지 매니저 : apt**

　　ⓒ 새로운 패키지 설치 전 update 및 upgrade를 미리 해주는 습관

　　ⓒ 패키지 삭제 후에는 autoremove를 해주는 습관.

```
$ sudo apt update              # 관리자 권한으로 apt 업데이트 목록 확인
$ sudo apt upgrade -y          # 관리자 권한으로 apt 업그레이드
# -y : 설치 동의 여부 동의, 즉시 업그레이드

$ sudo apt install numpy# numpy 라이브러리 설치

$ sudo apt remove numpy # numpy 라이브러리 삭제
$ sudo apt autoremove          # 더 이상 필요하지 않는 패키지(의존성) 삭제

$ sudo apt search curses# curses 라이브러리 검색
$ sudo apt show opencv         # opencv 라이브러리 정보 조회
$ sudo apt
```

⑤ **로그인 관련**

　　ⓒ telnet : 원격접속

```
$ telnet 192.168.63.1
```

ⓛ shutdown : 리눅스 종료 명령

```
$ shutdown -r                           # 재부팅
$ shutdown -h now                       # 즉시 시스템 종료
```

⑥ **파일 및 디렉터리**

㉠ pwd : 현재 위치한 디렉터리 경로 출력

```
$ pwd
```

㉡ ls : 디렉터리 내용 출력

```
$ ls                            # 파일 및 디렉터리 이름 출력
$ ls -a                         # 숨김 파일 포함 출력
$ ls -l                         # 파일 상세정보 출력
$ ls -al                        # 숨김 파일 및 파일 상세정보 출력
$ ls -R                         # 하위 디렉터리 목록 출력
```

㉢ torch : 빈 파일 생성

```
$ torch a.txt                   # 크기가 0인 a.txt 파일 생성
```

㉣ cp : 파일 및 디렉터리 복사

```
$ cp a.txt b.txt        # a.txt를 b.txt로 복사
# cp -r /temp1 temp2            # temp1 디렉터리를 temp2이름으로 디렉터리 복사
```

㉤ mv : 파일 및 디렉터리 이름변경 및 이동

```
$ mv a.txt c.txt        # a.txt 파일을 c.txt로 이름 변경
$ mv temp1 temp3        # temp1 디렉터리 이름을 temp3 으로 변경
```

㉥ rm : 파일 및 디렉터리 삭제

```
$ rm c.txt                      # c.txt 파일 삭제
$ rm -r  temp3                  # temp3 빈 디렉터리 삭제
$ rm -rf temp2                  # temp2 디렉터리 삭제(-f : 파일이 있어도 강제 삭제_
```

㉦ mkdir : 디렉터리 생성

```
$ pwd                           # 현재 위치한 디렉터리 경로 출력
/home/pi
$ mkdir Pi-Rover        # Pi-Rover 디렉터리 생성
```

㉧ cd : 디렉터리 변경

- . : 현재 디렉터리(마침표 1개)

- .. : 이전(부모)디렉터리 (마침표 2개)

- ~ : 사용자 홈 디렉터리 (pi 이름으로 로그인시 /home/pi)

```
$ cd Pi-Rover                          # Pi-Rover 디렉터리로 이동
$ pwd                                  # 현재 위치한 디렉터리 경로 출력
/home/pi/Pi-Rover

$ cd ..                                # 이전(부모) 디렉터리로 이동
$ pwd                                  # 현재 위치한 디렉터리 경로 출력
/home/pi

$ cd /home/pi/Pi-Rover/src
$ pwd                                  # 현재 위치한 디렉터리 경로 출력
/home/pi/Pi-Rover/src
$ cd ~                                 # 사용자 홈 디렉터리로 이동
$ pwd                                  # 현재 위치한 디렉터리 경로 출력
/home/pi
```

ⓩ tar : 파일 및 디렉터리 묶기 및 풀기

  • -c : 새로운 tar 파일 생성(create)

  • -x : 묶은 파일 및 디렉터리 풀기 (extract)

  • -v : 진행 상황 출력 (verbose)

  • -f : 파일 이름 지정 (file)

```
$ tar -cvf Pi-Rover.tar Pi-Rover/      # Pi-Rover/ 디렉터리를 Pi-Rover.tar로 묶기
$ tar -xvf Pi-Rover.tar                # Pi-Rover.tar를 풀기
```

  • -z : 압축(gzip)

```
$ tar -czvf Pi-Rover.tar.gz Pi-Rover/  # Pi-Rover/ 디렉터리를 tar로 묶고 gz으로
압축

$ tar -xzvf Pi-Rover.tar.gz            # Pi-Rover.tar.gz를 묶기 및 압축 풀기
```

⑦ 네트워크 및 통신 관련

명령어	설명	비고
hostname -I	시스템의 IP 주소 확인	대문자(I)
ifconfig	시스템의 IP 주소 확인	유무선 모든 네트워크
iwconfig		무선 네트워크
i2cdetect -y 1	i2c 버스 장치 번호 확인	I2c버스에 연결된 모든 장치

⑧ 기타 리눅스 명령어

명령어	설명	예
uname -a	시스템 정보 출력	커널 이름, 호스트 이름, 커널 버전, 운영체제 등 정보 출력

 박스 설명

(1) 파이썬 코드 : 분홍색 상자

(2) 명령어 입력 프롬프트 : 회색 상자

```
$
```

(3) 실행 결과 출력 및 파일 내용 : 파란색 상자

06 **스마트폰 블루투스 원격제어를 통한 주행**

> **주의..**
> * 이 챕터에서 사용하고 있는 bluedot은 2023년 1월부로 업데이트가 중단되었다.
>   이로 인해 최신 스마트폰(안드로이드 14, iOS18 이상)에는 앱이 검색되지 않는다.
> * 스마트폰 방식에는 본문 6.2절의 wi-fi 원격제어(flask) 방식을 권장한다. wi-fi의 flask는 모든 스마트폰에서 동작한다.
>   bluedot 방식을 사용하시려면 구형 안드로이드폰을 활용해야 한다.

(1) 개요

① 블루투스 통신을 통해 Pi-Rover 원격제어

② 스마트폰에서 bluedot 앱을 활용해서 주행 제어

③ **학습 단계**

    ㉠ 1단계 : bluedot_1.py (2개 버튼)

        • 기본 버튼 개념

        • 좌표 구분 (button.col)

    ㉡ 2단계 : bluedot_2.py (9개 버튼)

        • 딕셔너리 활용

        • 그리드 좌표 시스템

    ㉢ 3단계 : bluedot_3.py (좌표 출력)

        • 연속 좌표 시스템

        • f-string 포맷팅

ㄹ 4단계 : bluedot_4.py (조이스틱)

- 조이스틱 개념
- 방향 판단 로직

④ **파일 구조**

```
Pi-Rover/                                      # 패키지 디렉터리
|
...
|
├── chapter06_basic_driving/            # ch06 기초주행 실습
|   ├── config.py                       # 설정 파일 (핀 번호, 상수 등)
|   ├── motor_module.py          # 모터 제어 모듈
|   ├── bluddot_main.py          # 스마트폰 원격제어 주행 main
|   ├── bluddot_control.py
...
```

(2) 라이브러리 : BlueDot

① BlueDot이란

라즈베리파이에서 블루투스를 이용해 스마트폰(특히 안드로이드)으로 간단히 제어할 수 있도록 만든 파이썬 라이브러리. 스마트폰 화면에 파란색 버튼(Blue Dot)을 띄우고, 이를 터치하면 라즈베리파이에서 이벤트를 받아 다양한 동작을 수행할 수 있다.

ㄱ 특징

- BlueDot 앱을 활용하여 라즈베리파이의 GPIO핀을 원격 제어
- 공식사이트 : https : //bluedot.readthedocs.io/en/latest/
- 안드로이드와 IOS 기기 둘 다 호환
- 버튼을 여러 개 구현하여 사용하는 기능은 안드로이드는 가능, IOS는 불가능
- 버튼 형식으로만 만들 수 있어서 리모컨 대신에 활용하면 좋음.

② **함수원형 및 parameters**

```
BlueDot(device='hci0',
        port=1,
        auto_start_server=True,
        power_up_device=False,
        print_messages=True,
        cols=1,
        rows=1
)
```

- device=블루투스 장치이름, 블루투스 장치가 1개일 경우 생략 가능
- port (int) - 블루투스 포트명, 기본 값 1, 장치가 1개일 경우 생략 가능
- auto_start_server (bool) - 블루투스 자동 시작 여부, 기본값(True)
- cols (int) - 열 수, 기본값 1.

• rows (int) – 행 수, 기본값 1.

③ 설치하기

㉠ 필수 라이브러 설치

● bluetooth

```
$ sudo apt update
$ sudo apt install python3-bluetooth -y
```

– 설치 사전 동의 : -y

```
pi@zeroToAI:~ $ sudo apt update
Hit:1 http://deb.debian.org/debian trixie InRelease
Hit:2 http://deb.debian.org/debian trixie-updates InRelease
Hit:3 http://deb.debian.org/debian-security trixie-security InRelease
Hit:4 http://archive.raspberrypi.com/debian trixie InRelease
All packages are up to date.
pi@zeroToAI:~ $ sudo apt install python3-bluetooth -y
Note, selecting 'python3-bluez' instead of 'python3-bluetooth'
Installing:
  python3-bluez

Installing dependencies:
  libboost-python1.83.0  python3-gattlib

Summary:
  Upgrading: 0, Installing: 3, Removing: 0, Not Upgrading: 0
  Download size: 481 kB
  Space needed: 3,420 kB / 20.8 GB available

Get:1 http://deb.debian.org/debian trixie/main arm64 libboost-python1.83.0 arm64
1.83.0-4.2 [296 kB]
Get:2 http://deb.debian.org/debian trixie/main arm64 python3-gattlib arm64 0~202
10616-1.1+b1 [125 kB]
Get:3 http://deb.debian.org/debian trixie/main arm64 python3-bluez arm64 0.23-5.
1+b6 [59.8 kB]
Fetched 481 kB in 2s (278 kB/s)
Selecting previously unselected package libboost-python1.83.0.
(Reading database ... 120185 files and directories currently installed.)
Preparing to unpack .../libboost-python1.83.0_1.83.0-4.2_arm64.deb ...
Unpacking libboost-python1.83.0 (1.83.0-4.2) ...
Selecting previously unselected package python3-gattlib.
Preparing to unpack .../python3-gattlib_0~20210616-1.1+b1_arm64.deb ...
Unpacking python3-gattlib (0~20210616-1.1+b1) ...
Selecting previously unselected package python3-bluez.
Preparing to unpack .../python3-bluez_0.23-5.1+b6_arm64.deb ...
Unpacking python3-bluez (0.23-5.1+b6) ...
Setting up libboost-python1.83.0 (1.83.0-4.2) ...
Setting up python3-gattlib (0~20210616-1.1+b1) ...
Setting up python3-bluez (0.23-5.1+b6) ...
Processing triggers for libc-bin (2.41-12+rpt1) ...
```

〈그림 10-31〉 install_python3_bluetooth

<table>
<tr><td>라즈베리파이</td><td>스마트폰</td></tr>
<tr><td>bluedot 라이브러리 설치</td><td>bluedot 앱 설치</td></tr>
<tr><td>

ⓛ bluedot 설치하기

```
$ sudo pip3 install bluedot --break-system-packages
```

- 강제 전역 설치 : --break-system-packages
  프로젝트 개발에서는 가상환경 작업 권장
- 경고 메시지가 나오지만 설치 성공

```
pi@zeroToAI:~ $ sudo pip3 install bluedot --break-system-packages
Collecting bluedot
  Downloading bluedot-2.0.0-py3-none-any.whl.metadata (2.5 kB)
Downloading bluedot-2.0.0-py3-none-any.whl (37 kB)
Installing collected packages: bluedot
Successfully installed bluedot-2.0.0
WARNING: Running pip as the 'root' user can result in broken permissions and con
flicting behaviour with the system package manager, possibly rendering your syst
em unusable. It is recommended to use a virtual environment instead: https://pip
.pypa.io/warnings/venv. Use the --root-user-action option if you know what you a
re doing and want to suppress this warning.
```

〈그림 10-32〉 pip3_install_bluedot_break

ⓒ 설치 확인 및 버전 확인

```
$ pip3 show bluedot
```

```
pi@zeroToAI:~ $ pip3 show bluedot
Name: bluedot
Version: 2.0.0
Summary: A zero boiler plate bluetooth remote
Home-page: https://github.com/martinohanlon/BlueDot
Author: Martin O'Hanlon
Author-email: martin@ohanlonweb.com
License: MIT
Location: /usr/local/lib/python3.13/dist-packages
Requires:
Required-by:
pi@zeroToAI:~ $
```

〈그림 10-33〉 pip3_show_bluedot

</td><td>

- bluedot 앱 설치
- 스토어에서 bluedot
  검색, 설치

</td></tr>
</table>

④ **라즈베리파이 블루투스 준비**

ⓐ 라즈베리파이 호스트명 확인

```
$ hostname
```

- 호스트 명 및 OS 버전 커널 버전 확인(hostname에 ctl을 추가)

```
$ hostnamectl
```

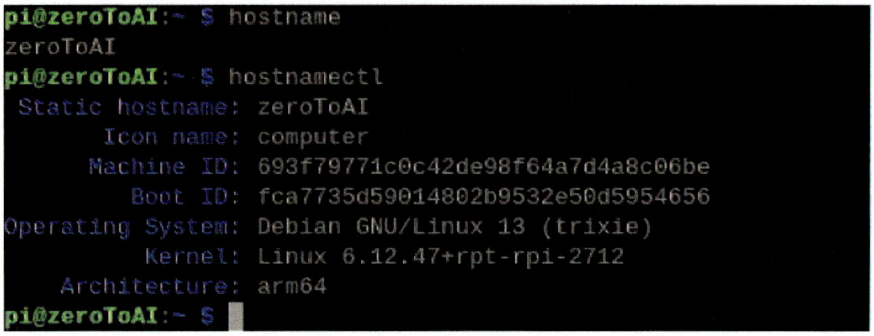

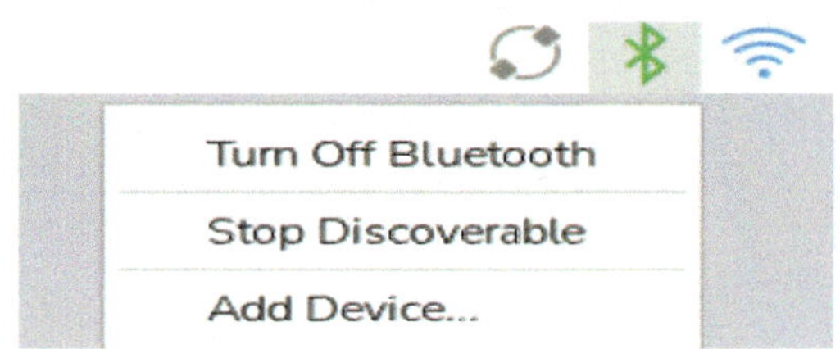

〈그림 10-34〉 hostname_ctl

ⓛ 미러링으로 접속한 경우 화면 상단 오른쪽 블루투스 활성화 확인

〈그림 10-35〉 gui_bluetooth_on

- 라즈베리파이 화면에 블루투스 아이콘이 보임,
  즉 라즈베리파이의 블루투스가 켜져 있고, 다른 기기에서 검색도 가능한 상태
  - Turn Off Bluetooth : 지금은 켜져 있으니, 누르면 꺼진다는 뜻
  - Stop Discoverable : 다른 기기에서 라즈베리파이를 검색할 수 있는 발견 가능 모드가 켜져 있다는 뜻
  - Add Device... : 새로운 블루투스 장치를 페어링할 수 있다는 메뉴

ⓒ 터미널 명령어 활용시(위에서 활성한 경우 건너뛸 것)

```
$ bluetoothctl
$ power on
$ anget on
$ default-agent
```

⑤ 블루투스 통신 연결하기

㉠ 라즈베리파이 블루투스 활성화 확인

- hciconfig로 확인
  - UP RUNNING이면 정상

```
$ hciconfig
```

```
pi@zeroToAI:~ $ hciconfig
hci0:    Type: Primary  Bus: UART
         BD Address: 2C:CF:67:63:0E:A1  ACL MTU: 1021:8   SCO MTU: 64:1
         UP RUNNING PSCAN
         RX bytes:3799 acl:0 sco:0 events:402 errors:0
         TX bytes:68412 acl:0 sco:0 commands:402 errors:0

pi@zeroToAI:~ $
```

〈그림 10-36〉 hciconfig

- 데몬 상태로 항상 활성화 되어 있는지 확인
  - active (running) 확인

```
● bluetooth.service - Bluetooth service
     Loaded: loaded (/lib/systemd/system/bluetooth.service; enabled; preset: enabled)
     Active: active (running) since Sat 2025-06-07 16:02:27 KST; 4 days ago
       Docs: man:bluetoothd(8)
   Main PID: 636 (bluetoothd)
     Status: "Running"
      Tasks: 1 (limit: 9578)
        CPU: 30ms
     CGroup: /system.slice/bluetooth.service
             └─636 /usr/libexec/bluetooth/bluetoothd
```

〈그림 10-37〉 sudo_systemctl_status_bluetooth

ⓛ 라즈베리파이와 스마트폰 블루투스 통신 연결
- 작업용 컴퓨터에서 라즈베리파이로 미러링 한 상태로 진행
- 블루투스 통신

작업내용	라즈베리파이	스마트폰
블루투스 활성화 여부 확인		
Add Device... 클릭 후 [Add New Device] 창 열어놓은 상태에서...		
설정-블루투스- 찾기, zeroToAI 확인		

(3) 테스트해 보기

```python
# file name : test_bluedot.py

from bluedot import BlueDot
from signal import pause

bd = BlueDot( )

def pressed( ) :
    print('Button pressed')

def released( ) :
    print('Button released')

bd.when_pressed = pressed
```

```
bd.when_released = released

print('Waiting for button press...')
print('Press Ctrl+C to stop')

pause( )
```

ㄱ 실행

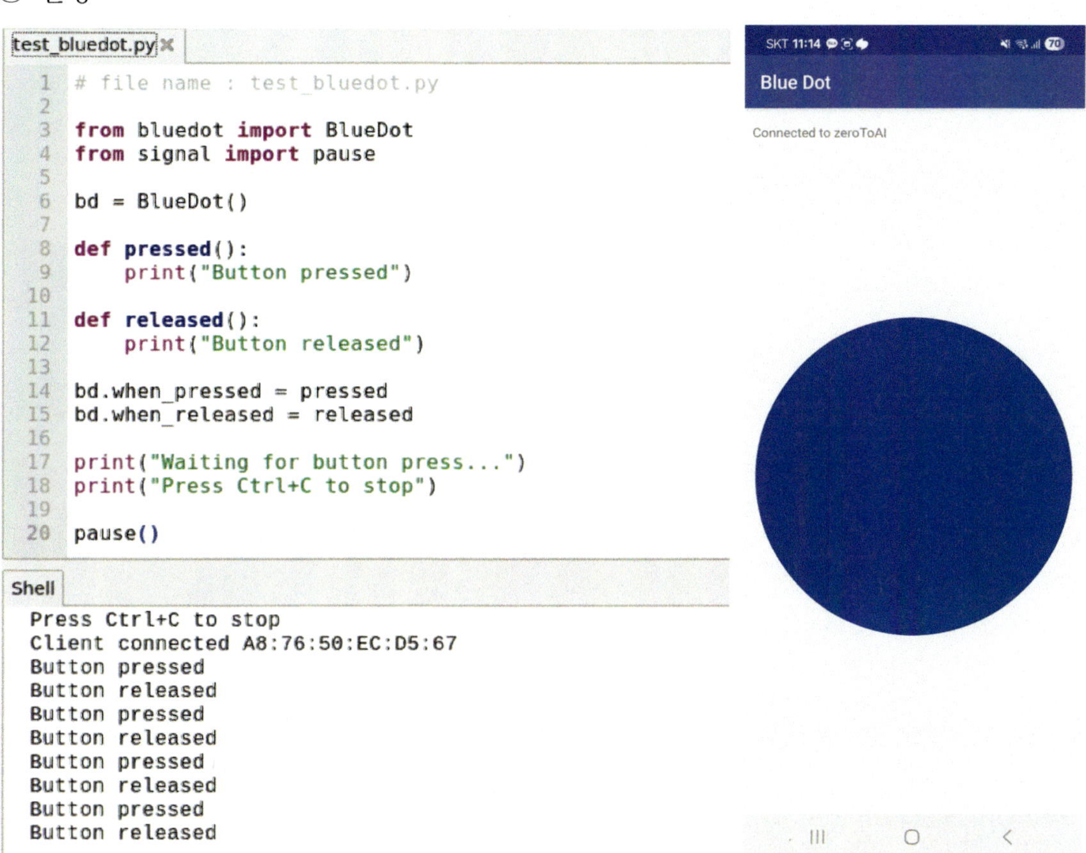

(4) 실습해 보기

① Grid(버튼) 제어

    ㉠ Grid(그리드) = 격자 = 표(table)

    ㉡ cols(열), rows(행) 값으로 화면에 격자 형태의 버튼 생성

       cols, rows 생략 시 버튼 1개 생성

    ㉢ 예

- 가로 2칸 세로 1칸, 즉 버튼 2개, 왼쪽/오른쪽 배치

    BlueDot(cols=2, rows-1)

```
bd = BlueDot( )                      # 1개 버튼 생성
bd = BlueDot(cols=2, rows=1)         # 2개 버튼 생성
bd = BlueDot(cols=2, rows=2)         # 4개 버튼 생성 (2X2 격자)
bd = BlueDot(cols=3, rows=3)         # 9개 버튼 생성 (3X3 격자)
```

    ㉣ 2개의 버튼을 만들어 hello, bye를 출력해 보자.

```python
# file name : bluedot_1.py

from bluedot import BlueDot
from signal import pause

bd = BlueDot(cols=2, rows=1)    # 2x1 버튼 생성

def button_pressed(button) :
    if button.col == 0 :
        print('hello')          # 왼쪽 버튼 눌렀을 때
    elif button.col == 1 :
        print('bye')            # 오른쪽 버튼 눌렀을 때

bd.when_pressed = button_pressed

print('left button "hello", right button "bye"')
print("Press Ctrl+C to stop")

pause( )
```

② 9개의 버튼(3, 3)을 만들고 9개의 버튼에 따른 기능 내용을 출력해 보자.

    ㉠ 디스플레이에 텍스트만 출력

(0,0) move_curve_left( )	(1,0) move_forward( )	(2,0) move_curve_right
(0,1) move_turn_left( )	(1,1) move_move_stop( )	(2,1) move_turn_right
(0,2) move_speed_down( )	(1,2) move_backward( )	(2,2) move_speed_up( )

```python
# file name : bluedot_2.py

from bluedot import BlueDot
from signal import pause

bd = BlueDot(cols=3, rows=3)     # 3x3 버튼 생성

def button_pressed(btn) :
    messages = {
        (0, 0) : "move_curve_left",
        (1, 0) : "move_forward",
        (2, 0) : "move_curve_right",
        (0, 1) : "move_turn_left",
        (1, 1) : "move_stop",
        (2, 1) : "move_turn_right",
        (0, 2) : "move_speed_down",
        (1, 2) : "move_backward",
        (2, 2) : "move_speed_up",
    }
    print(messages.get((btn.col, btn.row), "Unknown'))

bd.when_pressed = button_pressed

print('BlueDot 3x3 Grid Button')
print('Waiting for button press...')
print('Press Ctrl+C to stop')

pause( )
```

```
Shell
 Server started 2C:CF:67:63:0E:A1
 Waiting for connection
 BlueDot 3x3 Grid Button
 Press Ctrl+C to stop
 Client connected A8:76:50:EC:D5:67
 move_speed_down
 move_curve_left
 move_forward
 move_curve_right
 move_turn_left
 move_stop
 move_turn_right
 move_backward
```

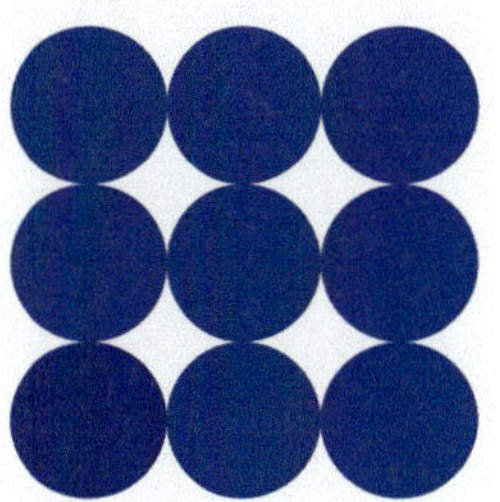

〈그림 10-38〉 bluedot_2_capture

(5) 응용해 보기

① 9개의 버튼을 만들고 모터를 제어해 보자.

    ㉠ module 파일

```python
# file name : bluedot_9button_module.py

from bluedot        import BlueDot
from motor_module   import *

bd = None
current_speed = 1.0

def run_bluedot( ) :
    global bd
    bd = BlueDot(cols=3, rows=3)

    bd.when_pressed  = button_pressed
    bd.when_released = button_released

    print('Waiting for BlueDot connection…')
    bd.wait_for_connection( )
    print('BlueDot connected! Ready for 9-button control.\n')

    return bd

def button_pressed(btn) :
    global current_speed
    key = (btn.col, btn.row)

    # increase or decrease speed
    if key == (0, 2) :
        current_speed = move_speed_down(current_speed)
        print(f'[PRESS] {key} → Speed Down : {current_speed : .2f}')
        return
    if key == (2, 2) :
        current_speed = move_speed_up(current_speed)
        print(f'[PRESS] {key} → Speed Up :   {current_speed : .2f}')
        return

    # move and stop
    actions = {
        (0, 0) : (move_curve_left,  "move_curve_left'),
        (1, 0) : (move_forward,         "move_forward'),
        (2, 0) : (move_curve_right, "move_curve_right'),
        (0, 1) : (move_turn_left,   "move_turn_left'),
        (1, 1) : (move_stop,      "move_stop'),
        (2, 1) : (move_turn_right, "move_turn_right'),
        (0, 2) : (move_speed_down, "move_speed_down'),
        (1, 2) : (move_backward,    "move_backward'),
        (2, 2) : (move_speed_up,    "move_speed_up'),
    }
```

```python
        func, name = actions.get(key, (None, None))
        if func :
            print(f'[PRESS] {key} → {name}')
            if name == "move_stop" :
                func( )
            else :
                func(current_speed)
        else :
            print(f'[PRESS] {key} → Unknown button')

def button_released(btn) :
    print(f'[RELEASE] { (btn.col, btn.row) } → move_stop')
    move_stop( )

def cleanup_bluedot( ) :
    global bd
    if bd :
        move_stop( )
        print('9-button BlueDot stopped')
```

- run_bluedot( ) 함수 : BlueDot 초기화 및 설정

  - BlueDot 객체 생성 : 3x3 그리드로 9개 버튼 생성

  - 안내 메시지 출력 : 각 버튼의 기능과 좌표 표시

  - 이벤트 핸들러 등록 :

  - when_pressed : 버튼 누름 이벤트

  - when_released : 버튼 놓음 이벤트

  - 연결 대기 : wait_for_connection( )으로 스마트폰 연결 대기

  - 반환값 : BlueDot 객체 (bd)

- button_pressed(btn) 함수 버튼을 눌렀을 때의 동작 처리

  - 매개변수 : btn : BlueDot 버튼 객체 (col, row 속성 포함)

- 이동 동작 (딕셔너리 매핑)

```python
# move and stop
actions = {
    (0, 0) : (move_curve_left,  "Curve Left'),
    (1, 0) : (move_forward,      "Forward'),
    (2, 0) : (move_curve_right, "Curve Right'),
    (0, 1) : (move_turn_left,   "Turn Left'),
    (1, 1) : (move_stop,      "Stop'),
    (2, 1) : (move_turn_right, "Turn Right'),
    (1, 2) : (move_backward,    "Backward'),
}
```

- 딕셔너리를 사용한 효율적인 매핑

- Stop 버튼은 속도 매개변수 없이 호출

- 나머지 이동 함수는 현재 속도로 호출

− 알 수 없는 버튼에 대한 예외 처리

```python
        func, name = actions.get(key, (None, None))
        if func :
            print(f"[PRESS] {key} → {name}')
            if name == "Stop" :
                func( )
            else :
                func(current_speed)
        else :
            print(f"[PRESS] {key} → Unknown button')
```

- button_released(btn) 함수 : 버튼을 놓았을 때의 동작 처리

  − 즉시 정지 : 어떤 버튼이든 놓으면 move_stop( ) 호출

  − 버튼을 놓는 순간 차량이 정지하여 안전 확보

- cleanup_bluedot( ) 함수 : 프로그램 종료 시 리소스 정리

  − 모터 정지 : move_stop( ) 호출로 안전한 종료

  − bd 객체가 존재할 때만 실행

- 함수 호출 순서 :

  − run_bluedot( ) → BlueDot 초기화

  − 사용자 버튼 입력 → button_pressed( ) 또는 button_released( ) 자동 호출

  − 프로그램 종료 → cleanup_bluedot( ) 호출

ⓛ 메인 파일

```python
# file name : bluedot_9button_main.py

from bluedot_9button_module import run_bluedot, cleanup_bluedot
from signal import pause
import atexit                # atexit 모듈 가져옴.

def main( ) :
    atexit.register(cleanup_bluedot)     # 프로그램 종료시 cleanup_bluedot 자동실행

    run_bluedot( )
    pause( )

if __name__ == "__main__" :
    main( )
```

- atexit.register(cleanup_bluedot)   # 프로그램 종료시 자동실행, Ctrl+c 포함
  − ctrl+c로 프로그램을 종료하더라도 모터가 계속 도는 걸 방지하기 위해 bluedot_9button_module.py
  에서 정의한 cleanup_bluedot( ) 함수를 가져와 등록.

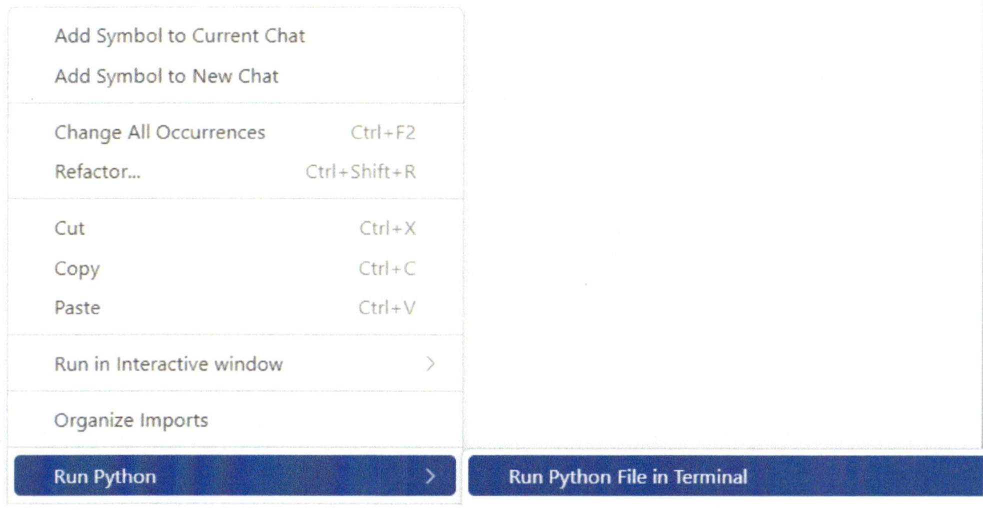

② **Joystick(1개의 버튼) 제어**

㉠ bluedot의 버튼을 가상 조이스틱처럼 사용

㉡ 좌표 범위 : −1.0 ~ 1.0

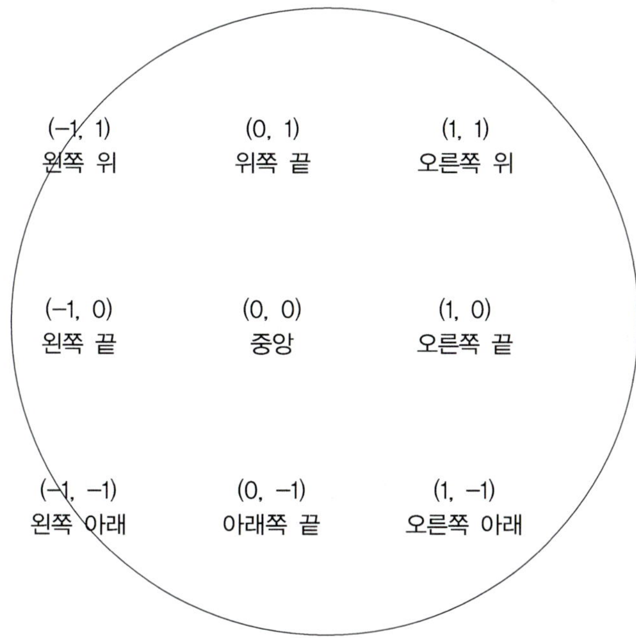

- 스마트폰의 종류나 액정 크기에 따라 경계면의 수치는 차이가 날 수 있다.

㉢ 버튼 이벤트

- when_pressed(pos) : 버튼을 누른 순간 좌표 반환
- when_moved(pos) : 누른 상태에서 손가락을 움직일 때마다 좌표 반환
- when_released( ) : 버튼에서 손을 뗄 때 호출
    - pos : 위치값

ㄹ 1개의 버튼을 만들고 버튼을 누른 위치를 출력해 보자.

```python
# file name : bluedot_3.py

from bluedot import BlueDot
from signal import pause

bd = BlueDot( )     # 버튼 생성

# 버튼을 누르는 순간 좌표 출력
def button_pressed(pos) :
    print(f'Pressed at ({pos.x : .2f}, {pos.y : .2f})')

# 버튼을 누른 상태에서 움직일 때 좌표 출력
def button_moved(pos) :
    print(f'Moved to ({pos.x : .2f}, {pos.y : .2f})')

# 버튼에서 손을 뗄 때
def button_released( ) :
    print('Released')

bd.when_pressed = button_pressed
bd.when_moved = button_moved
bd.when_released = button_released

print('BlueDot joystick ready')
print('Waiting for button press...')
print('Press Ctrl+C to stop')

pause( )
```

- pos.x, pos.y는 −1.0 ~ 1.0 사이의 값

ㅁ 출력 모습

```
pi@zeroToAI : ~/Pi-Rover $ /usr/bin/python /home/pi/Pi-Rover/ch06_basic_driving/bluedot_3.py
Server started 2C : CF : 67 : 63 : 0E : A1
Waiting for connection
BlueDot joystick ready
Waiting for button press...
Press Ctrl+C to stop
--------------------------------
Client connected A8 : 76 : 50 : EC : D5 : 67
Pressed at (0.05, -0.09)
Moved to (0.05, -0.08)
Moved to (0.16, -0.32)
...
Moved to (0.15, -0.37)
Moved to (0.15, -0.38)
Released
```

ⓑ 1개의 버튼을 만들고 위치에 따라 내용을 출력하도록 하자.

- 버튼에서 띄면 stop, 누른 상태에서 위, 아래, 왼쪽, 오른쪽으로 움직이면 기능이 출력되도록 하자.

```python
# file name : bluedot_4.py

from bluedot import BlueDot
from signal import pause

bd = BlueDot( )

# 좌표 → 위치 이름 매핑
def get_position_label(x, y) :
    # 좌표를 반올림해서 -1, 0, 1 값으로 정규화
    col = round(x)
    row = round(y)

    mapping = {
        (0, 0) : "center",
        (0, 1) : "top",
        (0, -1) : "bottom",
        (-1, 0) : "left",
        (1, 0) : "right",
        (-1, 1) : "left-top",
        (1, 1) : "right-top",
        (-1, -1) : "left-bottom",
        (1, -1) : "right-bottom",
    }

    return mapping.get((col, row), f"({col},{row})')

def pressed(pos) :
    label = get_position_label(pos.x, pos.y)
    print(f'Pressed at {label}')

def moved(pos) :
    label = get_position_label(pos.x, pos.y)
    print(f'Moved to {label}')

def released( ) :
    print('Released')

bd.when_pressed = pressed
bd.when_moved = moved
bd.when_released = released

print('BlueDot joystick ready.')
print('Waiting for button press...')
print('Press Ctrl+C to stop')
print('-'*30)

pause( )
```

```
pi@zeroToAI              :              ~/Pi-Rover              $              /usr/bin/python
/home/pi/Pi-Rover/ch06_basic_driving/bluedot_4.py
Server started 2C : CF : 67 : 63 : 0E : A1
Waiting for connection
BlueDot joystick ready.
Waiting for button press...
Press Ctrl+C to stop
--------------------------------
Client connected A8 : 76 : 50 : EC : D5 : 67
Pressed at center
Moved to center
Moved to center
Moved to center
Moved to top
Moved to top
...m
Moved to bottom
Moved to bottom
Moved to right
Moved to right
Moved to right
Moved to center
Moved to left
Moved to left-bottom
Moved to left-bottom
Moved to left-bottom
Moved to bottom
Moved to right
Released
Pressed at center
```

③ **도전해 보기**

㉠ 1개의 버튼을 생성하고 조이스틱처럼 모터의 방향과 속도를 제어해 보자.

```python
# file name : bluedot_joystick_module.py

from bluedot import BlueDot
from motor_module import *

bd = None

# 기본 주행 속도 설정 (최대 속도 1.0)
DEFAULT_SPEED = 0.6
TURNING_SPEED = 0.4 # 회전의 민감도

def calculate_motor_speed(pos) :
    # 1. 전진/후진 속도 (speed) 계산 : pos.y (0 ~ 1.0) 값을 DEFAULT_SPEED에 비례하여
사용
    # BlueDot의 y 좌표는 -1.0 (아래)에서 1.0 (위) 사이입니다.
    speed = pos.y * DEFAULT_SPEED
```

```python
    # 2. 좌우 회전량 (turn) 계산 : pos.x (-1.0 ~ 1.0) 값을 TURNING_SPEED에 비례하여
사용
    turn = pos.x * TURNING_SPEED

    # 3. 좌우 모터 속도 계산
    # 오른쪽으로 갈수록 turn이 양수 : 왼쪽 모터는 빨라지고, 오른쪽 모터는 느려져야
합니다.
    # 왼쪽으로 갈수록 turn이 음수 : 오른쪽 모터는 빨라지고, 왼쪽 모터는 느려져야 합
니다.
    left_motor_speed = speed + turn
    right_motor_speed = speed - turn

    # 4. 속도 클리핑 (모터 속도는 -1.0에서 1.0 사이여야 함)
    # max( )와 min( )을 사용하여 범위를 벗어나지 않도록 강제.
    left_motor_speed = max(-1.0, min(1.0, left_motor_speed))
    right_motor_speed = max(-1.0, min(1.0, right_motor_speed))

    return left_motor_speed, right_motor_speed


def joystick_moved(pos) :
    """
    버튼을 누른 상태에서 손가락이 움직일 때 호출됩니다.
    연속적인 속도 및 방향 제어를 수행합니다.
    """
    left_speed, right_speed = calculate_motor_speed(pos)

    # gpiozero.Robot의 value 속성을 사용하여 속도를 직접 설정합니다.
    # Pi-Rover는 motor_module.py에서 정의된 gpiozero.Robot 인스턴스여야 합니다.
    Pi-Rover.value = (left_speed, right_speed)

    # 콘솔에 현재 속도를 출력하여 확인합니다.
    print(f'[MOVED] Speed : {pos.y : .2f}, Turn : {pos.x : .2f} | L={left_speed :
.2f}, R={right_speed : .2f}')


def joystick_released( ) :
    move_stop( )
    print('[RELEASED] Pi-Rover 정지')

def run_joystick( ) :
    """
    BlueDot 객체를 초기화하고 이벤트 핸들러를 등록합니다.
    """
    global bd

    # BlueDot 객체 생성 (기본값 1개 버튼)
    bd = BlueDot( )

    # 이벤트 핸들러 등록
    bd.when_moved = joystick_moved        # 움직일 때 속도/방향 제어
    bd.when_released = joystick_released # 손을 뗄 때 정지
```

```python
    # BlueDot 연결 대기
    print('BlueDot 조이스틱 준비 완료.')
    print('스마트폰에서 연결을 시도하세요...')
    bd.wait_for_connection( )
    print('BlueDot 연결 성공! 조이스틱 제어를 시작합니다.\n')

    return bd

def cleanup_joystick( ) :
    """
    프로그램 종료 시 호출되어 모터를 안전하게 정지시킵니다.
    """
    move_stop( )
    print('조이스틱 제어 모듈 종료 및 Pi-Rover 정지 완료.')
```

```python
def calculate_motor_speed(pos) :
    """
    BlueDot의 좌표(pos.x, pos.y)를 기반으로 좌우 모터의 속도를 계산합니다.
    pos.y : 전진/후진 속도 (0 ~ 1.0)
    pos.x : 좌우 회전 보정량 (-1.0 ~ 1.0)
    """
    # 1. 전진/후진 속도 (speed) 계산 : pos.y (0 ~ 1.0) 값을 DEFAULT_SPEED에 비례하여
사용
    # BlueDot의 y 좌표는 -1.0 (아래)에서 1.0 (위) 사이입니다.
```

```python
def joystick_moved(pos) :
    """
    버튼을 누른 상태에서 손가락이 움직일 때 호출됩니다.
    연속적인 속도 및 방향 제어를 수행합니다.
    """
```

ⓛ main

- 9개의 버튼을 이용한 제어 메인

```python
# file name : bluedot_joystick_main.py

from joystick_module import run_joystick, cleanup_joystick
from signal import pause

def main( ) :
    run_joystick( )
    pause( )

if __name__ == "__main__" :
    main( )
```

(6) flask 에러시

① 먼저 ip 주소 확인

```
$ hostname -I
192.168.137.111
```

② flask 웹 서버가 동작중(5000 포트 사용 중)인지 파악

㉠ 동작하고 있지 않으면 아무것도 나오지 않음.

```
$ sudo netstat -tulpn | grep 5000
```

```
pi@zeroToAI:~ $ sudo netstat -tulpn | grep 5000
tcp        0      0 0.0.0.0:5000            0.0.0.0:*               LISTEN      3975/python
pi@zeroToAI:~ $
```

〈그림 10-39〉 flask 동작중

(7) MPU6500

① INT 핀을 활용한 예제

㉠ VCC, GND는 공통

구분	인터럽트(interrupt) 방식	폴링(polling) 방식
사용핀	INT	SDA(SDA를 클럭을 위한 SCL도 사용)
원리	* MPU6050 레지스터(설정값)에 8G이상의 충격이 오면 INT 핀에 전기 신호 → 라즈베리파이는 전기신호(high)가 오면 바로 반응	* 파이썬 while에서 반복하여 MPU6050에게 '지금 값이 얼마야'라고 계속 물어봄(폴링 방식) → 값이 오면 파이썬 코드(sqrt(x^2+y^2+z^2))로 계산해서 8G가 넘는지 확인
장점	* 반응속도가 엄청 빠름. * 라즈베리파이 CPU가 계산할 필요 없음.	* 코드가 인터럽트 방식보다 간단 * 추가 배선(INT)이 필요 없음.
단점	* 코드가 많이 어려움. * 0x1C, 0x37, 0x6B 등 16진수 레지스터 주소를 직업 설정해야 함.	파이썬 코드가 계속 계산.

㉡ source code

```python
# file name : mpu6050_interrupt.py
# INT 핀을 활용한 하드웨어 방식 충돌 감지
# (주의 : MPU6050의 INT 핀을 라즈베리파이 GPIO 17번에 연결해야 합니다.)

import smbus                # I2C 레지스터 직접 제어용
from gpiozero import Button # 인터럽트 신호 감지용 (Button 클래스 활용)
from signal import pause
import time

# --- 1. MPU6050 레지스터 주소 상수 (매뉴얼 참조) ---
MPU6050_ADDR = 0x68
PWR_MGMT_1   = 0x6B
```

```python
INT_PIN_CFG   = 0x37  # 인터럽트 핀 설정 레지스터
INT_ENABLE    = 0x38  # 인터럽트 활성화 레지스터
ACCEL_CONFIG = 0x1C  # 가속도 설정
MOT_THR       = 0x1F  # 동작 감지 임계값 (Motion Threshold)
MOT_DUR       = 0x20  # 동작 감지 지속시간 (Motion Duration)

# --- 2. I2C 버스 초기화 ---
bus = smbus.SMBus(1)

def setup_mpu6050_interrupt( ) :
    """
    MPU6050 내부 설정을 조작하여 '충격' 발생 시
    INT 핀으로 전기 신호를 보내도록 설정합니다.
    """
    print("센서 레지스터 설정 중...")

    # 1. 센서 리셋 및 깨우기
    bus.write_byte_data(MPU6050_ADDR, PWR_MGMT_1, 0x00)
    time.sleep(0.1)

    # 2. INT 핀 설정 (INT_PIN_CFG)
    # 0x80 = 10000000 (Active Low : 신호가 오면 전압이 0V가 됨)
    # 0x20 = 00100000 (Latch : 신호를 읽을 때까지 유지함)
    # 0x10 = 00010000 (Clear on Read : 읽으면 신호 꺼짐)
    # 합계 = 0xB0
    bus.write_byte_data(MPU6050_ADDR, INT_PIN_CFG, 0xB0)

    # 3. 인터럽트 활성화 (INT_ENABLE)
    # 0x40 = 01000000 (Motion Detection 인터럽트 켜기)
    bus.write_byte_data(MPU6050_ADDR, INT_ENABLE, 0x40)

    # 4. 충돌(동작) 감지 민감도 설정 (수정이 필요한 값들)
    # MOT_THR : 임계값. 1 ~ 255 (숫자가 클수록 둔감함. 1LSB = 32mg)
    # 예 : 20 -> 약 0.6g 정도의 변화를 감지
    bus.write_byte_data(MPU6050_ADDR, MOT_THR, 20)

    # MOT_DUR : 지속시간. 1 ~ 255 (1ms 단위)
    # 예 : 1 -> 1ms 동안 충격이 있으면 감지
    bus.write_byte_data(MPU6050_ADDR, MOT_DUR, 1)

    print("설정 완료! 하드웨어 인터럽트 대기 중...")

# --- 3. 인터럽트 감지 설정 (gpiozero) ---
# INT 핀이 GPIO 17에 연결됨.
# 센서가 Active Low(0V) 신호를 보내므로, Pi는 pull_up=True로 설정해야 함.
int_pin = Button(17, pull_up=True)

def collision_callback( ) :
    """
    INT 핀에서 신호가 오면(충돌 발생) 자동으로 실행되는 함수
    """
    print("\n>>> [⚡하드웨어 인터럽트] 충돌 감지됨! <<<")
```

```python
        print("모터 즉시 정지 명령 실행!")

        # (중요) 인터럽트 신호를 끄기 위해 센서 상태를 한 번 읽어줘야 함
        # 읽지 않으면 INT 핀이 계속 Low로 유지되어 다음 신호를 못 받음
        try :
            # 0x3A는 인터럽트 상태 레지스터
            bus.read_byte_data(MPU6050_ADDR, 0x3A)
        except :
            pass

# --- 4. 메인 실행 ---
if __name__ == "__main__" :
    try :
        setup_mpu6050_interrupt( )

        # 이벤트 연결 : INT 핀이 눌리면(신호가 오면) 콜백 함수 실행
        int_pin.when_pressed = collision_callback

        print("\n[시스템 대기 모드]")
        print("파이썬은 아무 일도 하지 않고 쉽니다.")
        print("센서를 툭 쳐보세요!")

        pause( ) # 무한 대기 (CPU 사용률 0%)

    except KeyboardInterrupt :
        print("\n종료합니다.")
```

 상식

(1) CPU / GPU / MPU

CPU, MPU, GPU는 모두 '연산을 담당하는 칩'이지만, 쓰이는 자리와 역할이 다르다.

① **CPU(Central Processing Unit)**
- 컴퓨터 전체의 연산과 제어를 담당하는 중앙처리장치
- 운영체제, 애플리케이션, 일반 연산을 순차적으로 빠르게 처리하는 만능형 프로세서
- PC, 서버, 노트북, 라즈베리파이 같은 시스템에서 주로 사용
- 메모리 · 입출력장치와 함께 전체 시스템을 제어하는 중심 역할

② **MPU(Microprocessor Unit)**
- CPU 기능만 단독으로 들어 있는 칩으로, 외부에 RAM, ROM, I/O 칩을 따로 붙여서 시스템을 구성하는 구조
- "소형 범용 CPU 칩"을 가리키는 말로, 산업용 장비나 임베디드 보드에서 사용되며, OS를 올려 비교적 복잡한 연산을 처리하는 용도

③ **GPU(Graphics Processing Unit)**
- 원래 그래픽 · 영상 렌더링에 특화된 프로세서로, 수천 개의 작은 코어로 구성되어 많은 단순 연산을 병렬로 처리하는 데 강하다.
- 지금은 3D 그래픽뿐 아니라 딥러닝, 과학 계산 등 대규모 병렬 연산(행렬 · 벡터 연산)을 빠르게 처리하는 가속기로 쓰이며, AI 학습/추론에도 필수적임

(2) NPU / TPU / IPU / DPU

① NPU(Neural Processing Unit)
- 인공신경망 연산(행렬 · 벡터)을 전용 회로로 가속하는 칩
- 스마트폰, IoT, 자율주행, 로봇 등 엣지단 AI 추론에 많이 사용
- GPU보다 전력 효율이 좋고, 실시간 얼굴인식, 물체인식, 음성인식 같은 작업에 최적화된다.

② TPU (Tensor Processing Unit)
- 구글이 만든 텐서 연산 전용 프로세서로, 대규모 딥러닝 학습 · 추론을 위한 데이터센터/클라우드용 가속기
- 행렬 곱(systolic array 구조)에 특화되어 대규모 모델 학습에서 CPU · GPU보다 훨씬 높은 처리량과 에너지 효율을 낸다.

③ **IPU, DPU 등 기타 AI 가속기**
- IPU(Intelligence Processing Unit) · DPU(Data/Deep Learning Processing Unit) 같은 칩들도 나와 있으며, 초저지연 추론이나 데이터 흐름 기반 병렬 처리에 특화된 구조
- 주로 데이터센터나 특수한 AI 서버에서, GPU 대체 · 보완용

저자

공학박사 **김석진**

〈약력〉

- 현) 제로투에이아이 대표
- 현) 비전대학교 컴퓨터정보과 외래교수
- 현) KG아이티뱅크 평생교육원 운영교수
- 현) 경기대학교 원격교육원 운영교수
- 현) 건국사이버평생교육원 운영교수

〈저서〉

- KG아이티뱅크 평생교육원, 시스템 프로그래밍 저작
- 메가MD, 자료구조, 알고리즘 저작
- 경기대학교 원격교육원 자연어처리 저작

공학박사 **박경민**

〈약력〉

- 현) 전주비전대학교 미래모빌리티학과 교수
- 전) (재)자동차융합기술원 책임연구원
- 전) 쌍용자동차주식회사 주임연구원
- 전) 한국기계연구원 위촉연구원
- 환경관리공단 기술위원, 전북TP 과학기술위원 등 역임
- 전북교통방송 라디오 패널 활동 중

〈저서〉

- 전기자동차 구조의 이해 공동저자

이학박사 **신승호**

〈약력〉

- 강원대학교 컴퓨터과학과 이학박사
- 현) 강원대학교 컴퓨터공학과 강사
- 현) 한양여자대학교 소프트웨어융합과 강사
- 현) KG아이티뱅크 평생교육원 운영교수
- 현) 경기대학교 원격교육원 운영교수
- 현) 여기스터디사이버 평생교육원 운영교수

〈저서〉

- KG아이티뱅크 평생교육원, 암호학, 운영체제,
  이산수학 저작
- 메가MD, 운영체제, 이산수학, 컴퓨터개론, 디지털공학
  개론 저작
- 사이에듀 평생교육원, 암호학 저작

김학진

〈약력〉

- 자동차정비기능장
- 현) 친환경차 전문강사
- 현) 기아자동차 전주서비스센터 하이테크그룹장

피지컬AI 컴퓨팅 모빌리티 기초동작편

초판 인쇄 | 2026년 3월 5일
초판 발행 | 2026년 3월 12일

저   자 | 김석진 · 박경민 · 신승호 · 김학진
발 행 인 | 김길현
발 행 처 | (주) 골든벨
등   록 | 제 1987−000018호
I S B N | 979−11−24114−33−9

가   격 | 30,000원

(우)04316 서울특별시 용산구 원효로 245(원효로 1가 53−1) 골든벨 빌딩 6F
• TEL : 도서 주문 및 발송 02−713−4135 / 회계 경리 02−713−4137
        기획디자인본부 02−713−7452 / 해외 오퍼 및 광고 02−713−7453
• FAX : 02−718−5510   • 홈페이지 : http : //www.gbbook.co.kr   • E−mail : 7134135@naver.com